U0045309

天下文化
BELIEVE IN READING

社會人文37

FORGOTTEN ALLY

China's World War II 1937—1945

被遺忘的盟友

芮納．米德——著　林添貴——譯

RANA MITTER

導讀

我們自己不能忘記——中國人都應讀的一本書

張作錦

現在「許多西方人甚至不知道中國在第二次世界大戰中打過仗；還有人分不清中國是與英美同盟，還是跟日德一夥」，你聽這話會大吃一驚又難以相信是不是？

講這話的可不是普通人，是英國牛津大學「中國現代政治與歷史系」教授米德，他用新書《被遺忘的盟友》（*Forgotten Ally:China's World War II*, 1937-1945）替中國「平反」，認為中國在二戰時犧牲慘重，而貢獻宏偉，卻在勝利不久就被西方遺忘了。

即使不從一九三一年的「九一八」算起，就打一九三七年的「七七」開始，中國參戰比英國早兩年，比美國早四年，比蘇聯早八年。軍民死亡兩千萬，難民一億多，把剛萌芽的工業現代化也賠上了。儘管遍地瘡痍，且長時間孤立無援，但中國絕不屈服，牽制了八十萬日軍在中國戰區不能動彈。邱吉爾和羅斯福都曾說，中國如被打垮，日軍至少有十五到二十個師團可騰出手來，拿下澳洲和印度，並可直衝中東，與德軍配合，併吞埃及，截斷通向地中海的一切交通線，則盟軍危矣。

既然英美承認中國的巨大貢獻，為什麼戰爭還沒結束，列強就以密約出賣中國，除了聯合國的「五常」之外，戰後中國什麼也沒得到，甚至還被西方遺忘了？

「中國人醒了」

其間原因非僅一端，但主要是因為中國的內戰。內戰的最大惡果，是中國失去了鞏固戰勝國地位的時機。從現有資料看，中國沒有出兵參與占領日本，也未接受琉球回歸，都是因為國內急於用兵。等到一九四九年共黨奪取政權，國府退守台灣，由美英主導的戰後新秩序，已經沒有中國的份了。迨韓戰爆發，美國出兵助韓，大陸「抗美援朝」，短短數年，中國已經從「盟友」變成「敵國」。

冷戰結束之後，世局演變多端，中國大陸已非吳下阿蒙。隨著國力的增強，它要求國際上的平等地位，要求應有的發言權，要求領土和主權的不受侵犯，今天南海風雲，東海波濤，無一不是因為「中國人醒了」。

但中國人真醒了嗎？至少大陸對抗日歷史還掩掩藏藏、扭扭捏捏，不願十三億中國人了解真相，又怎能怪西方人的偏見與懵懂？而現在兩岸雖說已開放交流，但敵對立場依舊，在法理上和事實上，「內戰」並未完全結束。

西方在二戰歷史上遺忘了他們的盟友中國，但中國人自己不能遺忘——不能遺忘因為內戰使中國在國際地位和權益上的損傷。如果兄弟繼續鬩牆，當然損害就會繼續增長。

中國為什麼不信任西方

米德《被遺忘的盟友》去年九月出版，書還未推出，已在亞馬遜網站獲得五顆星最佳評價。

美國學者葛雷・庫薩克（Greg Cusack）讀後深受感動，他在《觀察者》撰文說：「身為一名歷史學者，我深知十九世紀，在西方勢力的反覆欺凌下，中國這屈辱的一路是怎樣走過來的。但在翻閱這本書之前，我沒有意識到，中國在二次世界大戰時做為西方國家的盟友，遭遇竟如此悲慘。」

他建議，這本書在美國應列為國民必讀書目，因為此書可以事半功倍地幫助美國公民了解二戰時中國所做的卓越貢獻，了解當前變化莫測的中日緊張局勢，以及中國為什麼不信任西方。「如果說，今天的中國政府偶爾會讓西方覺得『過於張揚』，這或許是因為我們潛意識裡依然希望中國要『牢記自己的位置』，並且像從前一樣對西方百依百順。」

如果《被遺忘的盟友》在美國應列為國民必讀書目，那麼在大陸呢？在台灣呢？凡中國人者，都應一讀，好給自己增一些警惕，長一點志氣。

（本文作者為《聯合報》前社長、《遠見》雜誌創辦人）

第二部　飛來橫禍

第三部　孤軍作戰

第四部　各懷鬼胎

本書重要人物

陳璧君：汪精衛之妻，也是日後與日本合作的「和平運動」主要人物。

蔣介石：中國國民黨領導人（一九二六～七五年過世為止）。蔣介石也是一九三七～四五年中國八年抗戰時期的國家領袖。

邱吉爾（Winston S. Churchill）：英國首相，一九四〇～四五年，一九五一～五五年。

阿奇巴德・克拉克・卡爾（Archibald Clark Kerr）：英國駐華大使，一九三八～四二年。

戴笠：蔣介石的保安頭子，對付政府敵人（尤其是共產黨）動輒刑求及恫嚇。

克萊倫斯・高思（Clarence Gauss）：美國駐華大使，一九四一～四四年。

何應欽：國民政府軍政部長。

廣田弘毅（Hirota Kōki）：日本外相，一九三七～三八年。

派垂克・赫爾利（Patrick Hurley）：美國駐華大使，一九四四～四五年。

尼爾遜・詹森（Nelson T. Johnson）：美國駐華大使，一九二九～四一年。

近衛文麿（Konoe Fumimaro）：日本首相（內閣總理大臣），一九三七～三九年，一九四〇～四一年。

龍雲：抗戰期間統治雲南等西南省份的彝族（倮倮）軍事人物，與蔣介石維持著如履薄冰的關係。

毛澤東：中國共產黨領袖（一九四三～七六年）。毛澤東在抗戰期間獲致最高權力，排擠及剷除敵手，籌劃其黨在一九四九年戰勝蔣介石的國民政府。

喬治・馬歇爾（George C. Marshall）：美國陸軍參謀長，一九三九～四五年。

松井石根（Matsui Iwane）：一九三七年攻占南京的日軍司令官，一九三七年至一九三八年大屠殺期間的日軍總指揮。

宋美齡：蔣介石之妻，本身也是國民政府重要政治人物。英語流利的她是蔣介石和美國人溝通的管道。

蒙巴頓勛爵（Lord Louis Mountbatten）：東南亞戰區最高統帥（一九四三～四六年）經常和史迪威將軍爭吵。

富蘭克林・羅斯福（Franklin D. Roosevelt）：美國總統，一九三三～四五年。
宋子文：蔣介石內兄，一度擔任外交部長，是國民黨內比較自由派的人物。
史達林（Josef V. Stalin）：蘇聯共產黨總書記，一九二二～五三年。
史迪威（Joseph W. Stilwell）：綽號「酸醋喬」，珍珠港事變後奉派擔任蔣介石參謀長的美軍將領，不久即將帥失和。
孫逸仙：奮鬥不懈的革命家，一九一二年一度出任中華民國臨時大總統。但是清朝在一九一二年被推翻之後，孫氏不久也因軍事領袖破壞新共和而失去權柄。
東條英機（Tōjō Hideki）：日本首相，一九四一～四四年。
汪精衛：早年即加入國民黨革命行列，是孫逸仙的親密盟友。汪氏在蔣介石之下獲居政治高位，但沒有實權。一九三八年投向日本，於南京成立傀儡政權。
周恩來：共產運動資深人物，抗戰期間長期擔任毛澤東駐重慶代表。
周佛海：國民政府官員，與汪精衛親善，後協助汪精衛投向日本。

（依原書作者排序）

注釋縮寫説明

DBPO：英國海外政策文件集（Documents on British Policy Oversea）

FRUS：美國國務院外交解密檔案

MSW：毛澤東，《毛澤東選集》，第三卷（北平，一九六七）

MZD：Stuart R. Schram, ed., *Mao's Road to Power: Revolutionary Writings,1912-1949*, 7 vols. (Armonk, NY, 1992–)

NARA：美國國家檔案館，華盛頓DC

NCH：北華捷報（*North-China Herald*，此為英文報）

PVD：Peter Vladimirov,*The Vladimirov Diaries: Yenan, 1942–1945*（New York, 1975）中譯，《延安日記》

SP：史迪威（Joseph W. Stilwell），史迪威日記（英文版）（*The Stilwell Papers*），（北

平，二〇〇三）,[originally New York, 1948]

UNA：美國國家檔案，紐約

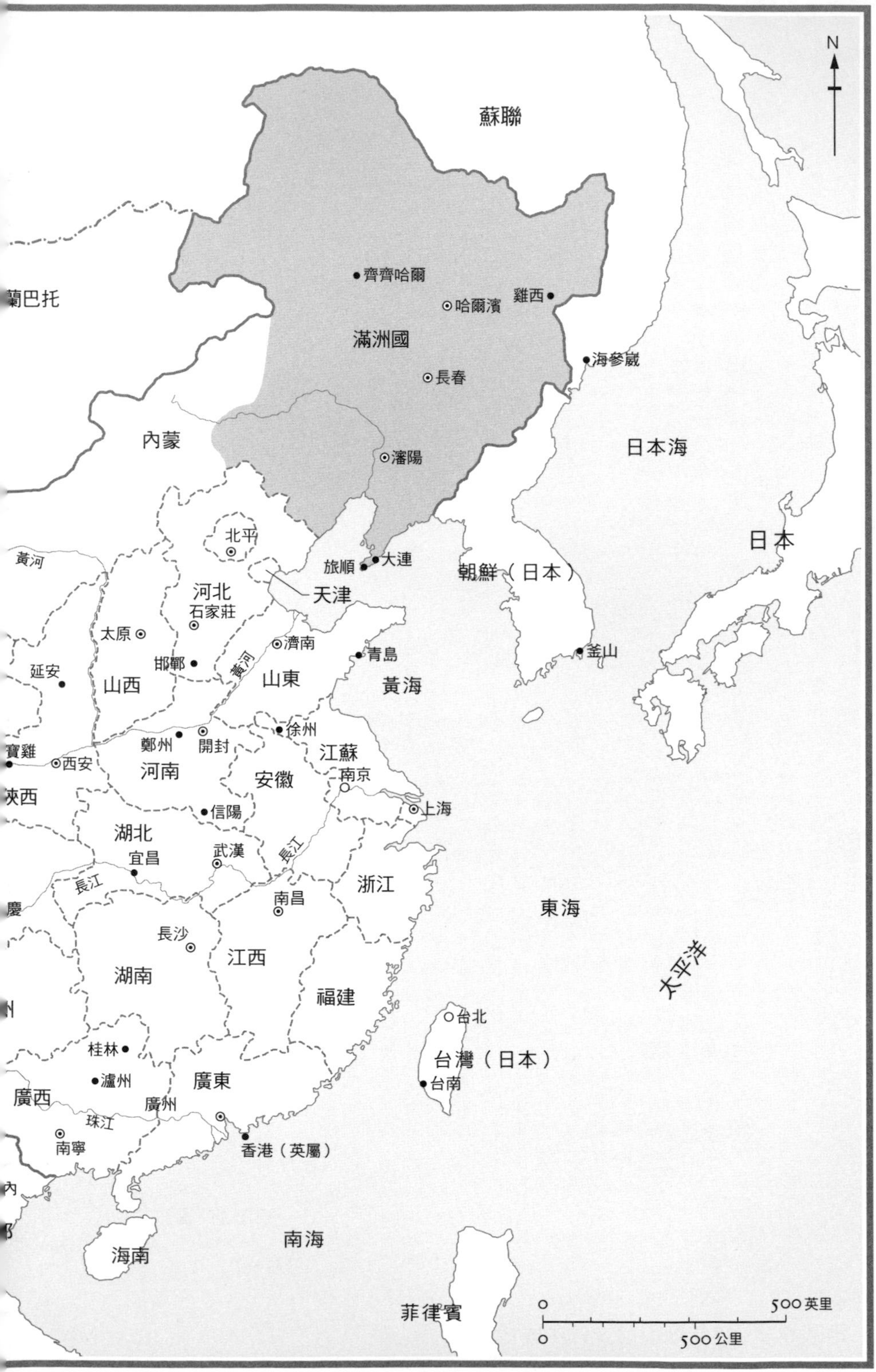

N
蘇聯
蘭巴托
齊齊哈爾
哈爾濱
雞西
滿洲國
海參崴
長春
內蒙
瀋陽
日本海
日本
北平
旅順
大連
朝鮮（日本）
黃河
河北
天津
石家莊
太原
濟南
青島
延安
邯鄲
黃河
山東
釜山
山西
黃海
徐州
鄭州
開封
江蘇
寶雞
西安
河南
安徽
南京
陝西
信陽
上海
湖北
宜昌
武漢
長江
長江
浙江
慶
南昌
東海
長沙
江西
太平洋
湖南
福建
台北
台灣（日本）
桂林
瀘州
廣東
台南
廣西
廣州
珠江
南寧
香港（英屬）
南海
海南
菲律賓
0
500 英里
0
500 公里

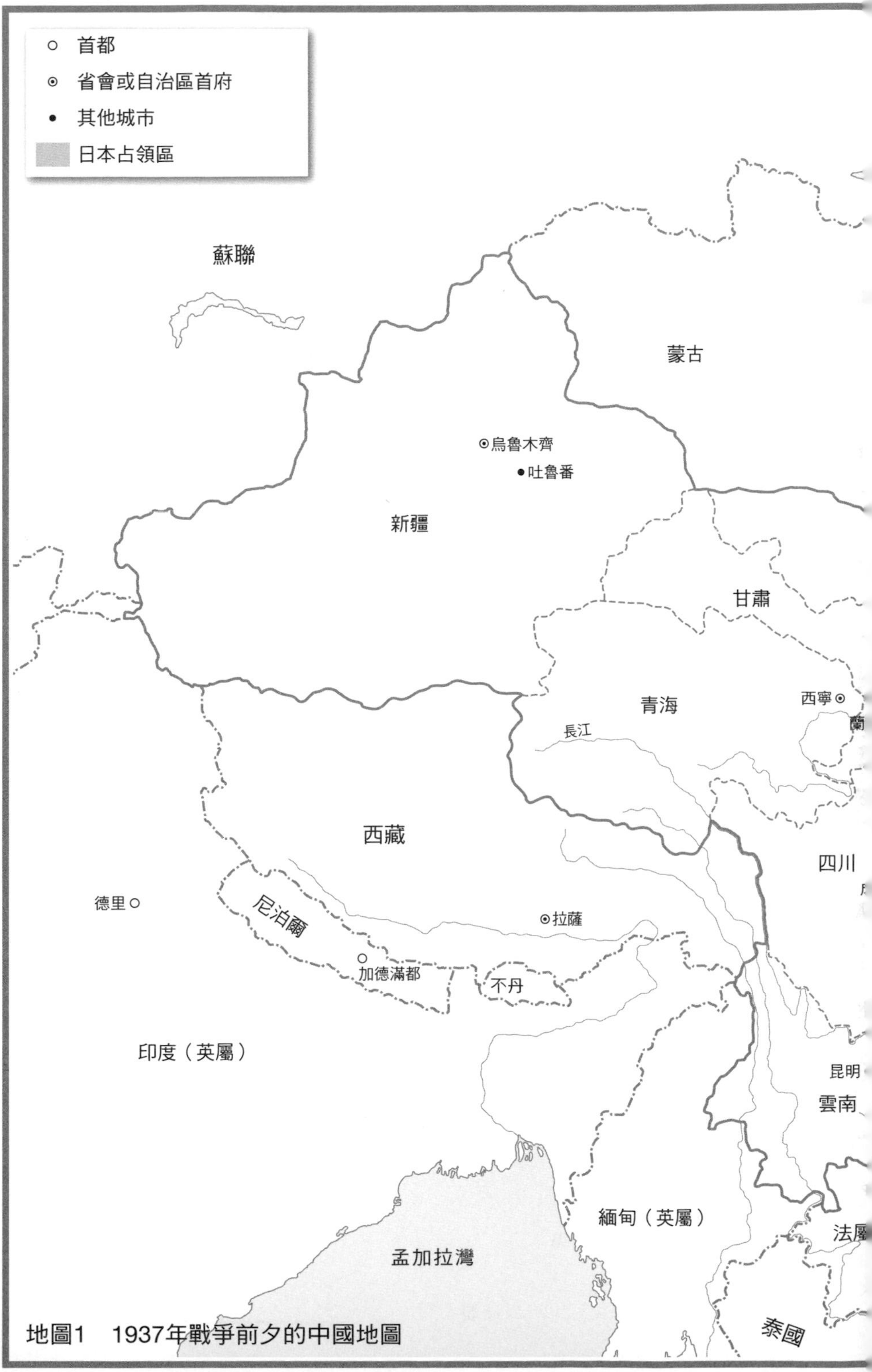

地圖1　1937年戰爭前夕的中國地圖

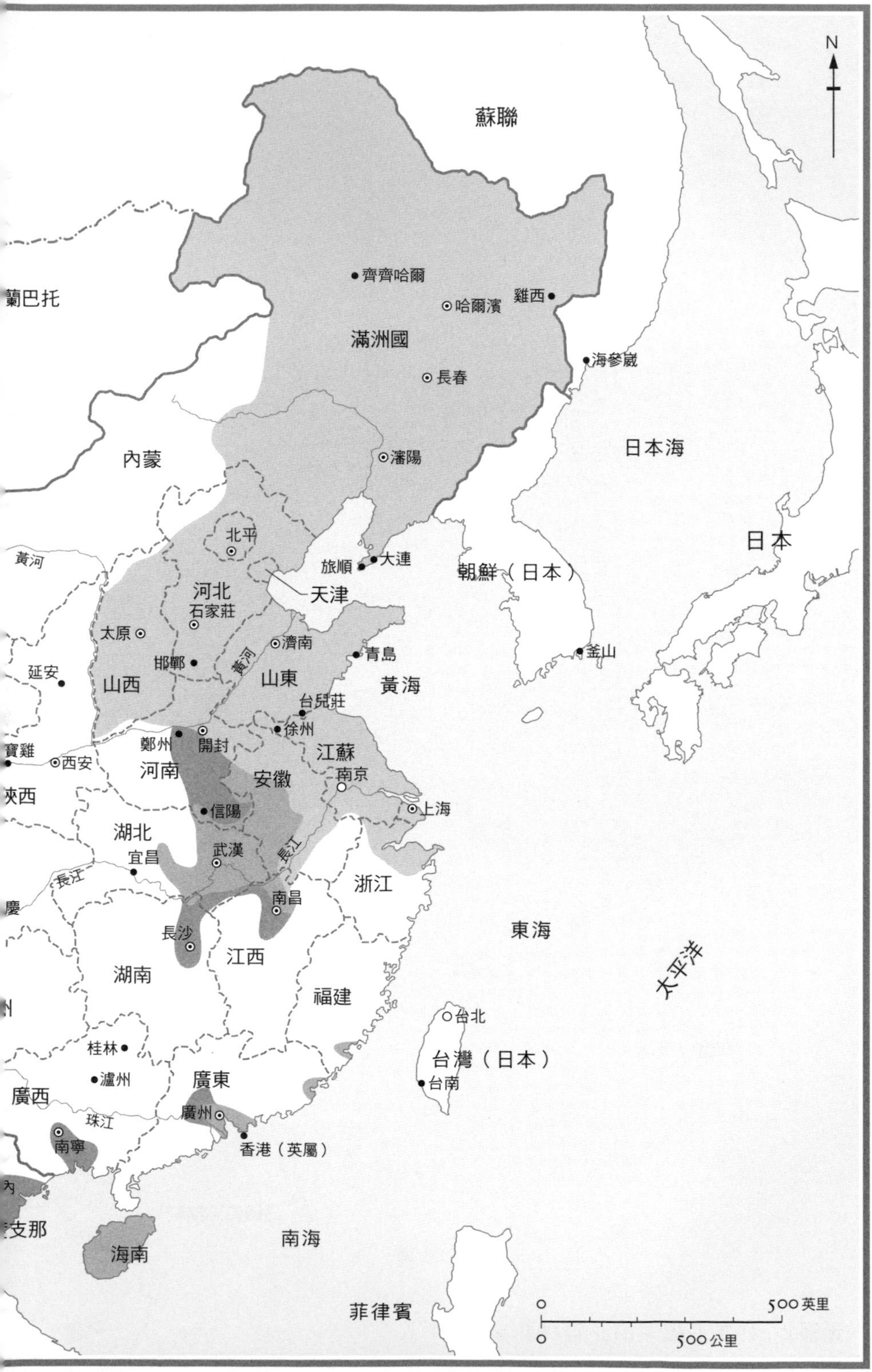

N
蘇聯
蘭巴托
齊齊哈爾
哈爾濱
雞西
滿洲國
海參崴
長春
內蒙
瀋陽
日本海
日本
北平
黃河
旅順
大連
朝鮮（日本）
河北
天津
石家莊
太原
濟南
青島
釜山
延安
邯鄲
黃河
山西
山東
黃海
台兒莊
徐州
寶雞
鄭州
開封
江蘇
西安
河南
安徽
南京
陝西
信陽
上海
湖北
武漢
宜昌
長江
長江
浙江
南昌
東海
長沙
太平洋
江西
湖南
福建
台北
台灣（日本）
桂林
瀘州
台南
廣西
廣東
珠江
廣州
南寧
香港（英屬）
支那
海南
南海
菲律賓
0
500 英里
0
500 公里

地圖2　日軍占領地1937到1941年地圖

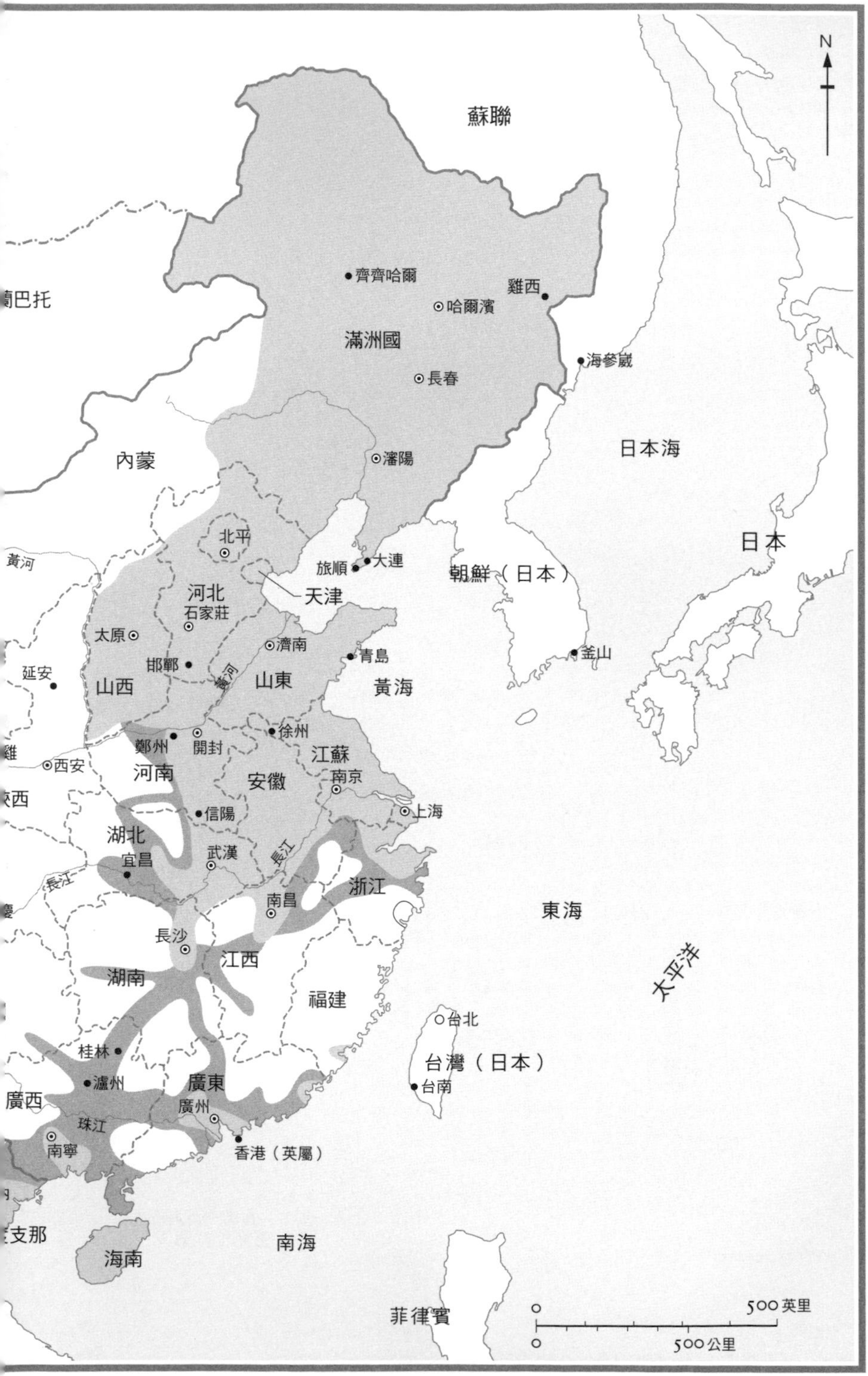
N
蘇聯
齊齊哈爾
雞西
哈爾濱
滿洲國
海參崴
長春
內蒙
瀋陽
日本海
北平
黃河
旅順
大連
朝鮮（日本）
日本
河北
天津
石家莊
太原
濟南
青島
邯鄲
釜山
延安
運河
山西
山東
黃海
徐州
鄭州
開封
江蘇
西安
河南
安徽
南京
上海
信陽
湖北
宜昌
武漢
長江
浙江
南昌
東海
長沙
江西
太平洋
湖南
福建
台北
桂林
台灣（日本）
瀘州
廣東
台南
廣西
廣州
珠江
南寧
香港（英屬）
南海
海南
菲律賓
0
500 英里
0
500 公里

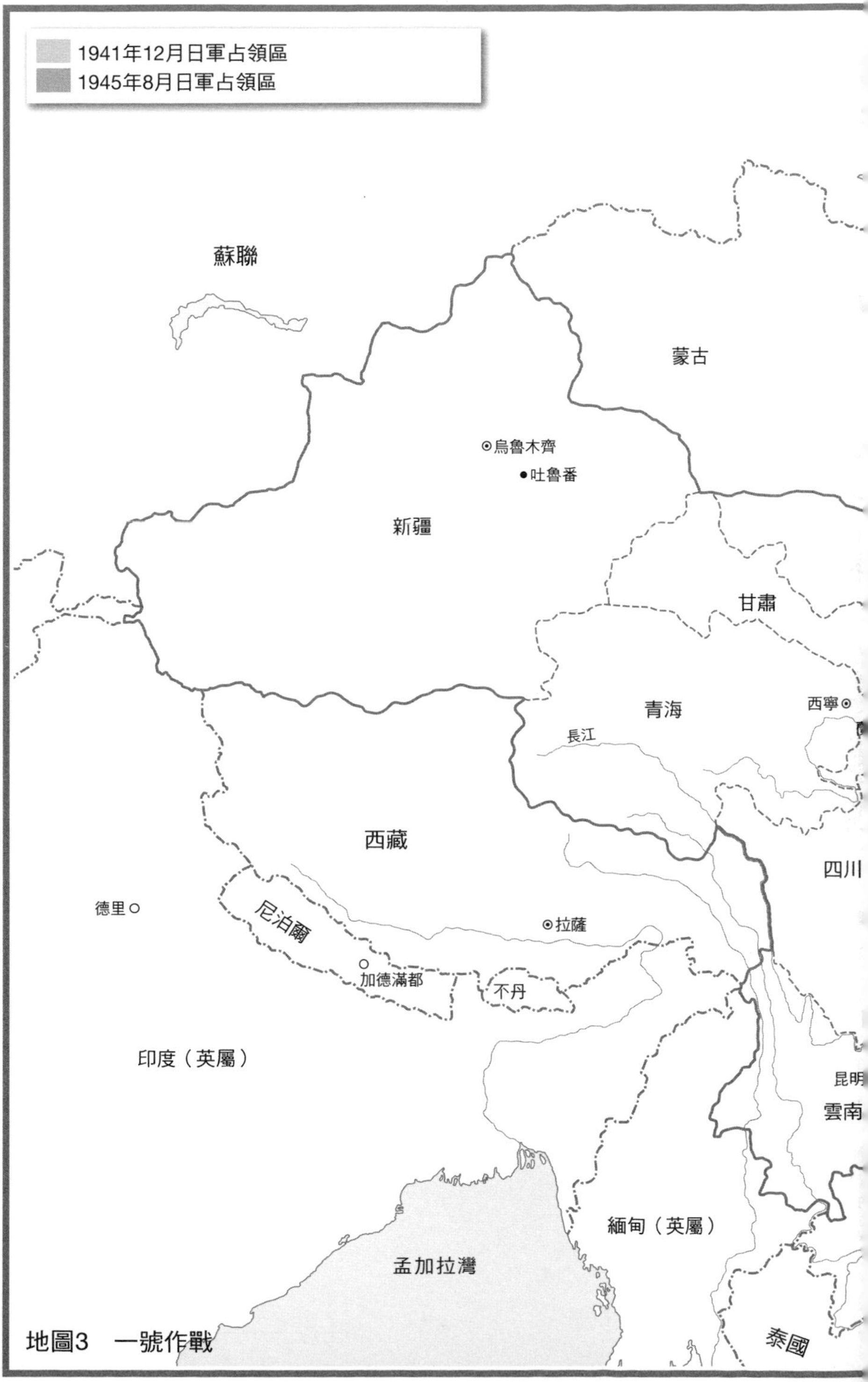
1941年12月日軍占領區
1945年8月日軍占領區
蘇聯
蒙古
烏魯木齊
吐魯番
新疆
甘肅
青海
西寧
長江
西藏
四川
德里
尼泊爾
拉薩
加德滿都
不丹
印度（英屬）
昆明
雲南
緬甸（英屬）
孟加拉灣
泰國

地圖3　一號作戰

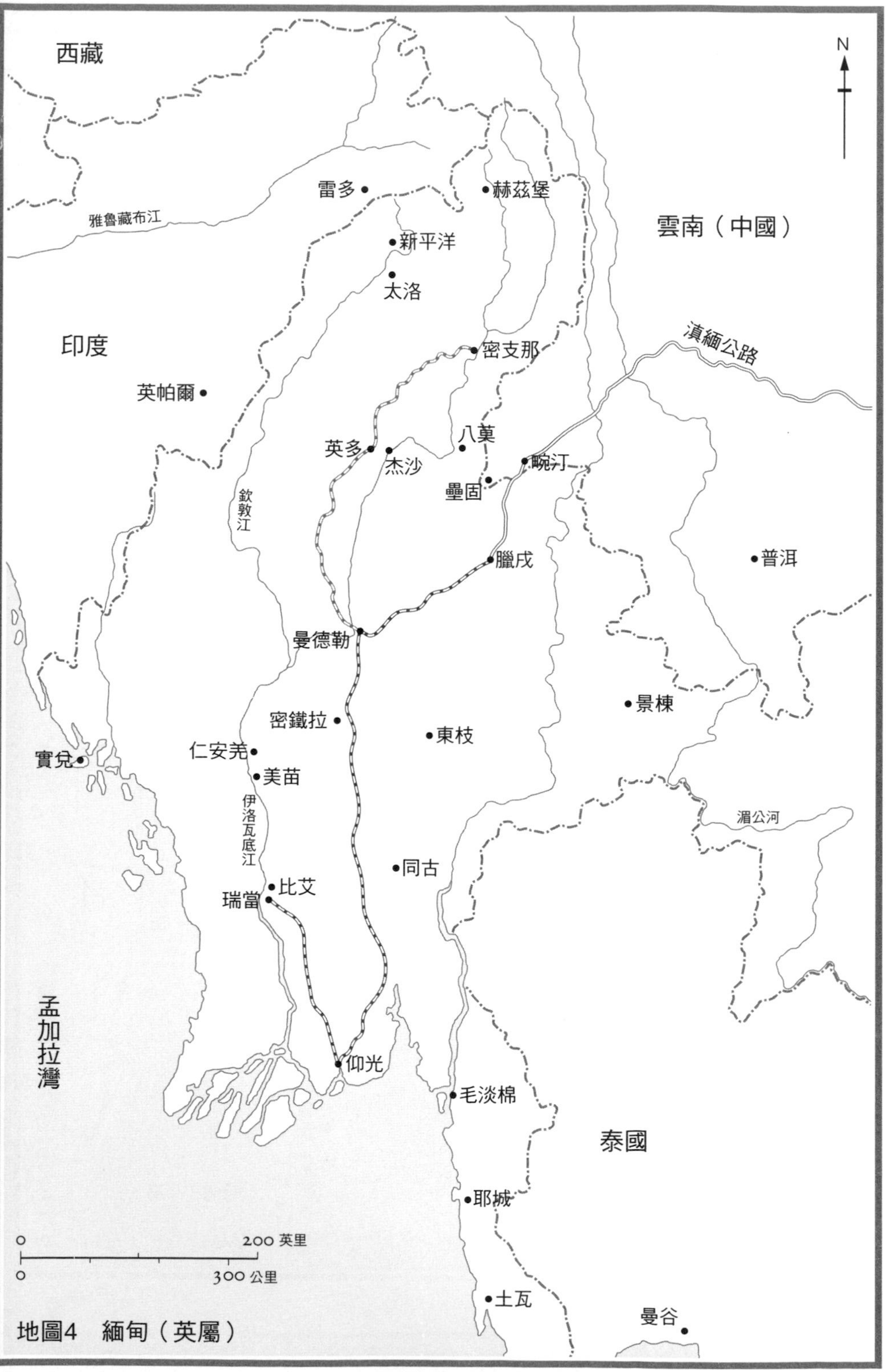

N
西藏
雷多
赫茲堡
雅魯藏布江
新平洋
太洛
雲南（中國）
印度
密支那
滇緬公路
英帕爾
八莫
英多
杰沙
畹汀
壘固
欽敦江
臘戌
普洱
曼德勒
景棟
密鐵拉
東枝
實兌
仁安羌
美苗
湄公河
伊洛瓦底江
同古
比艾
瑞當
孟加拉灣
仰光
毛淡棉
泰國
耶城
200 英里
300 公里
0
0
土瓦
曼谷

地圖4　緬甸（英屬）

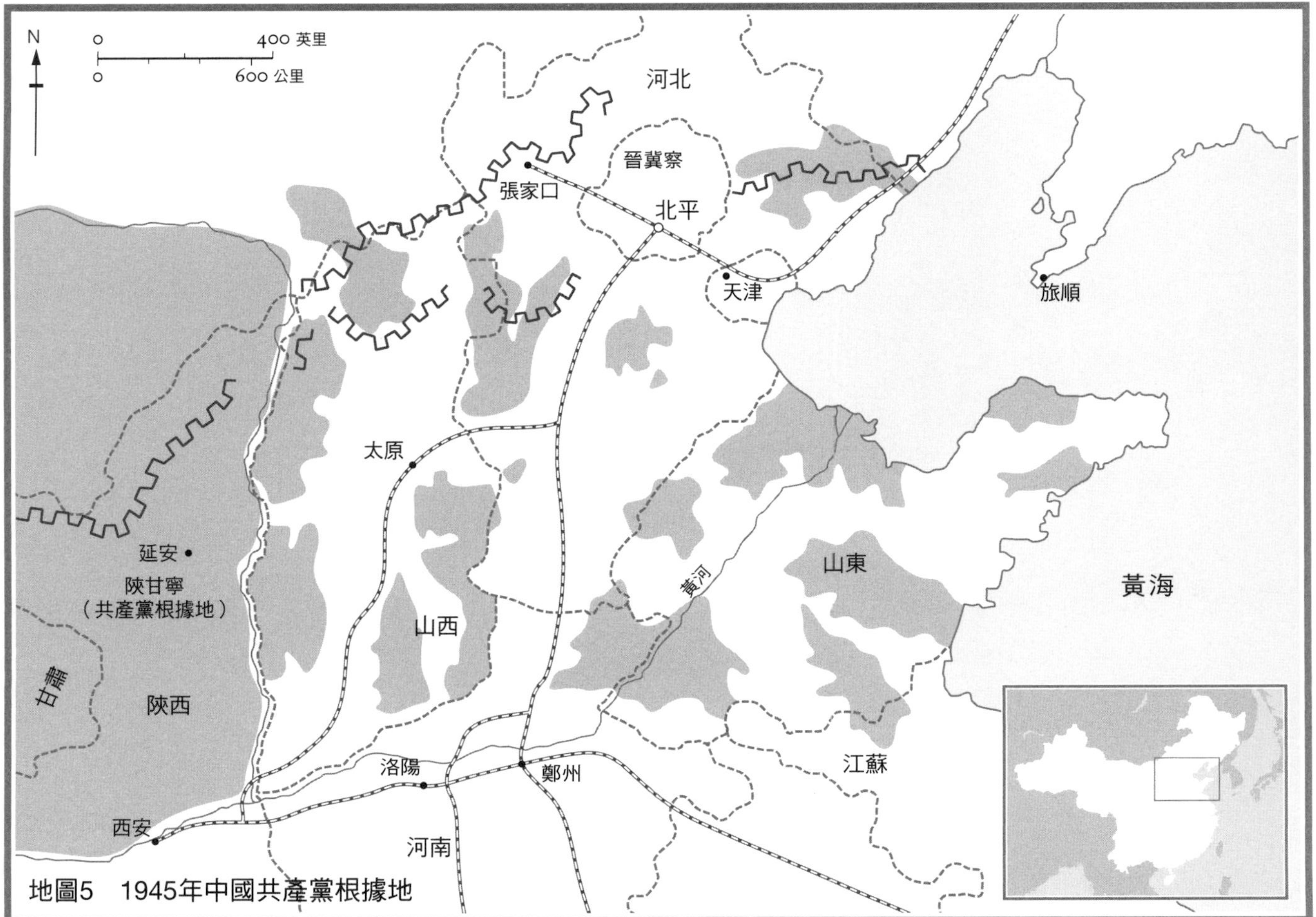

地圖5　1945年中國共產黨根據地

「死神來了又走，走了又來，不曾說再見。」——摘自羅卡（Federico Garcia Lorca）詩作〈馬拉加尼亞〉（Malagueña）

序章

烽火山城

一九三九年夏天的歐洲，雖然不平靜，但仍處於和平狀態。可是在七千公里之遙的東方，第二次世界大戰已經開戰。

五月三日，中國西南部城市重慶，晴空萬里，天氣已經熱得令人汗流浹背。重慶號稱「中國三大火爐」之一，並非浪得虛名，氣溫動輒攀升到華氏一百零四度以上（攝氏四十度）。中午時分，《新民報》記者張西洛正準備要吃午飯。在他周遭喧囂的環境裡，當地人照常過日子。碼頭上，苦力忙著從停在長江邊的船隻裝卸箱子。旅客從船上下來，立刻被數十個一擁而上的轎夫給嚇壞。重慶以「山城」著稱，如果口袋有幾文錢，最好還是讓轎夫把你從江邊沿著陡坡，抬到上城。

市場上小販和顧客討價還價，顧客人數創下本市有史以來紀錄。一九三七年十月，在日本發動侵略三個月之後，中國的國民政府宣布它守不住首都南京，重慶因而成為臨時首都。數以百萬計的難民向西逃亡，重慶人口為之膨脹。一九三七年這個城市人口未滿五十萬，八年之內數字倍增。除了市場擁擠喧囂之外，用泥土和金屬管搭蓋起來的醜陋、草率的建物如雨後春筍冒出來，也見證了難民的湧現。這些破爛房子讓已經亂糟糟的城市益發給人凌亂的感覺。

張西洛坐下來正要吃飯，突然間響起警報。他回憶說：「大約中午時分，我們聽見短促的警報。我顧不得吃飯，立刻起身往金塘街報館的防空洞躲。」一半小時後，更緊促的警報聲響。留在報館的最後幾人趕緊抓了東西，跑進防空洞。

張西洛很幸運。他藏身的防空洞是該市最先進的防空洞，由政府防空局所蓋，內有電燈、通訊設備，也備有食物和飲水。城裡許多窮人只有草草搭蓋的避難所，幾乎沒法抵擋天降的強震。有人後來回憶自家的情形，「空襲警報一響，全家十幾口人只能往桌子底下躲[1]。」重慶的英國領事館在屋頂上張開一面英國國旗，表明中立身分，提醒來襲的飛行員。但是即使這些享有外交特權的人士也不能保證安全無虞。不久之前，一架日本轟炸機轟炸自來水廠，把附近的外交官建物也炸了。

十二點四十五分，天空開始出現黑點，三十六架敵機。它們迅速變大、變響亮。日本海軍可以從中國占領區機場，派出九六型地面攻擊飛機，加滿油一口氣可飛一千公里。日軍幾乎所向無敵，可以把中國政府打趴。

張西洛從防空洞裡聽著飛機引擎聲。起先他聽得出來中國空軍數量少得可憐的戰鬥機升空迎戰。不久之後他聽到炸彈往下投，然後中方高射砲開火。空襲進行了約一小時，解除警報在下午兩點三十五分響起。

張西洛走出防空洞，查看損失情形。全城上下，從碼頭到住宅區全給炸翻了，變成一片廢墟。破壞之甚使得倖存的建物變成十分突兀：某個十字路口，幾家銀行屹立在一望無際夷為平地的廢墟中。即使過了好幾個小時，天都黑了，全市仍可聽到呻吟、求救的呼喚。張西洛說：「真的不忍聽啊！」他採訪了傷者和死者親友，然後趕回報館發稿。

次日，五月四日，張西洛正在公園和當代中國最著名的記者《大公報》范長江談話。他們看到一位婦人哭泣。她、她丈夫和小孩來不及躲進防空洞，日機投彈時，他們就在公園裡。她丈夫當場被炸死，兩個小孩負傷。她哭號：「日本鬼子為什麼不把我們全炸死啊？我們今後要怎麼活呀？」多年後，有個男子回想那恐怖的一天：空襲時，這名男子的父親正在和一群年輕工廠工人講話。一聲巨響後，就在他眼前，幾個工人「變成血淋淋、飛天的肉塊」。男子的母親提到另一起更慘的故事：在一座大型防空洞，黑暗中大家急著往裡躲，許多人一失足跌倒，竟然被活活踩死[2]。

但是，重慶還未躲過災劫。五月四日下午警報再度響起。傍晚五點十七分，二十七架日本飛機出現，開始再度轟炸重慶。有位倖存者回憶說：「就好像坐在小船上，一直動盪。外頭彈片四射，窗子玻璃炸落滿地……我們聽見敵機隆隆作響以及機關槍掃射聲。」他嚇壞了，可是又好奇，抬頭往窗外望，只見烈焰罩空，附近的建築物逐一塌垮。「我們的家已經炸垮，陷入火海。」解除警報響起，已是下午七點，張西洛所屬的報館依然屹立，可是它四周的建物全毀了[3]。

五月四日空襲出動的飛機沒有前一天多，但是攻擊的目標更廣、造成的傷亡更大。五月三日，死亡人數六百七十三人、一千六百零八戶房子摧毀。五月四日，死亡人數三千三百一十八人、三千八百零三戶房子摧毀。這些空襲使國際間注意重慶的命運，以及移駐於此的中國「流亡」政府。同一時期，西班牙共和政府也和佛朗哥將軍領導的國民軍陷入苦戰。許多國家的外交官、新聞記者和商人得以目睹中國首都慘遭破壞。更慘的是，五月三日和四日的慘烈空襲只是重慶往後數年頻遭痛擊的例子之一。轟炸最密集時期是一九三八年五月至一九四一年八月，大約有兩百一十八次空襲動用燃燒彈和爆裂彈，造成一萬一千八百八十五人死亡[4]（大多是平民）。空襲警報成為戰時首都日常生活的一部分。有位小時候在重慶長大的男子數十年後回憶：「我這輩子都記得耳朵裡一直響著空襲警報聲響；我這輩子只記得美豐銀行樓頂的紅色空襲警報汽球[5]。」

坐在重慶山頂黃山別墅裡的蔣介石，最有理由提防死亡和破壞的到來。蔣介石是中國戰時領袖，又是國民黨黨魁。他在五月三日日記寫下：「敵機四十餘架，今日來渝，軍委會附近投彈，市民死傷甚大也。」次日，他情緒更加激動，寫下：「敵機今日傍晚來渝轟炸，延燒，實為有生以來第一次所見之慘事。目不忍睹，天父有靈，盍不使殘暴之敵速受其災也[6]。」

可是，有些中國人從灰燼中看到希望。中國偉大的作家老舍在空襲時就住在重慶。他和許多文化界人士一樣義不帝秦，不肯住在日本占領區，來到重慶郊區北碚落腳。他從北碚遠眺，可以看到市中心的火光。老舍明白日本人選這一天空襲的象徵意義。

在他這一代的作家和藝術家心目中，「五四」有高度特殊的意義。一九一九年五月四日，北京爆發學生反帝國主義的示威運動，這一天成為廣泛的自由思潮象徵。這股新思潮預見中國將以「科學和民主」重建文化，這兩個燈塔將拯救中國脫離政治積弱。中國的知識份子絕不會看不到一九三九年五月四日的重慶大轟炸，正好是那一場傳奇反帝示威，整整二十年的意義。老舍說：

「朋友們，繼續努力，給死傷的同胞們復仇；……爭取自由、解放的五四，不能接受這火與血的威脅；我們要用心血爭取並必定獲得大中華的新生！我們活著，我們鬥爭，我們勝利，這是我們五四的新口號[7]！」

大部分西方人很少聽過重慶大轟炸。即使中國人本身，事件也已湮沒數十年。可是它們是第二次世界大戰這個大故事的一部分，或許還是最不為人知的一部分。數十年來我們對這場全球衝突的了解，未曾賦予中國適當的地位。如果中國被提到，它也只是小角色，在美國、蘇聯和英國扮演相當重大角色下，它只是個跑龍套的。

事實上，中國是一九三七年第一個面對軸心國猛烈攻擊的國家，比英國和法國早了兩年，比美國早了四年。珍珠港事變（一九四一年十二月七日）之後，美國有一個目標就是「讓中國留在戰局」。中國把大量日本精銳之師牽制在大陸，這是同盟國整體戰略的一個重點。由於中國在經濟上、政治上遠比其他同盟國弱小，它自己做主的力量小得很多。可是戰爭依然標示中國從全球帝國主義的半殖民地受害人，進展到以主權國家之姿踏進世界舞台、具有更大的區域及全球責任的重大一步。

外在世界也不曾完全了解，從一九三七至四五年的八年抗日戰爭期間，中國所付出的可怕代價：一千四百萬條人命、難民大規模遷徙，剛萌芽的現代化全毀於戰火[8]。中國共產黨得以走上一九四九年的勝利之路，也奠基在對日抗戰製造出來的全國殘破之局。

近年來，戰爭在中國的尺度逐漸浮現。一九三七年七月七日，中、日部隊事先並無計劃的一場地方局部衝突（所謂「盧溝橋事變」），升高為東亞兩大國的全面戰爭，並持續打到一九四五年八月才告終止。這八年，中國國民政府帶著數以百萬計的難民被迫在內部流亡。中國有極大一片領土被日本人占領；日本人扶植「合作者」成立新形式政權，破壞國民政府的權威。中國共產黨則在中國其他地區發展勢力，透過抗日作戰增益自身信譽，並藉由激烈的「社會改革政策」擴大根據地。中國因為抗戰的傷亡人數迄今仍在計算中，但是保守的估計，死者至少一千四百萬人（大英帝國和美國在第二次世界大戰期間死亡人數各皆超過四十萬人，俄國死亡人數超過兩千萬人）。中國難民人數可能超過八千萬人。中國好不容易建立起來的現代化，絕大部分毀於戰火，如鐵路網、公路建設，以及在二十世紀頭幾十年建立的工業廠房：富裕的珠江三角洲損壞了三〇％的基礎建設，上海地區有五二％基礎建設受損，以及首都南京八〇％毀滅性的破壞[9]。這場在中國的戰役打垮了兩個帝國：英國和日本；另外創造兩個新帝國：美國和蘇聯。談到這場戰爭免不了人民災劫苦難的故事：南京大屠殺（一九三七年十二月至隔年一月），日本軍隊攻陷首都南京後大肆燒殺姦擄。一九三八年六月炸毀黃河河堤，替國民政府部隊爭取了寶貴時間，然而中國也付出慘痛代價，同胞死傷數十萬人。

中國的抗戰是在毫無勝算之下堅忍不拔、奮戰到底的英勇故事。中國政府和人民不顧一切、「抗戰到底」，終於戰勝強敵，證明新聞記者和外交官一再唱衰中國，認為中國必將滅亡的預言完全錯了。直至珍珠港事變，中國有四年多的時間是孤軍奮鬥力抗日本。在這段期間，這個貧窮、低度開發的國家，牽制住一個全世界最高度軍事化、科技先進的社會的八十萬雄獅勁旅[10]。此後四年，同盟國能在歐洲和亞洲兩個戰場同時作戰、節節勝利，有相當大部分奠基於中國與日本纏鬥不休。

這場戰爭對於三個人來講，也都是人生重大的轉捩點。這三人對中國的未來各有不同的見解。戰爭期間，所有的眼睛不論是貶是褒，全都投注在中國國民黨領導人蔣介石身上。抗戰爆發時，幾乎每個人（即使蔣介石的共產黨敵人也不例外）都承認他是唯一能夠代表全中國領導抗日的人物。蔣介石夢想這場戰爭是一場清淨大火：中國可以從灰燼中升起，成為主權獨立、經濟繁榮的國家，在戰後的亞洲和世界秩序扮演領導角色。

最終，蔣介石贏了戰爭，卻輸掉國家。對於蔣介石的大敵中國共產黨主席毛澤東而言，抗日戰爭是他打造領袖地位的大好機會。一九三七年抗戰爆發時他還是個四處流竄的小黨黨魁，藏匿在西北邊區塵土飛揚的山區。抗戰結束時，他已經掌握中國極大片土地，轄區人口約一億，並擁有一支將近百萬人的軍隊[11]。

相形之下，抗戰使得汪精衛沉淪。除了中國史學界之外，沒有多少人記得這號人物。汪精衛的故事堪稱是二十世紀史重大悲劇之一。他年輕時是比毛澤東、蔣介石更赫赫有名的民族主義英雄和革命家，是傳奇的革命領袖孫逸仙底下的第二號人物。但是抗戰期間汪精衛的一項決定，使他直到今天還被公認是中國人民的「千古罪人」。

蔣介石、毛澤東和汪精衛這三個人利用抗戰倡議、辯論他們對未來、現代及自由中國的願景。這場戰爭迫使他們選邊站，暴露出他們的根本差異，最後終於導致毛澤東的勝利。

中國抗戰的故事也攸關，了解今日之中國如何崛起成為全球大國。要詮釋中國人認同意識的變化，以及中國在快速變化的世界秩序之角色，了解長期隱諱的歷史就十分重要（特別是中國在第二次世界大戰期間的經驗）。只要你曉得往哪找，中國仍處處留有抗戰的遺緒。南京有一座大型博物館兼紀念館，告訴我們日本占領軍一九三七年十二月屠殺成千上萬中國老百姓。遊客在重慶可以參觀「酸醋喬」・史迪威（Vinegar Joe Stilwell）的舊居，這位美國將領和蔣介石的恩恩怨怨影響到未來數十年的美中關係。電視上，紀錄片提醒觀眾共產黨八路軍在華北抗日的故事，而以戰時為背景的連續劇則大談國民黨和共產黨軍隊的故事。

抗戰的遺緒在某些無形無影的方面，也十分強大。在毛澤東一九四九年勝利之後持續統治中國六十多年的中國共產黨，正是因為抗日戰爭弱化及分裂中國而趁勢坐大、進而奪取政權。在今天的國際社會裡，中國欲以「負責任的大國」之姿出現，中國的分析家和外交官愛談中國曾經是同盟國一員，與美、英、俄並肩作戰。因為中國希望把自己描繪為新秩序不可或缺、積極的一部分，他們愛拿中國與盟國合作對抗反動勢力和今日做比較。今天，當中、美關係趨於緊張時，中方就會說它在戰時的貢獻、它擊敗美國敵人的努力被遺忘了——現在美國和歐洲應該記取這段往事。

中國今天最吃緊的國際關係仍是對日關係，抗日戰爭仍是目前中、日摩擦極重要的一環。即使對於出生在一九四五年之後許多年的世代來講，中國民族主義的驕傲，還是深受日本侵略中國的怒氣所影響。一九九〇年代，年僅四十出頭的作家方軍，親赴日本進行「發現之旅」，採訪當年參與侵華戰爭的老兵。他的結論是：「我希望我們的祖國富強，我希望我們的孩子堅強。不富強、（不堅強），我們就還可能讓出東三省，（敗退盧溝橋，）撤出大上海，血流南京城[12]。」日本在華戰時紀錄仍可以引起深刻的情感。

近年來中國青年持續表現出對日本的憤怒：朝大樓投擲玻璃瓶。許多人覺得那是因為，日本仍然沒對它在華戰爭罪行完全道歉，反日情緒可以突然之間就爆發起來。二〇〇三年，新聞報導敘述日本商人在中國東北某城市集體「買春」，這件事導致街頭暴動，只因為它發生在九月十八日，正是日本一九三一年侵略中國東北的「九一八事變」週年。二〇〇五年的暴動者包括大學生，他們包圍上海日本領事館，投擲玻璃瓶。他們抗議日本企圖爭取聯合國安全理事會常任理事國席次，但是這股怒氣的潛台詞是六十年之久的仇恨、日本侵華戰爭的遺緒。

二〇一二年夏天，為了東海釣魚台的領土之爭，在中國許多城市爆發反日示威活動。這股怒火不僅影響中、日關係。透過美、日安全同盟，美國從第二次世界大戰以來即在亞太地區維持強大地位，並把日本置於美國的防衛傘保護之下。中國對這些安排不滿已久，有一大部分源自於它認為中國、而非美國，應該是今天此一區域的主要國家。但是這股怒火的歷史基礎是中國積弱不振時期，日本在本地區的驕縱霸氣所留下的記憶。

抗戰的記憶也可以療癒另一個衝突所留下的傷痕——毛澤東的共產黨和蔣介石的國民黨之間痛苦的內戰。如果你還記得毛澤東時期中國的情況，有一個最令人驚訝的景象出現在毛主席的大敵，蔣介石居停的黃山寓邸。如今，這座別館已修繕復原成當年蔣介石居住、在日記寫下重慶遭轟炸感想時的舊貌。裡頭的陳列品詳記蔣介石領導抗戰事蹟，而且全都非常正面，沒有說他是資產階級反動派小跟班；至於共產黨，則很少提到。一個世代以前，我們或許會在台灣看到對蔣介石如此稱頌，但絕不可能出現在中國大陸。

反觀西方，我們對中國戰時經驗遺緒的理解卻很貧瘠[13]。許多人根本不知道中國在第二次世界大戰曾扮演過任何角色。知道中國曾經參戰的人往往又把它貶抑為次要戰場。這一派普遍認為，中國只是小角色，它的政府是個不確定、貪腐的盟友，對於擊敗日本貢獻不大。在這個觀點下，中國參戰的故事是歷史的支線，不值得拿來和參戰大國的表現相提並論、全面探討。

有人或許會猜，西方對中國的抗戰經驗所知不多，是因為戰爭發生在遠離美國人和歐洲人眼皮的地方，和中國人之外的人沒有太大關係。但是這個說法根本不符合事實。一九三九年五月三、四日重慶大空襲之後響起的解除警報，聲音傳到中國境外。重慶的際遇成為全世界人民力抗強敵的象徵，大家都曉得全球大戰已不遠矣。當時，中、日間的衝突是全世界最醒目的戰爭之一。奧登（W.H. Auden）在一九三八年寫了一系列著名的《來自中國的十四行詩》（*Sonnets from China*），其中一則就把東、西兩地聯結起來：「生命陷入奸邪。南京。達赫奧。」(譯注1)對於西方許多進步派人士而言，中國的戰爭與西班牙內戰夾纏在一起，許多觀察家，如奧登，以及他的夥伴克里斯多福・伊修伍德（Christopher Isherwood）、攝影師羅伯・卡帕（Robert Capa）和影片製作人喬里斯・伊文斯（Joris Ivens），趕場般地從這裡趕到那裡，把它們當成民主（或至少是進步）政府對抗法西斯主義及仇外的「極端民族主義」的全球大戰的一環在報導。英國成立「英國援華會」（China Campaign Committee）為保衛中國募款。（審按：又譯「英國援華委員會」或「英國援助中國運動委員會」，簡稱「英國援華會」，二戰期間在英國的蕭乾曾參加這個組織的活動。）甚且，《時代》雜誌的白修德（Theodore White），這位日後批評蔣介石最力人士之一，也宣布重慶之役「是數十萬人基於對中國偉大的信念，集合到它城牆下，以旺盛的熱情抗日、守土奮戰[14]。」西班牙內戰在一九三九年結束，可是中國的抗戰成為吞沒亞洲和歐洲的全球衝突的一部分[15]。

對於美洲、歐洲或亞洲任何大國來講，若是要說第二次世界大戰的經驗，與一九四五

譯注1：奧登是二十世紀上半葉英國著名詩人。一九三八年到中國採訪抗戰事蹟，和伊修伍德合著《戰地行》（*Journey to a War*）。達赫奧（Dachau）位於慕尼黑附近，納粹一九三三年在此設立集中營，有數萬人死於此地。

年以後打造社會毫不相干，一定會被訕笑。從美國以世界警察自居、英國企圖在帝國傾頹之後於歐洲保有角色地位、到日本希望以活在原子彈陰影下愛好和平的國家自居，戰爭的遺緒在今天十分清晰。矛盾的是，中國這個最先遭受軸心國家侵害的國家，在一九四五年以來的數十年，仍然隱晦。當代中國被認為是毛澤東文化大革命的繼承者，甚至是十九世紀鴉片戰爭備受羞辱的繼承者，但是很少被認為是抗日戰爭的產物。今天，攸關中國命運的一些戰役的名字，如台兒莊、長沙、一號作戰，卻沒有像硫磺島、敦克爾克（Dunkirk）、突出部、西班牙、諾曼第那樣可以引起巨大的文化迴響。為什麼中國的戰時歷史從我們的記憶淡化？又為何今天應該記起它們？

簡單地講，那段歷史消失在早期冷戰創造的黑洞裡，直到最近才又出現。中國抗日戰爭史被包在有毒的政治當中，西方以及台灣海峽兩岸的中國人都要負責。每一方都把他們對戰爭的詮釋拿來和冷戰中已經確知的事實結合。

一九四五年至一九五〇年之間，日本和中國在英美人士心中的情感地位互換：日本從戰時敵人變成冷戰的資產，而中國從抗日盟友變成憤怒、又無法預料的共產主義巨人。戰時中國究竟發生什麼事，在美國和「誰丟掉中國」這個火爆政治問題扯在一起，在當時頗有毒害的政治氣氛下，變成幾乎不可能對中國這幾個主角人物的功過有公允的評價。另一方面，在一九四九年之後，新建政的中華人民共和國，在官方版本的歷史很快就把戰勝日本歸功於中國共產黨的領導。國民黨的角色被貶抑：它說戰時的國民政府只顧打共產黨、無心抗日，而且腐敗、失能、欺壓中國老百姓。

一九四九年以後國民黨跑到台灣，台灣的學者的確駁斥這個觀點，但是他們的觀點遭到質疑，因為它們是在力圖恢復被汙衊聲譽的蔣介石獨裁統治之下所提出。甚且，連學者也接觸不到大陸戰時的檔案資料。因此之故，要了解這個時期所需要的細節從來沒有出現。中國的戰爭竟然沒被看做是悲劇，反而被當成鬧劇，英雄與惡人黑白分明。各方都認為抗戰是一段尷尬時期，與毛澤東新中國的光榮不相干，而尋求打造和平的戰後西方，對此也沒有興趣。很少人想要回想起這個黯淡時期，因為它只是災厄頻頻的中國現代史中又一個低潮。

一個社會去強調有助於建構本身國族自尊的歷史故事，當然不是很獨特。直到一九七〇年代，許多西方的戰爭史集中在西歐戰場，低估俄國的重大貢獻。俄國則拚命利用一九四一年至一九四五年的「偉大的愛國戰爭」在戰後的每個社會層級重塑國家形象，尋求國際社會的好處。反之，在戰後中國則非常有選擇性的利用對日抗戰來號召全民。公開談到抗戰時期時，唯一會被詳細討論的經驗，是發生在延安革命根據地的事件，那是毛澤東搞農民革命的基地。歷史避談重慶遭轟炸；戰時汪精衛等人與日本合作；或中國與美、英同盟；甚至對南京大屠殺這一類日本戰爭罪行也沒有太多的討論。

情勢在一九八〇年代起了激烈變化。中華人民共和國翻轉了它對抗戰史絕大多數關鍵部分的論述，共產黨決定重啟抗戰時期的記憶：當年國、共摒棄黨派立場、共同對抗外國侵略者。新的抗戰史蹟紀念館紛紛出現，悼念日本的戰爭暴行，包括南京大屠殺；電影及其他紀念館也不再諱言國民黨軍隊的貢獻，不再獨尊中共領導抗戰的立場；利用塵封數十年的檔案文件，大量的新學術研究，紛紛問世。

本書受惠於中國了不起的開放過程。中國在第二次世界大戰的角色之新認識，不是西方史學界加諸中國身上的議題之成績，而是源自於中國本身內部的重大變化。現在正是全面、完整重新解讀中國長期抗日戰爭，以及中國在第二次世界大戰重大角色的合宜時間。冷戰現在已經結束，問題重點不再是「誰丟掉中國？」影射共產黨的滲透和麥卡錫主義的作祟；取而代之的是「為什麼戰爭改變了中國？」藉由此一更開放、更有意義的問題，避開責備、專注起因，把辯論重心從美國角色移開、更重視中國本身。

重新解讀中國抗日戰爭史的能力，將使我們脫離鬧劇。抗戰應該被看做是中國現代化這個漫長過程所受到的阻擾。到了一九三〇年代，經歷將近一個世紀的外國侵略、國內戰亂和經濟動盪，國、共兩黨都想要建立一個政治獨立的國家，政府機器掌握整個社會，人民則穩定、健康，有經濟生產力。國民黨在一九三七年抗戰爆發之前的十年，率先試圖達成這些目標。但是日本的侵略使一切變得幾乎不可能：從收稅、提供「糧食安全」、到處理大規模難民流動的能力，問題大到不是任何政府所能成功處理。抗戰或許預示著權力移轉到共產黨手中，但是這個過程並非不可避免。在抗戰初期，也就是珍珠港事變之前，還有另一種選擇：日本有可能戰勝，而中國成為日本大帝國的一部分。解讀中國抗戰經驗的新歷史，必須考量到國民黨、共產黨和與日本合作這三股勢力爭奪現代中國的鬥爭。

欲檢視這段歷史也必須將中國恢復為四大戰時盟國之一的地位，與美、英、蘇並列。中國的故事不僅是被遺忘的盟友的故事，也是政體及生活方式變化最大的盟國。即使俄國在一九四一年六月遭到德國入侵，人命犧牲慘重，它也沒有中國變化那麼大：蘇聯被逼到絕境、奮力反擊，沒被打垮，存活下來。相反地，國民政府在一九四五年基本上已因為對日抗戰而被摧毀了。西方對中國作戰不力的指控，尤其是對國民黨的批評，是站在這個政權太腐敗、太不孚民心、得不到支持的指控基礎上。美國在抗戰時期流行一個笑話，譏諷中國領袖的名字其實是「兌領我的支票」（Cash My- Check）。

事實真相其實十分複雜：「歐洲第一」的戰略意味以最低代價維繫中國留在戰局，蔣介石一再被迫以盟國地緣戰略利益為目標，部署他的部隊、傷害中國自身。一九四五年勉強蹣步走到和平的國民政府不是盲目反共、拒絕抗日的產物（從國民黨在珍珠港事變之前孤軍力抗日本四年半，即可證明這是很奇怪的指控），或是軍事思想愚蠢、原始。國民政府是被外來攻擊、國內動亂和不可靠的盟國壓垮的。

中國的對日抗戰也值得重新檢討，因為戰時情況影響社會，至今還未稍止。不斷的空襲使得人民工作、生活非得在同一地點不可，因為移動實在太危險。一九四九年之後，中國大陸實行的「工作單位」制即是類似的制度，它直到一九九〇年代才解除。戰時艱巨歲月，使政府拚命要在紊亂中維持某種秩序，中國的社會變得更加軍事化、區隔化和官僚化。這些趨勢，加上近乎病態的害怕「失序」，持續影響中國官方的心態。國家機器在戰時對社會有極大的要求，卻也製造出反效果：社會開始對國家有更多的要求。戰時對難民提出許多福利賑濟的實驗，也改善公共衛生和醫療系統。其他參戰的國家，尤其是英國，以承諾實施福利國家，來補償人民在戰時的忍受苦難。可是，國民黨製造的需求，卻只有共產黨能夠滿足它們[16]。

二十一世紀初的中國已在世界舞台占有一席地位，並企圖說服世界它是一個「負責任的大國」。其中一個方法就是提醒大家，在過去、而且是不久前，中國與其他進步國家曾在第二次世界大戰時，並肩對抗法西斯主義。如果我們希望了解中國在今天全球社會的角色，我們就必須提醒自己，這個國家在一九三〇和四〇年代所進行的，悲劇的、巨大的鬥爭，那不僅是為本身的國族尊嚴和生存而戰，也是為了全體盟國、不分西方及東方的勝利，迎戰歷史上最黑暗的勢力。

注釋

1. 西南師範大學重慶大轟炸研究中心等編，《重慶大轟炸》（重慶：二〇〇二），頁一〇六、一〇一至一〇二、一一一。
2. 同前注，一〇六至一〇七。
3. 同前注，一〇三，一一一。
4. Tetsuo Maeda, "Strategic Bombing of Chongqing by Imperial Japanese Army and Naval Forces," in Yuki Tanaka and Marilyn B. Young, eds., Bombing Civilians: A Twentieth-Century History (New York, 2009), 141.
5. 《重慶大轟炸》頁一〇九。
6. 《蔣介石日記》（胡佛研究所檔案）〔Box 40, folder 8〕，一九三九年五月三、四日。
7. 《重慶大轟炸》，頁八五。
8. 中國八年抗戰期間犧牲了多少人命，數目極大，但迄今仍不清楚。文安立在《躁動的帝國》引用學者研究指出，「中國在作戰中至少死了兩百萬人，還有一千二百萬平民直接因戰爭而喪生」。[Odd Arne Westad, Restless Empire: China and the World since 1750。] 中譯本，文安立著，林添貴譯，《躁動的帝國》(London, 2012), 249, 引用 Rudolph J. Rummel, China's Bloody Century: Genocide and Mass Murder Since 1900 (New York, 1991)。
郭汝瑰，《中國抗日戰爭正面戰場作戰記》（南京，二〇〇六）。
孟國祥非常有用的回顧文章提出不同的統計基礎計數死傷人數，其死亡人數在八百萬至一千萬人之間。〔孟國祥，〈中國抗日損失研究的回顧與思考〉《抗日戰爭研究》，二〇〇六：四〕。
Diana Lary, The Chinese People at War: Human Suffering and Social Transformation, 1937–1945 (Cambridge, 2010), 173, 承認編輯準確的統計非常困難，但是她指出戰後中國官方全國總人口數

字顯示，自一九三七年以來減少約一千八百萬人。

9. 黃美真，《日偽對華中淪陷區經濟的掠奪與統制》（北京：二〇〇四），頁三六。

10. 這個數字指的是日軍全盛時期的總兵力。Edward J. Drea and Hans van de Ven, "Overview of Major Military Campaigns," in Mark Peattie, Edward Drea, and Hans van de Ven, The Battle for China: Essays on the Military History of the Sino-Japanese War (Stanford, CA, 2011), 39.

11. Lyman P. Van Slyke, "The Chinese Communist Movement during the Sino-Japanese War, 1937–1945," in Lloyd E. Eastman et al., The Nationalist Era in China, 1927–1949 (Cambridge, 1991), 277.

12. Rana Mitter, "China's 'Good War': Voices, Locations, and Generations in the Interpretation of the War of Resistance to Japan," in Sheila Jager and Rana Mitter, Ruptured Histories: War, Memory and the Post-Cold War in Asia (Cambridge, MA, 2009), 179.

13. 近年來全球戰爭史已經開始把中國戰區更完整納入分析，例如Niall Ferguson, The War of the World: History's Age of Hatred (London, 2006), Max Hastings, Inferno: The World at War, 1939–1945 (London, 2011), and Antony Beevor, The Second World War (London, 2012).

14. Theodore White and Annalee Jacoby, Thunder out of China (New York, 1946), 3.

15. 有關中國抗戰對英國輿論的影響之分析，見Tom Buchanan, East Wind: China and the British Left (Oxford, 2012)，尤其是第二章。

16. Mark W. Frazier, The Making of the Chinese Industrial Workplace: State, Revolution, and Labor Management (Cambridge, 2002), and Morris Bian, The Making of the State Enterprise System in Modern China: The Dynamics of Institutional Change (Cambridge, MA, 2005)等作品都提到，共產主義的社會結構源起存在於戰時國民政府時期。

第一部

走向戰火

1. 中日脣齒相依

中日衝突並非始於一九三七年，它醞釀已有數十年之久。二十世紀上半葉中國的故事就是它和這個島嶼鄰國愛恨情仇的故事。與日俱增的仇恨，在一九三〇至四〇年代中國領土上發生的暴行肆虐達到最高點。

早年的日本，既是中國的導師，也是怪獸。它是教育家：數以千計的中國留學生到日本學習。它是庇護所：當中國的異議份子，如著名的革命家孫逸仙遭到本國政府威脅時，他們逃到東京。它是模範：中國改革派菁英向日本「取經」，研究亞洲國家如何軍事化、工業化，在國際社會抬頭挺胸。不問好壞，二十世紀的中國史極大部分是在日本製造。中、日雙方都認為兩國「脣齒相依[1]」。

但是如果中日關係如此親密，他們怎麼會打出歷史上最慘烈、血腥的一場大戰呢？要了解中日衝突的根源，我們必須回到十九世紀。身為這段時期的中國人，要面臨相當沮喪的政治問題——洪水、饑饉和外夷侵略不已。在這些挑戰之上，還有中國史上最大的生存危機。中國菁英體認到他們再也不能主導自己的命運。原本自信心十足的文明現在成了新國際制度與帝國主義打造下，世界的受害人。由於工業化來勢洶洶，許多中國人格外無法理解為什麼國家衰退如此快。僅只一個世紀之前，西方許多觀察家肯定中華帝國是世界上最偉大的國家。例如伏爾泰（Voltaire）批評母國法國遠不如中國。數百年來，中華帝國歷朝統治世界人口最多、最複雜的社會。中國近千年來，以競爭激烈的科舉考試錄用政府官員，遠遠早於西方。

中國文化的影響在這段時期達於極致。做為中國治術基礎的儒家精神——秩序井然、保守的哲學，傳遍東亞，塑造社會。影響所及包括日本、朝鮮及東南亞。中國書法、繪畫和金屬工藝獨步東亞。中國發展出活潑的商業經濟，南方溫暖地帶異國風味的水果進入華中、華北城市富貴人家精緻的餐盤上。反之，日本統治者自覺孱弱。西班牙、葡萄牙傳教士抵達、積極想把日本人皈化為基督徒，德川幕府家族憂心此一趨勢，從一六三五年起實施所謂「海禁／鎖國」政策，任何日本人統統不許出國，違者處死；外貿只限荷蘭、中國及朝鮮商人，只准在長崎港人工島出島和偏遠小島進行[2]。清廷則不怎麼關心來自外國的威脅。當英國外交特使馬戛爾尼勛爵（Lord George Macartney）一七九三年來華企圖打開中、英貿易時，大清朝的乾隆皇帝高傲地宣稱：

「天朝德威遠被，萬國來朝，種種貴重之物，梯航畢集，無所不有……然從不貴奇巧，並無需爾國製辦物件[3]。」

可是，儘管朝廷漫不經心，中國卻高度整合進入世界經濟，絕非閉關或孤立。清朝（一六四四～一九一二年）景德鎮精美的陶瓷是十八世紀英、法富貴人家珍藏的極品。新世界的作物，如甜薯、玉蜀黍的流行，使得中國人往西開發很大一片原本荒涼貧瘠的領土。一七〇〇年至一八〇〇年之間，中國人口倍增，從一億五千萬人增加為三億人[4]。

中國文化力量勝過鄰國最佳例證，是一六四四年建立的清朝。滿人從東北入關，建立大清。即使滿人像之前的蒙古人及其他非漢人的入侵者，已經征服中國領土，他們仍然尊重中國強大的社會規範。清朝最偉大的皇帝康熙（在位一六六一～一七二二年）、乾隆（在位一七三五～一七九六年）編纂《四庫全書》、寫詩，以示他們接納傳統中國文化

（即使他們在朝廷及社會維持許多傳統的滿族形式）。

可是中國的成功也種下未來遭遇困難的種子。中國領土在十八世紀大肆擴張，但它的官僚仍小，徵稅能力也不大。政府歲入不多表示軍事開支不大。當十九世紀西方帝國主義叩關而至、出現新威脅時，這個問題就凸顯出來。新來者與以前要建立皇朝的征服者不同。他們的世界觀與中國人不同，不認為中國居於世界中心。他們以英國人為首，英國人因工業革命經濟興盛，又在一八一五年滑鐵盧之役擊敗法國拿破崙而國勢如日中天。英國貿易商一六〇〇年建立東印度公司，現在又要替他們東南亞屬地生產的商品尋找新市場[5]。

有一種作物長得特別好——罌粟，一引進中國，立刻風行。其實鴉片在中國已有數百年歷史，大多用為藥物和富人的壯陽劑，大眾市場的鴉片是英國人的發明。清廷也發現這是不利民生社稷的一股強大破壞力量，林則徐奉派到廣州銷毀當地英商掌握的鴉片。他很快就成功地把商人圍困在「工廠」，沒入其鴉片，但卻不智的激發起戰爭。英國外相巴麥尊勛爵（Lord Palmerston）批准動武，懲罰中國人對英王的不敬。第一次鴉片戰爭（一八三九~四二年）開打。中國守軍擋不了英國火砲——他們有砲艇當後盾。清廷被迫忍辱投降。

一八四二年，清廷代表簽署第一份不平等條約——南京條約。它強迫中國開放通商口岸（包括上海）、割讓香港給英國，中國沒有得到任何好處。南京條約標誌「世紀羞辱」的開端，中國自此失去對主權的控制，任憑列強欺凌，即使到了今天，這句話仍會喚醒對此一中國黑暗時代的集體記憶。往後數十年，西方列強——先是英國，然後美國、法國接踵於後——節節進逼中國，每次勝利就得到更多讓利及領土。對中國人而言，最可恨的是「治外法權」。它規定受條約保障的國家之國民，不需在中國法庭解決法律糾紛或面對刑事訴訟，即使事件發生在中國領土內。反之，雙方必須前往外國當局的「混合」法庭審理[6]。

上海是個關鍵。上海在中國歷史上向來是個小商港，被附近的南京和揚州掩盡光芒。現代上海是帝國主義創造出來的。一八四二年南京條約開放上海等五個通商口岸。雖然南京條約於中國人是一大國恥，卻使得這個獨特的港口成長。上海市中心有兩塊「租界」：法租界是上海市內一小塊法國殖民地；公共租界就比較複雜。它不是正式殖民地，由上海工部局控制，但一九二八年之前沒有華人當選為工部局董事；歷來工部局董事大多是英國人，後來也出現美國人和日本人。居住者自稱「上海居民」（Shanghailanders），彷彿上海市就是個國家，雖不直接對倫敦負責，但廣泛認同英國的利益。租界之外，由當時的中國政府控制。幫會利用本市主權分裂，擴大來自販毒、賣娼、開賭場的收入，最著名的幫會是由杜月笙掌握、惡名昭彰的青幫。可是上海的殖民史也提供機會給年輕的中國民族主義者近身見識現代化。上海的霓虹燈和光鮮的百貨公司成為傳奇，即使數千里之外的內陸人民也仰慕其名。

清朝必須重新思考它與西方世界往來的全盤策略。南京條約簽署兩年之後，朝廷命官耆英試圖為道光皇帝重新詮釋情勢以吻合舊帝制世界。他說：「洋人一再擅自解釋」，「很難用理性方式啟迪他們」，朝廷不必為虛名和他們爭，目標應鎖定在「達成大計」，使他們依中國習俗行事[7]。耆英希望英國人能像當年來自中亞的外敵入侵者受到懷柔；那些游牧民在數百年前向中土綏服。但是很顯然，這個戰術低估了新威脅的性質在根本上的不同。帝國主義者不僅覬覦領土，也要征服心靈。

條約允許基督教傳教士在中國內地省份自由旅行。傳教士並不是一向受歡迎，因為他們所到之處往往是砲艇在背後撐腰。不過，基督教的確在中國吸引了許多信徒，尤其是新信仰往往替信徒帶來受教育或習醫的機會。

可是沒有人預料得到，一八五〇年代吸收到此一信徒的可怕後果。廣東青年洪秀全屢試不第，第四次落榜後，在發高燒昏迷中，記起多年前美國傳教士遞給他的基督教小冊子。洪秀全相信自己是耶穌基督的弟弟，奉天父之命來人間驅逐滿清韃虜，建立「太平天國」。這一支太平軍，儘管起義之初並不起眼，卻很快就滾雪球般掀起中國、甚或世界前所未見的，最大規模內戰。一八五六年至一八六四年，太平軍在中國境內另建一國，定都南京，有數百萬人接受其統治。太平天國名義上是基督教政權，但它擁護變體的教義（例如承認洪秀全是耶穌基督的弟弟），使得許多傳教士不以為然，洋人也無法和他合作。太平天國制定許多嚴峻改革，如禁吸鴉片、重新分配土地與財產，太平天國有一道律令即說：「無處不均，無人不溫飽[8]。」

清廷拚命要敉平太平之亂，但是數十年來的養尊處優，滿清的八旗軍（滿洲戰士傳統的後繼者）不再有能力擊敗大型、狂熱的叛亂團體。朝廷決定委付可以信賴的地方大員籌辦新軍，對付太平軍。結果非常成功，在極度屠戮之下新軍終於平定亂事（光是一八六四年南京之役，據報死者約十萬人）。清廷也因此加重了本身的另一個統治缺點。雖然太平天國當下的叛變解決了，軍事大權卻由中央下放到各省，為自主的軍閥文化奠下基礎，能號令各方的不再是中央政府，而是軍閥[9]。

這個四分五裂、軍事化的中國日益孱弱，應運而生的政治制度為日後終究與日本一戰開啟道路。若非一八六〇年之後中央權力的分散，日本幾乎不可能在一九三〇年代入侵中國。軍事化以及中央政府失去控制權導致廣泛的暴力文化，且在清朝國祚的最後五十年撼動全國。

暴力在日益仇視外國帝國主義進入中國的大環境中找到一個對象。雖然中國從來沒有正式失去主權，但外國人可以自由在各地進出，不虞任何法律後果，這導致中國人與侵擾者有許多不痛快的接觸。上海街頭天天都會發生黃包車伕被英國顧客欺負的情形。一九〇〇年義和拳亂爆發。

農民已經非常貧苦，又逢乾旱，民間叛變以外國人及華北農村地區的中國基督教徒為施暴對象，造成對北京外國使館區長達兩個月的包圍。拳匪在乾旱肆虐地區煽動仇外情緒，喊出「殺光洋鬼子，天降甘霖」的口號[10]。乾旱與饑饉也增加地方暴力的水平，地方團練不再相信國家會保護他們，對抗打家劫舍的土匪或貪官汙吏。

蔣介石就在這樣一個後太平天國、孱弱的中國之背景下，於一八八七年出生。蔣介石終其一生在他許多親信眼中一直是個謎樣人物。他頑固、玩弄權術、鐵石心腸，但是又因堅信《聖經》及新儒家思想，而堅貞信守革命的反帝國主義。他自幼即堅信中國必須統一，外國帝國主義勢力必須從中國領土剷除。他畢生軍事及政治生涯，一直致力於此目標。但是他的戰術導致他採取錯綜複雜、甚至欺騙的戰略；蔣介石是善於操縱同僚相互鬥爭的高手。有位英國記者一九三〇年代觀察到，蔣介石「毫不猶豫寬恕敵人……或背叛友人」[11]。

蔣出生在長江三角洲繁榮的浙江省寧波附近一戶鹽商家庭，自幼接受非常傳統的教育，學習儒家思想體系的價值（包括禮義廉恥）。但是他也受到二十世紀初期，新體制（軍事學校）的影響。此外，他還將是中國第一位有出洋經驗的領袖：青年時期參訪新建立的蘇俄，使他終身仇視共產主義；而在日本軍校念書，使他了解他日後要面對的強敵。第二次世界大戰期間出訪印度和埃及，使他堅信戰後中國必須與帝國主義作戰，在國際社會上抬頭挺胸。與他關係並不融洽的李宗仁證實蔣有一項領導者特質：「他喜愛做決定[12]。」

十九世紀下半葉，中國顛沛不安之際，它那傳統上的「小老弟」卻走上非常不同的一條道路。第一次鴉片戰爭之後，輪到日本與西方對沖，這次由美國帶頭叩關。一八五三年，裴利提督（Commodore Matthew Perry）率艦進入東京灣，要求日本放棄數百年來近乎孤立的狀態，開放接受廣大的貿易夥伴。裴利雖然彬彬有禮提出要求，背後卻以砲艦為後盾。接下來十五年，日本陷入重大危機，幕府大將軍德川家族發現他們沒有辦法抵擋外國人。德川家族子弟德川齊昭（Tokugawa Nariaki）主張全面戰爭，他宣稱：「如果我們付諸一戰，全國士氣勢必大振。即使我們戰敗，終究還是會擊敗洋人[13]。」

但是沒有太多人同意他的見解，而這外來威脅所引起的政治騷動，並未引致對抗美國人的戰爭，反而是以政變推翻幕府大將軍。經過一八六八年短暫的內戰，德川幕府被一群非常不同的貴族菁英所取代。他們認為要逐退西方帝國主義，唯有全盤接受現代化。新政府發布上諭：「應向全世界尋求知識，才能重振天皇統治的基礎[14]。」維新派以明治天皇名義推動其行動，這段時期史家稱之為「明治維新」。事實上它絕不遜於革命。日本原本是封建的貴族制社會，大多為農民，罕與外國接觸。基督教信仰和火器，都是可能顛覆社會秩序的危險影響，被視為違法，須予取締。到了一九〇〇年，僅只三十年，日本已經改頭換面。它有紀律嚴明、實行徵召制的軍隊，制定憲法、實行巴力門國會制度。它是亞洲最重度工業化的社會：產品外銷到全世界。二十世紀初始，日本鐵路軌道近六萬公里，運輸量七十萬噸。他們在破紀錄的時限內，創造出一個現代化、工業化的國家[15]。

日本亦於十九世紀末取得強大的民族國家另一個基本要素：帝國。一八九四至一八九五年，日本挑戰中國，爭奪向來是中國勢力範圍的朝鮮半島之控制權。兩萬名日本部隊先是猛攻中國山東省北海岸的威海衛，調轉城上大砲，擊沉了中國海軍最優良的五艘軍艦。中國派出外交官恭親王奕訢和李鴻章，到日本馬關簽訂一份奇恥大辱的條約；恭親王說，他是把「當今大臣摔破在地的杯子再拼起來[16]」。日本人不僅要求控制朝鮮（他們在一九一〇年正式兼併朝鮮），也迫清廷割讓台灣（直到一九四五年，台灣一直是日本殖民地）。一九〇四至〇五年，日本人更是大奏凱歌。它為爭奪在中國東北建立勢力範圍、發動對俄國作戰（俄國已在此建立殖民勢力）。日本付出慘痛代價：八萬多名士兵因傷或病而死。但是由於日本軍事技能優秀，俄國戰敗。這是破天荒第一次亞洲國家擊敗歐洲大國，這項成就普獲全世界受殖民統治的弱小民族敬佩[17]。

一九〇五年九月，日、俄兩國在美國新罕布夏州朴資茅斯（Portsmouth）老羅斯福

（Theodore Roosevelt）總統的調停下，簽訂一項條約。（老羅斯福總統後來因此一事功，贏得諾貝爾和平獎。）俄國交出它對遼東半島的權利，戰略地位重要的大連港即位於此地。日本進一步成立南滿鐵路株式會社。滿鐵不僅是一家交通網，亦是部分仿效英國東印度公司的商業性質半政府組織。它使日本在中國大陸有一個強大據點。日俄戰爭對日本民眾還有另一個強烈衝擊。類似「同志」的歌曲變成熱門歌曲；它的歌詞是：「此地離家數百里／遠方滿洲夕陽紅／照在田邊石頭上／底下躺著我戰友[18]。」類似歌曲助長感覺，以為日本付出重大代價贏得在中國的領土，也因為此一犧牲，日本人在他們鄰國的土地具有特殊角色。

這種特殊地位最明顯的表徵就是關東軍屯駐滿洲。這支部隊原本兵員約一萬人，旨在保護本區域日本公民及商業利益，尤其是南滿鐵路株式會社，它是日本在本區域殖民主義最重要的工具。到了一九三三年，它的員額已暴增超過十一萬四千人，使得日本在爭取控制華北時占了強大優勢[19]。

到了二十世紀初，日本這個亞洲大國，並已轉型為具有大陸雄心的帝國。鮮明對比下，中國徹頭徹尾遭到羞辱。它打輸第一次與「小老弟」的全面戰爭，又必須接受日本在內的帝國主義群敵可以免除責任、占領中國大部分土地。對日本行為的痛恨感，摻雜著對這個國家有能力重新建立的敬重。

即使中國的光緒皇帝，也在一八九八年與日本首相伊藤博文談話時表示：「貴國維新以來之政治，為各國所稱許。貴爵之功業，萬國亦無不佩服者。……今我國正值變法之際，必要處，還欲一聞貴爵之高見。希貴爵深體此意，就變法之順序、方法等事，詳細告知朕之總理衙門之王大臣[20]。」再早個幾十年，根本無法想像，大清皇帝、「天子」會向東瀛島國官員請教任何題目。

日本國勢蒸蒸日上，導致中國許多知識份子思考擺脫危機的新方法，向宰制中國極為成功的西方汲取其政治哲學。負笈倫敦研修海軍技術的嚴復成為將赫伯特・史賓塞（Herbert Spencer）作品譯為中文的第一人。史賓塞這位維多利亞時期的社會科學家首創「適者生存」這個名詞。史賓塞主張不僅物種競爭霸權，種族和民族也競爭霸權。他的中心思想後來被稱為「社會達爾文主義」（Social Darwinism），而今則被貶為偽科學。不過它們在十九世紀末、二十世紀初的東亞非常受歡迎，似乎可以合理解釋亞洲國家的式微，也提供未來可能的解決方案。（年輕的毛澤東即深受這類思想影響。他利用它們表達他反對傳統儒家的尊重秩序、和諧和層級。他反而擁抱一種想法，認為暴力或許是必要的改造力量，可把中國帶上現代化。中國所需要的是能夠衝鋒陷陣……重整山河的人[21]）。

儘管有這些新思維，清廷掌握的實權愈來愈弱，日本卻日益強大。清廷只是虛情假意要改革，包括垂簾聽政的慈禧太后在內等保守派從中作梗。（其實她激烈反對政治改革。）一九〇〇年義和拳之亂證明這對朝廷造成大害：慈禧太后及朝廷挺身而出支持叛黨及其反洋運動，不料卻眼睜睜看著八國聯軍（日本也在列）僅以兩萬部眾就粉碎拳匪。清廷被迫同意巨額賠償列強。二十世紀頭十年，中國終於出現要力挽頹勢的舉措。朝廷從一九〇二年起推行「新政」改革（又稱庚子新政），強烈倚重日本範例。新政預備將中國轉型為立憲君主制，選舉將從地方、省及全國漸次舉行。

清末的改革放在一個更統一、更繁榮的國家，這或許會有某種成功的機會。可是朝廷已經找不到與皇朝延續生存休戚與共的人。農村有嚴重的農業危機；軍事力量現在已分散到地方；新興的中產階級在商會等新機構十分活躍，自成權力中心，與中央政府關聯不大。將近一千年，中國歷朝透過控制官僚體系（出仕必須通過層層科舉考試）掌握權力，但是已經僵化的科舉考試只要求考生通曉古典先例，卻與當前迫切問題罕有關聯。一九〇五年，清廷推出最大膽的改革，一舉廢除傳統的科舉考試，改為新學制，要求研讀科學與外國語文。這一來惹惱大多數菁英，他們有些人甚至投下數十年精力寒窗苦讀、皓首窮經準備科考，現在卻發現機會之梯被抽走。

終止舊制度，替老一代中國人從來沒有過的新學習創造新機會。大約三萬名中國學生在一九三七年之前的三十年，到日本進修。這和過去做法大逆轉：一向是亞洲人到中國學習，現在日本卻成為導師。例如，蔣介石進入專收有心研讀軍事戰略的中國留學生之東京振武學校。他的學弟何應欽日後長期擔任他的軍政部長。蔣介石在同儕中人緣並不特別好，被認為孤岸自高、冷漠，但是他用功的程度受到同儕尊敬。留學日本三年，使他十分敬佩日本人的秩序、紀律及全力追求現代化；但是日本的帝國主義意圖也使他深感擔心[22]。

到了十九世紀末，許多中國人對漸進改革的可能漸感失望，開始策劃推翻滿清皇朝。新的政治哲學興起，以革命領袖孫逸仙為代表人物。孫逸仙在香港學醫，又是個基督徒。孫逸仙認為清廷絕不會恢復中國的國運，他在一八八〇及九〇年代便奔走於海外僑社，並與傳統的祕密會黨建立關係，鼓動反清意識。他甚至領導一個中國祕密組織「同盟會」，以推翻滿清為宗旨。清廷懸賞花紅捉拿他，迫使孫流亡日本。他沒辦法點燃起義之火，但是他的愛國事蹟與奇魅的號召力，啟發了許多中國民族主義者，如汪精衛[23]。

汪精衛在對日抗戰期間也尋求領導中國，但如今，他比起和他同時代的蔣介石或毛澤東，反而較不被後人所知；可是在二十世紀的頭十年，他可比蔣介石、毛澤東都更著名。當他和個人見面時，汪精衛常顯靦腆羞怯，可是當著群眾，他完全變了一個人。有個認識他的日本記者說：「他在一小群人之中一向講話十分低聲……但是當著三千人的群眾，他簡直就是一隻狂獅！他是個偉大的演說家[24]！」汪精衛一八八三年出生於廣東省，不過他家祖籍浙江，和蔣介石是大同鄉。汪精衛和蔣、毛兩人一樣，早早就相信中國需要拯救，而且捨我其誰。一九〇五年，汪精衛加入同盟會，很快就晉升到權力高位。他和蔣、毛不同的是，早年即因勇敢行為而譽滿全國，公開演講的技能更使他聲名大噪。汪精衛長相英俊瀟灑、又能詩擅文，給人不畏個人性命安危的愛國志士形象。汪精衛也選擇日本為進修的地方，在一九〇四年東渡、修習法政專業。到了日本，他擔任《民報》編輯，熱烈為文鼓吹中國革命，而年輕的蔣介石正是《民報》的讀者。

年僅二十二歲，汪精衛已從留日經驗崛起為孫逸仙堅貞的革命同志。孫、汪皆出身廣東省，終其一生，汪精衛都是與此一區域的人物合作，而華南地區一向對北京的治理頗有疑懼。汪精衛陪著孫逸仙遍歷東南亞各地，運用他的言談技能鼓動華僑支持推翻清廷。但是革命似乎不大順利。一九一〇年汪精衛決定以行動取代言詞，策劃了在轎子下裝炸彈，暗殺攝政王醇親王。他得到青年女郎陳璧君的協助。陳璧君是東南亞一位生意人的女兒，她生性好鬥、潑辣，忠於革命的熱忱與汪精衛無異。兩人相識後不久即結婚，陳璧君對汪精衛的活動無一不與。幾年後，汪精衛說：她是我妻子，又是我的革命同志，我若不考量她的觀點，不容易做出重大決定[25]。

行刺密謀遭發現，汪精衛被捕，判處死刑，但刑期旋即降為終身監禁。減刑的原因迄今不明，但是他的行動為他帶來的不凡名氣肯定是個因素（有傳聞是朝廷某位地位甚高的「命婦」為其俊俏的外貌傾倒而救他）。行刺醇親王之舉使他獲致真正全國英雄的地位，或許朝廷禁不起讓他成為烈士，深怕刺激革命黨人更趨暴力。汪精衛賦詩慷慨激昂，益發增添他不惜一死、救國志士的形象[26]。（譯注1）汪精衛解釋他之所以訴諸暴力，提到他早先在日本留學時執筆的報紙社論，他說：「這些文章用墨水寫成，我要把它們化為鮮血[27]。」結合鬧劇和承諾是他的典型行為。野心和虛榮，加上衝動的個性，汪精衛願意孤注一擲的個性，影響其政治生涯一路到抗戰時期。

汪精衛等中國青年深受俄國虛無主義者和恐怖主義者活動，以及他們無政府主義哲學的啟示。俄國的無政府主義者並不全都是暴力份子，但是使用暴力者卻得享盛名。一八八一年策劃行刺沙皇亞歷山大二世的俄國革命家蘇菲雅・佩羅芙絲卡亞（Sofya Perovskaya）（後來被處死刑），對於一九二〇年代中國青年作家的啟示極大，丁玲最著名的作品《莎菲女士的日記》女主角即以她為名。汪精衛要炸死滿清親王，也是直接傳承佩羅芙絲卡亞的精神，只不過他很幸運，沒像她一樣遭處死。

儘管清末社會動盪不安，但是革命之箭尚未上弦。沒有人能預料到，一九一一年秋天，華中重鎮武漢發生的事件之後果。當時武漢謠諑甚熾，指責滿清政府想把該區域鐵路權利出售給列強。在這股動盪不安的氣氛中，駐守當地的一小群革命派在製造炸彈、圖謀起義過程中被發現了（但未被逮捕）。他們原本計畫攻打地方官署，擔心若不發動，必被逮捕。於是他們奔向軍事總部，劫持指揮官（譯按：黎元洪）。他們給他兩條路選擇：被槍斃，或者在當天（十月十日）代表起義軍宣布武漢脫離清政府獨立。他只好照辦，數

譯注1：汪精衛一九一〇年繫獄，賦詩節錄如下：

慷慨歌燕市，從容作楚囚；引刀成一快，不負少年頭。

留得心魂在，殘軀付劫灰；青磷光不滅，夜夜照燕台。

日之內各大城市紛紛響應，宣布獨立。各省諮議局內有許多新興商人階級代表也紛紛響應共和，推戴孫逸仙為臨時大總統。（革命爆發時，孫逸仙本人並不在中國，他正在美國旅行、募款。）消息迅速在有心推翻滿清的愛國青年群中傳開。蔣介石匆匆從日本趕回中國，在老家浙江省指揮一支倉促糾集起來的革命部隊，得到生平第一次作戰經驗。

事態證明清廷的統治已十分衰弱。一場地方性的動亂迅速點爆革命火花，拖垮了整個體系。到了年底，皇朝已在崩潰邊緣。控制北洋軍的軍閥袁世凱帶著一項提議進宮。袁世凱保證替皇室爭取適當禮遇，以交換年僅六歲的小皇帝溥儀遜位。一九一二年二月十二日，中國末代皇帝退位，中國正式成立共和。

起先，各方對共和都懷抱極高期望。但是打從一開始，情勢就很明顯，權力不在政黨和國會手中，而是由軍閥控制。袁世凱迅速利用他的軍事實力逼迫孫逸仙辭職，在列強默許下，改推自己為大總統；列強偏好由軍人當家、不支持較難預測的孫逸仙。革命爆發後，汪精衛出獄，袁世凱邀他出任新共和的內閣總理。汪精衛謝絕；他以傳統儒家學者的姿態選擇退出政界，不要遭有瑕疵的制度腐化。其他人接棒。大選訂在一九一二年下半年舉行，孫逸仙以新成立的國民黨黨魁身分領銜競選。他輕易就贏得國會最大黨的地位，在五百九十六個席次中贏到兩百六十九席。但是中國的選舉民主之實驗，雖然真實，卻只是曇花一現。一九一三年三月二十日，一名刺客走近內閣總理被提名人宋教仁，開槍狙殺。年輕的宋教仁旋即傷重不治。各方都認為刺客是袁世凱所派。不久袁世凱取締國民黨、解散國會，而孫逸仙流亡日本，意志十分消沉。（審按：作者省略了二次革命。）

中國新共和陷入動盪。一年之後，歐洲爆發大戰、陷入危機，自顧不暇。這使得現在殆無疑問已是東亞最強國家的日本，有機會在歐洲人不遑他顧之下，增強它在中國的地位。一九一五年一月，日本首相大隈重信政府向袁世凱提出一系列領土和政治要求（譯按：即二十一條件），日本可因此得到巨大利益，如貿易權利及派日本「顧問」到中國政府任職等等。由於袁世凱的地位仍弱，五月間，當中的十三項要求經由條約正式化。袁世凱擔任總統至一九一六年才因尿毒症去世。接下來十年，中國陷入軍閥割據亂局。雖然國際社會仍承認北京的政府，但許多人覺得中國只是個地理名詞、不是一個國家。

民國初期倒也不是樣樣慘兮兮。儘管局勢紛亂，它卻是中國現代史上文化百花齊放的時期。一九一五年，進步人士發起「新文化運動」，要把中國從過時的思維桎梏解放出來。袁世凱過世之後，新文化運動因為一九一九年春天簽署的凡爾賽和約、終止盟國在第一次世界大戰與德國的戰爭關係，又引爆新動力。根據凡爾賽和約，德國必須放棄它在中國領土上的土地，及其在全球的一切殖民地。中國人以為領土會交還給中華民國，以報答中國派出近十萬名工人到歐洲西線戰場協助英國和法國。可是，領土卻授予了日本。原來西方盟國與中、日兩國各自達成祕密協議，以使兩國都加入盟國陣營。日本在國際舞台上的行動，再度給中國內政製造重大破壞。

北京方面的回應既迅速、又憤怒。有個學生在公開集會場合揚言自殺、以表抗議，他的同學很快就動員起來。一九一九年五月四日，北京高等學府學生約三千人遊行通過城裡的外交使節區，並且縱火燒毀被痛罵是「千古罪人」的政府總長寓邸——他經常為日本利益辯護。（譯按：火燒趙家樓、攻擊交通總長曹汝霖寓邸事件。）學生更發動大規模運動，誓言要以「德先生和賽先生」來振興飽受「內有軍閥割據、外有帝國主義」之苦的社會。示威活動幾個小時就結束，但是餘波盪漾直至未來數十年的中國社會與文化。新文化運動與「五四運動」（紀念這一場示威活動），交織在一起，愛國的中國人要求以科技發展和政治改革，拯救中國不再永久積弱不振[28]。

一九二一年，在動亂中，新興的中國共產黨召開第一屆全國代表大會。社會主義是滿清末年傳入中國的許多西方學說之一，這項學說的激進成分，又受到一九一七年俄羅斯革命爆發的啟發。北京大學圖書館館長李大釗宣布：「布爾什維克主義的勝利……二十世紀世界人類人人心中共同覺悟的新精神的勝利！」[29]北大文學院院長陳獨秀出席了這次會議，李大釗手下的圖書館助理毛澤東也是與會代表之一。與會者全都覺得，中國的社會問題嚴重性不亞於外國勢力在中國領土猖獗這個火燙問題，全都需要激進的解決方案。即是樂觀者也不能否認中國面臨的危機規模極大。然而革命似已失敗。中國當如何自救？

注釋：

1. 有一項分析著重中、日關係十分密切，即Joshua Fogel, Articulating the Sinosphere: Sino-Japanese Relations in Space and Time (Cambridge, MA, 2009).
2. Ronald P. Toby, State and Diplomacy in Early Modern Japan (Princeton, NJ, 1984)是經典之作，分析日本在這段時期是否真正「孤立」。
3. Jonathan D. Spence, The Search for Modern China (New York, 1990), 122. 中譯本，史景遷著，溫洽溢譯，《追尋現代中國》（台北：時報文化出版公司，二〇〇一年），全三冊。
4. Susan Naquin and Evelyn Rawski, Chinese Society in the Eighteenth Century (New Haven, CT, 1989).
5. 近年來對中國長期外交關係變化最有深度的重新評估是文安立著，林添貴譯，《躁動的帝國》（台北：八旗出版社，二〇一三年）。
6. 帝國主義對滿清政體的影響，見Robert Bickers, The Scramble for China: Foreign Devils in the Qing Empire, 1832–1914 (London, 2011).
7. Ssu-yu Teng(鄧嗣禹) and John King Fairbank(費正清), China's Response to the West: A Documentary Survey (Cambridge, MA, 1954), 39–40.
8. Spence, Search for Modern China, 175. 關於太平天國，見Spence's God's Chinese Son: The Heavenly Kingdom of Hong Xiuquan (New York, 1996) 中譯本，史景遷著，溫洽溢校譯，《太平天國》（台北：時報文化出版公司，二〇〇三年），以及Stephen R. Platt, Autumn in the Heavenly Kingdom: China, the West and the Epic Story of the Taiping Civil War (New York, 2012).
9. Philip A. Kuhn(孔復禮), Rebellion and its Enemies in Late Imperial China: Militarization and Social Structure, 1796–1864 (Cambridge, MA, 1970).
10. Paul Cohen, History in Three Keys: The Boxers as Experience, Memory, and Myth (New York, 1997), 85.

11. J. M. D. Pringle, China Struggles for Unity (London, 1939), 71.
12. Jay Taylor, The Generalissimo: Chiang Kai-shek and the Making of Modern China (Cambridge, MA, 2009), 52. 中譯本，陶涵著，林添貴譯，《蔣介石與現代中國的奮鬥》（時報文化出版公司，二〇一〇年），全二冊。
13. Mikiso Hane, Modern Japan: A Historical Survey (Boulder, CO, 1992), 68.
14. Hane, Modern Japan, 86.
15. Ibid., 141–142.
16. Spence, Search for Modern China, 223.
17. Naoko Shimazu, Japanese Society at War: Death, Memory and the Russo-Japanese War (Cambridge, 2009).
18. Louise Young, Japan's Total Empire: Manchuria and the Culture of Wartime Imperialism (Berkeley, CA, 1998), 91.
19. Rana Mitter, The Manchurian Myth: Nationalism, Resistance, and Collaboration in Modern China (Berkeley, CA, 2000).
20. Teng and Fairbank, China's Response, 180.
21. Rana Mitter, A Bitter Revolution: China's Struggle with the Modern World (Oxford, 2004), 109.
22. 關於蔣介石早年生活，見陶涵著《蔣介石與現代中國的奮鬥》第一章。
23. 關於孫逸仙，見 Marie-Claire Bergère, Sun Yat-sen (Stanford, CA, 2000). 中譯本，白吉爾著，溫洽溢譯，《孫逸仙》（台北：時報文化出版公司，二〇一〇年）。
24. John Hunter Boyle, China and Japan at War, 1937–1945: The Politics of Collaboration (Stanford, CA, 1972）, 16.
25. Ibid., 20.

26. Ibid., 16–18.
27. Ibid., 19.
28. 關於五四運動，見Mitter, Bitter Revolution.
29. 李大釗，〈布爾什維主義的勝利〉，《新青年》（一九一八年十一月）。

2. 新革命

蔣介石和汪精衛對共和陷入危機的反應，與那一代許多青年男女無異。他們都支持辛亥革命，眼睜睜看著國家的光明希望消失在軍閥怒海之中真是傷心透了。汪精衛採取最激烈的方式回應。他和妻子陳璧君前往法國（法國很快就成為胡志明、鄧小平和赤色高棉總書記波帕等人的政治訓練場所）寓居五年，同一時間中國共和政府由壞變得更壞。蔣介石和毛澤東留在國內，但是軍閥持續掌權，他們胸懷的新政治、新社會美夢實現之日遙遙無期。

在中國當時政治上覺悟到國家深受帝國主義與軍閥之害的青年當中，汪精衛的做法算是異數。國民黨似乎已經死了。孫逸仙再度出國流亡，在日本住了幾年——對於反帝國主義的革命家而言，選擇日本當庇護地，難免有幾分諷刺。一九一六年袁世凱去世之後，孫逸仙回國變得比較安全。到了一九二一年，在同情革命的軍閥陳炯明協助下，孫逸仙在廣州成立革命政府。雖然只在中國一隅之地，國民黨總算當家執政。汪精衛結束自我流放，從法國回國，陪侍在孫逸仙左右、尋求重新找回革命。

孫逸仙此時已經五十八歲，身體健康很差。在他的追隨者當中，誰將是接班人？在一九二〇年代初期，如果要挑選哪個年輕人領導中國革命，最合乎邏輯的人選應是汪精衛。汪精衛實際上是僅次於孫逸仙的第二號人物，又協助訂出積極社會改革的方案。他是個政治明星，又有差點成為烈士的光環加持，聲望極高。

然而儘管孫、汪在國民黨內才華出眾，除非有強大支持者武裝他們，否則前景仍相當有限。孫逸仙沒能夠說服歐洲列強支持他。他曾經寄希望於日本身上。一九二四年於神戶演講時，他宣稱自從日本一九〇五年戰勝俄羅斯以來，亞洲人民即懷抱希望能「掙脫歐洲人壓迫的枷鎖[1]」。可惜孫逸仙的「大亞洲主義」、亞洲人大團結的哲學，在東京政府圈中做了不同的解釋：他們不要合作，他們要以亞洲大國之姿主宰一切。

一九二三年，孫逸仙做出一項足以形塑中國歷史進程的決定。

多年來他一直尋求外國支持他的夢想：組建一支革命軍、統一中國、以他為總統。西方列強統統不肯支持他。終於，一九二〇年代初期，他有另一張牌可以打。到了一九二一年，俄羅斯的布爾什維克革命經過血腥、慘烈的內戰後穩住局面。新政府外交部長里昂・托洛斯基（Leon Trotsky）急欲尋找機會讓共產國際（Comintern）一展身手，將革命理念推廣出去。一九二三年，孫逸仙與共產國際代表越飛（Adolf Joffe）會面，商談國民黨和蘇俄正式結盟的可能性。在蘇俄眼裡，中國太落後，不宜社會主義革命，反而，「民族資產階級」的黨、國民黨，應該率先推動革命。孫逸仙認可這個看法，同意與俄羅斯結盟，認為西方國家中只有俄羅斯表現「善意與公義[2]」。孫為表示誠意，派了一支國民黨代表團赴俄考察，蔣介石為代表團成員。受到孫欽點，使這位青年軍官在黨內聲望大增，也是他成為熠熠上升之星的跡象。蔣介石見到許多知名布爾什維克（包括托洛斯基在內），但並沒太感動，他認為他們「自負和專橫[3]」。蔣介石對莫斯科及其政治制度的印象不佳，影響到他回國之後的觀點。

新同盟也改變了中國共產黨的命運。中國共產黨甫建黨兩年，還是一個薄弱的、邊緣性的政治團體（從官方立場而言，它也是非法組織）。它大言皇皇，誇口要在都市工人群中煽動革命，其實根本沒有實力去實行。孫中山與蘇俄合作，給了中國共產黨極重要的機會擴張勢力。在蘇俄勸告下，許多中共黨員也加入國民黨，組成統一戰線，使得兩黨在這段期間很難區別。就孫中山而言，結盟在意識型態上也說得通。他的「三民主義」政治哲學包含民族主義、民權主義（民主政治）和民生主義。所謂民生主義是一種含糊的社會福利主義，有時候英文稱之為socialism即社會主義。孫中山不是共產主義者，但是他和蘇俄有足夠的共同點，可在同盟關係各取所需。國民黨內保守派對布爾什維克心懷疑懼，孫中山的聲望仍能安撫他們。

革命政治在廣州灣一個小島上鍛造，神經中樞是黃埔軍校，俄國人在此培訓中國的革命黨。對國民黨和共產黨兩黨而言，一九二三年至一九二七年期間和蘇聯聯手打造國民革命軍，是非常重要的經驗。汪精衛在黃埔軍校政治部擔任政治教官，中共的明日之星周恩來（日後在毛澤東之下擔任中國國務院總理）後來也進入這個單位。軍事方面，蔣介石的組織能力受到賞識，在軍官團迅速崛起，他留日時期的同志何應欽也是。黃埔的胡宗南日後在抗戰時期是蔣介石手下重要將領[4]。

年輕的共產黨員毛澤東對此一同盟非常感興趣，因為這代表他可以有更大的政黨基礎可用來規劃激進革命。毛澤東做為政治活躍份子的影響力日益上升。繼汪精衛後，一九二五年十月他擔任了國民黨中央「代理宣傳部部長」，這使他有機會磨練演講和群眾動員的技巧，在往後數十年派上相當重要的用場[5]。

毛澤東一八九三年出生於湖南省一個大村莊韶山沖。蔣介石似乎喜怒不形於色、讓人很難親近；毛澤東則相反，顯得活潑、外向和充滿活力。蔣介石沉默寡言，毛澤東則喜歡和朋友、訪客聊天，一聊可以聊上好幾個小時。毛澤東一直在給自己尋找更大的舞台，不耐煩、甚至瞧不起舊思維、舊方法，認為它們牽絆住中國無法進步。他在青年時期曾經發表文章，憤怒地痛批父母之命、媒妁之言的封建婚姻制度，他寫說：「中國的父母都是間接強姦自己的子女[6]。」青年毛澤東還有個特點，就是非常重視體育運動（「屈者惟趾立，臀跟相接。左右參，三次[7]。」），決心鍛鍊身心以備他日為復興中國效力；這一點和在他大約六十年之後發動文化大革命，於一九六六年公開在長江游泳，遙相呼應。毛澤東一生頗受少時與父親嚴重不合所影響。他父親是個保守、小康的農民；父子不合導致毛澤東離家，辦起政治雜誌。毛澤東也深受中國傳統小說《水滸傳》、《三國演義》其中的羅曼蒂克英雄思想影響。他一直具有強國思想，但是和蔣介石不同的是，他決心「翻天覆地」，要求全面的社會和政治革命。

美國作家艾德加・史諾（Edgar Snow）初次見到毛澤東時，他剛獲致全國性的名氣。

史諾印象十分深刻：「他有著中國人民質樸純真的性格，頗有幽默感，喜歡憨笑……他說話直率，生活簡樸，有些人可能以為他有點粗俗。然而他把天真質樸的奇怪品質與敏銳的機智和老練的世故結合了起來。」史諾也注意到毛澤東的其他特色。他認為：「他的態度使人感到他有著一種，在必要時當機立斷的魄力[8]。」毛澤東和蔣介石明顯有許多相似之處，只是兩人都不承認。毛澤東和蔣介石、汪精衛一樣，他要擁抱新的、更公開的思想與經驗世界的可能性。一九一一年，年僅十八歲的毛澤東在家鄉湖南省從軍，加入革命部隊。這是他最早初嘗戰爭滋味，而這個經驗將影響到他往後七十年的生命。

一九二五年春天，中國似乎已準備好要掀起革命。五月三十日，示威者聚集在上海公共租界一家日本工廠門口，抗議遭到免職。群眾愈圍愈多，由數十人增加到數百人，高喊「殺死鬼子」的聲音也愈發響亮。英國人主持的上海市警察一名警官，驚慌下指示部屬（由印度錫克族警官率領的華人警力）向群眾開槍，當場打死十一名工人。（譯按：五卅慘案。）這一來引爆全國示威抗議行動及杯葛抵制日貨。上海、廣州、北京等全中國大小城市，工人和學生集會抗議帝國主義者恣意妄為，在中國人自己的國家射殺中國人。六月二十三日，英國部隊在廣州朝學童、學生群眾開火，打死五十二人，情勢更加惡化。（譯按：沙基慘案。）北大教授大表震驚，道出眾人心聲：「這場悲劇……使得全國上下震驚、憤怒……有些學生，他們只是年輕男女孩，上街遊行表示抗議……頭腦清楚的人會把這些男女孩當成暴徒，拿子彈與機關槍對付嗎[9]？」對外國帝國主義的怒火顯然已到達沸點。

但是孫中山已經看不到老百姓的憤怒。一九二五年三月十二日，孫中山在他的夢想即將實現之際不幸因癌症去世，享年五十九。孫中山的全國統一之夢突然有可能實現，反倒使黨內領導層的緊張情勢上升。七月一日，汪精衛出任中央執行委員會（Political Council）主席，它是可以控制國民政府之上位組織[10]。同一個會議也推選蔣介石為國民政府軍事委員會委員，等於承認他的地位愈來愈重要。接下來幾個月，熾熱的政治氣氛快迅變化，使得蔣介石權力愈來愈集中，尤其是蘇聯顧問鮑羅廷（Mikhail Borodin）等關鍵人物逐漸不信任汪精衛；他們認為汪精衛浮華不實、只求個人功名。比較沉靜、踏實的蔣介石顯得是個愈來愈值得支持的人選。

一九二六年元月，汪精衛的領導地位得到國民黨第二次全國代表大會的正式確認；但是蔣介石的星位明顯也在持續上升[11]。蔣介石的政治方向也在變動。直到這時候，他都和國民黨的左翼結合在一起，甚至允許自己的兒子到莫斯科念書。但是到了一九二六年初，蔣介石已經開始交好黨內比較保守的人士；這些人認為蘇聯計畫利用共產黨來破壞國民黨的領導。蔣介石也認為自己的性命受到左翼陰謀者的嚴重威脅。三月間，蔣介石宣布廣州戒嚴，把蘇聯及中國共產黨在城裡的強大部署，解除武裝。（譯按：中山艦事件。）雖然他很快就釋放被扣押的高階中共黨員（包括周恩來在內）及蘇聯顧問，情勢已經明顯：國民黨部隊支持蔣介石，而且權力已轉移到他身上。汪精衛憤怒，試圖利用黨的軍事力量推翻蔣介石的職位，卻發現自己意識型態上的地位碰到蔣介石的槍桿子統統沒有用。

一九二六年六月五日，蔣介石被正式委派為國民革命軍總司令。孫中山的權力與聲望在一九一二年被袁世凱強大的軍事力量壓過，而今諷刺的是，蔣介石掌握兵權又使他勝過可能繼承孫中山的汪精衛。軍事力量十分重要，因為國民革命軍的任務艱巨，可有得忙的。接下來兩年，國民政府發動「北伐」，以作戰或逼迫的方式控制了華中、華東多數省份。事實上，它是要完成辛亥革命未能做到的全國統一。

月復一月，沿海省份逐一落到國民政府及其軍隊手中，而且儘管蔣介石對共產黨愈來愈疑慮，他們仍繼續在新革命扮演重要角色。毛澤東也在北伐的熱潮裡磨練他的政治手段，試行日後終將主宰全中國的一些政策。早先，他已明白表示他認為國共合作只是權宜之計：

「那動搖不定的中產階級，其右翼可能是我們的敵人，其左翼可能是我們的朋友——但我們要時常提防他們，不要讓他們擾亂了我們的陣線[12]。」

毛澤東也開始發展出與黨內領導人不同的思想。他很早就認為，中國需要農民革命、不是城市革命；不過他並不是第一個有此想法的革命黨人。一九二七年，他寫了一篇非常有名的文章〈湖南農民運動考察報告〉，敘述中共在毛澤東老家湖南省農村地區煽動真正的階級戰爭的方法。湖南省農民協會號稱會員五百萬人，動員貧農、把他們武裝起來，再鼓勵他們攻擊富有的地主。但是湖南的暴力只是反映出全中國當下深陷的衝突動盪[13]。

國民革命軍繼續挺進，嚇壞了許多外國人，因為他們以為這支蘇聯支持、與共產黨結盟的軍隊，將推翻他們舒適的生活。軍事進展順利也增加同盟左、右兩翼之間的緊張。蔣介石軍事上壓服其他領導人的態勢很明顯，而他愈來愈不喜歡統一戰線裡的共產黨勢力也很明顯。蘇聯出錢出力支持北伐，因此蔣介石無法和他們終止同盟，但是他已開始策劃在適當時機打破權力平衡。

時機終於在一九二七年四月出現，即最大的獎賞上海落到國民革命軍手中時。英國人早已預料到更加團結一致的民族主義將在中國崛起；他們雖然並不歡迎此一現象，但已準備好和中國更加固執的新面孔打交道。上海的英國僑民社區可沒有這麼樂觀，他們武裝起來以防左翼份子趁火打劫，有些人甚至給蔣介石貼上「紅色將軍」的標籤。

但是，事實上，拿下上海之後最大的受害人不是洋人（他們大多住在租界裡，原本就安全）而是共產黨員。共產黨早已滲透進上海市許多部門，等著國民革命軍進城那歡欣鼓舞的一刻。他們所不知道的是，蔣介石已利用自己和上海最大黑道青幫的關係，要把所有已知的共產黨人抓起來、剷除掉。幾天之內，數千人遭到殺害；有些人更是先遭綁架、刑求。蔣介石的親信副手陳立夫晚年也承認殺戮過甚：「這是一種殘忍的方法消滅內部敵人。我必須承認，許多無辜的人也被殺了。」[14]上海清黨使得國、共同盟戛然而止。蔣介石大權在握，正式樹立國民政府最高領導人的地位，只不過他的勝利沾滿了舊日盟友的鮮血。

汪精衛拒絕接受蔣介石的新地位。起先他試圖在武漢建立另一個國民政府，但很快就明白，沒有軍力可支持與蔣介石對立的另一個中央。至此，汪精衛仍然堅信自己才是孫中山真正的繼承人，拒絕在蔣介石之下任職。毛澤東和他的共產黨同志也不能接受蔣介石出任中國領導人。身為共產黨員，現在他們性命陷入重大危險。毛澤東和周恩來等高階黨員潛往江西省山區農村，躲避新政府部隊的追剿，盼望能夠重建被打碎的革命。

一九二八年，蔣介石正式建立政府，定都南京。他把首都從北京（改名北平）遷到南京，因為他想把他的政府安置在自己軍事與經濟控制力最強大的地方。中國雖然形式上統一在國民政府統治之下，其實它的控制力也只是一部分而已。長江流域各省，如浙江、江蘇和安徽在蔣介石堅實掌控下。但是愈遠離南京，國民政府的控制就愈弱。北伐固然意在終結軍閥割據，但在許多地方，國民政府因為沒有信心有能力以武力征服，不得已必須與地方軍閥成立協議。煤礦資源豐富的山西省仍在閻錫山控制下實質自治（閻錫山是個進步派軍閥，強力反對女子纏足）。東北各省則是「少帥」張學良的禁臠。華北方面，地方軍閥宋哲元企圖鞏固他的勢力，而日本則想把勢力從滿洲伸入山海關之內。華西方面，馬麟、馬步芳叔侄失和，卻仍主宰青海省。從一九三三年起，更北邊的新疆受到盛世才統治。新疆與蘇聯接壤，從一九三七年起實質上受蘇聯控制（盛世才在一九四二年突然轉向，凶猛反蘇）。新疆在地圖上看起來幅員廣袤，其實地廣人稀，人口極少。中國人口最稠密的地方仍是華東與華南。對於一個面對入侵威脅來自東方的國家而言，或許最重要的是華西土地肥沃的四川省，但它也不在國民政府完全控制下。軍閥劉湘從成都號令全境，深怕南京勢力會包圍上來[15]。蔣介石對於大部分的中國掌控並不牢固，是達成真正統一的巨大障礙：南京不能依賴它號稱統治的一大塊國土，提供稅收或兵員。

蔣介石是在國際局勢動盪不安下重建新中國，它頗有機會在世界舞台爭回地位。美國總統威爾遜（Woodrow Wilson）一九一八年揭櫫「十四點原則」，宣布各民族有自決權利，它觸發歐洲以外各國思索如何才能有現代、獨立的社會。這也使得國民政府在帝國主義世界的眼中具有特殊角色：直到第二次世界大戰結束，都罕有非西方、非白人社會至少享有部分獨立的範例。二戰期間形塑世界對中國態度最重要的有三個大國。

如果說英國的做法最務實，這可能是因為大英帝國進到中國，相對比較少有意識型態的內涵。英國人以武力打開與中國通商貿易，也只專注通商貿易；直到一九二〇年代，英國是在中國最大的投資國家。和英國在印度殖民不同，英國人和中國人的文化交流有限，很少有把他們轉化接受英國風俗習慣的作為，英國在中國也從來沒有完整的殖民結構。英國在中國純粹壓榨利用、搞種族主義，而且經常手段粗暴。但是英國外交官有相當清晰的遠見，很快就認識到國民政府和之前的各路軍閥大不相同[16]。一九二六年十二月，當時的英國外交大臣奥斯汀·張伯倫（Austen Chamberlain）（譯注1）說了一段話，主張列強應認識到中國民族主義的潛力與正當性。張伯倫覺得，雖然條約權利受侵犯時列強仍應抗議，但是他們也應該體認到，現在應該要學習與這股強大的新興政治力量交往了[17]。他說此話之時，國民黨還未贏得政治鬥爭，足見英國的立場相當有遠見。

美國則對中國同時保持兩種相互牴觸的觀點。一方面，美國享有歐洲列強在中國之種種帝國權利：他們具有治外法權、在上海市工部局也有代表席次，也是鴉片貿易的主角。中國人要往美國移民受到嚴重及常常粗暴的種族歧視，且從一九二四年起，依據詹森－李德移民法（Johnson- Reed Immigration Act），中國人（和日本人）要往美國移民，實質上是不准的。可是在中國境內，許多美國人卻自認為與舊世界的帝國主義列強不一樣。傳教士

譯注1：奥斯汀·張伯倫（1863-1937）因成功斡旋「羅加諾公約」，美、英、法等第一次世界大戰協約國與德國威瑪政府就德國邊界問題達成協議，獲得一九二五年諾貝爾和平獎。與英國首相尼維爾·張伯倫（Arthur Neville Chamberlain）為異母兄弟。

的影響是這個信念的關鍵。

到了二十世紀初期，在華美國傳教士捐款、出資，興建某些中國最重要的現代化機構，例如在一九〇六年成立的北京的協和醫學堂。此外，傳教士遍布中國各地，進入到村里傳教，很少其他國家可以比擬。當然歐洲來的傳教士也不少，但是英國和法國傳教士的注意力往往比較專注在本身的殖民地，也因此中國人的靈魂可以好好爭取、予以開化。美國某些有力人士與中國的淵源，也頗有助益。《時代》週刊創辦人亨利・魯斯（Henry Luce）出生在中國，他的雜誌在抗戰期間是支持蔣介石的重要宣傳源頭。賽珍珠（Pearl Buck）是南方浸信會傳教士的女兒，嫁給農業經濟學家兼傳教士約翰・洛辛・卜凱（John Lossing Buck）。她在國民政府治下的中國住了大半輩子，她的小說使她成為美國最知名的作家之一。一九三一年的《大地》（*The Good Earth*）和一九四二年的《龍種》（*Dragon Seed*）敘述農民抵抗貧窮和土匪、以求改善生活的故事。《大地》於一九三二年獲得普立茲獎，後來賽珍珠在一九三八年榮獲諾貝爾文學獎。

美國傳教士在華活動產生許多文化成果，但是美國人對中國的想法中有個徹底錯誤的觀念，直到今天的政治思考仍未完全消失：認為中國人希望變得像美國人，而美國人有責任訓練他們達成這個目標，不論是政府制度、教育或宗教。富有的美國家庭，如魯斯家族或洛克斐勒家族，設立大學、醫院和其他機構，其宗旨是以明白的美國模範鼓勵科學化的現代性和民主化[18]。有個正面的觀點認為中國就像剛出生的美國、一個正在成形的基督徒國家，極可能建立自由民主政體。幻想與事實之間的落差，到了對日抗戰期間終於導致美、中之間的徹底衝突。國民政府本身當然難辭其咎，他們經常利用即將成為西方自由國家的這種觀點，向美方訪賓保證他們正在打造可以與全世界自由、民主國家並肩傲然挺立的新中國。國民政府可以打的牌其實很弱，因中國並未真正建立和平，帝國主義力量仍很強大。他們只是極力告訴強大的支持者如美國，他們認為對方愛聽的話。

日本是在二戰期間影響到中國命運的第三個國家。它以極大的警覺注視著蔣介石在南京組建國民政府。一九二〇年代，日本顯得對中國採取比較溫和的態度。東京從第一次世界大戰及其後的巴黎和會學到重要教訓。一九一九年的五四運動風潮顯示，中國的民族主義是一股需要妥善處理的重要勢力，而且日本再也不能像一八九四至九五年的中日戰爭、和一九〇四至〇五年的日俄戰爭那樣，任意入侵中國領土。國際環境已經變了；在威爾遜總統揭櫫十四點原則之後，菁英的意見已開始脫離傳統帝國的概念。但是日本代表，包含日後在一九三七年中日戰爭爆發時擔任首相的近衛文麿公爵（Prince Konoye Fumimaro）在內，從西方學到更奸滑的一課教訓。威爾遜的國際主義說法被偽善和種族主義所破壞：日本盼望在和約的最後版本中能有一條種族平等的條款，卻被西方政客峻拒，這些人無法公開宣示非白人也可以平起平坐。帝國主義的態度並未消失，只是變了樣貌[19]。

這些發現引起日本對中國的矛盾態度。就某個程度而言，日本在兩次世界大戰期間那幾年的全球經濟與政治秩序，支持國際金融改革，有心強化中國、協助中國取得更大的經濟自主。當時日本的城市文化，從青少年服飾到大眾音樂和大量發行的雜誌，莫不顯示顯著的自由化趨勢。日本巨大的工業金融組合（財團）在向全球市場出口這方面涉及極大的利益，而且政黨輪替的國會民主制度在一九二〇年代也成為定制。

但是並非一切趨勢都是自由派或親西方。日本許多思想家認為，亞洲國家不能期望西方公平對待，亞洲應該尋找自己的命運。詩人野口米次郎（Noguchi Yonejiro）說：「如果一國只受他國支持、而不能支持他國……國家不能為國家。因此，我一向認為、也希望日本能支持其他國家，不問它是印度或中國[20]。」

同一時期，許多政客和軍事思想家也開始相信日本遭到列強有敵意的包圍。日本情報特務利用他們遍布全中國的貿易及外交網絡，爭取權力掮客、金融家和軍閥與日本利益結盟。如果這些盟友太獨立自主，不無可能招來殺身之禍：一九二八年六月，東北軍閥張作霖的火車專列遭日軍安置炸彈，把他炸死。（譯按：皇姑屯事件。）大體而言，日本陸軍比外務省官員更傾向強硬做法；但是他們都認為，中國大陸是防禦入侵者（尤其是俄羅斯）的緩衝地帶，它若落入對日本具有敵意的勢力掌握，會成為扼殺日本的源頭。一九〇五年戰勝俄羅斯的記憶猶新，「生命線」一詞一再被用以解釋此區域的重要性。有位作家說：「日本……在滿洲平原埋了十萬英靈……這是以大和民族無價的血汗，所贏來的勝利之果。」[21]

日本菁英把倡言反帝國主義的蔣介石國民政府視為有敵意的對手。他們不肯把國民政府嚴肅看待為具有全民正當性，也不認為它是要求帝國主義勢力退出中國領土的意識型態議程。日本人把蔣介石當做另一個有待收買或恫嚇的中國軍閥。日本人和美國人有點像，他們在中國是帝國主義者，卻自認是友人、是導師，不是占領者。日本在滿清將亡之時的確是中國革命黨人流亡的地點，袁世凱一九一三年摧毀中國新國會之後，孫中山亦寓居日本數年。

日本從亞洲國家需要合作的思想出發，於二十世紀頭十年倡導泛亞主義的意識型態，主張重視「精神」面的東方國家應該和重視「物質」面的西方有所區別。泛亞主義被納入日本民族主義的不理性、羅曼蒂克之中。日本的民族主義亦從禪宗和日蓮宗佛教，以及德國的「血與領土」思想汲取精髓，合理化全國力爭權力及光榮。

可是中國的民族主義並不具備這些精神元素。它植根於比較世俗的公民模式，國民政府的宣傳雖然強烈的提倡愛國、有時候仇外意識濃厚，卻不像日本（或納粹德國）那樣強調精神面的純潔。此間差異日後證明十分重要。中國不會被以種族界定自己或尋求以原始的法西斯主義為根據的制度之死硬派統治。

日本格外氣憤中國是因為，兩國有共同的文化傳統，文字和宗教也相近，卻在追求現代化時走上不同的道路。蔣介石開府南京，兩國對東亞的前途觀點不同，預示了會有致命的衝突。

注釋

1. Sidney H. Chang and Leonard H. G. Gordon, All Under Heaven . . . : Sun Yat-sen and his Revolutionary Thought (Hoover Institution, Stanford, CA, 1991), 86.
2. Ibid., 87.
3. Jay Taylor, The Generalissimo, 44.
4. John Fitzgerald, Awakening China: Politics, Culture, and Class in the Nationalist Revolution (Stanford, CA, 1998).
5. Ibid., 237.
6. Stuart R. Schram, ed., Mao's Road to Power: Revolutionary Writings, 1912–1949, 7 vols. (Armonk, NY, 1992–) [hereafter MZD], vol. 1, 423.
〈趙女士的人格問題〉，《大公報》十一月十八日。
7. 〈體育之研究〉，一九一七年四月一日, MZD, vol. 1, 126.
8. Edgar Snow, Red Star over China (London, 1973), 92, 94.
9. "Peking Professors on the Shameen Massacre," in Pei-kai Cheng（鄭培凱）and Michael Lestz with Jonathan D. Spence, The Search for Modern China: A Documentary Collection (New York, 1999), 258.
10. Taylor, Generalissimo, 50.
11. Ibid., 54.
12. 〈中國社會各階級的分析〉，一九二五年十二月一日, MZD, vol. 2, 261.
13. Hans J. van de Ven, War and Nationalism in China, 1925–45 (London, 2003), chapter 3.
14. Taylor, Generalissimo, 68.
15. 關於民國時期軍閥，見Edward McCord, The Power of the Gun: The Emergence of Modern Chinese

Warlordism (Berkeley, CA, 1993).

16. 關於英國在華角色，見 Robert Bickers, Britain in China: Community, Culture, and Colonialism, 1900–49 (Manchester, 1999).

17. C. Martin Wilbur（韋慕庭）, The Nationalist Revolution in China, 1923–1928 (Cambridge, 1984), 72.

18. Richard Madsen, China and the American Dream: A Moral Inquiry (Berkeley, CA, 1995), 30.

19. 關於威爾遜對殖民世界的思想，見 Erez Manela, The Wilsonian Moment: Self-Determination and the International Origins of Anticolonial Nationalism (Oxford, 2007); 關於種族平等條款，見 Naoko Shimazu, Japan, Race, and Equality: The Racial Equality Proposal of 1919 (London, 1998).

20. Eri Hotta, Pan-Asianism and Japan's War, 1931–1945 (Basingstoke, 2007), 71.

21. Louise Young, Japan's Total Empire: Manchuria and the Culture of Wartime Imperialism (Berkeley, CA, 1998), 89.

3. 走向衝突之路

一九三一年九月十八日，瀋陽市（當時西方習慣以滿洲名稱其奉天）附近一條鐵路發生炸彈爆炸案。派駐在東北的國民政府美籍顧問羅伯・路易士（Robert Lewis），拍電報給南京外交部報告：

> 九月十八日星期五夜裡，日軍由朝鮮奉命經安東進入滿洲，七班軍用火車載滿士兵。九月十九日星期六夜裡，日軍又派出四班火車載滿士兵由同一點進入滿洲……（日本人）逮捕學校校長，禁止講授三民主義……部隊與軍校生被捕即解除武裝，被日方移走的中國軍械庫內武器和彈藥有現代來福槍、野戰砲、重砲和軍用卡車[1]。

一九〇五年起即駐防東北地區的日本關東軍宣布，中國顛覆份子引爆炸彈，他們別無選擇，只好即刻發動軍事行動以保護日本人性命與財產。事實上，是日本人自己引爆了炸彈。日本關東軍兩名軍官石原莞爾（Ishihara Kanji）和板垣征四郎（Itagaki Seishiro）是幕後影武者，而且是瞞著東京文人政府發動。幾週內，關東軍已占領比法國和德國加起來面積還更大的一片土地，將三千萬人納入他們控制下。

「滿洲事件」（譯按：即九一八事變。）成為兩次世界大戰中間時期最惡名昭彰的外交危機之一，也是窮兵黷武政府一系列衝突行動的開端，粉碎了第一次世界大戰之後建立起來的脆弱和平。九一八事變也永遠改變了在蔣介石及其國民政府領導下的中國命運。

蔣介石以流血手段崛起後，全力建立一個將中國現代化、並去除帝國主義在中國痕跡的新政府。一九二〇年代前半期，中國經濟開始顯著改善，本土企業從紡織業到菸草業都欣欣向榮。中國外交官開始在國際聯盟等組織扮演重要角色。城市基礎建設也擴張：一九三七年之前的十年，中國的柏油路由三萬公里倍增為六萬公里，鐵路系統也大有改進。可是蔣介石的南京政府仍有重大缺點：政府侵犯人權斑斑在目，不時逮捕或暗殺政治異議人士，且特別忌恨共產黨。國民黨變得非常腐敗，尤其是地方黨部的官員利用收稅當工具，向農民榨取各種不法所得。國民政府最大的失敗就是處理不了農村地區極度貧困的問題，而這也給予共產黨極好的機會。國民黨的權力極大部分是靠富有的菁英支持，而有錢人的利益繫於經濟關係穩定，不論是城裡或在全國各地的工廠都不要變化[2]。

美國長老會傳教士凱薩琳・韓德（Katharine W. Hand）在華北山東省居住多年，目睹農村中國人在蔣介石政府底下過的是什麼艱苦的日子。山東貧窮、常鬧乾旱，是一九〇〇年庚子拳亂的中心，義和拳和中、西基督徒激烈衝突的現場。時隔三十年，住在山東的西方人受到攻擊的危險已降低，但仍是個偏僻省份。韓德一九三五年寄回美國的家書說：

> ……我真希望能讓你明白這個落後地方的氣氛。你根本不能說它是內陸，因為它距離海岸不過僅僅七十五英里，但是此地仍然過著《舊約》時代的生活。我望著打穀場，看到農民用牛、驢拉著石頭碾……用這種方法打穀，稻殼會飄蕩在空中，讓風吹走米糠……光屁股的小孩四處跑，有些老婦坐在打穀場，準備撿拾一些穀粒……我覺得時光倒退了好幾百年，而同一時期西方國家又叩關而來——是福是禍，就很難說了。

韓德也注意到正在改變中國的現代化：她坐了一輛福特V8汽車出外，在「泥土路上開了一百六十英里。電話、巴士、橋梁——全在短時間內完成。」可是災情歷歷在目：

我們看到前方路上有一大群人——我的心揪在一起；後來我們曉得這是洪災的難民，被分派到全省各地收容安置。政府從來沒有過這種經驗，但努力彌補。當然對於收容難民的人來講，這也是很大的負擔，他們必須拿出已經少得可憐的所有來和災民分享[3]。

儘管全國大部分地區仍極貧窮，大部分外界觀察家仍然認為，經過多年軍閥割據、混戰之後，國民政府的力量有朝著正面發展。可是日本人對大陸情勢則感到驚慌。他們最擔心的就是國民政府緩慢、但穩定地朝向降低外國在華特權、使中國成為更平等的貿易夥伴。一九三〇年，國民政府終於恢復了關稅自主權，可以對輸入中國的商品以它核定的稅率課徵進口關稅。過去將近八十年，基於「不平等條約」，這項權利由洋人控制，因此收回關稅自主權可謂一大重要里程碑。國民政府時期，海關開始拔擢中國人、取代洋人雇員，證明中國即將打理自己的財經[4]。自主權擴大，在東京卻引起深刻關切。日本政府變得幾近狂躁，相信中國應該被看做日本的特殊勢力範圍。

一九二二年，宇都宮太郎將軍（Utsonomiya Taro）躺在病床上、指著一幅世界地圖說：「它們必須全都變成日本人的！」他指的是從西伯利亞到紐西蘭這一大片領土。可是在如此宣布時，日本帝國主義者覺得他們不過是效法西方國家的做法。石原莞爾將軍一九四六年在東京戰犯法庭受審時，反問一名美國檢察官：「你聽過裴利提督吧？」他指的是一八五八年強迫日本開放門戶的美國海軍提督馬修・裴利。日本「以貴國為師，學會如何更積極進取，你或許可以說，我們成了你們的學生[5]。」

日本人如此關切的國民政府其實是個不尋常的造物。理論上，國民黨是個「前鋒黨」，透過「訓政」制度控制其社會，等待民智啟迪到能享「民主」憲政（即孫中山三民主義中之民權主義）。可是就一黨專制而言，國民黨又太多元化。他的黨員思想從自由派到極度傳統、保守都有，這些人的共同點是忠於黨魁蔣介石。蔣介石能把這些思想互異的人結合在一黨之內、維繫住忠誠，的確了不起。

政府裡頭最親西方的某些成員也是蔣介石的親戚——上海商人宋嘉樹（即查理，宋）

的子女。宋嘉樹早年即全力支持孫中山革命活動，他的子女在中國國民黨政治系統中都有顯赫的事業前程。西方世界熟悉的「蔣夫人」宋美齡是查理宋的幼女。她因在麻薩諸塞州衛斯理大學（Wellesley College）受教育，精通英文[6]。一九二〇年，蔣介石在國民黨內開始嶄露頭角時即向她求婚，但被她拒絕了。他當時還沒有名氣、不擅言詞，何況還是有婦之夫。到了一九二七年，情況大不相同。蔣介石已是國民黨內領導人物，而且他和宋美齡交往已有一年多。他已履行了她訂的兩個條件：與前妻離婚、研讀《聖經》並考慮改信基督教。他們在十二月一日成婚，從此以後，她成為蔣介石在西方世界的代言人。外交官注意到，如果他們見到「委員長」、經常也會見到夫人；英國外交官羅伯・郝威（Robert Howe）在抗戰初期就說：「很難從中國作風的蔣介石那裡得出確切的印象，他很慢才會做出決定……蔣夫人……則脾氣活潑多變[7]。」宋美齡的觀點受到她國際背景的影響，促使蔣介石多了解西方的想法（蔣介石一輩子還沒到過莫斯科以西的國家）。她在婚禮上向孫中山遺像敬禮。她將在孫中山的民國所經歷的最大考驗中，扮演重要角色。

宋美齡的大哥宋子文也是政府要員。宋子文哈佛畢業、英語流利，最大的才華是籌款，擔任財政部長多年（一九二八～三一年，一九三二～三三年）。宋子文在當代西方外交官和財金界人士圈中相當有名氣、孚人望。他相對比較自由派，有助於和美國溝通。蔣介石的連襟孔祥熙在國民政府財金事務上也扮演極重要角色。孔祥熙自認是孔子第七十五代後裔，但是他的影響力來自二十世紀的關係——他的太太宋靄齡是宋美齡的大姊。從一九三三年至一九四五年，孔祥熙擔任中國銀行總裁，同一時期大部分時間他也兼任財政部長，接替宋子文的職位。孔祥熙和宋子文不同的是，他在政治圈或群眾名聲不佳，經常被控是中國首富，也是最貪汙腐敗的官員。宋美齡另一位姊姊宋慶齡嫁入最佳革命門第——她是孫中山的妻子、遺孀。

國民黨內也有一些人對西方頗有戒心。陳果夫、陳立夫兩兄弟是「CC派」首腦、強悍的政治運作者。陳氏兄弟是民族主義者、反帝國主義，但不相信社會的經濟結構需要徹底改變，另外他們也強烈反共產主義。蔣介石當權時期，兩兄弟極力鎮壓異議份子，主張中國需要更森嚴的社會、而不是更自由的社會。在黨的所有活動背後還有一個人，他並不是蔣、宋家族血親，但是他的忠心耿耿絕不亞於家族成員。戴笠後來被記者奧利佛・卡德維爾（Oliver Caldwell）封為「中國的希姆萊」，他是國民政府特務機關「軍統」（正式名稱「軍事委員會調查統計局」）的頭子。需要暗殺或抓人時，戴笠的手下就出馬[8]。

汪精衛則從政治結構完全銷聲匿跡。汪精衛始終無法釋懷蔣介石在北伐期間僭奪大權。蔣介石主政的頭三年，汪精衛在國外、或與其他反蔣軍事首腦結盟試圖推翻他。一九三〇年，汪精衛與強大的北方軍閥馮玉祥、閻錫山聯手，發動中原大戰倒蔣未成。一九三一年，汪精衛和蔣的其他政敵胡漢民，繼續和蔣發生派系戰爭。孫中山的繼承人拒絕放棄他的傳承。

一九三一年日本侵略東北，國內氣氛丕變。日本成為蔣介石政府所面臨的最急迫問題，這遠比共產黨、敵對軍閥、或其他帝國主義列強更嚴重。威爾遜總統在兩次世界大戰中間時期的國際主義倫理已挫傷日本在亞洲的擴張野心。可是一九二九年的經濟大恐慌（Great Depression）使日本陷入經濟危機，走上專制威權主義和侵略性的帝國主義之路。兩次世界大戰中間時期實行的兩黨制度原本就經常出現麻煩，而日本在大恐慌期間出口經濟崩潰，使得人民心思轉向保護主義、脫離自由貿易的自由派思想。美國一九三〇年祭出斯穆特—霍利關稅法（Smoot- Hawley Tariff Act）開始封閉它的市場，大英帝國也擁抱「帝國優惠」（imperial preference）。日本試圖評估可以在哪裡設置它的經濟自給自足區。滿洲乃是日本「生命線」的想法，以及日本在中國大陸的專屬權利，以更加粗暴的方式表達。

一九三一年九月，關東軍在石原莞爾及板垣征四郎指導下宣布，本地人起事反對當時東北領導人張學良腐敗的軍閥政府，他們另張旗鼓就地建立獨立的國家「滿洲國」，它將收到日本的友好「協助」。

儘管很少人會相信這種杜撰之說，但是沒有人有力量或意願去對抗它（包括國際聯盟一九三二年派遣來華的調查團在內）——當時正在崛起的德國在野黨領袖希特勒注意到了。東北難民籲請蔣介石抗日，但是他按兵不動、堅持只提抗議。

接下來幾年，日本軍方和文人政客之間為政策齟齬不休。不過雖然日本不同的領導人彼此政策重點或有不同，整個領導圈認為日本在華應有特別、專屬權利的意識型態卻沒有疑義。日本高階將領積極介入日軍在華北的種種軍事演習。

中國外交官一再向國際聯盟憤怒抗議。蔣介石九月二十三日宣布：「如果國聯……不能堅持正義，國民政府預備做最後、最大的抗爭……我將親赴前線、必要時與愛國志士一同捐軀[9]。」但是蔣介石無法信守這個承諾，至少在當時還不行。他心知肚明他的部隊根本還未強大到足以抗衡關東軍，更不用說要對付整個日本皇軍了。

東北流亡人士組成一個壓力團體「東北民眾抗日救國會」，發動媒體及群眾示威等種種努力，試圖說服政府動用武力收復東北失土。他們在一九三一年十一月的一份公告痛斥政府毫無行動：「非團結不足以圖存……樹立強有力政府，實現統一的國家，決定對日宣戰[10]。」但是一九三〇年代中期，中國境內主戰熱情還不夠，雖然東北流亡人士的命運令人同情，當時中國仍有許多危機，包含經濟危機，亟待注意。東北地處邊陲，代表它還未成為中國認同的中心部分。

日本占領下發生種種殘暴行為，殆無疑問：一九三二年平頂山三千名村民慘遭屠殺（日軍藉口他們窩藏抗日游擊隊），只是受到國際注意的案例之一。有位記者寫說：「房子被日軍放火燒了……居民也被日軍機關槍無情掃射[11]。」儘管有種種類似罪行，東北內部本身似乎還無強大抗日行動。老百姓並不熱切支持日本人，但是也不覺得深刻效忠原本已在推動現代化建設的張學良或其父親張作霖——他是個典型軍閥，大字不識、又嗜吸鴉片。日本人結合暴力威脅和投資相當金額從事地方基礎建設，來安撫老百姓。侵略者也找到一些願意在日本人底下繼續任職的地方官員，維繫政事持續不變的形象。大多數個案中，與占領者合作並不熱切，但卻是普遍現象。占領滿洲有助於日本練習如何控制大陸，也教導他們一旦擴張超過東北地區、中國人民或許會如何反應。

蔣介石在一九三一年底感受到來自四面八方的壓力。他仍然遭受國民黨內南方人士，如汪精衛及另一位革命大老、廣東籍保守派胡漢民的反對；共產黨似乎在江西也建立堅固根據地，這時候再和日本開戰，不啻是自殺行徑。甚且，愈來愈好戰的東京政府也利用每個機會宣稱國民政府在對日關係上「沒有誠意」，稍有挑釁勢必讓它有藉口要求更多領土。（例如，日軍中村大尉微服前往蒙古邊境，被當地中國部隊以疑涉間諜活動而逮捕殺害，就激生事端[12]。）蔣介石因為丟掉東北，聲望嚴重受損，亟需恢復地位。因此，他在一九三一年十二月十五日投下震撼彈，宣布辭職。

蔣介石做出此一政治豪賭是要證明，國難當前之下沒有人可取代他的領袖地位。幾天之內，情勢就證明他對了。高階軍事領袖宣稱不肯接受繼任人孫科（孫中山的兒子）之領導；稅務機關不肯將稅款解交新政府；民眾上街頭遊行要求蔣介石回來領導。一九三二年一月初，蔣介石答應回來，地位增強不少。現在他又得以逼迫最難纏的政敵汪精衛同意共赴國難。來自日本的威脅已經大到不容輕視，幾經談判，汪精衛同意在蔣介石的政府裡出任行政院院長（等於總理）。這是十分崇隆的職位，理論上汪精衛負責政府這個重要行政機關，其實它根本沒有兵權。蔣介石把他的政敵納入政府、又不讓他有自主權，只不過讓汪精衛領導的「改組派」在政府裡分到一個重要官職。現在蔣介石成了黨無可爭議的領袖，他和汪精衛的敵對雖未埋葬、也已大為降溫。

然而，蔣介石決定不挑戰日本占領東北卻產生嚴重影響，鼓舞他的對手採取更大膽行動。一九三二年二月，上海爆發中國工廠工人和日本和尚之間的衝突，情勢迅速升高，日本海軍指揮官鹽澤幸一少將（Shiozawa Koichi）抓住機會，要求中方道歉、賠償，並且要取締城裡的反日示威活動。日本海軍嫉妒關東軍在滿洲的成功，這是他們出名的好機會。表面上，蔣介石提議雙方妥協；私底下，他鼓勵蔡廷鍇的第十九路軍反擊。中、日陷入交戰。（譯按：即一二八淞滬之役。）雙方交戰時間不長，但打得很凶。上海居民驚訝地發現槍林彈雨下，國軍在這座大城街巷挖壕溝。三個星期內，國軍傷亡一萬四千人左右，日軍傷亡也超過三千人；平民死者逾萬人。最後雙方達成停火協議，限制國軍在上海的活動，因此中國民眾十分不滿。由於公開場合表示反對蔡廷鍇的抵抗（即使他私底下有不同的立場），加上在東北又不抵抗，民間認為蔣介石姑息日本。中共的叫囂宣傳也使他相當尷尬——中共高唱決心抵抗日本侵占東北，其實它大半個黨的力量都在江西省，離東北足足有一千六百公里之遙。中共和蔣介石不同的是，沒有人要求它兌現抗日行動[13]。

即使中國人不團結，他們也必須在軍事上做好準備。從這個脈絡去看，持續剿共及打擊各個地區軍閥似乎相當合乎邏輯：從蔣介石的觀點看，不論基於什麼理由反對統一，都造成中國在面對外侮時實力疲弱。許多人批評蔣介石在面臨日本威脅時還攻擊中共，他們認為他若停止剿共，他的對手也會放下武器。其實這恐怕不太可能：僅只十年前，毛澤東就宣稱國民黨不論左翼或右翼都不是中共真正的友人，即使當時他和國民黨的左、右翼都有同盟關係[14]。

蔣介石了解，來自日本的攻擊才是對其政府穩定的真正威脅。從一九三〇年代初期起，國民政府就依據遲早必將與日本一戰的思想做出具體計畫。全世界各國政府也都有類似的估算。德國和日本都靠大量增加軍事開銷使國家脫離經濟大恐慌。他們和義大利都成為「社團主義」國家（corporatist states）：經濟的關鍵部門受到國家控制，但是它又和蘇聯不同，民間企業仍然有重要角色。法西斯國家的首要目標是軍事征服。蔣介石的政府沒有這種目標，它也沒有資源去追求此一目標。但是蔣介石了解，為戰爭動員可以提供機會，發展中國的基礎建設和科技，或許也能導致它脫離赤貧。

南京政府謹慎地開始加強軍備。一項重要措施即是一九三二年十一月二十九日成立

「國防設計委員會」，對中國的煤礦、鐵道建設、穀物收成、發電量和金屬等進行徹底、詳盡的調查。委員會也調查教育的影響以及貨幣改革的重要性。他們得到的重要結論是，中國的地理狀況使它在爆發大戰時居於劣勢，因為國家大多數的基礎建設都集中在華東沿海，而它是最有可能遭到入侵的地區。政府擬訂計畫以確保戰爭一旦爆發，鐵、煤和化學品會有充分的供應。內陸省份也必須增加生產：湖南的鋼與鐵、四川的銅與鐵，以及華南和西南的煤[15]。毛澤東中國特色所在的計畫經濟，其種子是由蔣介石政府因日本侵華的威脅所刺激而種下。

蔣介石也明白中國的安全要依賴軍隊的實力。他很清楚國民革命軍是一支雜牌軍，有些素質很高、有些只略有訓練、對中央政府的效忠程度很低。一九三四年，他禮聘一位德國新顧問漢斯・馮・塞克特（Hans von Seeckt），第一次世界大戰時期的德國高階軍官，在威瑪共和時期重建德國陸軍的靈魂人物，打造出世界最嚴格的軍事訓練體制。另一位威瑪共和將領亞歷山大・馮・法肯豪森（Alexander von Falkenhausen）於一九三五年接替塞克特的職位。兩人都支持職業軍隊，即軍隊接受官僚控制、而非自立門戶成為一股政治勢力。他們雖然同意在希特勒政府服務，卻都不是納粹的同情者。整體而言，改造的目標是提供一支兵員較小、訓練精良的中央軍，透過強制兵役、全民徵兵制供應兵源（與日本相同）。到了一九三〇年代中期，已有八萬多人接受了德式訓練[16]。

蔣介石避免與日本公開衝突、同時悄悄備戰的政策，只有部分成功。他避開戰爭，但被迫屈辱地交出領土。一九三二年二月東北完全被占領、隨後「滿洲國」宣布脫離中國而獨立；一九三三年二月日本又侵占熱河省。駐守熱河的張學良部隊沒有太大作戰意願，熱河很快就淪陷。蔣介石政府決定，它必須與日本妥協；五月三十一日，兩國簽訂塘沽停火協定。協定的條文要讓雙方都保留顏面，但實質上是中國承認了滿洲國。根據協議，從長城到北平、天津以北地區成為非軍事區。（譯按：冀東自治區）日本人在這個地區具有觀察權，而中國部隊卻不得有「挑釁」行為。中國明顯非常難堪，但是短期而言，這是對蔣介石非常有用的協議，他可以暫時有個喘息空間，能專注在其他優先事項，特別是他的剿共作戰[17]。一九三三至三五年期間，是中、日緊張關係顯著和緩的時期。的確，如果日本人滿足一九三三年起即在華北的強大的控制，不再向中國內陸深入，後來把整個亞洲大陸席捲進去的一場大戰或許就可以避免。

從一九三三年起，蔣介石面臨極度艱巨的任務：既要重整抗日軍備、避免刺激日本有進一步軍事侵略行動，同時又要安撫民眾日益上升的反日情緒。必須要維持這些相互矛盾的目標，即意味主張抗日的公共人物不僅會惹惱日本人，也會得罪自己的政府。新聞記者杜重遠的遭遇就是一個有名的例子。一九三五年，杜重遠的刊物登出一篇文章〈閒話天皇〉，調侃日本統治者是個「古董」，「沒有實權、但事事都以他的名義執行[18]」。杜重遠本人並不是文章的作者，但是因批准文章登載被判坐牢十四個月。

汪精衛這方面也很讓蔣介石傷腦筋。一九三二年貌合神離言和之後，汪精衛支持蔣介石強化國防的政策，但是他也主張要和日本密切合作。汪精衛還是一個熱切的民族主義者，希望見到中國有活力、獨立，但是他和蔣介石一樣認為武裝部隊實力太弱，不足以發動抗戰，因此也認同必須爭取時間。一九三四年，他寫下：「事實很清楚，政府預備承認（在國際事務上）軟弱無力。」這時候他摒斥對日抗戰的言論，但文意清楚表露，他認為日本的要求無法接受：

> 現今政府不可讓高漲的抗日民心沖昏了頭。高調言論是個詛咒。驕傲會斷送勝利；溫和可避免失敗……日本明顯野心是把中國打成日本殖民地，但是國民政

府……絕不會接受這種屈辱[19]。

汪精衛和中國大多數民族主義者一樣，認為所有的外國帝國主義都不懷好意。他不認為換了和英國或美國結盟，就會比和日本結盟會有更大優點——英、美兩國在中國領土都保有相當大的殖民力量——日本至少和中國還有文化關聯。汪精衛支持與日本保持親密關係，使自己陷於動輒得咎的位置：它是政府政策，可是在民眾心目中他獨樹一幟的親日立場，卻令人厭惡。

一九三五年十一月一日，國民政府要員集合要拍團體照。突然間，一名攝影師掏出藏在攝影機底下的勃朗寧手槍，朝汪精衛開了三槍。汪精衛命大沒死，但是受的傷終其一生影響他，也使他更痛恨蔣介石（蔣介石原本也要出席拍照，但臨時取消）。汪精衛認定蔣介石派人刺殺他，不過這一說恐怕並不公平。

被視為親日派，在一九三〇年代中期是很危險的事。和汪精衛同派系的另一位部長唐有壬於一九三五年十二月二十五日遭人射殺。（譯按：唐是汪精衛以行政院長兼外交部長時的外交部次長。）事實上，汪精衛若是遇刺身亡，並不符合蔣介石的利益：民眾認為汪精衛偏袒日本，這可以轉移注意力，不去檢視蔣介石對如何和東京打交道其實觀點也沒有太大差別。汪精衛受傷，使他退出政府，旋即前往歐洲。東京政策轉趨強硬，「親日派」在政府的作用也趨於邊緣化。

雖然來自日本的威脅令南京政府寢食難安，在偏遠的江西山區這一點倒不明顯。一九二七年蔣介石清黨之後，中共殘部躲到贛南落腳。蔣介石忙著鞏固權力之際，共產黨陷入交相指責、討論統一戰線為何敗得如此狼狽。接下來十年，蔣介石在南京坐擁大權，而他們所進行的改造，使他們具備軍事和經濟上必須自給自足的思想，日後在對日抗戰時即力求實踐。

跑到江西去的共產黨員中有一位年輕的毛澤東，他還不是黨的領導人，但正在快速崛起。毛澤東很快就在辯論黨為什麼被國民黨徹底耍了的過程中，脫穎而出為主要人物。檢討起來，主要原因之一就是中共沒有自己的軍隊。在蘇聯建議下，共產黨的部隊併入國民革命軍，可是國共一起衝突，國民革命軍仍效忠國民黨。因此中共在江西的第一件事就是組建紅軍。原本在軍閥部隊當指揮官、到過德國受訓的朱德，負起訓練這支剛誕生的部隊的責任。

毛澤東在江西嘗試推行激進的社會政策，包括拿富農的土地重新分配給貧下農。毛澤東悍然宣布：「地主就是擁有土地的人……完全靠壓榨過活。軍閥、官僚、土豪、劣紳……是地主當中最兇惡的份子[20]。」黨的領導人起先很小心，因為他們認為要動員廣泛的群眾，需要爭取地方菁英的支持。但是，有幾個因素開始弱化共產黨。黨內派系鬥爭變得很殘酷，尤其是毛澤東及其同僚項英與王明這些「歸國布爾什維克」（被送到莫斯科接受史達林訓練的一批青年死硬派）之間的衝突相當激烈。土地改革政策變得十分兇暴，使許多中農離心離德。他們被指控為富農，其實有時候只不過比界定為「貧農」的人稍微好一點而已。中共內部內鬥不已之際，江西之外的事件也開始不利於共產黨。一九三三年的塘沽停火協議給中、日關係創造喘息的空間，使蔣介石有更多時間和空間把他的部隊投入對付中共的戰事。起初幾次「剿匪戰役」都未成功，但是到了一九三四年，軍事改革初見成效。江西共產黨發現已身陷重圍，應該要遷地為宜了[21]。

一九三四年六月，紅軍開始往西北移動，這即是有名的「長征」。共產黨在江西的根據地已經不保，數千名男子和一小撮女性經過華中往西流竄。一九三五年一月，中共中央政治局在貴州遵義開會。這場會議成為黨的領導階層（包括蘇聯顧問）和迄今都進不了權力高層的毛澤東等人之間的對決。毛澤東抨擊領導階層採取軍事戰略不當，允許國民黨進入共產黨的根據地；他們應該採納毛澤東在戰術上的建議。蘇聯首席顧問奧圖・布勞恩（Otto Braun）（譯按：布勞恩在中國化名李德）不太說話，但是「毛澤東開始攻擊他時，他臉色蒼白。他一直克制著自己，但是香菸一根接一根……他看來愈來愈沮喪和陰沉。」[22]會議結束時，情勢已經明朗，毛澤東對既有領導人的痛批已使他成為黨內最突出的人物。他現在得到動力，將躍升為最高領導人。

一九三五年十月，疲憊的長征戰士終於來到塵土飛揚的陝西黃土高原，共產黨在小城延安已經建立一個根據地。長征出發時的八萬多人，現在只有七千人左右到達目的地：其他人不是死了，就是在敵軍窮追不捨和沼澤溼地、崇山峻嶺等等艱巨地形下放棄。但是長征告一段落，卻是毛澤東躍居最高權力的重大關鍵起始點。直到當時，毛澤東是黨的重要成員（一九二一年他在上海出席黨的第一次全國代表大會），但不是領導人。共產黨被迫走上長征這一事實意味著對手的戰略錯誤，他對中共的主導意識型態路線之批評，包括注重城市革命、而非農村革命，具有實質內涵。雖然毛澤東仍有對手，來到延安的長征是毛澤東崛起的重要舞台。

長征旋即成為中國共產黨光榮的建黨神話。事實上，它是潰退、大撤退。即使長征已經過去，看起來仍像是國民黨有效的戰術應該有機會粉碎中共。可是，幾個月之內，一系列祕密協商和交易將完全改變政治現實。

一九三五年，歐洲的獨裁政府升高他們的侵略行為。義大利的墨索里尼（Benito Mussolini）以重建羅馬帝國自許，入侵衣索比亞（Ethiopia）這個非洲碩果僅存的少數獨立國家之一。德國的希特勒無視一九一九年凡爾賽條約禁止德國再武裝的條款，宣布將把德軍部隊擴增到五十萬人。莫斯科的史達林相當警戒地注意著這些發展。蘇聯因為政治大整肅和國內鬧饑荒、民眾大量餓死而衰弱，無力對付不論是德國（自西邊）或日本（自東邊）的入侵。一九三五年八月一日，蘇聯和它的國際組織「共產國際」宣布成立全球反法西斯陣線。中共要放棄反蔣政策、並全力支持他[23]。

蔣介石和毛澤東都了解，莫斯科的新路線頗有可能大大改變中國國內政治。對於中共而言，要它回過頭擁抱十年前沒有示警就翻臉清黨的前盟友，真是情何以堪。而蔣介石也曉得，他想要最後粉碎中共的希望可能也要落空。和日本頗有可能開戰，果真開戰的話，他會需要蘇聯協助防衛中國。為了這個目標，即使中共已經被國民黨追剿得大為衰弱，他可能還是必須放棄摧毀共產黨最後據點的希望。

蔣介石、蘇聯和中共之間，在一九三五年夏天、秋天持續分別談判。表面上，中共遵守史達林要求它與國民黨團結的指令。蔣介石則公開宣稱，共產黨已幾近全面潰敗，他不需要和他們談判。但是雙方為了聯合抗日，仍然祕密持續談判；周恩來是中共的首席談判代表。到了十二月初，兩黨原則上同意紅軍將接受中央指揮調度、共產黨將停止最激進的政策（如沒收土地）。協議已經口頭上達成、並未形諸文字；此時蔣介石決定到西安視察部隊[24]。

一九三六年十二月十二日，中國在號外新聞中驚醒：蔣委員長遭到劫持。張學良和楊虎城手下部隊包圍他的住所、將他劫持。（張學良統治東北，直到日本一九三一年入侵為止。後來，他雖然退出老家，仍在關內轄有一支大軍。）張、楊要求蔣介石停止剿共，領導抗日統一戰線。

接下來兩個星期，全國民眾屏息注意一系列的談判進行。何應欽威脅要進攻西安以拯救委員長。同情中共的美國記者詹姆斯・柏川（James Bertram）當時正在西安，回想感到內戰即將爆發：「政府一隊飛機低空飛過西安，它們的引擎聲聽在少帥階下囚耳裡，也不能讓他放心[25]。」可是，蔣夫人宋美齡反對全面進攻西安，深怕她丈夫會在戰鬥中被殺死（另外也暗中忖想何應欽是否陰謀奪權自立）。她前往西安，陪伴被扣押的蔣介石。同時，南京方面，孔祥熙在電台廣播，「堅持不與武裝叛變談判、不與『共匪』停戰，也向全民保證一定維護政府尊嚴[26]」。但是孔祥熙提到中共時，其實隱瞞一個十分錯綜複雜的事實；事後也證實張學良犯了大錯。

在前幾個月的混亂中，張學良並不曉得國共雙方已經進行祕密談判，為兩黨合作奠定基礎；現在他的行動不僅沒使他被歡呼、迎接為國家新領袖，還被國民政府及廣大民眾視為叛國舉動。談判進行了兩個星期，中、外觀察家完全不知道這位國家領袖會獲釋或會被殺。

張學良今天在中國大陸被視為愛國者：當時他很震驚為什麼委員長不願面對日本「實在的」威脅、堅持要打自己的同胞——中國共產黨。根據這個版本的說法，張學良劫持蔣介石是要迫使他改變方向。事實上，張學良的動機可能很單純：蔣介石可能拔除掉他的兵權。但是救了蔣介石的最重要因素其實也很單純：很少中國領導人會因他被殺或下台得到好處。很多中共高階人士，如毛澤東，在蔣介石被抓之後，很想殺了他。可是其他人則很小心，包括蔣昔日的軍閥政敵閻錫山。他們覺得如果蔣介石被殺害，沒有別人具有他的地位可以領導中國。蔣介石之所以能夠成功，以及能夠保住地位的關鍵，是因為他能夠控制住派系林立、彼此意見嚴重不和的國民黨。假如蔣介石死了，如宋子文等可能的接班人選都不可能得到廣泛支持。而且，如果是汪精衛接掌，和日本親善的可能性更大。

還有個人覺得蔣介石若是死了，麻煩可就大了，他就是史達林。他對中共的支持品質與持續性迭有不同，只要對他自己有利，也不惜陷中共於危險。不過，他的建議，中共必須認真看待。現在史達林明白表示，中共必須與蔣介石放下歧見，使蔣獲釋。史達林曉得，蔣介石若有不測，對於遭到圍攻的中共並不利。汪精衛或許在何應欽支持下會出頭掌握大權。親日的中國將使蘇聯陷入嚴重危險。

到了一九三六年，反共產國際公約（蔣介石曾經認真考慮加入）已形成日本和德國分別從東、西兩側包圍蘇聯的形勢，如果中國也轉向軸心國，蘇聯紅軍恐怕就得在兩個戰場上打仗，而且沒有盟友。由於史達林在一九三〇年代大肆清算紅軍，使它失去一流的軍官，這很可能產生災厄。無論如何，蔣介石必須恢復權位。蔣介石反共，但也可以嚇下原則，在一九三三年與蘇聯建立外交關係。更重要的是，他是堅定不移的反日份子[27]。

蔣介石被劫震撼中國。張學良若是知道國共雙方實質上已協商好統一戰線，他或許根本不會劫持蔣介石。從這一點來講，張學良是蔣介石和中共高階領導人毛澤東、周恩來等行事作風的受害人；他們都喜歡把計畫保密，又同時進行好幾條策略路線，甚至有時候這些路線還相互矛盾。最後，周恩來出面，斡旋釋放蔣介石。蔣介石現在保證他會領導全國一致抗日。表面上看起來，好像是蔣介石被迫接受聯合抗日，事實上這次安排的條件和西安事變之前國共祕密談判所講好的協議非常相像。

蔣介石獲得自由後，全國歡騰。儘管蔣介石政府有許多缺點，民眾被迫思考中國若是沒有委員長領導會是什麼模樣，並發覺它必將是個弱小國家。蔣介石逃過一劫，反倒更確立他是無可取代的人物之地位。美國大使尼爾遜・詹森（Nelson T. Johnson）在事變之後一個月向國務卿柯德爾・赫爾（Cordell Hull）提出報告，講到蔣介石聲望大漲。詹森說：「一九三六年上半年的局勢發展增加中國地位的不穩定性，可是下半年的重大事件……卻有截然不同的效應。」他認為有幾個因素「會讓（中國）團結、加強，甚至造成日本人，至少暫時地，採取堅決的較不具侵略性的對華政策」。這些因素包含，蔣介石成功地壓制下西南省份軍閥企圖叛亂，以及在綏遠省增強防務、擋住企圖將勢力伸進該地區的日本人，當時還激發民眾「展現驚人的民族主義」。但是完全意料不到的另一個因素是西安事變的結果，「在全國掀起另一波自發性的民族主義，也造成委員長在耶誕節當天獲得自由時，全民歡騰[28]」。蔣介石一生最大危機竟成為最大的勝利。

蔣介石也堅持要報復劫持他的人：張學良被交付軟禁，直到一九九〇年、足足超過半個世紀之後，才在台灣獲得釋放。但是蔣介石沒有對新的統一戰線之承諾反悔。他很清楚，來自日本的威脅太大，不容再爆發另一次內戰。根據國、共兩黨新的統一戰線的條件，雙方的武裝部隊停止對對方的作戰，一同準備迎戰外國侵略者。

日本海另一邊的氣氛也變得更加動盪。一九三六年二月二十六日，陸軍青年軍官企圖推翻政府，指責政府在消除國內貧窮和建設日本軍事實力方面努力不夠，（審按：即二二六事件。）他們刺殺了大藏大臣高橋是清（Takahashi Korekiyo）等高階人士。首相岡田啟介（Okada Keisuke）能躲過一劫，是因為陰謀者誤殺了他的妹夫（譯按：松尾傳藏）。雖然政變失敗、首謀者被處死，高層圈子仍有不少人同情這些青年軍官，導致政治上更加緊張[29]。

日本政客變得更決心在中國採取強硬路線。政變不遂之後兩個星期，廣田弘毅（Hirota Koki）出任首相。他的政府愈來愈關心，如果沒綏服中國，它會橫擋住未來日本和蘇聯之間的衝突。一九三五年底，共產國際把日本劃為活動重心之一，滿洲國和蘇聯東部邊界地區的衝突開始上升。板垣征四郎當時擔任關東軍參謀長，他向外相有田八郎（Arita Hachiro）說：「日本命中注定遲早要和蘇聯一戰，屆時中國的態度將大大影響作戰[30]。」五月十五日陸軍一名發言人說：「日本非常關心華北時局，特別是共產黨部隊的威脅，他們正推動反日作戰……如果……有必要對付緊急事故，我們憂心我們不能……執行全部責任。」沒錯，共產黨部隊已進入此一地區，日本居民的安全也堪憂。但是現在這些憂慮讓日軍有機會增派新部隊進入華北，而且司令官由東京直接派任[31]。

到了一九三六年春天，日本將其華北部隊由兩千人增加到一個常駐旅團五千六百人，分別駐守天津、北平等主要城市附近。一九三六年整年，中國各地頻頻發生反日暴力行為，日方因此更要求增派部隊到中國。一九三六年八月，日本文、武高層領導人協商好一套對華根本要求，包括簽訂反共軍事公約、降低日本進口商品關稅、以及聘用日本軍事「顧問」。這些條件其實是更廣泛的政策之一環：包括陸軍長期以來認為日本必須與蘇聯一戰，海軍則決心日本應將勢力伸入東南亞[32]。可是，中國外交部長張群和日本駐華大使川越茂（Kawagoe Shigeru）往返數月的交涉卻沒有達成協議。一九三七年頭幾個月，東京出現立場比較溫和的文人首相林銑十郎（Hayashi Senjuro），但是第一線軍事指揮官仍然堅定反對中國的國民政府。

一九三七年三月，公認對日態度溫和的中國外交部長張群（蔣介石在日本軍校的同學）下台，換上曾任海牙國際法庭法官的王寵惠。王似乎支持對東京採取比較強硬的路線。認為中國的態度變了，影響到東京，民眾對溫和派林銑十郎政府的信心動搖（他在一九三七年一月取代廣田弘毅組閣），尤其是一九三七年春天中國出現一連串孤立的反日事件，它們被日本政客和民眾解讀為中國廣泛的陰謀之一部分[33]。一九三七年六月四日，林銑十郎內閣垮台；近衛文麿親王出任新政府首相，強硬派廣田弘毅擔任外相。同一時期，日本在華北的勢力持續鞏固。技術上，華北仍是國民政府治下，事實上日本人透過與本地中國軍事指揮官的勉強協議和諒解，控制華北。這些將領對蔣、對東京一樣戒慎警備。南京政府的中央軍不准跨過淮河。

中國仍處於和平狀態。但是一九三七年七月七日消息傳來，中國第二十九軍與日本華北駐屯軍在宛平縣發生衝突。

雖然雙方都不知道，但第二次世界大戰在亞洲開戰了。

注釋

1. Academia Historica archives, Taipei: T-172–1: 1068 (Lewis report to Nanjing).
2. 對於一九三七年之前國民政府的紀錄典型的學界批判是Lloyd C. Eastman（易勞逸）, The Abortive Revolution: China under Nationalist Rule, 1927–1937 (Cambridge, MA, 1974). 至於比較正面、修正主義的詮釋，則參見Frederic Wakeman, Jr.（魏斐德）and Richard Louis Edmonds, eds., Reappraising Republican China (Cambridge, 2000).
3. Special Collections, Yale Divinity School Library (RG08, Box 91, folder 21): Katharine W. Hand [KH]: letter of September 14, 1935.
4. 關於中國海關，見Modern Asian Studies, 40:3 (July 2006)特刊。
5. David A. Titus, "Introduction," in James W. Morley, ed., The Final Confrontation: Japan's Negotiations with the United States, 1941 (New York, 1994), xxii.
6. 有兩本傳記對宋美齡的一生有深入之探討，一是漢娜・帕庫拉著，林添貴譯，《宋美齡新傳：絕代風華一夫人》（遠流出版社，二〇一一年）；Hannah Pakula, The Last Empress: Madame Chiang Kai-shek and the Birth of Modern China（New York, 2009）；另一是李台珊著，黃中憲譯，《宋美齡：走在蔣介石前頭的女人》（五南出版社，二〇一〇年），Laura Tyson Li, Madame Chiang Kai-shek: China's Eternal First Lady（New York, 2006）。
7. Documents on British Policy Overseas (DBPO), series 2, vol. 21 (Far Eastern Affairs, 1936–1938), (October 5, 1937), 368–369.
8. 關於戴笠，見 Frederic Wakeman Jr.（魏斐德）, Spymaster: Dai Li and the Chinese Secret Service (Berkeley, CA, 2003).
9. Parks M. Coble, Facing Japan: Chinese Politics and Japanese Imperialism, 1931–1937（Cambridge, MA,

1991），33–34.
10. Rana Mitter, The Manchurian Myth: Nationalism, Resistance, and Collaboration in Modern China (Berkeley, CA, 2000), 171.
11. Ibid.,112
12. Coble, Facing Japan, 25.
13. Donald Jordan, China's Trial by Fire: The Shanghai War of 1932 (Ann Arbor, MI, 2001); Coble, Facing Japan, 39–50.
14. 〈中國社會各階級的分析〉，一九二六年三月，《毛選》（一九六七）
15. William C. Kirby（柯偉林），"The Chinese War Economy," in James C. Hsiung（熊玠）and Steven I. Levine, eds., China's Bitter Victory: The War with Japan, 1937–1945 (Armonk, NY, 1992), 187–189; Hans J. van de Ven, War and Nationalism in China, 1925–45 (London, 2003), 151, 132, 156–157, 136, 143.
16. John Garver, "China's Wartime Diplomacy," in Hsiung and Levine, eds., China's Bitter Victory, 6.
17. Coble, Facing Japan, 113.
18. Ibid., 217. 關於杜重遠見 Rana Mitter, "Manchuria in Mind: Press, Propaganda, and Northeast China in the Age of Empire, 1930–1937," in Mariko Asano Tamanoi, ed., Crossed Histories: Manchuria in the Age of Empire (Honolulu, 2005).
19. 汪精衛，China's Problems and Their Solutions (Shanghai, 1934), 104, 113, 117.
20. "How to Analyze Classes" (October 1933), MZD, vol. 4, 546.
21. 關於這個時期，見 Stephen C. Averill, Revolution in the Highlands: China's Jinggangshan Base Area (Lanham, MD, 2005).
22. Sun Shuyun（孫淑雲），The Long March: The True History of Communist China's Founding Myth (London,

2007), 169.

23. Van de Ven, War and Nationalism, 183–188. Jay Taylor, The Generalissimo: Chiang Kai-shek and the Making of Modern China (Cambridge, MA, 2009), 125–137.

24. 關於西安事變，見 Taylor, Generalissimo, 117–137.

25. James M. Bertram, First Act in China: The Story of the Sian Mutiny (New York, 1938), 118.

26. Bertram, First Act, 122.

27. Michael Sheng, Battling Western Imperialism: Mao, Stalin, and the United States (Princeton, NJ, 1997), 35–39; Van de Ven, War and Nationalism, 171.

28. Foreign Relations of the United States [hereafter FRUS], 1936, vol. IV (January 12, 1937), 453.

29. James B. Crowley, Japan's Quest for Autonomy: National Security and Foreign Policy (Princeton, NJ, 1966).

30. Shimada Toshihiko, "Designs on North China, 1933–1937," in James W. Morley, ed., The China Quagmire: Japan's Expansion on the Asian Continent, 1933–1941 (New York, 1983), 196.

31. Shimada, "Designs," 174–176.

32. Ibid., 199–201.

33. Coble, Facing Japan, 366–368.

第二部

飛來橫禍

4. 那年夏天的三十七天：抗戰爆發

宛平一點都不像國家命運會在此決定的地方。即使今天，它還是位於北京西南方約十五公里一個不起眼的市甸。回到一九三七年，它更是鄉下地方。不過，它的確有個令人印象深刻的特色：一座將近五百個石獅雕像獅首所裝飾的花崗岩石橋，它吸引威尼斯旅人馬可孛羅的注意，稱它是「全世界最美的一座橋」。經他這一誇讚，西方世界稱它為「馬可孛羅橋」。中國人則稱它為盧溝橋。

一九三七年夏天，盧溝橋一帶出現相互敵對的部隊。中國二十九軍在地方強人宋哲元率領下駐守冀察地區；日本華北駐屯軍部隊也駐紮在附近。日本之所以可以在本地區駐軍，是因為一九〇〇年義和拳亂之後訂定的協定，准許列強駐軍，以保護僑民不再受另一次亂事的侵擾。雙方的關係非常不融洽，宋哲元夾在南京政府和日本人之間，處境為難。蔣介石政府要求宋哲元不得再退讓任何土地給日本，但又不能同時挑起外交事件；而宋哲元卻必須與日本人妥協才能保住他本身的地盤[1]。

一九三七年七月，駐在華北的外交官意識到風雨欲來的氣息。美國大使館參事寫說：「上星期北平盛傳，不爽的中國人或日本人可能製造亂事。謠言似乎主要因宋（哲元）長期不見人影，造成本地華人人心惶惶而起[2]。」這位美國參事判斷，宋哲元不在防地是因為日本人想對他施壓，強迫他允許日本再多占一些華北領土，他想躲開日本人，只好來個避而不見。

七月七日傍晚，日軍在宛平附近開砲。這倒不令人意外：列強在華北已取得權利，可以隨時隨地進行軍事演習。但這次日軍部隊太過分了，日軍指揮官宣稱他有位屬下失蹤，要求進入宛平找人。這項指控意思很清楚：中國人一定是把他綁架或殺害了。過去幾年，日本人已經習慣向中國部隊予取予求，他們的命令通常都被遵行。但是這次宋哲元部隊不肯順從，遂爆發小衝突。情勢有可能就趨於平靜；因為過去許多類似衝突在中方稍做讓步後也就煙消雲散。可是，人在華中的蔣介石決定這次該有不同的回應。

接到北平附近發生戰事的報告時，蔣介石不在南京，他在江西牯嶺廬山。蔣介石利用廬山做為盛夏避暑之地，一九三〇年代期間，他常邀顧問上廬山策劃未來的抗日戰爭。

到了一九三七年夏天，準備工作已經非常迫切。他在日記中寫下：「中國自強之意義與責任，應具必戰之心，而後可以免戰[3]。」蔣介石接到宋哲元部隊與日軍衝突消息時，正在和軍事委員會開會。他在日記中寫說：「倭寇在盧溝橋挑釁……決心應戰[4]。」蔣介石在日記中亦反省盧溝橋戰事的意義：宋哲元會有麻煩嗎？日本人試圖造成華北獨立嗎？然後他又更加憂愁地添上一筆：「此其時乎[6]？」

起先，宋哲元手下三位高階將領打電報到南京，向蔣報告說，「由於會影響國家主權」，他們不能接受日方要求[7]。儘管有要頑抗的表示，中、日雙方在宛平的指揮官還是開始討論停火。看來盧溝橋事件可以迅速解決。

蔣介石面臨一個重大問題：這場兩天的戰事真的和從前一樣，只是小衝突嗎？或者它預告，日本即將對中國領土展開有如九一八事變的又一波攻擊呢？如果性質屬於前者，那麼緊張迅速即可冷卻。畢竟華北並不真正歸屬國民黨控制，而是由蔣的軍閥對手和日本軍方所主宰。聽任作戰持續下去，對蔣本身不會立即出現更壞的結果。但是如果事件更為嚴重，日本將進一步進占華北更大片領域，使國民黨在華中的心臟地帶更趨弱勢，那他就得做出嚴重的決定：究竟是否宣戰？

選擇權並不完全掌握在蔣介石手中。自從東北遭占據以來，他的選擇空間窄了許多。在廬山接到報告時，必須衡量這個盛暑七月他面前的國內、國外諸多因素。

首先也最即時的是，似乎任何折衷解決都會使他的政府正式涉及放棄對故都的控制。這和放棄東北可是大不相同。日本扶植成立滿洲國，對蔣的名聲造成巨大打擊，但還不是災厄。到了一九三三年，蔣介石也就承認了日本的這個扈從國。北平可就不同了，原名北京的它，數百年來都是國家首都，雖然政治重要性降低，對於廣大中國人而言依然具有極大的文化和情感上的意義。北平也極具戰略價值：它是華北主要的鐵路樞紐，連結華北到內地商業中心武漢，四通八達。假如北平淪入日本控制，東京一聲令下，就可將成千上萬部隊自朝鮮和滿洲國派到中國內陸。如果蔣介石交出北平，等於拱手讓出華北，會使國民黨核心地盤陷入險境。蔣介石在七月十日的日記承認這一點，他寫下：「此為存亡關頭，萬不能失守也[8]。」

如果只是北平一地得失，那是一回事，蔣介石怕的是日本在華永不饜足的挑釁，還會再得寸進尺。自從一九三一年以來，記者杜重遠（一九三五年因刊登反日言論下獄）和他的東北流亡老鄉利用他們在新聞界的力量，主張蔣介石應該更積極，並且發動軍事行動收復東北。儘管有這種「三千萬同胞淪於日本帝國主義者鐵蹄下」的言論，蔣介石還是不改他對抗日的立場：雖然中國民眾同情，東北還是太遙遠，激發不了民眾全面抗戰的情感。接下來，一九三三年至三五年間，日本似乎有可能滿足迄今之收穫，國民政府至少可與滿洲國相安無事一段時日。但是一九三五年起，日本在華北的影響力上升，情勢顯示他們把整個區域視同日本領土。蔣介石愈來愈相信，除非整個中國都淪為附庸國，日本不會罷手。如果現在他不迎戰，遲早也會大打出手。有影響力的《申報》七月九日發表社論，標題赫然就是「又一次侵略」，它提出警告：「這項行動顯然是日方有計畫的入侵。這項行動的確嚴重，將會震撼世界[9]。」

可是，挑戰日本是非常危險的事——甚至有可能自取滅亡。蔣介石不能預期外在世界會支持他。全世界在一九三七年都過得很不平靜。歐洲方面，政治動力似乎站在獨裁者那一邊。希特勒的納粹黨把德國重新打造為強大的暴政國家，取代了一九三三年崩潰的、微弱的威瑪共和民主政體。墨索里尼的義大利看來也秩序井然、國勢強壯。許多觀察家對支撐這些政權的暴力和種族主義視而不見，反而下結論說，威權專制政府是未來之路。蘇聯的史達林政府鬥爭的刀鋒轉向國內，全國陷入一系列清算鬥爭，整肅自己的菁英人士，數百萬公民被處決或流放，對象從高級將領到一般中小學教員都有。雖然歐洲大部分地區仍處於陰沉的和平，世界的注意力仍投注到西班牙內戰。民選政府的共和派勢力和佛朗哥將軍的國民派勢力相互交戰，共和派依靠蘇聯微薄的援助，而納粹德國和法西斯義大利則支持佛朗哥，民主國家如英、法袖手旁觀。蔣介石很清楚，它們不會幫他的忙，西班牙已經印證美國根本無心搞國際干預。富蘭克林・羅斯福（Franklin D. Roosevelt）總統幾個月前才剛當選連任，但是他在一九三七年初花了太多時間提名聯邦最高法院大法官人選、以便擴張他的權力進行布局，卻沒有成功；同一時間，經濟大恐慌持續困擾著美國人民生活。要在歐洲再度參戰，一定不孚民心；要為中國而戰則幾近不可想像。因此，蔣介石若要抗日，只能靠自己。他也需要估算單憑自己和日本作戰，中國能撐多久。

蔣介石的希望寄託在他的精銳部隊身上。蔣介石給兒子蔣經國的電報要他不用擔心日本的入侵，因為他「有辦法對付他們」[10]。蔣介石指的是他有塞克特和法肯豪森兩位德國顧問替他訓練的部隊[11]。固然他的部隊戰力已經大有改善，可是蔣介石的電報只是給自己壯膽罷了。軍事改革還需更長時間才見功效，完成受訓的軍官人數還不夠，只有三萬人左右。

蔣介石的戰略必須倚賴號稱是他部屬的軍頭所提供的兵力。他不僅必須評估這些部隊實際的能力，還得衡量究竟有多少司令官真心效忠他。宋哲元和日本人有廣泛的接觸，似乎一有機會就不惜犧牲蔣介石、提振自己的地位[12]。山西的閻錫山被譽為有進步思想的軍閥，可是一九三〇年中原大戰時他是反蔣同盟的主角之一，在一九三七年之前時期，他也操作中共、日本和蔣介石對抗，坐收漁翁之利。中央政府和共產黨的同盟，其實很脆弱，儘管冠冕堂皇號稱合作，雙方互不信任，而且因西安事變所造成的嫌隙記憶猶新[13]。

經過這一番檢討，蔣介石的選擇很嚴峻：要嘛就承認丟了華北，要嘛就反擊回去。但若訴諸一戰，毫無疑問，戰事會從局部衝突擴大為兩國全面戰爭。

問題在於，時間並不站在蔣介石這邊。中國沒有充分時間讓軍隊更加專業化（蔣介石肯定希望他有這個時間），以打消軍閥將領分裂主義的傾向，並且增強國家的財政、經濟基礎。日本在一九三七年之前的備戰措施規模，讓中方的努力相形遜色不少。一九三六年二月政變未遂，但是日本大藏大臣高橋是清遭到刺殺。高橋殞命的後果之一是軍事費用大幅上升[14]。日本政府和民眾愈來愈受到「教訓中國」的希望所煽動，對於中國日趨統一以及民族主義意識上升十分有警戒心。日本和納粹德國或法西斯義大利不一樣，它沒有希特勒或墨索里尼這樣一號元首人物，把個人的狂妄自大貫注進外交政策。日本瀰漫著毒害的情勢，它的政客、軍方和民眾都感染「戰爭熱」。

軍事開銷現在幾乎占了日本總預算的一半，重工業的成長推動從經濟大恐慌復甦，許多重工業產品可用在作戰用途。國內媒體大肆宣傳日本受有敵意的列強包圍、它們要阻礙日本崛起的論調。一九三四年，東京政府廢止一九三〇年倫敦海軍條約（它限制日本海軍和美、英海軍兵力的規模比例）。現在，除了預算之外，再無別的因素可以阻礙日本擴張海軍兵力。

日本決策者對華政策經過六年時間的冷熱反覆之後，一九三七年，日本出現一位新首相。決定日本對盧溝橋事件如何回應的責任，落到近衛文麿親王肩上。近衛文麿是個貴族文官，有豐富的外交經驗。他曾經出席一九一九年巴黎和會，並學到一門教訓：亞洲國家絕對不會從西方列強處得到公平的解決方案。

近衛文麿出身日本最尊貴的家庭，與天皇關係密切，以只限皇族和少許親信內臣才用的虛飾文詞交談。他是個文化素養深厚的人，年輕時翻譯過王爾德（Oscar Wilde）的作品。他貴族氣息濃厚，很少在上午十一點前舉行會議（這一點和蔣介石成為強烈對比，蔣因受過軍事訓練和天性苦修，每天上午五點即起床）。近衛文麿也是懦弱的人，無法力抗反對他的人。他的祕書回憶說他「像哈姆雷特」、「很孤獨」。貴族出身的資深政客西園寺公望公爵（Prince Saionji Kinmochi）認為，近衛文麿在和軍方打交道時缺少一件東西：「力量[15]」（ちから）。

近衛文麿上任才一個月就面臨「支那問題」第一次考驗。他發現他的內閣對於如何回應盧溝橋事件，意見分歧。參謀本部高階將領武藤章（Muto Akira）和陸軍省軍務局局長田中新一（Tanaka Shinichi）主張升高敵對態勢：現在應是放手重擊中國、摧毀蔣介石政府的時刻。擔任參謀本部作戰部長的石原莞爾則相當小心。說來諷刺，石原可是一九三一年入侵滿洲的幕後策劃者，但是現在他說日本還沒準備好，不宜對中國發動戰爭，與南京政府開戰可能使日本更無力對付蘇聯。不過我們不應誇大兩派主張的差異——日本政府裡即使是「溫和派」也認為中國最終要臣服於日本，只是對時機點有不同意見罷了。七月九日，陸軍大臣杉山元（Sugiyama Gen，綽號「廁所門」，同僚指他像日式廁所的門，往任何方向推都行，暗諷他沒有主見）要求動員五個師、派往華北。這項要求被否決——不過那只是暫時的[16]。

回到盧溝橋現場，當地中、日指揮官開始討論停火。上海新聞界還在爭議事件是哪一方先啟釁。七月十日的《字林西報》（*North- China Daily News*）宣稱：「誰先開火，還不清楚。但是有可能是駐守鐵路橋頭的中國士兵，黑暗中看見一群武裝隊伍在鐵路路基上行進，喝止他們卻沒得到回答，遂開火。以為他們是便衣人員或日本人發動實際攻擊[17]。」可是到了這時候，一座橋的命運已不是重點。中、日雙方領導人都透過更大的鏡頭看待這件事。蔣介石七月十日寫下：「倭寇今又反攻盧溝橋，是其不達目的不止也；惟我已積極進兵北上備戰，或可戢其野心。」他又說：「如我不有積極準備，示以決心，則不能和平解決也[18]。」

七月十一日，一位美國外交官拜訪蔣介石的軍政部部長何應欽，問他在盧溝橋的衝突是否戰爭。何應欽回答，這要看日本人，如果他們繼續其「土匪行徑」，戰爭即不可避免。這位外交官向何應欽表示，「即使有所犧牲」，也應再拖延一、兩年才戰，以便加強準備。但何很堅定：很難確切知道中國何時真正準備好，如果被攻擊了，只有訴之一戰[19]。

力促蔣介石慎重也不只美國人，他的許多同僚也如此主張。汪精衛在一九三〇年代花了許多時間，試圖找出方法避免和日本爭戰，他建議蔣介石不要升高衝突。周佛海也主張要忍耐。一九三七年，周佛海是國民黨中央宣傳部副部長，他走過一段曲折歲月才做到這個官位。年輕的周佛海曾是中國共產黨創黨黨員，但旋即離開，改入國民黨。不過，他仍與知名共產黨人維持友誼。中共創黨元老陳獨秀一九三七年八月獲釋出獄時，周佛海是最早去探望他的人之一。然而，在南京時期，他的政治立場傾向於汪精衛。幾個月之內，他們的關係對兩人日後命運將產生巨大影響。

七月七日戰事爆發後幾天，周佛海前往廬山見蔣介石。他到達後在日記寫下：「聞北方當局對日有屈服消息，以後恐對外問題演成對內問題，中央應付更不易，思之悵然[20]。」即使了解廬山的氣氛，周佛海仍然盼望事情能和平解決。他參加蔣、汪聯名做東的一場晚宴，氣氛仍很融洽。即使七月十七日一項會議討論到抗戰，似乎作戰的意念並不強。周佛海說：「發言者七人，均無多精采。」次日他寫，聽說日本駐華大使川越茂已和中國外交部接觸，試圖讓情勢冷靜下來，把衝突界定為區域事件。周佛海猶抱希望地寫下：「以情形測之，或不致擴大歟[21]！」

周佛海也藉機會歡迎「老朋友」上廬山來；只不過這個稱呼有點諷刺意味。因為所謂老朋友，包含中共領導人周恩來、林伯渠，是他在國共第一次結成統一戰線時所認識。不到二十年光陰的政壇轉折，周佛海現在與蔣、汪緊密同盟；而直到最近，蔣、汪都還和中共誓不兩立。雖然他們暫時團結起來對付新敵人，即使有長期友誼，還是無法解決雙方之間的根本歧見。周佛海仍然盼望或許可以壓下戰火——至少可壓一陣子。

但是蔣介石在他七月十九日的日記寫下，他不會退卻：

「決心發表告國民書，人人為危，阻不欲發，而我以為轉危為安，獨在此舉。但此意既定，無論安危成敗在所不計，惟此為對倭最後之方劑耳。惟妻獨贊成吾意也。[22]」

一九三七年七月局勢上升之際，盧溝橋事件開始很像一九一四年六月發生在塞拉耶佛市的斐迪南大公（Archduke Franz Ferdinand）遇刺時的狀況。當年的事件並不是不可避免升高為歐陸大戰。但是如果它避免不了，歐洲內部的權力均勢和廣泛緊張也可能會在不久之後突然引爆戰爭。同理，如果北平附近的衝突在地方層級解決了，情勢也很清楚：中日兩國走向衝突只會早、不會晚。從七月七日起，情勢不再由中國地方強人和好戰的日本軍官在河北、察哈爾為爭奪某些鄉鎮的零星談判所驅動，而必須由南京和東京的中央政府做出和或戰的決定。

在遙遠的華府，中國駐美大使王正廷（曾任國務總理和外交總長）在雙橡園官邸設午宴接待史丹利・洪貝克（Stanley K. Hornbeck）——國務院主管東亞事務的高級專家、赫爾國務卿的親信顧問。中國財政部長孔祥熙（蔣介石的連襟）七月十日下午也在場。洪貝克的一段話既恭維、但也是警告。他承認中國在國民政府領導下現代化已見成績，他指出「財政、造公路、建鐵路」等方面的進步代表「大體而言，中國似乎進展相當好」。因此他要請教「繼續走這條集中注意力和精力在復興措施的道路、不要和外國政府起爭端」，不是更好嗎？如果中國再花點時間強化自己，其他國家勢必要嚴正看待中國的立場。洪貝克說的不無道理。才幾天前，孔祥熙還在紐約遊說一群投資人：國民政府治下的新中國是投資的好去處，「中國不再是軍閥時期分裂的、沒有秩序的中國[23]」。但是孔祥熙立即辯駁，講了一席完全不同的話。洪貝克的報告說：「中國正在為與日本不可避免的戰爭做準備。」不可避免，是因為每年「日本都會變得比中國更強大」。王正廷和孔祥熙都提出一個有先見之明的觀察：「總有一天美國必須面對日本的侵略，除非這個侵略被中國牽制住」；因此，美國現在就應協助中國[24]。但是，洪貝克雖然同情，卻謹慎地指出，美國只會在本身國家利益瀕危時才會介入。很顯然，就美國政府而言，日本侵略中國在一九三七年夏天不是優先事項。

同一時期，東京的政治溫度也告上升。七月十一日，近衛文麿在記者會宣布，日本正在華北動員部隊。諷刺的是，同一天，現場中、日指揮官宣布他們已達成停火協議。可是，現在它已不是地方性的問題；蔣介石決定調動部隊北上，成為日本陸軍省必須從朝鮮和滿洲調派部隊的訊號。日本民情沸騰。三天之後，近衛親王在全國縣知事會議發表談話，勸告日本民眾要為「最壞的結果」做好準備。近衛親王宣稱：「我們努力要為華北事件達成親善和解，已經全然失敗。因此，我國同胞在北平、天津和附近地區的生命及財產已陷入危險。」陸軍大臣杉山元說，事件「真正的原因」是「南京政府多年來大力推動反日運動和教育[25]」。關東軍一名發言人添上他自己的威脅：「一旦遭到進一步挑釁，我們準備訴諸最極端的措施。」關東軍一九三一年發動閃電攻擊占領滿洲，這個警告不容小覷[26]。

中國政府也十分清晰地表露它正在動員準備打一場大戰。七月十三日，中方在華中鄭州舉行「大規模防空演習，檢視平漢鐵路和隴海鐵路躲避空襲災損的能力」。三天之後，報導傳出，「日本軍機……在平漢鐵路不同地點對中國火車進行三次攻擊」[27]。

中國人民愈來愈憤怒。上海民間團體紛紛要求抗日：「此地許多中國民間機構通電華北二十九軍，表達同情，促請將士捍衛國土……市商會、地方協會、銀行公會、錢業公會捐款一千元給盧溝橋守軍[28]。」即使小意外，也會突然引爆。雙方之間的緊張反映在一個事例上：七月初一名黃包車伕和一名日本客的車資糾紛，在上海造成暴力事件[29]。

到了七月底，情勢已經不是幾個地方守軍互相開幾槍那麼單純。日本皇軍參謀本部下令動員，並向蔣介石政府提出最後通牒。愈來愈憂心的上海居民注意到，雙方已經為華北劃下底線：

雖然起先盼望中日危機會出現緩和的影響，但七月十八日情勢往不利路線發展……一般認為往後兩天，是和、是戰，會有決定……日本昨夜十一點三十分向南京政府提出最後通牒，要求立即停止「挑釁活動」，以及不再「干預」地方當局為解決七月七日盧溝橋事件達成的協議之執行[30]。

日本人不願公開宣戰，但是希望快點馴服中國，也希望仍有機會把衝突局限在華北；

日本陸軍曾在一項決議中表明，其目標是「一舉」消滅華北中國部隊，占領保定（位於北平南方約一百四十公里）以北地區[31]。日方可以動用的兵力有關東軍，以及會和他們合作、或至少不礙事的地方部隊，總兵力約在十三萬人以上[32]。

七月二十六日，日方動手。北平及遠在一百公里外的天津都受到攻擊：

砲火大作，（日寇以）燃燒彈對付（天津）華界主要建築物，如南開大學、中央車站，以及東站和國際橋之間的維持會總部。火光衝天，幾里路外都看得見……（日本轟炸機）執行任務時，中國民眾驚慌地從華界逃向租界[33]。

北平、天津兩城迅速在七月二十八日及三十日淪陷。蔣介石大為震撼。他在日記的每月反省欄寫下：「倭寇隨手而得平津，殊出意料之外。但其今日得之也易，安知他日失之亦非易乎……對倭外交，始終強硬[34]。」

蔣介石並沒有派出他的中央軍，而是把華北的命運交付給主宰該地區的將領，如閻錫山、宋哲元等。蔣介石倒是派出他一位盟友率兵參戰：湯恩伯，他和蔣一樣是留日軍校生。可是蔣介石不肯派給他第一流的部隊，他得留住他們，準備在即將展開的上海和長江流域作戰。精兵數量有限，這一點或許可以理解，但是這一來使湯恩伯陷於幾乎不可能的情境。日本關東軍派出九萬多人，遠超過中國部隊人數；日軍還有六萬多名其他部隊支援，包括蒙古的德王（Dem ugdongrub）部隊。湯恩伯率領弱勢兵力在河北省南口奮戰，折損兩萬六千人，但即使閻錫山派兵支援，他還是守不住南口。雖然很快就清楚華北已經守不住，華北戰事仍持續到八月。

蔣介石還有另一個選擇，只不過風險甚大：他現在可以動用宿敵的中共部隊。七月十三日他所接見的訪客，在幾個月前絕對無法想像：周恩來、博古和林伯渠等中共高階代表團。他們肩負談判國、共部隊更具體協議的任務，前來與國民黨高級官員邵力子、張冲，甚至蔣介石本人會談，盧溝橋戰事使得此一會談更加有急迫性。盧溝橋事件之後，毛澤東等中共高階領導人立刻發表聲明，力促蔣介石堅決抗戰，也承諾支持中央：

日寇攻擊盧溝橋，即將按既定計畫以軍事力量奪我華北。我人聞訊，悲憤莫名！……我們懇請鈞座嚴令二十九路軍奮勇抵抗，並且下令全國總動員……紅軍官兵深盼在委座領導下為國效力、對抗敵人[35]。

可是雙方都很小心。蔣介石並不想要更多不聽他節制、指揮的部隊，而共產黨在被蔣介石部隊追剿十年之後仍有疑懼，不願失去對紅軍的任何控制——那可是舉黨逃脫國民黨追剿、在艱苦環境下好不容易才組建的兵力。中共要合作，而蔣介石則喜歡「整編」這個字詞。蔣介石在七月二十七日寫下：「對共部之研究編而後出乎，不編而令其自出乎[36]！」毛澤東則交代派到牯嶺的代表，不能讓步太多：如果蔣介石拒絕妥協，我們已經決定採取不再和他談判的政策[37]。最後，局勢的迫切迫使雙方達成協議。蔣介石讓步，允許中共有自己的軍事總部。接下來，毛澤東確認將在八月十五日前完成改組，並且明確承諾中共將派出三個師、四萬五千名兵力，外加一萬名地方部隊防衛華北若干重要據點，包括西北綏遠省的前線[38]。八月二日，蔣介石承認紅軍合法化。

蔣介石對中共做出的種種讓步當中，最重要的一項是允許他們建立自己的武裝部隊。共軍合法化之後，西北地區的部隊改番號為「第八路軍」。在林彪、賀龍等人指揮下，它將是中共維持自主控制部隊的核心力量。華南另一支人數較少的共軍在一九三八年編為新四軍。他們原本只是游擊隊，人數不多，費了一番工夫才達到授權的部隊員額一萬兩千人，不過兩年之內，他們已擴大為三萬人[39]。

現在蔣介石回到南京，召開「國防會議」，這是和戰決定必須提交討論的一個論壇。為了象徵共同抗日的政治新氣象，中共三個主要領導人：周恩來、朱德和葉劍英，飛到南京參加會議[40]。毛澤東指示他們合作，但要小心。他覺得在共軍主力所在的華北地區，第一道防線應是河北張家口到山東青島這一線，大同、保定等城市是第二優先。毛澤東也批准一種戰鬥形式，它將成為中共未來七年對抗戰貢獻的特徵：「游擊戰以紅軍與其他適宜部隊及人民武裝擔任之……」。但是毛澤東在派他的同志深入原本為敵、而今勉強結盟的國民黨大本營時也提醒：「其餘由你們相機提出，不可過多，要掌握中心[41]。」

蔣介石又把心思移到如何善加運用他和中共的新同盟關係。他的目標是蘇聯。多年來蔣介石雖然攻打中共，仍試圖拉攏蘇聯結盟。（他正確地假定，史達林會認為蔣的反日立場遠比反中共立場更加重要）。蔣介石認為現在已與中國共產黨成立協議，是與蘇聯簽訂互不侵犯條約、阻止日本進一步侵略中國「美夢」的大好機會；「以後不僅華北為其統制，即全國亦成偽滿第二矣。」蔣介石對於與蘇聯締約並不抱持過高的幻想。他沉思後認為：「聯俄雖或促成倭怒，」但是如果中、蘇結盟，「最多華北被其（日）侵占而無損於國格，況亦未必能為其全占也。兩害相權取其輕，吾于此決之矣[42]。」

毛澤東和中國共產黨也必須做出痛苦的抉擇。他們擱置革命的夢想，和宿敵結盟。毛澤東在這段時期的公開發言，反映出他和他的同志對於中、日突然爆發衝突，感到不安。毛澤東一九三七年八月一日在一項集會上宣稱：華北當局打一開始就不由正道、只想追求妥協，沒在軍事上做好充分準備，華北「當局」也不會駕馭民眾反日怒意，「結果就是丟了平、津[43]！」顯然他指責宋哲元，但也暗批國民黨。他不能在戰爭前夕公開批評他們，但是他盡力把中共定位為「真正的」愛國政黨，暗喻蔣介石姑息、軟弱和判斷失當。

在華外僑也躲不開國民黨遭遇的災厄。他們害怕戰爭，是因為戰爭會打亂他們的生活和生意，但他們也理解蔣介石為什麼被迫回應。《字林西報》的社論辛辣地說：

> 我們不能不同情日本人民。他們已經習慣於軍隊毫無限制……可以自訂法律和採取行動……蔣介石現在即使稍有溫和主張，也被他們視為不可思議的抗命……

有一件事很肯定：如果說話代表一切，委員長絕無一字誇大中國的民意……世界輿論同情中國。它認知到執戈抵抗不是它的選擇；它被迫抗戰，這股壓力任何國家都無法吞忍[44]。

稍後另一篇社論也質疑日本的辯解。近衛文麿親王向日本國會說明，日本出兵中國是要取得「合作以貢獻開發東方文化」，遭到上海西方新聞媒體的冷嘲熱諷。中國政府有夠「瞎眼」，竟然拒絕合作「散布東方文化，它毫無疑問會被東京視為中國人『沒有誠意』的又一個例證[45]。」這股情緒或許鼓舞了蔣介石，以為他的抗日行動會得到外僑社群的支持，因此走向戰爭乃是明智之舉。

八月七日，中國政府在南京勵志社舉行「國防聯席會議」祕密會議。選擇勵志社開會另有含意，要提醒與會者：中華民國歷經千辛萬苦才能肇建共和，國家若被日本擊敗將永劫不復。與會者代表國民黨近來的動盪歷史，國民黨重要人物統統出席，包括汪精衛、宋子文（前任財政部長、蔣介石的大舅子），以及山西軍事強人閻錫山。

軍政部部長何應欽對盧溝橋的軍事調度做了枯燥、但必要的摘要報告。主要議程是蔣介石的講話，現在他已堅定不移、強烈主張訴諸一戰。蔣介石明白表示，這是國家生死存亡的關頭。他對在場人士宣布：「如果戰爭能勝利，國家民族就可以復興起來，可以轉危為安，否則必陷國家於萬劫不復之中。中日戰爭，假如中國失敗，恐怕就不是幾十年，甚至幾百年可以復興的。」他客觀地指出，日軍遠比中國部隊兵力強大許多；但是日本經濟有一些實質問題。他又說：「精神上，美國及英國會協助我們，但是從義大利案例看，他們並不可靠。」蔣介石指的是西方民主國家一九三五年未能阻止義大利入侵阿比西尼亞（Abyssinia，現譯衣索比亞）。

蔣介石接著提起大家腦子裡的問題：

「許多人說冀察問題、華北問題，如果能予解決，中國能安全五十年。……有人說將滿洲、冀察明白的劃個疆界，使不致再肆侵略。劃定疆界可以，如果能以長城為界，長城以內的資源，日本不再有絲毫侵占之行為，這我敢做[46]。」

但是蔣介石提醒大家，想要拿這些七拼八湊主意，解決問題的人士沒有抓到重點。各位領導人應該了解，他們不能相信日本，東京所要的是「摧毀中國國際地位，以便為所欲為、遂其野心」。蔣介石特別批評主張更加姑息的「學者」；他雖然沒有直接點名，但顯然是指胡適和蔣夢麟。胡、蔣兩人都是著名的自由派、在野知識份子，進諫蔣介石要「忍痛求和」。從七月底到八月初，胡適力促蔣介石應承認傀儡國家滿洲國。這樣才能爭取到更大的喘息空間，並且讓日本國內不熱中戰爭的人士，如大企業，能影響大局、脫離衝突。它也可讓蔣介石有更多時間培訓中央軍，使它成為堅不可摧的雄獅勁旅。胡適認為，現在的讓步或許能保證五十年的和平[47]。蔣介石警告：「我對這般學者說，革命的戰爭，是侵略者失敗的。日本人只能看到物質與軍隊；精神上他們都沒有看。」抗戰期間從頭到尾，蔣介石把這場戰爭看做是精神的、神聖的託付，是孫中山先生領導的辛亥革命的延續。這個託付啟發他一再宣示，戰爭是打造新中國的契機。這也是為什麼在抗戰陷於最黑暗的時刻，雖有種種誘和，他還能拒絕向日本屈服。

接下來，蔣介石發出眾人無法拒絕的挑戰：「各位同志，大家今天要有一個決定，我們要戰、還是要坐以待斃？」蔣介石或許也朝下一個發言者汪精衛的方向望一望。但是汪精衛沒有發言主和。儘管他一向親日，他也主張中國應該強大、獨立。現在，姑且不論他是受到壓力、還是出於信念，他支持對日宣戰。汪精衛同意，「目前中國的形勢，已到最後關頭，只有戰以求存，絕無苟安的可能。」汪精衛接著又擁護加速軍事生產，也呼應蔣介石對中、日雙方差異的想法：「物質的損壞不足惜，只要精神的貫徹永久的存在。」張溥泉繼汪精衛之後發言，也呼應這一情緒。他說：「這場戰爭是文明與進步的象徵。表面上，它是破壞，但是它的意義在於它是為了新的、進步的重建[48]。」

蔣介石掌握住全場人士的心理。但還不夠，他祭出一向的道德訴求，向中國政府宣示前途任務艱巨：

「我們現在對於國防上作戰的準備與外人比，不但十分之一沒有，就是一%也沒有。一般的國民本也難怪著慌。……」

蔣介石挑明了講：官方報告宣稱南京的防空避難設施接近完成，可是從空中巡察的結果顯示，實際上十分之九暴露出來、承受不了攻擊。他責備說，從防空洞推演，就可以知道其他事是怎麼辦的。另一個例子就是從南京疏散公務員眷屬：非但不能有秩序的進行，還搞得火車站一團亂，擠得水洩不通。大家應該瞧瞧敵人日本人，瞧瞧他們的「紀律」如何協助他們備戰。再者，執行也有問題；下令人民建防衛牆、堆砂包很容易，但是否有財源供應材料做防禦工事呢？蔣介石用了一句話，他要求部屬「實事求是」；二十世紀權力最大的兩位中共領導人毛澤東和鄧小平，後來也很愛用這句成語。意思很清楚：唯有注意當前情勢，才有希望贏得戰爭，不能靠下達無意義的命令或一堆文書來打仗。蔣介石痛斥一聲：「完了！」結束了訓話[49]。

會議結束前，他要求：「如決定抗戰請各自起立，以示決心。」四川省軍事首腦劉湘起立，表示四川兩年內可以徵到五百萬兵員（幾個月之內，四川即成為中國抗戰的中心。）閻錫山雖然曾與蔣介石兵戎相見，現在也接受蔣的論據，認為戰爭無可避免。多年來試圖不讓中國與日本正面衝突的汪精衛也起立[50]。他也支持對日宣戰。事實上，人人都起立；就道理講，不起立表態支持也不行。

接下來幾天即是急急忙忙準備開戰。蔣介石終於放棄華北戰事可以圍堵住、並且恢復和平的希望。他本身的精銳部隊部署在華中，受南京中央政府的控制。現在已到了和日本開戰的時刻，而且地點由蔣介石選定：上海。

注釋

1. Parks M. Coble, Facing Japan: Chinese Politics and Japanese Imperialism, 1931– 1937（Cambridge, MA, 1991）, 368. Marjorie Dryburgh, North China and Japanese Expansion 1933–1937: Regional Power and the National Interest（Richmond, UK, 2000）, 142–151.
2. FRUS, 1937, vol. III（July 2, 1937）, 128.
3. 周天度，〈從七七事變前後蔣介石日記看他的抗日主張〉，《抗日戰爭研究》二，（二〇〇八），頁一三七。
4. 同前注，頁一三八。
5. 楊天石，《找尋真實的蔣介石》（太原，二〇〇八），頁二一九。
6. Hans J. van de Ven, War and Nationalism in China, 1925–1945（London, 2003）, 188.
7. Ibid., 190.
8. 楊天石，《找尋真實的蔣介石》，頁二二一；周天度，〈從七七……〉，頁一三八。
9. 《申報》，一九三七年七月九日。
10. Jay Taylor, The Generalissimo: Chiang Kai-shek and the Making of Modern China（Cambridge, MA, 2009）, 146.
11. 關於德國對國軍的影響，見Chang Jui-te, "The Nationalist Army on the Eve of the War," in Mark Peattie, Edward Drea and Hans van de Ven, The Battle for China: Essays on the Military History of the Sino-Japanese War of 1937–1945（Stanford, CA, 2011）.
12. Dryburgh, North China, chapter 3.
13. Van de Ven, War and Nationalism, 193.
14. 珍珠港事變前一年，日本政府約七成開銷花在軍事上。Christopher Bayly and Tim Harper, Forgotten

Armies: Britain's Asian Empire and the War with Japan（London, 2004）, 3.

15. John Hunter Boyle, China and Japan at War, 1937–1945: The Politics of Collaboration（Stanford, CA, 1972）, 144.

16. Boyle, China and Japan at War, 51–52.

17. 《北華捷報》（North-China Herald）) [hereafter NCH], July 14, 1937（original report in North-China Daily News, July 10, 1937）.

18. 周天度，〈從七七事變……〉，頁一三八。

19. FRUS, 1937, vol. III（July 12, 1937）, 138.

20. 蔡德金編，《周佛海日記》，全二卷（北京，1986），一九三七年七月十四日

21. 《周佛海日記》，一九三七年七月十六、十七、十八日

22. 周天度，〈從七七事變……〉，頁一四一。

23. 《北華捷報》，July 14, 1937（original report from July 6, 1937）, 46.

24. FRUS, 1937, vol. III（July 10, 1937）, 134.

25. 《北華捷報》，July 21, 1937（report from July 15, 1937）, 103.

26. Ibid.（report from July 13, 1937）, 103.

27. Ibid.（reports from July 13 and 18, 1937）, 104.

28. Ibid.（report from July 13, 1937）, 103.

29. Ibid.（original report from July 14, 1937）, 104.

30. Ibid., 86.

31. Van de Ven, War and Nationalism, 188–189, 194.

32. Ibid., 194.

33. 《北華捷報》，August 4, 1937（original report from July 29, 1937）, 177.
34. 周天度，〈從七七事變……〉，頁一四四。
35. "Telegram of July 8 to Chairman Chiang . . ."（July 8, 1937）, MZD, vol. V, 695.
36. 周天度，〈從七七事變……〉，頁一四六。
37. "No more negotiations if Chiang Kai-shek refuses to compromise"（July 20, 1937）, MZD, vol. V, 701.
38. "Convey to Chiang Kai-shek the plan to reorganize the Red Army"（July 28, 1937）, MZD, vol. V, 711.
39. Lyman P. Van Slyke, "The Chinese Communist Movement during the Sino-Japanese War, 1937–1945," in Lloyd E. Eastman et al., The Nationalist Era in China, 1927–1949（Cambridge, 1991）, 181. Stephen Mackinnon, "The Defense of the Central Yangtze," in Peattie, Drea, and Van de Ven, Battle for China, 205.
40. Van de Ven, War and Nationalism, 200.
41. 〈對國防問題的意見〉，一九三七年八月四日，MZD, vol. VI, 10–11.
42. 周天度，〈從七七事變……〉，頁一四八。
43. 〈關於紅軍作戰的原則〉，一九三七八月一日，MZD, vol. VI, 5.
44. 《北華捷報》，一九三七年七月二十一日，頁一三三。
45. Ibid., August 4, 1937（original report from July 29, 1937）, 173.
46. 中國第二歷史檔案館，〈抗戰爆發後南京國民政府國防聯席會議紀錄〉，《民國檔案》一：四三（一九九六），頁三一。
47. 楊天石，《找尋真實的蔣介石》，頁二二〇。
48. 〈抗戰爆發後南京國民政府國防聯席會議紀錄〉，頁三一。
49. 同前注，三三
50. Van de Ven, War and Nationalism, 197.

5. 淞滬之役

一九三七年十月底，上海市民不分中、外籍，全都面對著城市的大轉變。短短三個月之內，中國最開放、活潑、國際化的中心變成停屍間。十月二十八日的報導如此形容：

上海，昨天驚駭莫名地望著閘北交火之後的恐怖情景，大火接二連三爆發，從黎明前延燒一整天，整個北邊華人市區捲入火海。麻木了的群眾望著四英里長的濃煙升上數千英尺高空，隨著南風飄移，籠罩到吳淞的鄉下地區、甚至延伸到長江日本軍艦集結地區[1]。

幾週以來情勢已很清楚，中、日兩國要在華中一決勝負。日本從北方調動海軍南下，增強在上海的兵力，到了八月初已集結了八千多人。幾天後，又有三十二艘海軍船艦抵達。七月三十一日，蔣介石宣布「和平既然絕望，只有抗戰到底[2]」。蔣介石一直不願把他的精銳部隊投入防衛華北這個他不曾真正控制過的地區；而上海卻是他對日抗戰戰略的中心。蔣介石將動用他最精銳的八十七師和八十八師，這是由德國顧問法肯豪森訓練出來的雄師，他對他們的表現抱持相當高的期許。蔣介石要向國人及廣大的世界展現，中國人既可以、也將抵抗侵略者。

蔣介石對於在上海另闢新戰場的決定可不敢掉以輕心。沿黃浦江兩岸興建的這座城市，東接太平洋，西扼蜿蜒數千公里而來的長江。上海是使得中國現代的一切事物，如工業、勞資關係到與世界聯結等等的精華。雖然各國使領館集中在附近的首都南京，外僑事實上是在上海生活。住在上海市兩大租界的外僑（含法租界和英國人為首的公共租界），經常貶抑上海以外的其他城市是「外圍地帶」。

一九三七年八月十三日，蔣介石下令他的部隊要守衛上海：引開海上敵人、封鎖海岸、抵抗登陸[3]。即使在蔣介石動員部隊之前，上海已陷入恐慌。新聞記者藍道爾・古德（Randall Gould）拍了一張最能代表當時狀況的照片，它顯示無數的難民跨過花園橋，希望能進入租界安全地區。八月六日，上海英僑喉舌《字林西報》報導難民湧入的狀況：

……來自閘北和虹口的逃難者在八月五日達到驚人的比例，一整天下來數以千計的人帶著家當湧入公共租界和法租界……（蘇州）河沿線每道橋交通壅塞至極，汽車必須蝸行許久才能通過……保守估計（七月二十六日至八月五日）難民人數達五萬人[4]。

外僑並不歡迎這些新客人。同一份報紙另一位評論員發牢騷說，中國人不管會造成別人不便，不願接受他們不可避免的命運：「盼望負責任的當局將採取措施，阻止顯然相當不必要、且非常危險的（中國難民）逃命。」它又絕望地說：「中、日地方當局可敬的合作到目前為止成功地維持住鎮靜、沒讓上海出現驚慌[5]。」可是上海周邊碼頭的景象卻愈來愈兇險：「軍火、彈藥和補給品昨天下午在『大阪碼頭』（編按：該地於一九一四年由日本大阪商船公司買下，故以此為名。）不斷地從許多日本巡洋艦和驅逐艦卸貨……除此之外，大隊人馬全副武裝下船……裝甲巡洋艦『出雲號』、兩艘驅逐艦和九艘砲艇不久之前也開到本地[6]。」一個星期後，社論的標題道出外僑心中最大的疑問：「衛生問題吃得消嗎[7]？」

一件可怕的事故將粉碎或許能夠恢復平靜的幻相。國民政府軍事總部決定要剷除上海地區日本海軍最大的資產，轟炸和其他輔助船艦停泊在黃浦江的出雲號。八月十四日，星期六，上海市中心的氣氛已很焦慮；一名公共衛生官員當天下午一點四十五分記下：「難民從東湧上南京路！商家紛紛關門打烊[8]！」當天下午，中國空軍轟炸機由長江三角洲的機場起飛、前往上海，目標鎖定日本軍艦。但是，其中兩名飛行員出了問題。「後衛一組的四架單翼飛機，飛過外灘，離目標還遠，其中一架的空投魚雷掉下來……另兩顆掉在南京路上[9]。」要嘛是飛行員誤判目標，要嘛就是卸彈機械出了問題。不論是什麼原因，炸彈掉在全市最繁忙的平民區域之一，有數千人在這個炎熱的八月星期六正在這裡散步、購物。下午四點四十六分，公共衛生局工作日誌記載：「匯中飯店（Palace Hotel）中彈！……街上有多人傷亡！……大華飯店（Cathay Hotel）對面的南京路[10]。」有個記者目睹現場的恐怖景象：

炸彈從天而降擊中匯中飯店，造成難以形容的慘劇。大爆炸的煙霧散去後，現出恐怖的死亡現場。燃燒的汽車火焰吞噬了燒成一團的屍身。通往匯中飯店和大華飯店的走道和拱門入口，堆積一些燒成腥紅色、衣衫襤褸的屍體。頭顱、四肢和壓碎的屍塊分了家……原本指揮交通的華人警察躺在血泊中，榴彈片卡在他頭部。身旁還有一個炸得粉碎的小孩[11]。

更慘的是，另一名飛行員在另一條主要的購物大街愛德華七世大道丟下炸彈。中、外人士總共死了上千人。炸彈擊中公共租界，這裡政治上中立、應該是安全的地區。

雖然出雲號受創，「黑色星期六」的拙劣表現實在令國民政府處境雪上加霜。它亟需在國內外號召各方支持中國抗日作戰。此外，蔣介石的部隊也失去奇襲的效應。雙方在八月份開始就在街上挖壕溝、建工事，準備一戰。胡宗南、陳誠等將領率兵增援上海。日本也不甘示弱；到了九月初，大約十萬名日軍由華北、甚至台灣（當時是日本殖民地）調來。

同一時期，上海社會對戰事突然爆發也做出回應。七月份，上海市民生活如常，照樣工作、吃喝玩樂。八月份，他們必須調整整個生活。當地機關組織開始遷移；九月底，四所大學宣布將遷到內地，共同開設聯合大學[12]。這個全國首要商業城市的生意全部毀了。

《字林西報》報導：「本地的交戰慢慢扼殺了上海的生意。」一名商店老闆歎息說：「我們從來上海做客的觀光客賺了不少錢。但是現在觀光客在哪裡呢？[13]」

為了逐街逐巷占領上海，導致雙方激烈交戰，日軍發動大規模空襲以壓制抵抗。打從一開始，蔣介石就曉得上海的命運是更廣泛的算計和豪賭計畫的一部分。他在九月十四日的日記自問：「集中兵力，在上海決戰乎？[14]」戰事才進行了一、兩個月，蔣介石已在準備他自己（以及他的黨和人民）這場戰爭不會在數週、甚至數月之內結束，它會打上好幾年。日本人則還沒有這個想法，至少官方未做此想。他們繼續把華北和上海發生的衝突視為突發「事件」，堅定處理即可壓制下去。

但是蔣介石開啟上海戰場的目的在於昭告天下，這兩場戰事是同一衝突的一部分。蔣介石明知道失去上海的機會極大。法肯豪森向他進言，上海擁擠的街道遠比華北平原開放的地形不利於日軍作戰，中方有合理的勝算。縱使如此，蔣介石的德式訓練部隊，再怎麼精良，人數有限，極大比例的國民政府軍隊隸屬偶爾才可靠的將領，如桂系李宗仁等的掌握。做為準備措施，從一九三二年起即有計畫，一旦華東沿海省份遭外國侵略者占領，把政府機關及工業生產設施移到內地[15]。

然而，把戰事帶到上海，就國內、外政治因素考量都很重要。儘管轟炸機飛行員的表現拙劣，中央軍全力投入上海保衛戰。在此之前，避免軍事衝突、在政治上步步退讓的時期已經過去。決定在上海攻打日本人也意在宣示現在這是全國戰爭。直到這一刻之前還有可能辯說東北是和中國整體主權分開的議題——言詞過多、行動缺乏。東北流亡人士非常沮喪，不能迫使光復東北這個議題受到重視[16]。即使是北平附近的華北，從人口稠密的長江三角洲、即上海所在地區看去，也很遙遠。日本人更是極力鼓吹，中國不是一個實體、只是一堆地方政權集合體的概念，因而衝突不是戰爭，只是「華北事件」。他們在中日戰爭期間一直維持此一分化策略，組織好幾個華人附庸政權，而且這些政權甚至還彼此不和。現在蔣介石要讓各方知道，日本攻擊華北會在華南招致反撲，中國進行的是「抗戰到底」——這個字詞很快就替中日衝突定性，而且直到今天還為眾人使用。

把戰事帶到上海，蔣介石要迫使全世界注意這場戰爭。華北的衝突會被認為是外圍地帶發生的狂野活動，距離上海外國租界太遙遠。蔣介石抱持極大的希望，盼望能得到外國合作抗日：他在日記寫下，他希望「使各國怒敵……並促使英、美允俄參戰[17]。」一九月十二日，宋美齡透過電台向美國人廣播，抨擊西方不願支持中國抗日：「如果西方各國，對於上述種種，漠不關心，對於所締結的條約，輕於放棄，（那還有什麼可說）。我們歷年來負著怯懦惡名，埋頭苦幹的中國人，將盡我們力之所至，抵抗到底[18]。」國際聯盟面臨日本占領滿洲，於一九三三年已經因循怠惰，現在又是口惠而實不至，不能提供具體援助，只能無異議通過決議、譴責日方公然轟炸中國城市。只有一個國家特別深刻表達它的支持。西班牙政府正在為生存奮戰、認為自由派的國際主義十分軟弱；西班牙外交部長宣布：「西班牙向偉大的中國人民致上最真誠的支持[19]。」

列強也早早心有妒恨地理解到，抗日是中國展現決心的跡象，即使有時候顯得它或許會更務實地與日本尋求談判。英國外交官羅伯・郝威指出：「我在南京碰到困難，發現沒有當權者能夠或願意提出可做為和日本洽商停火或和平的基礎之條件[20]。」十一月二十七日，郝威又說：「不願意投降實際上只限於軍方和知識份子，至於農民和商人群眾則無動於衷，歡迎任何條件的和平[21]。」蔣介石面臨的挑戰即是——如何改變存在於國人同胞和國際社會心目中的這種觀點。

蔣介石利用上海來挑戰他的軍頭對手。他們全都以愛國者自居，但是他們真的肯出兵保衛國家嗎？答案普遍是肯定的：粵系將領薛岳和四川軍頭劉湘，是出兵支援中央軍最著名的兩個區域性軍事首腦；他們派兵支援直接效忠蔣介石的大將胡宗南、陳誠等。原本不願派兵跨出他們地盤的軍事首腦，現在雖是零星、但已有人出動到全國參戰。淞滬保衛戰的最後幾週，有二十多萬來自華南和華中各省的部隊參與作戰[22]。蔣介石在相對和平時期求不到的團結、統一，相當諷刺的，卻在抗戰之下拼湊、強化。

日軍進攻上海，也使得蔣介石能夠推動他唯一成功爭取外援之舉：從意想不到的盟友蘇聯取得支援。蘇聯介入西安事變、救了蔣介石，現在更有強大利益要維持中國與日本交戰。上海當前情勢已經使全世界看清楚，日本實際威脅到全球和平。八月一日，蘇聯駐華大使狄米崔・鮑戈莫洛夫（Dimitri Bogomolov）與國民政府協商好互不侵犯條約。事實上，它涉及到遠超過「互不侵犯」一詞所暗示的更加積極之援助：到一九三八年中期，蘇聯已供應近三百架軍用飛機，加上約兩億五千萬美元的彈藥與援助[23]。儘管他反共，蔣介石的生存現在要依賴莫斯科，他的宿敵汪精衛把這裡頭的荒誕不經都看在眼裡。蔣介石也不隱瞞他有了新盟友。九月間，中央宣傳部副部長周佛海（還住在岌岌可危的首都南京）在日記中寫下，蔣介石很「明智」公布他和中共、蘇聯的同盟。周佛海擔心與中共同盟會招惹外國觀察家側目，實際上竟沒有太多反應，因此他讚譽蔣介石的判斷。可是戰事惡化下，汪精衛告訴周佛海，政府不應太快與日本斷絕外交關係。周佛海同意汪精衛的觀點，批評宋子文的演講，覺得它的強悍性質「幼稚」、不利中國更大的利益[24]。

在上海，九月間的破壞延續到十月。外僑不敢置信地注視著這一切，終於察覺這場戰事不是暫時性的衝突。十月初出現報導說：「北四川路和寶安路之間的街巷弄堂裡發生嚴重的徒手搏鬥。」熟悉的建築物突然扮演起可怕的新角色。有個記者說，他和「一個衣衫襤褸的中國士兵相互致意，他躲在百星大戲院一處窗子後，以友善的態度揮揮手中的炸彈，然後小心地向窗外窺伺……然後朝在巷子裡鬼鬼祟祟的不速之客丟過去[25]。」空襲也沒有緩和。十月十三日報導說：「華人地區和上海周圍軍事陣地」受到「本地交火開始以來最嚴重的空襲轟炸。昨天日本軍機在廣大空域活動[26]。」兩天之後，日本人犯了和國軍在黑色星期六肇禍同樣的過失：他們轟炸了中立的公共租界內一輛電車，殺死許多中國乘客，其中還有一名年僅十八個月的女娃娃。十月二十日，上海北站受到攻擊，車站全毀，黑煙沖天，全市都看得見。翌日，政府護送中、外記者前往車站，讓大家仔細看清破壞的程度。全世界報紙都登出災損的照片。

淞滬保衛戰在十月二十四日進入最後階段，中國部隊退守蘇州河，又力挺了兩星期。

日軍已調集十二萬兵力，要全力完成攻占上海的任務。十一月五日，日軍又增強壓力，另一支兩棲作戰部隊在上海西南方約一百五十公里的杭州灣登陸。蔣介石已經從這個地方抽調部隊去保衛上海，因而側背空虛，日軍得以向上海挺進[27]。

到了十一月初，蔣介石已面臨不可避免的結局。他的部隊守不住上海，他不能再犧牲更多的精銳部隊，決定撤退，換上比較可行的目標：「以持久戰、消耗戰擊敗敵軍快速、決戰的計畫[28]。」蔣介石的軍事指揮官十一月八日接到祕密命令，準備退出上海。基於明顯的理由，這項命令沒有對外公開。次日，《中央日報》報導，蔣介石提議「中、日直接談判，防止中國危機加劇[29]」。十一月十日，國民政府又以假亂真，宣布「上海南市區將誓死抗戰到底」。《字林西報》則有不同的報導：

> 眼看著它的東、北和西側邊界將近三個月的交火，上海昨天轉向南側，中國部隊乘黑夜迅速撤出蘇州河地區，日軍布下包圍網，於下午搶占龍華[30]。

次日的報紙頭條新聞透露更痛苦的細節：「上海南區受到敵軍全面攻擊。」文章稱頌中國部隊英勇愛國，但是承認它已被來犯的日軍「摧毀」。十一月十二日，中方終於公布無可避免的結果：「城南孤軍已奉令撤退。」「死守」上海不會上演。九天之後的十一月二十一日，上海市民獲悉「國民政府」將移駐重慶「長期抗戰[31]」。上海失守，南京也將守不住。軍事總部將遷到武漢，從武漢部署華中保衛戰。政府官員將遷至更加內陸的山城重慶，以它做為抵抗陸路入侵的最後堡壘。

圈內人比起報紙讀者早知道消息，譬如遠在數百公里之外、坐在政府辦公室中的周佛海。十一月十三日，周佛海遇見蔣介石的政治祕書及文膽陳布雷。陳告訴周，政府必須立刻播遷。周第一個憂懼是政府將因為軍事大敗而崩潰。他在十一月十六日的日記寫下：「新生命開始之日。」他又說：「日來悲觀之至，謂中國從今後已無歷史，何必記日記[32]？」周佛海藉酒澆愁。交女友、看電影（他有時候一週上電影院兩次）之外，杯中物一向是周佛海的嗜好，現在他藉酒澆愁、坐等首都淪陷。有一天夜裡冬風疾吹，在醉醺醺的他聽來，彷彿十七世紀中葉明朝即將亡於北方南下侵略者前夕的朔風呼嘯。他和太太收拾行李準備逃往武漢時，他覺得又像是一九〇〇年八國聯軍攻打北京，以解遭義和團圍困於外國使館區的洋人時的前清官員必須倉皇逃命。周佛海出身富裕的上層階級之家庭，飽讀詩書，有這種歷史聯想很自然。可是日本進侵的破壞之巨，其規模遠超過前人所能想像。然而，直到十一月二十八日，報紙仍然報導要堅守首都：「長興、南山地區開始激戰。」這是報紙的最後一期[33]。戰事新聞報導為何突然中斷，對本地居民並無啥影響。情勢很清楚的是，政府拋棄了他們，讓他們聽任日本皇軍宰制。

可是國軍部隊的犧牲重大卻不假。蔣介石在上海做了豪賭。到十一月初，他在當地投入超過五十萬的地面部隊，可是頭三個月戰事已有十八萬七千人傷亡，包括不少經由德國顧問好不容易培訓出來的三萬名軍官之成員[34]。中共部隊完全沒有涉入戰局。

西方列強雖然對中國的命運（及他們希望開發的市場）忐忑不安，在這個階段幾乎沒有任何援助舉動。戰爭爆發使英國的實力及善意被放到聚光燈底下觀察。英國駐武漢一位外交官向外相安東尼・艾登（Anthony Eden）報告，國民政府顯得：

> 認命地接受列強不會立即干預此一令人不快的事實。我完全沒聽到對英國的態度有尖銳批評……當然有人表示遺憾，認為我們不應該只求保衛我們在遠東的重大政治、經濟利益；中國人相信，一旦日本控制了中國，我們的這些利益全都

會被消滅[35]。

另一份備忘錄討論派遣艦隊到東亞是否明智：

如果七月間英國有一支強大的艦隊在遠東水域，日本絕對不敢恣意行動，損傷我們在上海的既有權利、攻打及摧毀中國政府……日本（經由英國和美國同意，在公共租界內）分享這些特權，英王政府因此有權堅持她不能任意濫用它們。

這位外交官純就英國利益的角度觀察日益惡化的局勢，明白指出長江流域的情勢應當做為國際局勢的一部分來處理。英國外交部特別重視在周遭地區成立傀儡政府服務日本人這個議題。這份節略又說，在六大目標當中，英國應當「恢復長江流域和華南的現狀……也就是成立由中國政府控制的政權，維持門戶開放」，但是它們也應該「保護英國在華北的特定利益，（除了天津海關）其他方面就不要介入[36]。」

即使戰火止熄、恢復陰沉的和平，上海的命運還是讓西方國家大為震撼。英國詩人奧登和作家克里斯多福・伊修伍德才剛目睹西班牙內戰的屠戮，於淞滬戰役結束後幾個月來到上海。伊修伍德栩栩如生描繪在他眼前的慘象，非常訝異地比對外國租界幾乎夷然無損，而國民政府控制下的上海市區已經夷為平地：

公共租界和法租界形成孤島，原本是華人城區、現已成為可怕曠野中間的一塊綠洲。汽車駛過蘇州河：一邊是生命蓬勃的街道和住家；另一邊是坑坑疤疤有如月球表面的地形。到處看得到日本哨兵站崗，或是一群又一群士兵在廢墟中找尋破銅爛鐵。再往外走，建築物損傷沒那麼嚴重，但不分華、洋物業都被劫掠——任何野生動物都不會如此濫行破壞……書本、圖片被撕毀，電燈泡統統打碎，洗臉檯也都搗毀[37]。

周佛海此時已撤退到武漢，即使不是那麼絕望，也很含蓄地評論政府撤守長江流域。他寫下：「命運已定，無法挽回矣！未知吾輩死在何處也[38]。」

注釋

1. 《北華捷報》，November 3, 1937（original report from 28 October 1937）.
2. Hans J. van de Ven, War and Nationalism in China, 1925–1945（London, 2003）, 197.
3. Ibid.
4. 《北華捷報》，一九三七年八月十一日，頁二一七。
5. Ibid., 231.
6. Ibid., August 18, 1937, 267（original report from August 12, 1937）.
7. Ibid., 259.
8. 上海市檔案館（Shanghai Municipal Archive, SMA）, U1–16–217, p. 23.
9. 《北華捷報》，一九三七年八月十八日。
10. 上海市檔案館 U1–16–217, p. 29.
11. 《北華捷報》，August 18, 1937（original report from August 15, 1937）.
12. Ibid., September 29, 1937.
13. Ibid., October 20, 1937, 93.
14. 楊天石，《找尋真實的蔣介石》，頁二二九。
15. Van de Ven, War and Nationalism, 154–155.
16. Rana Mitter, The Manchurian Myth: Nationalism, Resistance, and Collaboration in Modern China（Berkeley, CA, 2000）, chapter 5.
17. 楊天石，《找尋真實的蔣介石》，頁二三一。
18. 《北華捷報》，September 15, 1937（report from September 12, 1937）, 394.
19. Ibid., September 28, 1937, 2.

20. DBPO, series 2, vol. 21（Far Eastern Affairs, 1936–1938）（November 11, 1937）, 470–471.
21. DBPO, series 2, vol. 21（November 11, 1937）, 470–471.
22. Van de Ven, War and Nationalism, 215–216.
23. Jay Taylor, The Generalissimo, 149.
24. 《周佛海日記》，一九三七年九月二十七日、十月三日、十月二十三日。
25. 《北華捷報》，一九三七年十月二日，十七、十八日。
26. Ibid., October 13, 1937（report from October 6, 1937）.
27. Van de Ven, War and Nationalism, 216.
28. Ibid., 213.
29. 《中央日報》，一九三七年十一月九日。
30. 《北華捷報》，一九三七年十一月十五日，頁二五五。
31. 《中華日報》，一九三七年十一月二十一日。
32. 《周佛海日記》，一九三七年十一月十六日。
33. 《中華日報》，一九三七年十一月二十八日。
34. Taylor, Generalissimo, 150.
35. DBPO series 2, vol. 21（December 17, 1937）, 593–594.
36. Ibid.（December 18, 1937）, 598–603.
37. W. H. Auden and Christopher Isherwood, Journey to a War（London, 1938）, 240.
38. 《周佛海日記》，一九三七年十二月十一日。關於上海淪陷及日本占領期間生活的豐富紀錄，見安克強與葉文心編著，In the Shadow of the Rising Sun: Shanghai under Japanese Occupation（Cambridge, 2004）.

6. 難民與抵抗

無錫是一座繁榮的城市，位於上海西方一百公里遠，它和長江流域大部分地區一樣，在戰事初期幾個月遭到日軍猛烈轟炸。楊太太一家也和數以千計的中國人一樣，準備疏散。一九三七年十一月十六日，她帶著兩條塞了兩百元紙鈔的大蘿蔔、以及一顆挖空的雞蛋，內藏珠寶等少數家當出發。一行人必須做出艱難的選擇：該走大運河這條最明顯的路線逃難？還是跨越太湖、走較少人知的運河？如果走大運河，他們就和鐵路及主要公路平行，而它們是日軍轟炸機的主要目標；如果走太湖，可能被水盜搶劫，「遇劫、也是死」。天空突然出現一架轟炸機，逼得他們當下做出選擇。可是到了大運河邊，「遇上數千窮人、富人統統擠在和我們一樣的小漁船上要逃亡……大運河擠滿了船。」眼前的恐怖景象是：「岸上有死屍、河裡有死嬰……到處都是被炸沉的船。」

船上情況很糟糕，本應保衛老百姓的士兵更恐怖。楊太太絕望地說：「每條船擠滿了人，幾乎無法動彈。」大家必須共用一個臉盆漱洗。「有個媽媽為了不讓士兵聽見嬰兒哭聲，差點把嬰兒悶死。」中國士兵不僅不保護他們，還奪船為己用、打劫難民[1]。

他們終於在十一月二十二日抵達上海西北方兩百五十三公里的鎮江，在日軍空襲打斷登船之後，拚死擠上一艘英國郵輪。這群難民遭水柱沖刷、阻止他們往前衝（「我們都成了落湯雞」），但是他們很幸運，至少擠上了船：「數千人被擋在浮橋上，還有不少人丟掉所有行李、甚至小孩才擠上船[2]。」

他們坐了四天船，前進了約六百二十公里來到更上游的武漢。十一月中旬，國民政府準備撤出南京，把軍事總部遷到武漢，武漢一片兵荒馬亂[3]。但是對楊太太而言，她只是短暫逗留，情勢若再緊張，又得上路逃亡。果真當首都一播遷，外國人大量撤退到武漢，許多難民感受到壓力、又得往內地疏散。楊太太家的下一段旅程是搭火車往武漢南方三百五十公里的湖南省會長沙撤退，可是很快就發現，船上的混亂又在火車上重演：

在車站苦等了七個小時之後，火車終於在夜裡十一點進站。很不幸，我們等候的地方是頭等車廂的位置，當我們往三等車廂跑時，許多人差點被活活踩死，尤其是小孩和老婦。即使有人攙扶，也被擠得呼天搶地。我有三個家人當場走失，當時真怕他們被擠落鐵軌（那就沒有機會上車），我丈夫和僕人說他們逐車廂喊「有沒有無錫人？」都沒得到回應。我一直擔心直到天亮，走失的人才回頭來找我們[4]。

經歷船隻、火車折騰之後，楊家大小在公路上還得進入最後階段的夢魘。他們交涉好卡車載他們到廣西（在長沙西南方近九百公里），可是卡車卻遲遲不到。好不容易，卡車在一九三八年一月三日到了，一群人立即上車。逃命有望，車程卻相當不舒服。楊太太回憶說：「我受不了汽油味。卡車巔簸，害得我把吃的東西全吐出來；馬上有另一個人跟著大吐特吐。全車二十一個人，最後只有五個人沒吐[5]。」蔣介石和他的政府或許在一九三七年秋天已決定好有秩序的撤退，但是這些數以百萬計的難民事先可沒有得到警告。中國各地城市也都沒有做好準備就遭到攻擊。

當時的中國人十分之九以上住在農村，過的是可能好幾百年不變的日子，專注宗教儀式、靠農業交易餬口、不停地抵抗國家的苛徵雜稅。蔣介石的抗戰計畫以全民團結共禦外侮的理念為中心，戰況卻摧毀了中國人賴以安居樂業、鄉里互助的基礎。

日軍在一九三七年七月底拿下北平和天津，往西挺進，逼得裝備不足、協調又差的中國地方部隊潰散。鐵路對華北的作戰型態有很大影響。日軍倚賴鐵路快速運送大量部隊和精良武器，因此必須充分掌握華北的鐵路。在一九三七年夏天，日軍這方面成績相當成功。[6]

那年秋天，戰爭分成兩頭打。華中方面，國民政府和日軍在上海地區纏鬥，但也往南延伸到廣州。華北的情勢十分複雜：與蔣介石結盟、但不受他控制的部隊主宰此一地區。共產黨在此也有強大的兵力。共部沒有參與淞滬保衛戰，但是他們的領導人非常關心華北其他城市的防衛，因為它們靠近中共在陝北的延安根據地。理論上，蔣介石現在是最高統帥，實際上，他根本控制不了他們的行動。毛澤東對長江三角洲的局勢沒有太多意見，但是他從延安下達一系列指令，企圖影響華北局勢。山西省會太原現在成為抗戰重心，地方軍頭閻錫山試圖對抗源源湧入華北的日軍部隊。整個一九三七年秋天，太原和大同（太原北方約二百五十公里）等山西主要城市的命運，是華北戰事焦點。太原有一座重要的軍械製造廠，大同則是重要的產煤重鎮，兩者都是日軍亟欲攻占的目標。

國民黨、地方軍頭、共產黨和日軍彼此角力，對廣大民眾構成實質的破壞影響。他們應該留在家鄉，聽任各股敵對勢力擺布嗎？或者應該收拾細軟、逃到陌生地方，光靠一口行李箱度日、不知伊於胡底嗎？對於十分貧窮的人而言，通常沒得選擇；他們根本沒有資源可以離鄉避難。對於中產階級而言，可就煞費腦筋盤算了。

這段時候在全國各地奔走的人，並不全都是絕望沮喪者。一九三五年因為刊登反日文章下獄的記者杜重遠，就覺得海闊天空任遨遊。他在一九三六年出獄後，國民黨一位有力人士因欣賞他的反日立場延攬了他。抗戰爆發使得杜重遠有機會一展所長：報導風起雲湧的抗日戰爭。當華北潰敗、國民黨在一九三七年秋天至隔年春天拚命堅守領土之際，杜重遠奔走於華北、華東戰場，在第一時間向讀者報導戰情。

他在八月十三日下午，即淞滬保衛戰開始激戰當天，趕到上海。杜重遠定期向《抵抗》三日刊發電訊，對日寇進侵造成的混亂有生動描述。杜重遠本人似乎如魚得水，對所見一切是既興奮、又震驚。現在他搭上軍車或攔坐順風車四處走，可以暢所欲言報導全民抗日。他自己說，不見敵人蹤影、晴空無雲之際，「大家都像要去逛山旅行的樣子」[7]。但是杜重遠在戰時跑遍大江南北最值得一記的，是他從中國殘破的鐵路網所發出的報導。

他從華中開始其艱困旅程，首先是北方的戰場。八月中旬，杜重遠和同行夥伴李公樸找不到火車離開上海，必須搭車先到西邊一百二十公里的城市蘇州，一路上還得避開敵人飛機的注意。到達蘇州車站時，杜重遠和李公樸找到站長預訂車班，竟被告知：「已經沒有客用車廂，只能提供原本載牲口用的鐵皮車廂[8]」。

杜重遠一再地遇上火車誤點、錯過連接班車或是取消班次。他詳細紀錄這些經歷，遠超過個人挫敗的日記。（事實上，杜重遠似乎還滿喜歡用土方法到達目的地。）戰爭造成中國重大損害，十分明顯。鐵路是二十世紀初期中國現代化最有效、最有魅力的代表之一，抗戰爆發時，它們在中國才大規模行駛約二十來年，其速度和力量常被用來比喻東亞地區的開發程度。日本人控制的南滿鐵路定期打廣告，以快速車廂現代的影像象徵日本帝國光鮮、前途無量的形貌，也暗喻日本比落後的中國社會高明。國民黨也很自豪他們當政的十年之內，大量增建鐵路（鐵軌長度倍增為六萬）。現在，中國現代化的成績遭到嚴重攻擊。

不過，杜重遠還是利用現有的交通網巡迴採訪，見證中國的備戰措施。最顯著的一個特色就是各地普建防空掩體設施。一九三〇年代中期，雖然空戰的驚人威力已頗為明顯，空戰仍相當新穎。此時西班牙內戰還在進行當中，到了一九三七年，大家都清楚看到德國、義大利轟炸機提供強大的援助給佛朗哥將軍對付共和派政府。包括英國首相史丹利・鮑德溫（Stanley Baldwin）在內，許多西方政客深信「轟炸機無往不利」，這使得他們有強大動機追求姑息政策。至於一九三〇年代的中國，乍見由空而降的死神，卻是驚駭莫名。

有些地方準備良善。山西太原是由與蔣介石關係微妙的軍閥閻錫山所統治。杜重遠排除萬難於一九三七年十月初抵達太原。一到達太原，他就報導：「到處看得到防空設施，一年前開始興建、才有今天的成績，足見當局早已決心準備抗戰。」太原北邊的大同則予人比較差、但典型的印象情況。杜重遠從太原坐車北上，一路上不斷受到軍方運輸及馬車遲滯，花了一整天才到達。他寫下：

> 大同的情況和太原非常不同。由於敵機每天多次來襲，全城死氣沉沉；除了在城附近挖了一些長隧洞，可謂毫無防空準備。本城官員早上抓幾個饅頭果腹，就躲進防空洞裡一整天，待到晚上七點鐘才敢出來自由活動……至於老百姓，完全沒有人組織他們……即使敵機飛走了，人們還是不敢動……即使躲在防空洞

裡，他們也不敢高聲講話，深怕會被敵機聽到[9]！

不到幾週，所有正常生活型態全被打亂。人們必須晝伏夜出、長時間靜止不動，忍受死亡的恐懼。杜重遠抵達太原前不久，有一百八十人在一次空襲中喪生。全中國陷入混亂，影響到社會各層級，從小店家和農民到士兵和政府官員。某些有偏見的外國觀察家懷疑國民政府有能力存活：英國外交官道格拉斯・麥奇洛甫（Douglas MacKillop）從武漢發給倫敦的報告，顯得特別悲觀。他說：

這裡給人最強烈的印象就是，中國政府的因循怠惰、沒有能力、又不團結、不負責任和沒有根據的樂觀——這種樂觀幾乎全建立在希望其他國家，包括我國，將會志願（或不志願？）地介入戰事，以及一場大變會把中國政府從殘骸中救出。

我們可以公允地替他們辯護說，他們的政府機制、甚至他們的重心已被強力移置，他們過去從來沒對這塊領地發揮充分的中央主權責任，這是一個很難依現代路線治理的國家，他們沒有外國的建言，而今又失去了原本擁有的上海財源。但是實質問題肯定不在該責備或同情，而是他們是否有能力存活……我個人認為，在他們被迫退出漢口（武漢）後很快就會崩潰……

我講的是中國政府，不是中國。後者不同於前者，可能摧毀不了[10]。

英國駐武漢武官洛瓦特—佛瑞瑟（W. A. Lovat- Fraser）也發出措詞類似的報告，提出警告說，「中國陸軍已無可修復地遭到粉碎，空軍也被消滅」；政府「官員大多是具有不光彩紀錄的人」，力圖爭取英國協助；並且，

中國人不認真打我們的戰爭，除了傷害我們的利益之外，一無是處。他們在上海造成嚴重的國際局勢、嚴重傷害我們在華中的商業利益。

因此，中央政府不應被鼓勵繼續這麼幹[11]……

這些陰鬱的報告綜合了英國，及其他西方國家駐華外交官相互矛盾的態度。「中國會

存活，它的政府卻撐不下去」這種觀點，清楚反映了西方長久以來的觀點，認為傳統的、不知變革的「震旦」古國並不適合現代化的政府。國民政府是嶄新的現代中國之本土產品，就某些人而言，還是很難接受的看法。麥奇洛甫的報告也勉強承認國民政府面臨的問題並非完全可歸咎於自身，而且這個有可能現代化的國家被迫放棄其財源及外國技術。可是，對所有的西方列強而言，這一點很難正面承認，因為這代表自己該受非議。

英國最不樂見的就是中國發生戰爭。歐洲局勢日漸嚴峻，隔不多久，英國首相尼維爾．張伯倫（Neville Chamberlain）到慕尼黑開會，他迫於情勢交出部分捷克領土以姑息希特勒。但是麥奇洛甫的報告，特別是它自相矛盾的調子，洩漏出第一線外交官的不安心理：為英國的不作為找藉口。蔣介石政府面臨的挑戰即是，證明麥奇洛甫陰鬱的預言大謬不然。事實上，也有英國官員如羅伯・郝威上書英國外相，談到麥奇洛甫的觀點，表明他不能認同這種觀點；郝威主張中國不應得到「特殊方便」，但是英國的中立也不應局限國民政府進口武器的能力[12]。

外界對中國抗戰的評估往往以他們對民心士氣的觀察為基礎。杜重遠身為中國新聞界名記者設法提振士氣，鼓舞讀者堅持抗日。然而他若覺得作戰不力，也毫不猶豫予以批評。他在大同時遇見湯恩伯麾下三、五個傷兵。湯恩伯是蔣介石的親信盟友，八月中旬率兵在北平西北方五十公里外的南口與日軍英勇作戰，傷亡兩萬六千人。但是他得不到中央軍太多支持；蔣介石仍然保留精銳部隊在華中地區作戰，認定華北已經輸了。傷兵向杜重遠傾訴他們缺乏物資支援苦戰的狀況，杜重遠試圖向讀者說明這一役是怎麼輸的：

可惜的是駐守當地的二十九軍沒有建立防禦工事。因此我軍打開南口後，必須同時建立防禦工事和作戰，我們怎麼能達成任務呢？甚且，我方沒有飛機和大砲，因此當敵機來襲時，他們只能坐以待斃……我不知道他們有多少次這樣犧牲掉。每天他們只吃到一頓飯，因為補給隊經常被敵機轟炸。但是我覺得最悲哀的是，當我軍撤退時，我們許多受重傷的弟兄卻沒人照顧。有人在路邊爬行、有人舉槍自殺；雖然我軍最後幸運撤退成功，所有的店鋪照常開門做生意，沒有人關心他們。請告訴我——我們為誰而戰？為誰犧牲？

杜重遠很明顯為了他在全國各地看不到抗戰熱情感到沮喪。他對遇上的傷兵提供實質協助，幫他們付車資、載他們到太原，但是他也思索「傷兵遇上的可怕狀況，以及民眾的欠缺了解，乃至軍隊和官員的普遍貪瀆」，不免要問：「我們怎能這樣打仗？」回程往太原也不能提振他的情緒：「愈往南走，路上的情況愈糟……我們差點掉下懸崖」，最後大家必須步行一段路，直到深夜一點鐘才回到城裡。他前往山西飯店投宿：「我真的感覺像走出地獄、進入天堂，筆墨難以形容我的一夜好眠[13]。」

搭汽車毛骨悚然、坐火車既不準時又不舒服，但這些和戰爭的災禍一比根本不足為道，而戰事固然攸關衝突路徑的改變，卻又只是二十世紀總體戰的一小部分。報紙是國民政府讓各界了解戰爭的一大利器，杜重遠在報上的專欄則是此一策略的一部分。中國在一九三〇年代並沒有普及的廣播網，不過它有豐富、活潑的報業文化，讀者因為本身經歷相同的貧困，頗能理解杜重遠的經驗、產生共鳴。中國的主要報紙，譬如天津《大公報》也和讀者一樣向大後方撤退，構成一個新的公民社會，與中國為生存搏鬥同步成長。

杜重遠目睹閻錫山部隊在太原勇敢構築的防禦工事。日軍已經占領河北省石家莊等主要鐵路據點做為基地，得以發動對太原的攻勢。十月十三日起，日軍分三路進攻。閻錫山部隊英勇迎戰，但是傷亡上萬之後，防線遭攻破，部隊向西潰逃。中國軍民倉皇逃躲空襲，日軍攻占太原。

毛澤東的八路軍雖在附近，並未直接介入太原保衛戰。他反而告訴周恩來、朱德等親近同志，應該準備好太原會淪陷，而且必要時，準備火燒太原城[14]。

太原淪陷使毛澤東相信，中共必須進行長期抗戰，要全面展開可以刺激民心士氣的游擊作戰。他用典型的粗鄙土話寫說：「矛盾的是占著茅坑的人不拉屎，而肚子脹的全國老百姓沒有茅坑。光靠政府和部隊抗戰絕對不會打敗日本帝國主義[15]。」共軍部隊要用來騷擾敵人：「要在敵人的側翼和後方進行游擊戰[16]。」

中共的游擊戰與蔣介石其他一些將領的做法全然相反。最惡名昭彰的是山東省主席韓復榘，他想和日本人和談，又在一九三七年十二月底棄部隊於不顧、逃到開封。蔣介石將他逮捕，送交軍法審判、槍斃，以儆效尤[17]。

同一時期，十二月十四日，中國部隊撤出山東時，日軍展開大轟炸。美國長老會傳教士凱薩琳・韓德寫說：「……我們南邊的兵營被炸，我家房子因此震撼……這種經驗我可不想常遇上。我差點說不出話來。總共投下七顆炸彈，但沒有全都爆炸。有兩人炸死，數人受傷。」接下來幾星期，日軍頻頻前來空襲。十二月二十五日，韓德哀傷地寫下：「好個耶誕節！感謝主，早上在教堂做了快樂的禮拜，下午迎來十一顆炸彈。」她說她「必須找個凳子，以免站不穩，給大家增添緊張。」次日她又寫說：敵機又來了，但是「不急著躲進防空洞」，不過還是很害怕[18]。

杜重遠在一篇報導中說，老百姓怕敵機，把它們當成是「幽靈鬼怪[19]」。迷信正是阻礙建構老百姓理性對應持續空襲的重大因素。中國此時民情激憤，與三年之後的戰時倫敦一樣，但是同時也存在恐懼感，深怕隨時空降橫禍、死於非命。

韓德目睹中國部隊撤出山東的景象，隨著戰場西移而不斷地重演。華北和華中的戰役情況不同，但是難民不受軍紀管束，慌亂地由一個戰區輾轉流亡到另一個戰區。沒有人曉得日軍推進有多快，他們到達時又會怎麼對付占領區。國民政府迅速營造英勇退守大後方的官方形象，大量愛國民眾追隨政府撤退、抗戰到底，而非活在日本皇軍鐵蹄下。許多人的確是如此。

對於從華中地區撤退的人而言，長江是生命線，可以藉由水路退到武漢，或甚至再上溯八百公里到重慶。政府安排兩萬五千名技術工人西撤，維持兵工廠的生產。由於戰爭進行中不可能從頭開始興建新工廠，許多工廠機械也被拆解、後送[20]。上海商人押著機器投入難民行列。有位鉛筆廠東家回憶：

在空襲不斷下，我的夥計和我抓住每一分鐘一起裝運東西。我們把機器零件搬到一艘木船上，用木塊、木棍掩蓋。一路上遇到敵機空襲，我們就躲進河邊蘆葦堆；敵人走了，才又出來，就這樣經過鎮江、到了武漢[21]。

另一位過來人回憶水路航行的艱苦。船往上游開，遇到險礁，難民必須換上小船，由縴夫拖、或是仰仗船老大的精湛技術，但還有別的艱險：

那天正逢除夕，非常冷；我們往萬縣石堡寨開，遇上兩艘軍艦，它們掀起大浪，使我們的木船碰上礁石、下沉……只剩桅桿尖冒出水面。後來我們到處打聽，發現三十里（約十五公里）外有個老先生精通水性，手下有許多叫「水鼠」的徒弟。他們專精從沉船找回財物……他們輪番下水，吊掛木箱，岸上的人再拖上來；等到重量減除，木船慢慢浮上來……十天之後，船隻終於浮上水面，但是破洞太大、無從修理，我們只好另雇一艘船繼續往西走[22]。

之後多年，毛澤東仍不願表揚到重慶的人，只肯表揚（為數不多）往共產黨延安總部去的人，一直到毛澤東過世才改變。昔日難民晏陽初一九九一年接受訪問，談到遷移工廠的往事，他說：「這就是中國的敦克爾克。」前《大公報》記者徐盈也說：「我們的敦克爾克和英國的敦克爾克沒什麼差別——我們比他們還要艱苦些[23]。」還有另一個歷史比擬，中共的長征和國民政府的西遷，都是在面對強敵之下的撤退。但是長征是由共產黨發動，而共產黨後來統治了全中國，因此他們的撤退成了世界著名的傳奇。同樣艱苦的重慶撤退，由於和蔣介石扯上關係，遂在中共正史上被抹煞掉。

追隨蔣介石政府往長江上游撤退的難民，很快就成了流亡的國民政府最棘手的問題。抗戰期間光是四川省政府賑災機關註冊有案的難民，就有九百二十多萬人[24]。許多人知道他們必須長年生活在艱困的環境，不保證能夠回到老家，也不保證中國會贏得抗戰。

數百年來，中國已經屢次發生難民逃亡潮。每當一個朝代興起、征服，總會造成成千上萬人民流離失所。但是二十世紀以來，人民首次在華中廣大地區以最快速度移動，這也改變了中國人對本國地理的印象。

對許多人來講，如此大規模國內遷徙有助於打造國家意識，影響到未來數十年。杜重遠戰前擔任《生活》週刊旅遊記者，（審按：《生活》週刊乃鄒韜奮創辦，後由杜重遠接辦。）曾經向讀者報告他搭火車所至的各地景色。現在他運用旅遊寫作的經驗描述中國各地無數的災厄帶給人民的痛苦。從無錫流亡的楊太太也觀察到，「男人家每天開會、研究地圖，這是他們從來沒有過的舉動。」在逃難的後期，行船經過桂林、長江三峽，她看著沿岸的風景，不免自嘲：「真不知是否應該感謝日本人，竟然讓我們走了這麼遠、看了這麼多[25]。」

楊太太的行程終點也和國民政府宣傳的，全民顛沛流離、奮勇抗戰到底的說法，大不相同。她和家人轉到香港，再從香港掉頭回上海。最後，經歷三個月的舟車勞累、千辛萬苦，她幾乎退回到出發點。華中已被日軍征服，不再是頻頻遭轟炸的高度危險區，日本人不轟炸他們控制的地區。上海外國租界繼續存在，代表至少日本人對破壞行為會踩煞車。可是楊太太的抉擇在國民政府及其許多同胞心目中並不可取，對他們而言，即令只是想回到日寇占領下過日子，都是不可接受的想法。杜重遠觀察到，抗戰時期全國出現一種現象：企圖拔除「漢奸」，意味與日本人合作即不配被當做中國人。他獲悉在太原有一支隊伍專司剷除叛徒：

有一天，他們拉出八個漢奸，每個漢奸頭戴高帽子，上面清楚注明姓名、簡歷和賣國行為。他們坐在車上遊街示眾，（押運隊）一路敲著大鼓……街上擠滿圍觀群眾，異口同聲咒罵這些漢奸[26]。

突然間，抗戰使得許多中國人有了更加迫切的國家觀念和個人認同感。它也以黑白分明的道德標準畫出人們的選擇——尤其是究竟要抗日、還是要和日本人合作。這種趨勢乃是二十世紀初期，中國早已勃發的危機意識再增強。當時的政治是在許多重要方面追求現代化和進步，但是早期的國民黨不能利用圍繞著一九一〇、二〇年代五四運動下，相對的政治自由思考氣氛更加進展。有一部分是因為中國面臨許多危機，當時的政治變得兩極對立、相互抗頡，每一方都不願讓歧見可以有建設性、甚至合法化。國民黨和共產黨都不肯追求真正多元化的政治文化，只是做做樣子，允許不會妨礙他們統治的小黨活動。

此外，長年內亂作戰的文化，導致中國社會瀰漫深刻的暴力現象。抗戰爆發，攸關國族興亡，更加劇暴力傾向，公開羞辱罪人在中國是很普遍的做法。但是在抗戰期間這麼做，雖然創造英勇抗日和怯懦通敵的尖銳對比，卻也遮掩了許多中國人所面臨的艱苦事實，譬如是否要拋下家人、財產和事業而流亡的兩難取捨。

戰爭也提供了機會，將社會成功的動員起來，爾後的中國，群眾動員成為常態。毛澤東主政下，中國不斷進行政治運動，從一九五〇年代土地改革運動公開羞辱、殺害地主，到文化大革命期間公然刑求教師和醫師。這可以溯源至抗戰期間，並把社會中漠不關心和不確定份子轉化為真實信徒。

杜重遠在太原時受邀向部隊演講：

> 我勉強將眼淚拭乾，即告以國內如何團結如何統一，上海作戰時我軍士氣如何奮發，敵軍士氣如何不振……然後又談到長期作戰中，我國須組織整個民眾，與敵抗爭，我們亡省的人，正好乘機回到關外，做為嚮導，與國軍聯成一氣擾亂敵人後方……。說後大家都極興奮，掌聲如雷，這不是歡迎我而是歡迎抗戰[27]。

杜重遠出身中國邊疆地區，親眼目擊中國認同意識分裂肇致的惡果。一九三一年東北遭到日本侵略時，民眾至少群情激憤了一陣子，可是蔣介石政府覺得在政治考量上必須採取不抵抗政策。杜重遠立志要在百姓心目中創造中國是一個實體、因戰爭更需團結的意識。抗戰後期，他在遙遠的新疆省擔任學校校長，憧憬未來有個強大、集權的中國，空運和鐵路網可促進國家團結統一（他對中國共產黨也有強烈的感情）。杜重遠的期望其實也是蔣介石的意圖。蔣介石相信經過抗戰，中國社會會更加團結、更有良好治理。但是這些期望切合實際嗎？沒有錯，呼籲全國團結使國民黨可以鞏固他們仍然掌控的地區之統治（以及至少在技術上仍屬於國民政府所謂「自由中國」的大部分地區之治理），但是國民黨很難發揮他們的權力。事實上，中國在一九三七年秋天的分崩離析，似乎是對其希望的致命打擊。

到了一九三七年底，天津、北平、太原、大同和濟南等華北大城俱已淪陷。日本人對農村比較無法控制，游擊隊（有許多是中共控制）會伏擊、騷擾他們。華中情勢告急，不過國民政府軍事總部暫時進駐的武漢還算安全。然而，深怕日軍還會征服更大片土地的心理，意味著難民人數有增無減。

抗戰時期中國究竟有多少難民顛沛流離，迄今還沒有定論。太多人往四面八方逃竄，政府忙著為生存奮鬥，留下紀錄成為次要工作。即使如此，一般估計數字還是很嚇人：在抗戰時期某一階段，大約有八千萬、甚至接近一億中國人（即全國人口的十五至二〇％）流離失所[28]。他們並不是整個抗戰期間都流落他鄉，許多人逃難不久就回家。但是人口大量移動造成的社會動盪，在戰時、乃至戰後，依然有回響。一九三七年一過，慘象並未隨之終止。抗戰爆發後頭一個冬天發生一件慘絕人寰的慘案，迄今事隔七十年，依然影響著中、日兩國關係。

注釋

1. Special Collections, Yale Divinity School Library（RG08, Box 173, folder 7）, M. M.Rue papers, "Flight"（account of Mrs. Yang）, 2–3.
2. Ibid., 4.
3. Stephen R. Mackinnon, Wuhan 1938: War, Refugees, and the Making of Modern China（Berkeley, CA, 2008）, 45–54.
4. "Flight"（account of Mrs. Yang）, 5.
5. Ibid. 關於難民危機，另參見MacKinnon, Wuhan 1938; R. Keith Schoppa, In a Sea of Bitterness: Refugees during the Sino-Japanese War（Cambridge, MA, 2011）; Diana Lary, The Chinese People at War: Human Suffering and Social Transformation, 1937–1945（Cambridge, 2010）.
6. Marvin Williamsen, "The Military Dimension, 1937–1941," in James C. Hsiung（熊玠）and Steven I. Levine, eds., China's Bitter Victory: The War with Japan, 1937–1945（Armonk, NY, 1992）, 137.
7. 杜重遠，〈到大同去〉《還我河山：杜重遠文集》（一九三七年，九月二十三日）（上海，一九九八），頁二五七。
8. 杜重遠，〈到大同去〉，頁二五七至二五八。
9. 杜重遠，〈由太原到丰鎮〉（一九三七年，九月二十六日）頁二六〇。
10. DBPO, series 2, vol. 21（January 31, 1938）, 676–677.
11. Ibid.（February 2, 1938）, 679–680.
12. Ibid.（February 3, 1938）, 682–684.
13. 杜重遠，〈由太原到丰鎮〉，頁二六四。
14. "Opinions Regarding Strategic Deployment in North China after the Fall of Taiyuan"（October 13, 1937）,

一九三七年八月十八日，中國難民爭相搶過上海花園橋，逃向上海租界。就在六週前，戰事在華北突然爆發。

一九三七年，蔣介石廣播宣示，對日抗戰到底。

一九三七年，上海江邊道路擠滿了難民。即使是上海的中立區也擁入大批躲避日寇入侵的中國難民。

一九三七年十二月，國軍撤出南京時放火焚城。首都南京不久即淪為日軍大屠殺的人間煉獄。

一九三八年，松井石根將軍在上海總部。幾個月前，他允許麾下部隊在南京濫肆屠殺。

戴笠，國民黨特務頭子，手下的祕密警察誓為蔣介石的「耳目」。

康生，毛澤東在西北共產黨根據地的特務頭子、恐怖行動的首腦。

李士群，汪精衛在上海凶殘的特務頭子。

周佛海，原是國民政府高級官員，參與汪精衛一九三八年由重慶出走，並協助汪精衛與日本人合作之要員。

一九三八年四月台兒莊之役，國軍難得大捷，全國民心士氣為之大振。

一九三八年黃河泛濫，日軍亦靠船隻行動。蔣介石決定決堤，暫時止住日軍攻勢，但是造成重大人命傷亡。

一九三八年，毛澤東在延安魯迅文藝學院講課。抗戰初期，中共努力爭取各方支持。

一九三八年七月，廣州市民奔逃躲避空襲。抗戰初期，日軍空襲常在國民黨轄區造成重大傷亡。

一九三八年七月，蔣介石在武漢主持軍事會議，他面臨是否棄守武漢的艱巨決定。

一九四〇年，汪精衛（右）受日本扶植，在南京另組政府，他在就任主席前與褚民誼合影。

一九三九年，重慶大轟炸後，民眾無家可歸。五月三、四日兩天的空襲，災情慘重，尤其凸顯國民政府的荏弱無助。

一九四〇年三月三十日，汪精衛當天就任南京國民政府主席。中國抗戰陷於膠著之際，這幅漫畫把汪精衛描繪成萬丈光芒的巨人。

陳納德將軍。他的飛虎隊對提振中國抗戰士氣貢獻極大。

史迪威將軍，蔣介石的參謀長。兩人將帥失和，影響往後美、中關係至深且巨。

一九四二年，蔣介石和甘地在加爾各答附近會面，這是第一次非歐洲國家領袖拜訪這位印度反帝國主義主要人物。

毛澤東在延安校閱八路軍。共軍在抗戰期間主要進行游擊作戰，只有少數幾次打陣地戰。

一九四二年，緬甸戰場的國軍傷兵。緬甸大撤退是同盟國聯手抗日初期最大的挫敗之一。

一九四三年，河南大饑荒時難民逃亡一瞥。天災、人禍，加上非中方能控制的因素總合成大饑荒，最後傷害到國民政府統治的正當性。

一九四三年河南大饑荒中的災民影像。

中國士兵看守飛虎隊 P-40 戰鬥機。（一九四三年）

包瑞德上校（左）和外交官謝偉志攝於延安住處之前，兩人都是美方派到共產黨邊區考察的迪克西代表團成員。

一九四三年一月十八日，蔣夫人宋美齡攝於華府美國聯邦眾議院講台上。美援攸關中國抗戰前途，但是儘管有宋美齡極力挽救，抗戰期間蔣介石在美的聲譽江河日下。

蔣介石、羅斯福、邱吉爾、宋美齡（左至右）一九四三年攝於開羅會議。這是第一次、也是唯一一次，中國以同盟國身分平起平坐參加峰會。

一九四三年十一月，出席東京大東亞會議的各國代表，由左至右為巴茂（緬甸）、張景惠（滿洲國首相）、汪精衛、東條英機、翁親王（Wan Waithayakon，泰國）、荷西・勞瑞爾（菲律賓）、錢德拉・鮑斯（印度）。會議目的在彰顯日本對亞洲有不同於同盟國的提攜合作計劃。

一九四四年十一月，徒步後撤的難民。日軍一九四四年發動「一號作戰」，衝決華中，荼害國民政府大片轄區。

一九四五年一月，中國士兵駕駛美式坦克車進入緬甸。盟軍堅持中國參戰，協助他們光復在一九四二年丟失的緬甸。

一九四五年九月九日，日本支那派遣軍司令官岡村寧次在南京受降典禮上向何應欽率領的中方代表正式投降。

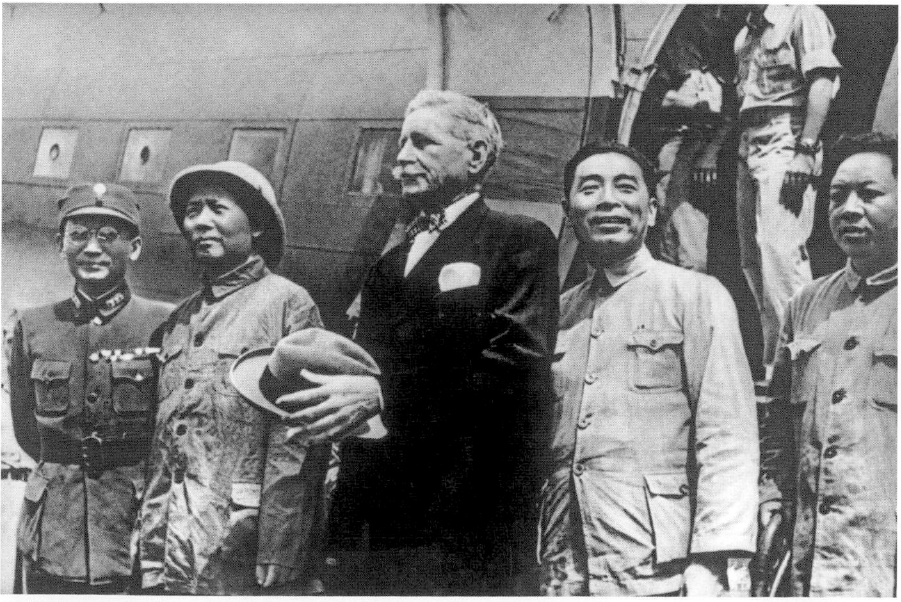

張治中、毛澤東、赫爾利、周恩來和王若飛（左至右）在一九四五年日本投降後，啟程赴重慶與蔣介石展開國共談判。

二〇一二年十二月十三日，中國憲兵部隊抬著花圈進入南京大屠殺紀念館，悼念侵華日軍大屠殺七十五週年。

二〇一二年九月十六日，深圳民眾為保衛釣魚台舉行反日示威。

MZD, vol. VI, 93.
15. 〈國共合作成立後的迫切任務〉，一九三七年九月二十九日，MZD, vol. VI, 71.
16. "Guerrilla warfare should be carried out mainly on the flanks in the rear of the enemy"（October 23, 1937）, MZD, vol. VI, 107.
17. MacKinnon, Wuhan, 18.
18. Katharine Hand, "Extracts from a Diary"（December 25, 1937）.
19. 杜重遠，〈經太原〉，頁二六二。
20. Joshua H. Howard, Workers at War: Labor in China's Arsenals, 1937–1953（Stanford, CA, 2004）.
21. 蘇智良、毛劍橋、蔡亮合編，《去大後方：中國抗戰內遷實錄》（上海人民出版社，二〇〇五），頁五十六。
22. 同前注，頁六十八。
23. 同前注，頁一五三至一五四。
24. Lu Liu, "A Whole Nation Walking: The 'Great Retreat' in the War of Resistance, 1937–1945," PhD diss., University of California, San Diego, 202–203, 210, 250, 287.
25. "Flight"（account of Mrs. Yang）, 5–6.
26. 杜重遠，〈經太原〉，頁二六一。
27. 杜重遠，〈由太原到丰鎮〉，頁二六五。
28. Hsi-sheng Ch'i（齊錫生）, "The Military Dimension, 1942–1945," in Hsiung and Levine, China's Bitter Victory, 180, 引述一項檔案文件說，在一九三七年至一九四五年期間難民人數為九千五百四十五萬人。

7. 南京大屠殺

一九三七年十二月一日，蔣介石和宋美齡在南京度過結婚十週年。這不是一個吉利的時刻。蔣介石在日記寫下：「結婚已十足年，黨國前途艱難，重生以後第二之十年，究不知變化。」蔣介石又說，南京已像空城[1]。

事實上，南京幾個月來都籠罩在詭異的寂靜之下，八月中的戰事讓首都大感意外：

南京初嘗空戰滋味，十二架日機在今天下午兩點鐘出現，轟炸首都，中方出動十架飛機迎戰……全城警報在日機抵達前半個小時就響起……由於首都從來沒遭遇過空襲，老百姓不知危險，空戰進行時，街上還有許多人談笑風生[2]。

但是人們學得很快。杜重遠在八月底、也就是幾天後經過南京。他報導說，城裡許多人已經疏散。他住在中央飯店，由於「餐廳人員怕（轟炸）飛機，大多辭職不幹了」。杜重遠只好先到廚房找點東西吃，再出門找朋友吃飯。飯店員工害怕不是沒有道理，杜重遠往大同去的路上寫說：

「在京停留三夜，每夜敵人飛機必來光三四次，幸京中防空設備尚好，來時先鳴警笛警告，繼用探照燈遠照，照準機身時，再放高射砲，或以驅逐機追趕，夜間火光四射，燦爛非常，大有兒時正月十五看燈之概[3]！」

首都夜空明亮之際，東邊的上海正陷入苦戰，國民黨部隊執行命運已定的淞滬保衛戰。南京籠罩在火海下之際，周佛海也得習慣持續遭受轟炸的可怕新世界：他家有個地下室，每當空襲警報一響，一大堆朋友都跑到他家來躲，這些地下室集會很快就因為對戰事的進展感到失望，變成較有組織的活動[4]。但是周佛海不會在南京待太久。中國人、外國人都和他一樣，決定離開南京，前往武漢或內地其他城市。

一九三七年十月，蔣介石政府開始西遷，軍事總部搬到武漢，政府則遷往重慶。路透社十一月底有一則報導提到陰沉的一幕：「連日大雨下，中國政府的疏散今天幾近完成。辦公室和工廠值錢的東西全都拆了……如果（南京）被占領，它也只是一個空殼子。」報導又說：「絕對沒有社會失序或即將崩潰的跡象。中國人一般的意見是堅決抗戰，反對投降的情緒非常強烈[5]。」蔣介石也清楚這股民氣。他目前當務之急是保衛華中，但是即使上海淪陷、沿海地區必須撤守，蔣介石認為不到最後關頭，他不能離開華東。他曉得棄守首都對政府威信將是極為重大的打擊，他的公開聲明仍然強悍不屈。他在十一月二十五日宣布：「我們既定政策是戰到最後一兵一卒，寸步不退[6]。」

南京對全體中國人具有極大的文化意義。直到一四二一年，它都還是明朝的首都。宏偉的城牆是二十萬名工役花了二十多年所興建，象徵著皇朝聲威。即使首都遷往北京，它仍以優美的建築和商人階級雅緻的生活方式聞名。在一八五〇至六四年的血腥內戰期間，南京也是太平天國的首都，一九二八年它成為國民政府首都，再次恢復盛名。

國民政府利用南京投射都市現代化的形象，與宏大的殖民城市上海相互爭輝。古城中心闢有林蔭大道，取名中山路以紀念孫中山；興建若干大樓供機關部會使用；另外結合北京天壇和美國國會山莊，計畫興建一座中央黨部大樓（從來沒有完成）。南京主要街道紛紛植樹，展開美化市容工程，（直到今天，它仍是中國少有、具備綠蔭植栽的城市之一[7]）。南京成為國民政府盼望全中國皆能具備的環境，及科技現代性的模範城市。到了一九三〇年代末期，經濟危機意謂大型建設經費困難，到抗戰爆發時，南京的地位從國民政府復興計畫核心的首都，一變成為入侵者覬覦的目標。

日本最高指揮部起先並無意攻占南京。當戰事在華北爆發時，日本人主要是想鞏固對華北的控制，而非占領國民黨控制的地區。但是蔣介石決定擴大戰事，在長江流域另闢戰場，迫使日方重新思考計畫，並在一九三七年十一月七日匆匆成立新單位「華中方面軍」。華中方面軍由第十軍和上海派遣軍這兩個部隊組成，它的組成反映出日軍在本地區作戰性質快速起了變化。自七月份開打起，日本人原希望以一次強大打擊消滅中方的抵抗。但戰事升高，以及中方守軍的堅決奮戰，使他們大感意外。雖然第十軍十一月五日在上海南方杭州灣登陸，是個重大轉捩點，對日軍在上海勝利做出極大貢獻，但日軍傷亡達四萬兩千兩百零二人，其慘重程度遠超過預期[8]。

南京的確從來不是日本人的戰略目標。上海淪陷已使他們掌控了中國最大的港口，占領首都南京只是純粹象徵皇軍力量強大，展現日本人勝過中國的民族主義。日本人認為中國的反抗力量有害、且不符他們對東亞未來的設想。大將松井石根宣布：「除非南京政府重新考慮它的態度，停止抵抗，否則日軍將繼續向南京、漢口，甚至中國的新首都重慶挺進。」松井的觀點也代表了日本領導層的想法：歐洲列強雖冷漠、卻暗挺中國，只有日本人才真正關心中國的利益。

第一點是讓南京政府放棄依賴歐、美的政策……第二點是讓中國人民認識日軍是中國真正的朋友，在目前的事件中犧牲自己以拯救四億中國人，糾正後者在南京政府反日政策下所產生的錯誤觀念[9]。

所謂國民政府「依賴」歐、美這個說法，指的是蔣介石一九三七年之前，試圖尋求西方列強支持以對抗日本威脅，不過這些國家仍然不願提供太多實質協助。廣義來講，它承認中國已開始參與世界，像國際聯盟這樣的跨國組織，也試圖克服國與國之間雙邊衝突所造成的摩擦[10]。而日本把中國當做它的後院，非常不歡迎這種發展。

初秋時，大部分外國人已離開南京。大使館撤退館員，公司行號把員工調回國。在西門子公司（Siemens Corporation）服務的德國商人約翰・拉貝（John Rabe）則留了下來[11]。這位德國人注意到，到了十月中旬，南京大部分旅館、商鋪，以及所有的電影院都歇業[12]。對於大多數外僑而言，這是應該走人的訊號，但是拉貝等一小群外僑決定他們應該挺身而出、協助被政府拋棄的中國老百姓。除了拉貝，這些洋人包括：南京大學教授路易斯・史邁士（Lewis Smythe）；傳教士兼金陵女子學院教務主任明妮・魏特琳（Minnie Vautrin）；以及南京基督教青年會（YMCA）負責人費吳生（George Fitch）。這群人決定，一旦日軍占領南京，他們將設立一個「國際安全區」（International Safety Zone），進到這個中立區逃難的中國人將享有安全[13]。

蔣介石歡迎這個構想，甚至要提供十萬元支持安全區（不過最後只付了四萬元[14]）。奉蔣介石之命死守南京的將領唐生智也支持這個構想。然而，日本人反對，他們懷疑安全區會變成窩藏中國守軍的地方。唐生智表示中國部隊將進駐安全區，並在其四周挖壕溝、布防，更證實了日本人此一疑忌[15]。

到了十二月初，上海已淪陷。蔣介石曉得棄守首都會被全世界視為他的政府之恥辱。他必須往內陸撤退，但是他要讓外人以為首都堅守不退、部隊戰到最後一兵一卒。此事不僅攸關榮譽，也是公關之必要。如果中國不能得勝，至少也必須表現英勇不屈。

時序從十一月進入十二月，蔣介石做最後一試，企圖防止似乎在所難免的南京之淪陷。他拍發電報給史達林，央請他派兵協助中國；史達林一點都不想在中國開啟戰火，當下拒絕。蔣介石對蘇聯的不信任、延伸所及也不信任中共，因而加深。十二月六日，汪精衛和德國駐華大使奧斯卡・陶德曼（Oskar Trautmann）會談，希望能調停出和平協議，但沒有成果。同一天，蔣介石自我評估：日本武器精良，中國部隊實力薄弱，南京內部士氣已破壞無遺[16]。

十二月七日清晨四點鐘，蔣介石起床、禱告。五點鐘，他偕同妻子搭機離開在劫難逃的首都。他們先向西南飛向江西省會南昌，再轉赴廬山。情勢使蔣介石「傷心[17]」。他明白指示，南京必須戰到最後一兵一卒。但是他不愧一向是個戰略家，他本能的不去想他已放棄的城市，而是估算下一步是什麼。蔣介石在日記計畫欄反思「戰時教育方案」以及「全國總動員計畫」的需要，最重要的事是「不可放棄本黨革命性」。這些省思或許是面對中國剛經歷的災劫近乎一廂情願的樂觀，但是肯定有助於他應付中國剛遭遇的恐怖。蔣介石藉由提倡教育或任何其他社會政策，得以打造一個思想：認定抗戰是積極之舉，旨在重建國家，不是在橫掃千軍的敵人面前聞風逃竄。

他祭出「革命精神」，因為他曉得別人也會藉這個字詞的聲威做號召。他在十二月十一日寫下，如果聽任共產主義占了上風，「中國會成為第二個西班牙」。許多西方進步人士把西班牙內戰和中國的戰爭相提並論，兩者都是進步勢力遭到反動派和法西斯主義者攻擊的例子[18]。然而，蔣介石的思想在許多方面近似佛朗哥的想法。在蔣介石看來，西班牙內戰顯示共產主義會利用國家不團結，滲透進入權力。西班牙也讓蔣介石有另一個憂慮的對比。他離開南京時，一點也不敢抱持列強會迅速干預的希望。他有點先見之明想到，外援可能在中國自己「堅決苦戰」三年之後才會出現。

即使他想無視南京的命運，蔣介石也不能完全忘卻南京。自從七月初盧溝橋戰事爆發以來，蔣介石在華東地區備極辛勞，花了五個月時間試圖防守本地區、對抗日本。對於一個自視個人命運與中國命運合而為一的人而言，他對國民政府的希望與夢想所寄託的首都竟然淪陷，實在十分痛苦。十二月十四日上午，蔣介石搭船到廬山，在廬山演講，說明撤出南京的原因。然後他從廬山飛往國民政府軍事指揮新總部武漢。他有許許多多計畫：救助逃出南京難民的計畫，並全面重新組建軍事指揮部。他離開南京之後那幾天的日記，記錄下他對剛捨棄的首都將發生什麼事的思考[19]。

自願死守南京的唐生智，是中國動盪的軍閥時期另一位和蔣介石關係時好時壞的「盟友」。唐生智來自華中繁榮、又難駕馭的湖南省，是毛澤東的大同鄉。一九二〇年代，唐生智態度反覆不只一次，先參加國民革命軍北伐統一中國的作戰，然後轉而反蔣、不久又回頭支持蔣。當然其他人如汪精衛、馮玉祥等也有相同的舉動。現在蔣所面臨的態勢是，他手下領導人的忠誠度頗有疑問，又非得擘劃出抗日作戰策略不可。他很自然把將領置於他們的忠誠和作戰意願必須公開考驗的位置。

蔣的戰術亦使得他把訓練較差的部隊放到無望的位置，譬如死守南京。蔣自身中央軍的精銳部隊，以及桂系李宗仁的部隊，被保留下來在長期抗戰中打仗。但是對於沒有勝算、卻非得作戰的司令官和士兵而言，這一點讓他們很不舒坦。唐生智處於幾乎不可能的位置：現在他被要求執行自殺任務，否則就得公開丟臉。

到了一九三七年十二月第二週，少數仍留在南京的外國人所描述的氣氛已經不自然到了極點。拉貝半嘲諷地在十二月八日的日記寫下，他現在成了南京實質市長，因為真正的市長馬超俊已在前一天撤走；中國部隊繼續部署防禦工事，以給人國民政府將堅守首都到最後一兵一卒的印象。《紐約時報》記者竇奠安（F. Tillman Durdin）指出：

日軍向南京節節推進之下，正面迎戰他們的是幾個廣東師團、少許桂系部隊及湖南部隊，以及三十六師、八十八師及若干所謂的南京部隊。廣東部隊被日軍重砲攻打數星期，傷亡慘重，從上海撤退。

蔣委員長的精銳部隊三十六師和八十八師，在上海附近已受重創。他們撤到南京，補充兵員[20]。

居民開始慌張。程瑞芳是在金陵大學成立的緊急管理委員會成員，上司即明妮・魏特琳。程瑞芳的日記記載了安全區內的公共建築（尤其校園內），因為老百姓想找個躲避日軍進城的避難所，很快就填滿了人。十二月十日，即蔣介石離城之後不久、首都未淪陷之前，程瑞芳記載了吞沒南京的混亂。她說：「沒有車，男女老少都得自己扛東西。他們根本顧不得飛機、大砲的聲音。一片悽慘啊[21]！」金陵大學是民眾逃生的主要目標；連男生部圖書室都擠滿了人。大樓、庭院掛滿了「舊破布、破毛巾和尿布，連樹上也掛滿了」。連校園裡漂亮的水塘也派上用場：一個被用來洗衣服、飯碗，另一個用來洗尿盆和嬰兒的髒衣服。

供應首都民眾食物的商業運作突然崩潰。老百姓競相捨棄自己住家、擁入安全區，必須拿出辦法讓大家有飯吃。程瑞芳在學院大門口設立供粥站。營運第一天免費供應，但旋即改成出得起錢的人要繳一點錢。原本計畫是收容不到兩千七百人進入校園，但是不到幾天，數字像汽球一樣膨脹起來。到了十二月中旬，魏特琳制定一個新制度：在最窮的難民衣服上繡了紅色布條，以便更公平地分配食物，確保只有真正的貧戶可以免費分到粥[22]。中國地方菁英長期以來有一個傳統，即國家面臨緊急狀況時會出來賑助民眾，尤其當今皇朝顯然無法對付當前狀況[23]。金陵大學委員會的行為即依此一傳統為本。

空氣中可以嗅到驚慌和瓦解。南京情勢已經不正常，有個最清楚的訊號就是下水道突然不通。套用程瑞芳哀傷的說法，「食物進去是小事一樁，但是出來卻是大事情。」她不留情地敘述擠住在沒有衛生設備，甚至連貧窮家庭用來替代抽水馬桶的傳統「尿桶」也付之闕如的空間，會是如何的窘迫：「他們到處拉撒，以致遍地糞便。」隔不了幾天，情勢更加惡化：「（由於惡臭沖天）連茅房都進不去。有些人連尿桶都沒有，只好用別人的。」更慘的是，連廁所都住了難民[24]。

人類排泄物到處都是，還不只是即刻的衛生問題。它代表與過去幾十年中國人認知相反的一個趨勢。科技和新形式政府是中國展現其現代化最明顯的部分，它因此有權利在國土上摒棄帝國主義。另一部分即「衛生現代化」，即利用科學技術使得社會更清潔、更衛生[25]。中國各城市現代化之際，以下水道向世界顯示中國已在進步中。現在，戰爭卻要以最醒目、最有害的方式扭轉此一趨勢。就像幾個月前從無錫逃難的楊太太一樣，戰爭的惡臭令她清楚看到現實的醜陋。

十二月十二日，日本人幹了一件震撼外在世界的事：他們擊沉了美國砲艇「班奈號」（USS Panay）。美、英軍艦停泊在南京城外的長江上，提醒日本即使他們在衝突中保持中立，西方列強仍未放棄他們對中國的興趣。而日本飛機沒有警告便猝然攻擊這艘美國軍艦，造成艦上官兵三死四十八傷[26]。日本政府承認過失，立即賠償兩百二十萬美元給美國政府，一口咬定事件絕非故意。一場頗有可能開啟日本、美國公開敵對的衝突因而避開。

但是班奈號事件等於清晰警告西方，不能仗恃中立地位躲避一再擴散的戰爭。

十二月十二日的南京城內晴空萬里。程瑞芳指出，雖然大砲持續開火，卻「沒有空襲。天氣很好，這一點對難民很好，但也有助於敵人[27]」。店鋪皆已關門，難民持續湧入安全區。但是天黑之後，情勢轉為險惡，全市陷入大火。情勢明顯，國軍已經守不住南京，唐生智的部屬開始放火焚城。有個中國高級官員告訴拉貝，唐生智已在晚上八點離開南京。

難民蜷縮在安全區時，唐生智的部隊也堅守陣地。他們的確英勇抵抗，部隊在蔣介石離城後奮戰了兩天，唐生智也拒絕日本正式招降[28]。但是到了十二日晚間，他認定已經守不下去，便下令部隊從南京城北門突圍，衝決華中方面軍的包圍，棄守首都。

中國部隊立刻潰逃、搶劫民戶、爭先恐後擠出城，有人甚至因急於逃命落入長江而淹死。為了守城，已有約七萬人喪生。大火點亮了夜空；這並不是日軍幹的好事，而是中國部隊放火燒主要建築物。《紐約時報》記者竇奠安寫說：「中國人幾乎把四郊全都燒了，美輪美奐的大樓及明孝陵周邊的住家都不能倖免。下關已經燒成一片焦土……日本人甚至避免轟炸中國部隊集結地區，顯然是要維護建築物。精美的交通部大樓是城裡頭唯一被毀的政府大樓。它是中國人放火燒的。[29]」焚燒建築物是這場戰爭中持續出現的特色。為了不讓進逼的敵人獲得任何有價值的東西，中國部隊（不分是國軍或共軍）都會放火燒樓。十月間，毛澤東就建議同志，萬一太原淪陷時要火燒太原城。

日軍在十二月十三日一大早進入首都。松井石根是華中方面軍司令官，但是他生病，因此日軍占領南京時是由他的副手朝香宮鳩彥親王（Prince Asaka Yasuhiko，他是明治天皇女婿、昭和天皇姑丈）代理司令官。南京已經遍體鱗傷。曾經象徵國民政府對現代化的希望之路已經滿目瘡痍，竇奠安指出：「中山路成了一條汙穢的大街，制服、長槍、手槍、機關槍、野戰砲、刀子和背包滿地。某些地方，日本人需要出動坦克清理馬路上的廢棄物。」

程瑞芳也在日記中記載侵略者的到來：「昨晚我軍撤退。今天上午沒聽見交火。今天下午兩點，日軍從水西門進城。」駐守金陵大學的警察看到日軍進城，趕緊脫下制服落荒而逃：「他跌跌爬爬、臉色蒼白；真是懦夫。」但是隔了幾天，程瑞芳記下這個警員驚嚇害怕不是沒有道理。愈來愈多人擠進金陵大學：

由於日本士兵光天化日之下抵達，偷錢又姦殺。即使是安全區內，街上有許多人遭刺刀捅死。還有更多人在安全區外也被殺害；沒有人敢出門。死者大多是青年男子[30]。

南京投降之後不到一星期，已有九千多人睡在金陵大學走廊，「擠得像沙丁魚罐頭一樣[31]」。又隔不久，明妮・魏特琳記載：「大火照亮東北方、東方和東南方的夜空，每天夜裡烈焰騰空，白天則濃煙密布，那表示劫掠、破壞還沒停止。戰果就是死亡和殘破[32]。」

許多洋人袖手旁觀中、日之間的衝突。留在南京的一小群外國人、人數不到三十人，發現自己突然捲入事件之中，成為日軍和無助的中國百姓之間的緩衝。組成安全區委員會的西方人士並非受過訓練的官僚或公僕。拉貝是商人、羅伯・威爾遜（Robert O. Wilson）是醫師、史邁士和魏特琳是大學教授。委員會成員假設，日軍整體上會依據戰爭法作為；他們也假設它有心恢復秩序，這將有利於城內的中國人及洋人。由於他們是中立國家（包括美國和德國）公民，委員會成員也盼望因為第三者的地位能夠有些權力。當時確實也有這樣的先例：北平和天津相繼淪陷，並未發生重大混亂。即使上海在同一年夏天被打得遍體鱗傷，在國民政府撤出後也只落入一片死寂。

但是南京的狀況大不相同。打從占領一開始，日軍似乎就拋棄一切節制。接下來的六個星期，直到一九三八年一月中旬為止，日本華中方面軍士兵發動無休無止的姦殺擄掠。日軍根本不思在城裡建立新秩序，反而決心在南京製造大亂。

日軍進入南京之後，日本高階軍官拜託拉貝召集一批中國人手以重啟供應電力。拉貝亟欲在南京維持秩序，因此同意幫忙，但他發現在持續恐怖的氣氛下根本不可能召募到工人：「日本士兵完全失控。在這種情況下，我找不到需要的人手恢復供電[33]。」

外國觀察家從日軍進城第一天就目擊令人深為困擾的現象。起先目標似乎鎖定平民，懷疑他們是丟掉制服的士兵。不過日軍似乎也不怎麼做分辨，任何中國男子都可能受害。那幾天槍聲不絕於耳，但是被槍斃的人恐怕還是幸運者。南京市基督教青年會負責人費吳生於十二月十九日日記寫下：

> 我……到我們大使館官員道格拉斯・詹金斯（Douglas Jenkins）的家去。國旗還在，但是僕人已陳屍車庫……街上還有許多屍體，就我們看來，全是平民。

紅卍字會（佛教慈善機構；和納粹主義毫無關聯。）預備替他們收屍安葬，可是會裡的卡車被偷走、棺木被拿去升火，還有一些配戴會徽的工作人員被（日軍）架走[34]。

費吳生在三天後寫說：「去……看到總部東方四分之一英里一處池塘，五十具屍體……全部明顯是平民，雙手反綁在背後，有一個人上半個腦袋被完全砍掉。難道他們用來練刀嗎[35]？」

費吳生親眼看到那些被懷疑可能是士兵的人之下場。十二月二十三日有個人被帶到總部，「頭燒得焦黑——眼睛、耳朵全沒了，鼻子削去一半，可怕極了[36]。」他說，他們一群人約一百人，全被綁在一起、澆上汽油，點火焚燒。程瑞芳說，有些工人剃了頭，沒想到剃了光頭使他們更像士兵。

日本人當然聲稱這只是在剷除軍事反抗，但是老百姓遇到的另一項罪行卻不能用這個藉口掩飾，那就是強姦。日復一日、每個小時都發生女子被性侵犯的事。拉貝在十二月十七日寫說：「昨天夜裡據說有上千名婦人、女孩遭到強姦，光是金陵大學就有約一百名女孩遭到強暴。除了強暴聲，你什麼也聽不到[37]。」兩天後，費吳生說：「有些人家一天被闖進五到十次，窮人被劫掠一空、女人遭到強暴。有人甚至毫無道理就被冷血殺害[38]。」

魏特琳的日記報導來到金陵大學避難而遭到強暴的受害人情況。她寫說：「一群疲倦、驚慌的女人跑進來，陳述她們經歷恐怖的一夜；她們的家一再被（日本）士兵侵入。（十二歲以上的女孩至六十歲的婦人遭到強暴。丈夫被迫離開臥室，孕婦在刺刀下被迫……）[39]。」程瑞芳在魏特琳之下，於金陵大學人數愈來愈多的難民收容站工作，她目睹南京婦人一再受害。婦女在校園某棟大樓住宿區遭到強暴。魏特琳拚命干預，但是分身乏術，無法同時在每個處所現身，她顯得「疲於奔命」。魏特琳十二月十九日的日記就有典型的記載：「被緊急召喚到舊的教職員宿舍，聽說有兩名士兵上樓去。我在五三八室發現一人站在門口，在屋裡的另一人已經強姦了一名可憐的女子[40]。」有一回，日本士兵盤問是否有中國軍人躲在大樓裡。當魏特琳告訴他們沒有窩藏中國士兵時，「他刮了我一巴掌，又狠狠痛打李先生（她的中國同事）[41]。」

不過，程瑞芳覺得魏特琳不了解這批侵略者的本質。十二月底，魏特琳提到奉派到金陵大學的日本憲兵時，她說：「他們的確看來清爽俐落，像有紀律的人，大體上也有和善的面孔[42]。」但是程瑞芳有理由懷疑這項評估。十二月二十一日，更多日本士兵出現在金陵大學。程瑞芳說：「魏特琳小姐認為他是個好人，但實際上他痛恨我們（中國人）難民；因為他（早先遭到懲戒）沒有面子。因此雖然我們繼續收容婦女，士兵一直來把她們拖走。」次日，「兩個士兵來抓了兩名女生到草地強姦。我聽說他們是多麼的無恥，但是現在才親眼目睹。」程瑞芳並不認同魏特琳拚命向日本領事館舉報這些獸行的做法：「我告訴她，妳愈去報告，他們愈會來幹這回事。」不過程瑞芳也承認，沒有這一小群美國人、德國人留下來幫忙，更多中國人會「走上死路」[43]。

十二月二十日，程瑞芳的挫折感決堤，痛罵日本人、她的美國上司和她的同胞：

今天中午，兩個士兵來抓走兩個女孩；事情發生後，一名高階軍官前來檢查她們，魏特琳小姐要他瞧瞧他的士兵幹了什麼好事，使他十分難堪。但其實他並不在意。中國人是他的敵人。可是魏特琳小姐不了解這一點。她的確很忙，在會見上級長官時還得忙著驅趕士兵。（地方首長）陳斐然嚇壞了，一連兩天不敢出門。我也累得要死。這些難民根本不聽話——他們到處便溺，沒地方可走路，天黑後根本不敢走動[44]。

程瑞芳又說：「一個星期內，死了一個嬰兒、但又出生十個。」隔了幾天，這個想法使她情緒更加低沉。「每天有小孩出生。我實在應付不了。我覺得非常挫折。」她也很生氣，因為她已經兩星期沒洗澡，一方面是因為她怕出來抓女人去強暴的日本士兵，可能會在浴室抓走她，一方面也因為天黑後沒電。日本人已破壞學校的發電機。躲在學校裡的人根本不敢點蠟燭，以免夜裡吸引不速之客。挺諷刺的是，有時候正因為環境太髒竟然救了命：程瑞芳救了一個女孩免於日本士兵強暴，因為這個女孩位於校園遍地糞便的某處，在掙扎中，她的衣服沾滿糞便，令人厭惡[45]。

當時情況的惡劣，導致中國人和洋人都做出依今日標準來看很不適宜的判斷。十二月二十三日，程瑞芳見到一名女子遭到日本士兵輪姦之後回來，她傷勢重到無法行走。程瑞芳在日記中寫下，南京不久就會有許多混血兒：「可恨呀！」次日，她又敘述日本軍官在漢奸陪同下來尋找中國妓女。魏特琳同意和日本人達成協商。在耶誕夜，為了保護「無辜的良家婦女」，她允許日本軍官來找尋妓女（後來他們帶走二十一人）。程瑞芳的反應是，如果日本人帶走妓女，被迫在校園之外工作，那麼士兵就不會來強暴「良家婦女」；這似乎是「合理」的安排。但是除了對性工作者做出今天都不會有太多人認可的道德判斷之外，程瑞芳所認為的「合理」安排，日本士兵可是毫無這種理性。有大約六百人在耶誕夜於拉貝家的庭院紮營[46]。拉貝對程瑞芳說，這是耶誕節。程瑞芳答說，像「在地獄過節」。

安全區委員會和中國同僚雖然站在同一邊，彼此之間仍有緊張（在那幾週的歇斯底里氣氛中或許並不意外）。頭幾天，日本士兵一再侵宅踏戶，偷走香菸、酒和食物（甚至金陵大學動物科學實驗室裡的雞也不得倖免）。有一天程瑞芳不無黑色滿足之意寫下：「他們甚至拿走國際委員會的菸酒。委員會顏面大失；他們原本怕我們的部隊搶劫，說什麼日本人比較守規矩。現在他們知道這並不正確。日本人甚至不承認安全區[47]。」許多中國人認為洋人是盟友，但是西方人和中國人之間的層級關係有陰影，日本人比亂七八糟的中國人守紀律的陳腐概念也一直存在。我們可以理解程瑞芳為什麼對委員會判斷錯誤有那麼一絲竊喜。

日軍暴行似乎沒有緩和的跡象。耶誕節過後，日本人設置公開舞台，呼籲前中國士兵自首：若是坦白、一切從寬處置；若是日後發現他們是軍人，將會槍斃。果真有兩百多名前士兵出面自首，卻立刻遭到槍斃。再也沒人出面自承是軍人，可是日本人仍抓了一群可疑的年輕男子。女性難民被要求指認他們：如果他們被認為親戚，可以獲釋，「沒人出來指認的人會被拉去槍斃」。程瑞芳寫下：「有個勇敢的老婦人指認三個她並不認識的人是親戚，救了他們一命；有個年輕女子認了兄弟之後，又換了衣服出面辨認其他親戚……實在令人敬佩[48]。」隔了幾天，程瑞芳記下她的同事魏先生從下關區回來。他說：「你走路無法……不踩到屍身；舉目皆是恐怖景象，嚇得要死[49]。」

安全區委員會成員小心翼翼記錄下事件始末經過。他們曉得自己是這場重大戰爭罪行唯一的外界目擊證人（日後有些人的確被東京戰犯法庭找去做證），他們必須記下沒有太多人有機會知道的詳情。但是即使只有少數中國人當時能夠記載他們的經驗，全民都見證到南京遭逢的劫難。戰後在東京舉行的遠東國際軍事法庭（International Military Tribunal for the Far East，IMTFE）對於接下來幾週南京的遭遇有如下的描述：

> 發生許多起強姦案，受害人或她家人想保護她、只要稍有反抗，經常送了

命……許多婦人事後被殺害、甚至分屍。在占領的頭一個月之內大約發生兩萬件強姦案[50]。

遠東國際軍事法庭也發現，有兩萬名中國男性平民被套上曾是士兵的莫須有罪名遭到處決，另有三萬名真正的戰鬥員被殺、屍體丟進長江。此後，究竟有多少人被殺害的確切數字一直激辯不止，中國政府聲稱為三十萬人，其他估計則自數萬人至數十萬人不等[51]。人數爭議掩蓋不了事實：失控的日本皇軍因為報復中國人擋住其進軍，殺害非常多的中國人。

南京的無政府狀態十分清楚地顯示，城裡日本文官的言論（可能也包含意向）與軍方的行為兩者之間嚴重分化。日本大使館官員和高階軍官一再宣稱他們會穩住情勢，但是街頭上強姦、殺人不斷上演。日本當時仍是階層森嚴的社會。可是過去二十年已經出現低層人員可以反抗上司指令的跡象，只要動作夠迅捷，這些長官至少不會公開質疑他們的行動。一九三一年占領滿洲並未得到東京政府批准，但是事情發生後，相對自由派傾向領導的政府覺得無法譴責它。

一九三七年十二月在南京，官員下達的命令根本沒人聽。費吳生拜訪日本大使館，對於日本官員無力制止不斷發生的強暴、殺人感到十分沮喪。他寫說：「戰勝的陸軍必須得到獎賞，獎賞就是任意燒殺擄掠、姦淫婦女，做出不可相信的野蠻、殘暴行為……在所有的現代史書上肯定不會有哪一頁比南京大屠殺更黑暗[52]。」日本大使館館員很快也證明無法照料本身的需求：費吳生挖苦地提到他打交道的三個日本外交官，還拜託他替他們安排在城裡頭的交通[53]。有一次有個喝醉酒的日本士兵以刺刀威脅兩個德國人，不巧被一位將領逮到，他狠狠甩了他幾個巴掌，「但是我不認為他會受到重罰[54]」。

情勢慢慢改善，只是非常遲緩。日軍的怒氣開始消褪，日本人的心思開始轉向招安、吸引居民合作，而非恫嚇他們。到了一九三七年十二月三十日，外國大使館門口開始有日本衛兵站崗；在此之前，日本士兵曾不時闖入。到了一九三八年一月底，濫行姦淫、殺人的案子已經減少。程瑞芳寫下，難民開始離開金陵大學，留下一堆堆的「糞便[55]」。新年伊始，日本人扶植成立了新市政府，它逐漸恢復某些秩序。食物也變得比較容易買到[56]。

日本人也做點姿態，試圖在這個征服城市展現友善形象。新年過後，與軍方有關聯的日本婦女拜訪魏特琳，她把她們帶來見程瑞芳。程瑞芳看不得這些「魔鬼」，但更看不起自己的同胞。當日本訪客打開一些「發霉的蘋果和甜點時，難民們立刻跑來搶食品」。程瑞芳很生氣：「如果是小孩，這還可以接受；換了大人，吃日本人東西就不對了。」她灰心地反省：「中國前途實在沒有太大希望了。當你想到有多少知識份子成為漢奸，就可以了解為什麼這些沒知識的人會這麼做[57]。」蔣介石對中國也有類似的感受。當民族主義仍然拼湊不整，而且每日食宿所需逼來時，又怎麼能說服全民抗日？什麼人能被評判為漢奸、根據又是什麼呢？

南京慢慢恢復死寂。它是被敵人占領的城市，暴行持續到春天之後。在二月中旬，濫行姦淫、殺戮的初期狂暴已經停止，全城靜候日本占領當局發落。

南京大屠殺有一個特點，即詳情大多來自外國人的報導。不過這一點並不足奇；蔣介石已經清楚宣示死守南京，因此中國新聞界受限、不好充分報導首都社會崩解和一片慌亂的實情。十二月十三日南京淪陷之後，中國新聞媒體不復存在，日本記者也不會揭露現場實況，加上沒有太多外國記者能夠進入南京、自由行動。甚至國民政府撤守之後，南京本身也癱瘓：政府官員統統跑了，因此從事賑災救濟的機構也根本不存在。取而代之的是匆匆成立的自治組織，與地方上的慈善機構合作。能夠充分報導日軍獸行的結構也付之闕如。不過，國際安全區委員會成員仍盡力作紀錄。

南京淪陷也使國民政府的醜陋暴露出來。蔣介石守不住首都，但是政府毫無作為顯示，它並不關心受困的、數以千計民眾的命運。唐生智的行為使得事態雪上加霜；他不僅放火焚城，最後守軍只顧逃命、沒有試圖保衛首都民眾。有關南京狀況的新聞報導在中國本身被消音，城裡也沒有幾個外國記者。竇奠安是少許報導首都淪陷消息的記者之一，他責備蔣介石堅持國軍死守南京：「蔣委員長要負相當大程度的責任，因為他不聽德國軍事顧問和他的參謀總長白崇禧將軍一致的建言，批准對首都無用的死守[58]。」

不過，焦點應該擺在日本人的暴行，而不是中方的過失。中方會犯錯，是因為一場他們沒去挑釁的戰爭猝然發生。反之，日本人的行為毫無藉口。竇奠安指出：「日本人顯然希望讓恐懼盡可能長存，讓中國人記住抗日會有的可怕後果。」他又說：「南京今天住著一群被嚇壞的人，受到外國人宰制，活在死亡、刑求和搶劫的恐懼中。中國士兵的萬人塚，可能也是全體中國人抵抗日本征服的希望之墳[59]。」

美國駐柏林大使威廉・愛德華・陶德（William Edward Dodd）在十二月十四日寫說，日本駐德大使吹噓「殺了五十萬中國人」，而且東京預料西方國家不會插手干預[60]。美國駐華大使詹森在武漢對日本人如此作為也有一套推理。他覺得，儘管東京發出和議之聲，在前線的日本人之舉動顯示，他們打算讓中國成為純粹的日本勢力範圍：「我甚至相信日本士兵在南京的行動……有一部分是因為他們希望中方相信，不能依賴白人干預[61]。」西方觀察家，不論是外交官或新聞記者，都認為南京淪陷是對中國持續抗戰的希望之嚴重打擊。蔣介石周遭人士，尤其是汪精衛，也有這一想法。

為什麼會發生這些獸行？少許人相信日本已預先計畫要屠殺南京老百姓。讓人震撼的是殺戮、搶劫的手段如此殘暴，不是它的冷酷算計。事實上，南京雖然最著名，卻只是日軍侵略華中時一系列暴行之一。日本皇軍非常憤怒。它以為很快就會征服中國；它在一九三一～三七年間的侵略行為未遇到抵抗，將會重演。日軍攻占上海所遭遇的反抗力道、所花費的時間長度，使得皇軍十分生氣。他們已經被宣傳機關洗腦，深信日軍使命凜然；況且在接受軍事訓練時，他們已被培養成殘暴不仁。

打從二十世紀初期起，徵兵制一直是日本打造現代國家的一項重要核心。到了一九三〇年代，陸軍和海軍已經宰制日本人的生活，幾乎已完全排除了社會其他較為自由的部門；公職生活、企業和媒體全都愈來愈受到軍方控制。皇軍已進入一個回音室，在這個回音室裡，它要降伏中國的使命在日本國內、國外都不容許別人反對。

抗戰剛爆發時，蔣介石批評自己國人指責部隊未做好作戰之準備，日軍卻有精良的軍事訓練。但是華中方面軍根本不是日本最精良部隊。許多士兵年紀偏高（三、四十歲），痛恨被動員出征。占領南京是在一九三七年夏、秋戰火上升之後才冒出來的目標。

缺乏外來目擊者是另一個因素。有關南京情勢的新聞報導的確流露出去，只不過殺戮的規模並不清楚。《北華捷報》刊出一篇社論〈南京慘劇〉，歎息說：「如果可能被日本人占領的每個城市都要淪於血泊之中，世界將充滿恐怖和驚慌。」雖然著墨不多，但仍有些詳細內容。報導說：

昨天接到南京淪陷時發生屠殺、劫掠和強暴的冷酷消息……兩天之內全市外觀被不間斷的謀殺、全面搶劫和毫無控制侵擾民宅，包括冒犯婦人安全給毀了……任何人天黑後在街上或巷弄裡被巡邏隊攔下，大有可能當場喪命……恐怖已非筆墨所能形容[62]。

即使沒有事先計畫展開南京大屠殺，日、中之間意識型態的重大衝突乃是悲劇的主因。日本的泛亞洲主義在一九〇〇至一九三〇年代期間已經變型，日本人深信他們有責任領導中國在內的亞洲鄰國，走上從西方帝國主義解放之路。中國發展它本身版本的民族主義，而日本在這個版本中和西方列強一樣都是侵略者，但這個想法不吻合日本的世界觀。這種認知上的不和諧，相當大地點燃了皇軍對其受害人的蔑視，以及隨之而來的獸行[63]。

蔣介石並沒有立刻知道日本皇軍在南京犯下的神人共憤的獸行之嚴重性，但棄守南京仍使他十分震撼。他試圖立刻轉移注意力到其他軍國大事上。頭幾天還有效，但是他旋即發高燒，病倒在床四天，即使症狀稍微減輕，他仍宣稱：「但精神未復，臥而會客[64]。」即使在病中，他繼續思考和日本及中共談判。但是他的日記隻字不提南京。

至少，直到一九三八年一月二十二日，蔣介石才寫下：「倭寇在京之殘殺與姦淫未已。似此獸類暴行，彼固自速其滅亡，而我同胞之痛苦極矣[65]。」為什麼蔣介石在這天之前，連日記中都不提南京大屠殺？有位學者說，或許他的部屬都不敢向他報告。這一點也不無可能[66]。

但是有時候即使在只供自己反省的日記中，也很難承認事實真相。蔣介石已經看到，在國際社會眾目睽睽之下，日本人在上海的所作所為。他早知南京是個大獎，否則何必堅持南京必須死守到最後？他肯定對日本人會對此一失守的城市有何舉動，心裡有數。他是決定棄守南京的決策者。他會這麼做的理由，可以理解。沒有蔣介石，武漢保衛戰會失去關鍵司令官。離開南京只是他迫於情勢必須做的可怕的抉擇之一。在抗戰勝利之前，他還有許多次必須被迫做下痛苦決定。

或許蔣介石在日記中整整一個月隻字不提南京，是因為他根本無言以對。

注釋

1. Iechika Ryoko，王雪萍譯〈從蔣介石日記解讀一九三七年十二月的南京形勢〉《民國檔案》二（二〇〇九），頁一一一。
2. 《北華捷報》，一九三七年八月十五日，頁二六二。
3. 杜重遠，〈到大同去〉《還我河山：杜重遠文集》，頁二五八、二五九。
4. 《周佛海日記》，一九三七年八月十五日。
5. 《北華捷報》，一九三七年十一月二十日。
6. Ibid., December 1, 1937（original report from November 25, 1937）, 322.
7. William C. Kirby（柯偉林）, "Engineering China: Birth of the Developmental State, 1928–1937," in Wen-hsin Yeh（葉文心）, ed., Becoming Chinese: Passages to Modernity and Beyond（Berkeley, CA, 2000）, 140.
8. Fujiwara Akira, "The Nanking Atrocity: An Interpretative Overview," in Bob Tadashi Wakabayashi, ed., The Nanking Atrocity 1937–38: Complicating the Picture（New York, 2007）, 35–36, 30. Hattori Satoshi with Edward J. Drea, "Japanese Operations from July to December 1937," in Mark Peattie, Edward Drea, and Hans van de Ven, eds., The Battle for China: Essays on the Military History of the Sino-Japanese War of 1937–1945（Stanford, CA, 2011）, 175.
9. 《北華捷報》，December 1, 1937（original report from November 25, 1937）, 333.
10. Margherita Zanasi, "Exporting Development: The League of Nations and Republican China," Comparative Studies in Society and History 49:1（January 2007）.
11. John Rabe, The Good Man of Nanking: The Diaries of John Rabe, ed. Edwin Wickert, trans. John E. Woods（New York, 2000）.

12. Ibid., 11.
13. 構想來自稍早法國耶穌會教士羅伯・賈基諾（Robert Jacquinot）在上海設立的類似區域。Marcia R. Ristaino, The Jacquinot Safety Zone: Wartime Refugees in Shanghai（Stanford, CA, 2008）, chapters 4 and 5.
14. Rabe, Good Man, 53.
15. Ibid., 46–48.
16. Iechika,〈南京形勢〉，頁一一一。
17. Ibid.「人民受戰禍之痛苦，使之流離失所，生死莫卜……」。
18. Tom Buchanan, East Wind: China and the British Left（Oxford, 2012）, 62–63.
19. Iechika,〈南京形勢〉。
20. F. Tillman Durdin（竇奠安）, "All Captives Slain," New York Times（December 18, 1937）.
21. 中國第二國家檔案館編，〈程瑞芳日記〉，《民國檔案》四（二〇〇四），（一九三七年十二月十日），頁二六。
22. 《明妮・魏特琳日記》：Minnie Vautrin diary in Zhang Kaiyuan, ed., Eyewitnesses to Massacre: American Missionaries Bear Witness to Japanese Atrocities in Nanjing（Armonk, NY, 2001）, 340.
23. 關於中國在前現代的行善方式，見 Joanna Handlin Smith, The Art of Doing Good: Charity in Late Ming China（Berkeley, CA, 2009）; Kathryn Edgerton-Tarpley, Tears from Iron: Cultural Responses to Famine in Nineteenth- Century China（Berkeley, CA, 2009）.
24. 〈程瑞芳日記〉，一九三七年十二月十日，頁二七。
25. 見 Ruth Rogaski, Hygienic Modernity: Meanings of Health and Disease in Treaty- Port China（Berkeley, CA, 2004）.

26. Akira Iriye, "The Role of the United States Embassy in Tokyo," in Dorothy Borg and Shumpei Okamoto, eds., Pearl Harbor as History: Japanese-American Relations, 1931–1941（New York, 1973）, 119–120.
27. 〈程瑞芳日記〉，一九三七年十二月十二日，頁二七。
28. Jay Taylor, The Generalissimo, 151–152.
29. Durdin, "All Captives Slain"（December 18, 1937）.
30. 〈程瑞芳日記〉，一九三七年十二月十四日，頁二八。
31. 同前注，一九三七年十二月十八日，頁三〇。
32. 《魏特琳日記》，頁三六二。
33. Rabe, Good Man, 81.
34. 《費吳生日記》：George Fitch diary in Zhang Kaiyuan, Eyewitnesses（December 18,1937）, 92.
35. Ibid.（December 22, 1937）, 93.
36. Ibid.（December 23, 1937）, 94.
37. Rabe, Good Man, 77.
38. 《費吳生日記》，一九三七年十二月十九日，頁九二。
39. 《魏特琳日記》，一九三七年十二月十七日，頁三五八。
40. Ibid.（December 19, 1937）, 361.
41. Ibid.（December 17, 1937）, 359,〈程瑞芳日記〉，（December 17, 1937）, 29.
42. 《魏特琳日記》，（December 27, 1937）, 366.
43. 〈程瑞芳日記〉，（December 19, 21, and 22, 1937）, 30–32.
44. Ibid.（December 20, 1937）, 31.
45. Ibid.（January 1, 1938）, 10.

46. Rabe, Good Man, 92.
47. 〈程瑞芳日記〉，一九三七年十二月十五日，頁二八。
48. Ibid.（December 26 and 29, 1937），33–34.
49. Ibid.（January 3, 1938），11.
50. Neil Boister and Robert Cryer, eds., The Tokyo International Military Tribunal: A Reappraisal（Oxford, 2008），191.
51. 近年來針對這些相關問題，出現許多強而有力的研究。譬如 Wakabayashi, The Nanking Atrocity; Joshua Fogel, ed., The Nanjing Massacre in History and Historiography（Berkeley, CA, 2000）；Takashi Yoshida, The Making of the "Rape of Nanking": History and Memory in Japan, China, and the United States（New York,2006）；and Daqing Yang, "Convergence or Divergence? Recent Historical Writings on the Rape of Nanjing," American Historical Review 104:3, 1,999.
52. 《費吳生日記》，無日期，頁八四。
53. Ibid., December 19, 1937, 92.
54. Ibid., December 22, 1937, 94.
55. 〈程瑞芳日記〉，一九三七年十二月二十九日，頁三四。
56. 關於南京淪陷後初期生活狀況，見 Timothy Brook, Collaboration: Japanese Agents and Local Elites in Wartime China（Cambridge, MA, 2005），chapter 5.
57. 〈程瑞芳日記〉，一九三八年一月二日，頁一一。
58. Durdin, "All Captives Slain"（December 18, 1937）.
59. Ibid.
60. FRUS, 1937, vol. III（December 14, 1937），806.

61. Ibid., 1938, vol. III（January 11, 1938）, 13.
62. 《北華捷報》，December 29, 1937（original report from December 25, 1937）, 477, 484.
63. 關於泛亞洲主義，見Eri Hotta, Pan-Asianism and Japan's War, 1931–1945（Basingstoke, 2007）.
64. Iechika,〈南京形勢〉頁一一三。
65. Ibid., 114.
66. Ibid.

8. 台兒莊之役

一九三八年三月八日，英國作家伊修伍德在日記中寫下：「今天奧登和我意見一致，都認為此時此刻留在漢口，比在世界其他地方都更好[1]。」西方世界的進步人士無不呼應他的感受。有一段時期，位於長江中游、中國臨時軍事總部進駐的武漢，似乎就代表文明與黑暗勢力的對決。

一九三七年十一月，蔣介石把他的司令部遷移到武漢三鎮。對於國民黨而言，沒有別的地方比武漢更具象徵意義要堅守陣地。武漢其實是指漢口、武昌和漢陽三個城市合一，數百年來這裡因為位居沿海中國與內地貿易要衝而繁榮興盛。西方人往往把整個城市稱為「漢口」。一九一一年十月十日，武漢新軍製造炸彈、預備起義卻曝光，事件升高為全國大抗議，這場革命推翻了末代皇帝、建立民國。這場革命得到中國一項新現象的支撐——政治上積極活躍的商人之崛起。這些人不僅涉入民國政治，也協助發展城市工業，包括新式煉鋼廠和棉紡廠等。城市在二十世紀初發展出嶄新的現代形象，西方建築師設計的磚石高樓聳立林蔭大道兩側[2]。

一九二六～二八年的國民革命，因為國民黨左翼（當時由汪精衛領導，並與著名共產黨人結盟）選擇定都於武漢，而聲名大噪。革命政府沒有撐太久，蔣介石就要伎倆贏了汪精衛，還派兵討伐他的武漢政府，逼得它在一九二七年底失守。由於顧慮武漢稱兵起事的歷史，蔣介石在定都南京之後，即讓CC派領導人陳果夫、陳立夫兄弟緊緊掌控住武漢[3]。

但是一九三七年秋天的災難讓武漢又盛名大張。距它喪失臨時首都地位僅只十年，武漢再次成為軍事指揮和抗戰的大本營。抗戰爆發前幾個月，國民黨要人即出現在武漢，令人猜測未來隨時會爆發的衝突之中，武漢將扮演主要角色。到了是年年底，將領偕同參謀，加上絕大多數外國大使館，都已往長江上游遷移。時序從一九三七年滑入三八年，日軍的推進所向無敵，從上海毀滅，到南京慘遭屠城，乃至武漢愈來愈弱，政府顯得無力對抗猛攻。

一九三八年一月，雙方衝突又告升高。直到此刻，即使是淞滬戰役和南京大屠殺，日本仍未正式宣戰。一月十一日東京召開御前會議，由裕仁天皇親臨主持。近衛文麿首相訂下處理「支那事件」的「基本政策」。事實上這是對國民政府的哀的美敦書。其條件嚴酷，包括賠款日本，以及簽署新的政治安排，正式分割華北地區接受日本控制。蔣介石政府必須在七十二小時內接受要求。如果他們拒絕，東京將不再承認國民政府、會全力摧毀它。

中國政府仍在考慮如何回應時，近衛文麿在一月十六日中午發表強硬聲明：「爾後帝國政府將不以國民政府為對手。」就日文「相手にせず」來講，這頗有蔑視之意。接下來幾天，日本政府明白表示，這是正式斷交，根據外相廣田弘毅的說法，「比宣戰更強烈」。戰爭爆發後仍駐守東京使館的中國大使，終於下旗返中[4]。

一月底，蔣介石召開軍事會議，宣布最高戰略優先是堅守徐州（大約位於武漢東北方六百公里）。這個決定跟在盧溝橋附近動員部隊的決定一樣，受到鐵路因素的影響：徐州位於津浦鐵路（天津至浦口）的中間點，如果失陷，日軍將可控制人口稠密的華中地區南北交通動脈。中國貫串東西的鐵路主要動脈隴海線，西起蘭州、東抵上海北邊的連雲港，也和津浦線交會。日本軍事總部在一九三八年春天鎖定津浦線為目標。

控制徐州及穿過它的鐵路線，是保衛武漢的關鍵，此一防衛是一九二〇年代以來演進的大戰略之一環。當時軍事思想家蔣百里首倡對日長期抗戰的主張，他的遠見使他在一九三八年受蔣介石延聘為顧問。蔣百里曾經主持保定軍校，保定軍校是黃埔軍校的前身，它在民國肇建的頭十年（一九一二年至一九二二年），培訓出許多一流的軍官。出身蔣百里帳下的許多將領現在集結在武漢，他們將在武漢保衛戰扮演關鍵角色：其中包括陳誠、白崇禧、唐生智和薛岳。他們雖效忠蔣介石，但也極力避免他巨細無遺插手管他們的戰略[5]。

沒有人曉得武漢能否抵擋日軍推進，而外界觀察家的預測相當黯淡。可是武漢的不確定感卻在現代中國創造出一個了不起、甚至獨特的自由綠洲。作家老舍、茅盾和郭沫若，以及藝術家徐悲鴻、豐子愷等人，全都深受一九一九年五四運動時期自由思想的影響。在往後幾年，國民政府日益加強文字檢查和集權中央，對他們的工作創意能力產生窒息效應，但是現在戰爭引起政治力量解體，卻弔詭地給予他們新空間。中國許多最重要的文化界人物都撤退到武漢來。老舍透過全國作家協會發起一項他稱之為「新瓶裝舊酒」的運動，採用傳統方式，如民謠和民間故事表現抗日精神[6]。這種抗戰精神也吸引了伊修伍德等西方作家。

新聞界也比以往更加自由，出現相當大範圍的相互競爭之觀點。鄒韜奮出版左傾的《生活》期刊，在戰前已經相當出名，更因杜重遠頗有爭議的專欄，洛陽紙貴。戰地記者范長江等人也因為犀利的前線報導，成為家喻戶曉人物。蔣介石的中央宣傳部副部長董顯光負責接待外國記者。董顯光留學美國，先後在密蘇里新聞學院和哥倫比亞大學念書，也在紐約幾家報社服務過。他運用對美國報業的知識，鼓勵外國記者報導戰場，因而在西方新聞界頭版上創造出對中國抗戰強烈的同情感[7]。

武漢居民探索他們意想不到的新自由之際，日軍持續對華中的征服工作。一九三八年二月九日，日軍攻占蚌埠市（位於武漢東北方約四百七十公里），控制了淮河以北地區。接下來幾週，徐州成為日本亟欲攻占的目標。日軍沿著津浦鐵路軌道，兵分南、北兩路挺進。中國守軍在隴海路東端、靠近連雲港附近堅守。日本人的目標是粉碎位於他們兩翼兵力之間的中國部隊。雙方在嶧縣和徐州北邊的滕縣展開殊死鬥：中國人擊不退日本人，但是日本人也驅散不了守軍。國軍將領張自忠早先因棄守陣地備受批評，現在因為決心擋下日軍部隊（由當年征服滿洲的板垣征四郎率領），力守臨沂，成為受人稱頌的英雄[8]。

日本人希望調集四十萬部隊摧毀守衛華東和華中的中國部隊[9]。蔣介石體認到徐州若是淪陷，武漢將岌岌可危，決心不容有所閃失。一九三八年四月一日，他向國民黨代表們演講，把武漢保衛戰和黨的命運結為一體。蔣介石宣稱，雖然日軍已侵入七個省，他們只占領省城和主要交通路線：「其他在交通線以外的廣大鄉村和多數城市，他（日軍）決無法侵佔。」他又說，日本人或許擁有五十萬大軍，即使如此，經過八、九個月苦戰之後，他們將發現自己被包困。蔣介石又說，「如不打破廣東，切斷我海外的交通線，他侵佔了武漢，也無如何意義」。守住廣東，中國即可維持和外在世界的海路交通，何況，「廣東是我們革命策源地」：當然，廣東是孫中山的老家。如果「日倭」攻打武漢和廣東，他們將付出極大代價，會威脅到他們在目前占領地區維持秩序的能力。蔣介石重申他的計畫：「我今天可以明白告訴各位：我們原定的抗戰根據地，還不在平漢和粵漢兩路以東的地區，而在其以西地區[10]」因此，他下令部隊退到鐵路線後方。

蔣介石的演講有威武不屈的一面，但也企圖解釋國軍部隊為何必須重新整頓。很顯然，他試圖兩全其美，或至少對即將發生的一場軍事災難掛上堅決奮戰的勇敢面貌。但是他的處境極端艱困，他其實根本不曉得是否守得住武漢，他必須宣布武漢地位重要，也必須向中國民眾及全世界展現他真心抗日，可是他又不能把他的聲譽與一個可能失守的城市太緊密綁在一起。

守住徐州是第一要務。要做到這一點，蔣介石必須倚重一個對手：桂系將領李宗仁。蔣介石、李宗仁關係是戰時中國最愛恨交織的一段故事。李宗仁出身廣西省，一向被住在華東中華文化重鎮的人視為「半開化」的一個省份。廣西人從來沒有覺得完全融入北京（甚至南京）治理的帝國；民國初年，廣西還出現強大的自治運動。李宗仁是西南地區軍事院校畢業的青年軍官，努力將本地區帶進中央控制。他在一九二三年，即孫中山宣布聯俄容共那一年，加入國民黨。（李宗仁不是保定軍校畢業生，他出身廣西陸軍速成學堂。）他熱切參與一九二六至二八年的北伐，對國民革命軍能夠控制大部分華北地區做出重大貢獻。但是南京政府成立之後，李宗仁不能苟同蔣介石集權於一身，一九三〇年，李宗仁的「桂系」參加一群軍頭企圖推翻蔣介石的中原大戰。雖然他們沒有成功，李宗仁退回西南的根據地，預備再度挑戰蔣介石。一九三一年滿洲遭日本占領，李宗仁才改變立場；現在日寇進侵，比蔣介石構成的威脅更大[11]。

蔣、李兩人之間的緊張關係打從抗戰爆發就很明顯。一九三七年十月十日，蔣介石任命李宗仁為第五戰區司令長官。李宗仁同意受命，條件是蔣不得干預李對部隊的調度指揮；換句話說，蔣不得對李的下屬下達「手諭」。事實上，蔣在抗戰期間一直守住承諾，由此可證他十分重視李的軍事能力。（蔣介石對李宗仁的桂系同僚白崇禧也十分小心提防。）蔣介石很清楚，他需要在節節敗退之中有位能帶來勝利的將領。[12]

做為公關戰的一部分，新聞記者獲准公開接觸徐州前線的司令官。李宗仁及其幕僚也樂於打造本身形象，要讓前來採訪的記者留下他們是有效率、幹練的指揮官的印象。杜重遠也是來到前線採訪的記者之一。杜重遠對「令人敬畏的西南將領李宗仁」讚不絕口，稱許他「溫文儒雅」、「雍容大度」。杜重遠以共產黨向民眾推介其部隊同樣的語言，盛讚李宗仁的部隊紀律嚴明：

> 人民戰爭中最重要的一點是……部隊不擾民。如果人民是水，士兵就是魚；有魚無水，魚必然悶死；更糟的是用我們的水去養敵人的魚，那才是愚不可及[13]。

杜重遠聲稱徐州人十分支持李宗仁，稱頌他可媲美古代名將「姜太公」。李宗仁與杜重遠促膝長談，也邀請杜重遠及其同伴一道晚餐。當天夜裡就在談笑風生中度過，杜重遠誇讚李十分健談，讓人覺得他是一位臨危不亂、有效率的司令官，是中國軍人的表率[14]。

盛成是另一位來到徐州前線採訪的記者。盛成和杜重遠都是民國初年動盪局勢下的產物。他到過法國留學，回國後親歷一九一九年五月四日的學生示威，甚至參加火燒親日總長官邸的事件。現在他是中華全國文藝界抗敵協會成員，該會以運用媒體鼓舞民眾抗日為宗旨。他保留了採訪參與徐州戰役士兵的豐富筆記。

雖然表面上媒體報導的鎮靜，其實一九三八年三月底的局勢十分危急：日軍在徐州戰場即將大勝。華北方面軍（由板垣征四郎、西尾壽造（Nishio Toshizo）和磯谷廉介（Isogai Rensuke）率領）即將和華中派遣軍（由畑俊六（Hata Shunroku）率領）會師合圍、攻略華中[15]。李宗仁及其高階將領白崇禧、湯恩伯等人，決定在傳統的古城台兒莊與日軍對陣。台兒莊並不是個大城，但是戰略地位重要，不僅沿著中國南北主要水路大運河，還位於津浦鐵路和隴海鐵路交會處，與徐州近在咫尺。蔣介石在三月二十四日親到徐州視察。徐州仍在中方手中時，南、北兩側的日軍部隊被它分隔開。拿下徐州，日軍就能扣上鉗子。到了三月底，中國部隊在台兒莊占有上風，但是日軍開始從磯谷廉介將軍的部隊抽調人馬增援。中方將領不再有把握能守住陣地，但是蔣介石在一九三八年四月一日的電報明白指示：「必須在台兒莊殲滅日軍[16]！」

即使以迄今為止的戰爭粗暴程度而言，台兒莊之役交戰仍十分慘烈，戰士面對面肉搏戰。盛成的筆記記下參與戰役的明星軍官池峰城的回憶：

我們為（爭奪城裡的）小巷而戰，而且前所未有地，不僅逐街逐巷作戰，甚至為庭院、住宅而戰。雙方都不願退讓。有時候我們搶下一戶民宅，在牆上挖洞要打敵人，有時候敵人同時也在同一面牆上挖洞。有時候我們手持手榴彈與敵人面面相覷或者互相撕咬。當我們聽到敵人就在屋裡，我們就爬上屋頂、丟手榴彈進去，殺了他們[17]。

雙方激戰一個星期。四月一日，池峰城徵求志願隊進行近似自殺任務去搶奪一棟建築物：三十七名志願隊員只有十人生還。有位士兵聲稱朝一架日本軍機開火，成功地把它打下來；他和同袍趕緊搶在另一架飛機來拯救飛行員之前，點火焚燒。四月二日和三日，池峰城打電話向北站守軍查問狀況，遇上日軍動用催淚瓦斯，他們全都涕泗縱橫。日本人具備優勢科技，擁有大砲和重砲，但台兒莊擁擠的環境一度讓他們占不了上風。中方也成功地補給前線部隊（中國守軍在其他戰場經常補給不上），並阻止日軍補給其日益減少的軍火彈藥。慢慢地，日軍銳氣受挫、兵疲馬乏。四月七日，他們終於突圍逃跑，丟下數千名死者；中方後來聲稱殲滅日軍兩萬人，不過實際數字或許接近八千人。國軍總算贏了一場決定性的勝仗。

整個淪陷區大為振奮。杜重遠撰文暢述「光榮殺敵」，甚至困在日本人占領的山東之凱薩琳·韓德也聽到這則新聞[18]。台兒莊大捷為中國軍民同胞提供了十分需要的士氣大振。盛成記載他和池峰城將軍部屬士兵深夜聊天，他們和長官「侃大山」。有人說，池將軍授予他們「錦囊妙計」：「有吃，就吃；能睡，就睡。」當國軍部隊展現他們不只是只知撤退時，這種熟悉的、鄉俚的真話反倒更能引起共鳴。

勝利者固然可以光榮成就描繪戰役，但是他們也沒忘掉敵軍也是人。池峰城記得他碰上的一幕：他揀到一名日本軍官的鋼盔，左側已被彈藥燒焦、帶著血跡，顯示後腦中彈而亡。他們在台兒莊其他地方也看到宗教和個人的小東西：小佛像、木魚和寫上口號的旗幟。日軍在北站臨時設置火葬場，但是工作做到一半就倉皇撤退：「屍骨尚未完全火化。」戰役過後，李宗仁問盛成，有沒有在戰場上撿到紀念品。盛成答說，他從日軍屍體上找到情書，以及一張女孩的照片（可能是故鄉的情人）上面寫著「十九歲，一九三八年二月。」[19]這種情感和新聞報導把日本人形容為惡魔、「倭寇」，完全相反。

洋人圈注意到事件有此一嶄新、樂觀的轉折，讓抗戰士氣大振。美國大使尼爾森・詹森在台兒莊大捷後幾天從武漢向國務卿赫爾（Cordell Hull）報告。他轉呈美國軍事觀察員的報告：其中一位派到山西，對中共成功動員游擊隊抗日作戰印象十分深刻；另一位則在台兒莊觀戰三天，證明「前線的中國部隊理所當然的贏了日本部隊，在戰場上讓日軍嚐到現代史上第一次敗戰的滋味。」這也證實了詹森的觀點，日本需要比它原先預料更多的部隊才能擺平中國。他注意到未淪陷地區人民的氣氛也有了轉變：

> 漢口的氣氛已從悲觀轉變為頑強的樂觀。政府在蔣介石領導下更加團結，由於日軍最近在徐州戰敗，感覺未來也不是完全沒有希望……我沒有在中國人之間看到希望妥協求和的證據，也懷疑政府是否能說服其軍民接受這種和平。抗戰精

神逐漸在民間傳開，大家醒悟到這是他們的戰爭。日本人的空襲以及日軍對老百姓的獸行造成人們更加堅強抗日[20]。

英國人一向不放心蔣介石，但是英國駐華大使阿奇巴德・克拉克・卡爾（Archibald Clark Kerr）在台兒莊大捷之後不久的一九三八年四月二十九日，致函英國新任外交大臣哈利法克斯勛爵（Lord Halifax），勉強地稱許中國領導人：

（蔣介石）現在成為中國團結的象徵，這是他迄今一直做不到的事，但是日本人幫了他大忙……中國人不介意誰來統治他們的日子已經成為過去……我本對上海局勢感到氣餒和沮喪，走了一趟華中卻精神抖擻起來，傾向於相信若是財務方面得到解決，中國的抗戰可能持久、且有效，到頭來日本會受挫……蔣介石頑固、難纏……縱使如此，國民政府在極端艱巨環境下表現的確不俗[21]。

蔣介石在難得告捷的氛圍下，力促湯恩伯和李宗仁乘勝追擊，將本地區部署兵力增加到四十五萬人。但是中國軍隊仍然擺脫不了根本問題的困擾。過去半年一再妨礙蔣介石部隊發揮戰力的地方本位主義，再度抬頭。

雖然各路將領同意同心協力抗日，他們仍然優先顧慮自身部隊的安危，關心如何保護本身、不會被蔣介石奪走權力。例如，李宗仁沒有在台兒莊之役投入桂系精銳部隊，試圖把作戰的重擔推諉到湯恩伯部隊身上。蔣介石的將領很清楚兩位同僚的命運：山東省主席韓復榘因拒絕作戰而遭槍斃。東北軍張學良允許蔣介石編遣他的部隊，最後卻遭到軟禁。他們不信任蔣介石是對的。

蔣介石的確相信各省地方部隊應該接受全國軍事指揮本部節制，也就是由他統率。從全國統一的觀點而言，蔣介石有此想法並非不合理。但是它使得其他軍事領袖懷疑，參加抗日戰爭會稀釋本身力量。軍事指揮層不和諧，使得後勤作業無法順利運作；往前線補給軍火和糧食變得不可靠、容易被切斷。

台兒莊大捷的光環不日即消褪。日軍指揮官很快就從失敗學到教訓。他們修改作戰計畫，增調兵馬，從華中、華北派兵包圍徐州。湯恩伯部隊在台兒莊北邊及東邊英勇作戰，迫使日軍寸土必爭。但是到了四月底、五月初日軍挺進成功，切斷國軍和隴海鐵路的連結，阻絕試圖守住徐州的國軍之流動。石家莊南側國軍也沒有北側湯恩伯部隊勇猛。到了五月中旬，徐州的中國守軍即將被包圍。五月十五日，蔣介石批准撤退。「姜太公」和湯恩伯、白崇禧等必須撤退。大約四十個師的國軍借著猛烈的風砂和濃霧之助，在五月十八日逃出徐州，溜過日軍防線[22]。

和南京的情況一樣，這一支中國軍隊或許還能活下來再戰，但是徐州本身所受的影響十分可怕。徐州從一九三七年八月初即遭受日機轟炸，老百姓的心情在審慎希望和極端失望之間起伏。杜重遠三月份來徐州採訪。他從武漢出發前，友人就告訴他，徐州「已經十室九空，人民嚇壞了」，但事實上，「徐州全體居民生活作息如常……有時候甚至比武漢更鎮靜[23]」。澳洲記者羅德斯・法默（Rhodes Farmer）在戰爭結束時出了一本書，提到類似的情況。他說：「一般市民在敵軍來襲時，做守護員、救火員和急救人員，然後又恢復本身正常工作[24]。」但是國軍五月中旬撤退，使得徐州及其近郊只能聽憑憤怒的皇軍發落。徐州會戰最後那幾天，日機持續轟炸；一九三八年五月十四日一次轟炸就炸死七百人。徐州周圍地區，樓房、橋梁悉數摧毀，有些是被撤退的國軍摧毀，有些則被推進的日軍破壞。前幾週雙方激戰不休的台兒莊，完全夷平。徐州淪陷之後留下來的加拿大籍耶穌會教士，記載徐州的慘狀：三分之一以上的房子摧毀，絕大多數本地人逃跑出城。徐州四周農村地區，頻傳屠殺事件；傳教士即目睹許多殺人事件。除了日軍犯下暴行，本地人還因執法機關已經落跑而遭到土匪搶劫，重要的農耕工作，如播種，都沒有人做[25]。

徐州淪陷具有戰略和象徵兩方面影響。一方面它代表蔣介石企圖守住華中，控制本區域部隊之運輸，又遭到嚴重打擊。因為台兒莊大捷陡升的民心士氣，現在雖未崩潰、卻已洩了氣。徐州淪陷也是一個訊號，如果全民支持抗戰，戰爭將是長期抗戰，再也不可能迅速戰勝日本。毛澤東的延安根據地雖在數百公里之外，但是他了解徐州會戰失利的意義。一九三八年五月他發表了一生最著名的演講之一〈論持久戰〉。他責備過度樂觀的人：「台兒莊勝利之後，有些人主張徐州戰役應是『準決戰』，說過去的持久戰方針應該改變。」這些人已經被台兒莊大捷沖昏了頭。

毛澤東毫不懷疑中國必將勝利（他還能怎麼說？），但是「不能速勝，抗日戰爭是持久戰[26]。」利用這段期間發展游擊戰，是長期戰略極重要的一部分，共軍部隊將在華北以游擊戰壯大勢力。

可是徐州淪陷未必就預示會是長期作戰，它也有可能代表戰爭很快就會落幕。

注釋

1. W. H. Auden and Christopher Isherwood, Journey to a War（London, 1938）, 39.
2. 見 Stephen R. MacKinnon, Wuhan 1938: War, Refugees, and the Making of Modern China（Berkeley, CA, 2008）, chapter 1.
3. Ibid., 11–13.
4. John Hunter Boyle, China and Japan at War, 1937–1945: The Politics of Collaboration（Stanford, CA, 1972）, 78–81.
5. MacKinnon, Wuhan 1938, 20–28.
6. Ibid., 74–75.
7. Ibid., 68–69.
8. Marvin Williamsen, "The Military Dimension, 1937–1941," in James C. Hsiung and Steven I. Levine, eds., China's Bitter Victory: The War with Japan, 1937–1945（Armonk, NY, 1992）, 139; MacKinnon, Wuhan 1938, 34.
9. Stephen Mackinnon, "The Defense of the Central Yangtze," in Mark Peattie, Edward Drea, and Hans van de Ven, The Battle for China: Essays on the Military History of the Sino-Japanese War（Stanford, CA, 2011）, 194.
10. ，《先總統蔣公思想言論總集》（台北、一九八四）〈對日抗戰與本黨前途〉，一九三八年四月一日，卷十五頁一九七。
11. 關於李宗仁和廣西的角色，見 Graham Hutchings, "A Province at War: Guangxi During the Sino-Japanese Conflict, 1937–1945," China Quarterly 108（December 1986）.
12. Chang Jui-te（張瑞德）, "Chiang Kai-shek's Coordination by Personal Directives," in Stephen R. MacKinnon,

13. Diana Lary, and Ezra Vogel, eds., China at War: Regions of China, 1937–1945（Stanford, CA, 2007）, 78–79.
14. 杜重遠，〈姜太公〉，《還我河山：杜重遠文集》，頁二七三。
15. 同前注，頁二七四。
16. Stephen Mackinnon, "Defense of the Central Yangtze," 1919.
17. Hans J. van de Ven, War and Nationalism in China, 1925–1945（London, 2003）, 224.
18. 盛成，《台兒莊紀事》，（北京，二〇〇七），頁三六。
19. Katharine W. Hand, "Diary," April 8, 1938. 杜重遠，〈姜太公〉，頁二七三。
20. 盛成，《台兒莊紀事》，頁四八、四九，二三六。
21. FRUS, 1938, vol. III（April 19, 1938）, 154.
22. DBPO, series 2, vol. 21（April 29, 1938）, 744–746.
23. Van de Ven, War and Nationalism, 225; Williamsen, "The Military Dimension," 140; MacKinnon, Wuhan 1938, 35.
24. 杜重遠，〈姜太公〉，一九三八年四月六日，頁二七四。
25. Diana Lary, "A Ravaged Place: The Devastation of the Xuzhou Region, 1938," in Diana Lary and Stephen MacKinnon, eds., Scars of War: The Impact of Warfare on Modern China（Vancouver, 2001）, 102.
26. Ibid., 113–114.
〈論持久戰〉，一九三八年五月二十六日至六月三日，MZD, vol. VI, 322.

9. 花園口黃河決堤

一九三八年六月七日，武漢美國大使館一等祕書報告說，日軍已經占領位於武漢北方五百公里的開封。慢慢地、但也無法改變地，日軍向西推進，守住鐵路線周圍，利用它將數萬名士兵運送到華中平原。他宣稱：「隴海戰役第二階段現在接近尾聲。接下來將是直接攻取漢口[1]。」

但是日軍在攻打蔣介石的指揮中心之前，他們需要先攻下鄭州——東西向的隴海線和南北向的平漢線交會點。如果日軍攻克鄭州，武漢及西安的形勢將十分吃緊。日軍從台兒莊失利的震撼一復原，到五月底已深入華中，距鄭州只有四十公里。

到了一九三八年春天，中國守軍陷入絕望，整個抗日作戰頗有可能崩潰。國民政府部隊在防守日益縮小的「自由中國」版圖時，最明顯的成績是避免全面潰敗。政府對外國新聞媒體的宣傳戰十分成功，它說服全世界：國民政府除了不斷撤退，還有其他計畫。如果日軍在春天攻占武漢，中國部隊也必須快速撤退，而此勢必給予外界土崩瓦解的印象。但不論全世界的進步人士多麼同情中國，顯然除非西方政府也認同這麼做吻合自身利益，否則他們不會來拯救中國。

詹森大使一九三八年七月從武漢的臨時大使館寫報告時，並不認為國民政府守得住武漢三鎮，但是他向華府稱讚蔣介石的戰略。蔣控制以北平、南京和武漢為三角的這一大片土地，使得日軍承受極大壓力。詹森大使借重美國軍事觀察員法蘭克・竇恩（Frank Dorn）等同僚的專業知識，主張日方若要解除壓力，勢需占領武漢。詹森也指出，武漢若是淪陷，其政治效應將使得國民政府把更多力量集中在華南，把華北讓給日本人和中共。武漢淪陷對蔣介石也將構成經濟上的重大打擊，因為政府將失去流經武漢的重要海關稅收；此外，武漢也是蔣介石剩下的最大工業重鎮。不過詹森也強調，「中方決心讓占領漢口必須付出重大代價」。最後，他投下關鍵性的信任票：「我們的結論是，漢口淪陷固然十分嚴重，它並不代表中國的抵抗會瓦解[2]。」他說，日本人想以占領武漢做為在華戰爭的終結，可是就中方而言，它只是一個階段的結束。

一九三八年夏天美方更進一步的函電往來，展現出在衡量中國抗戰的嚴正程度時，武漢問題的重要性。美國國務院遠東事務局官員范宣德（John Carter Vincent）寫了一份備忘錄給赫爾國務卿的顧問洪貝克，宣稱他和一位與日本政府親近的美國人談過：「中國人不明白他們自己的實力」，又說「如果中方能以合理的有效程度維持抗戰」（意即牽制住近五十萬日本部隊），則日本將被迫「在一年內從中國撤軍」。范宣德對戰爭長度之評估明顯大錯，但是他機靈地指出「現在完全看中國人的意志力和持續有效抵抗的能力」。范宣德向洪貝克強調：「我認為，你也有此同感；不僅對中國，而且對我們以及其他民主國家而言都十分重要的是，中國的抗戰不能崩潰。」范宣德明白美國此時此刻不能直接介入戰爭，但是他促請洪貝克考慮鼓勵給予中國財務支援，以及對日本實施貿易限制[3]。

國民政府內部出現兩股不同的本能相互抗衡。一方面國家對民眾提出要求，但也承認必須增進民眾福祉。政府出力支持下，武漢出現了中國歷史上最大規模的難民救濟工作。一九三七至三八年，政府在地方慈善機構和國際紅十字總會協助下，收容安置約六成的難民[4]（大約二十萬人）。可是政府的集體心態也有相當冷酷的痕跡，高級官員視人命如草芥，就在蔣介石的政府辯論是否能阻擋日軍攻勢時，這一派的意識也正在抬頭。

數百年來影響華中最大的一股力量就是有「中國的悲哀」之稱的黃河。黃河之名得自於它的滾滾黃沙，也因為淤泥嚴重，使它不像長江易於行舟。黃河使其四周土地肥沃，成為中國文明的搖籃。可是，平常溫馴的河流有時也會變得狂野危險；每隔幾百年，黃河就會決堤，無預警地改道，淹沒土地、淹死無數農民。中國人花了好大的勁，終於學會控制黃河，以高堤阻擋河水離開河床。要制止日軍挺進有一個辦法（至少暫時可以牽制住），就是炸毀河堤。可是決堤必然給沿河居民帶來無法估計的災劫，黃河一八八七年的大決堤就造成近百萬條人命損失。

以黃河做為軍事工具並不是全新的觀念。一九三五年，蔣介石的德國軍事顧問法肯豪森進行長期軍事大勘察之後曾經建議，「黃河是最後防線，應該計畫……延伸它的防禦力量[5]」。但是在一九三八年情勢告急之際，這項「以水代兵」的建議並不是德國人提出。第一戰區司令長官程潛是向蔣介石提出此議的許多人士之一；蔣介石飛到鄭州視察，了解到於今軍事作戰已無法擊退日軍，唯一的選擇是聽任日軍在近日內占領鄭州；或是啟動唯一能夠制止他們（至少能拖一陣子）的武器：黃河沛然莫禦的力量。

比蔣介石更有人道精神的領袖或許根本不會考慮這個抉擇，而會放過河堤、讓日軍占領武漢。但是蔣介石明白，他如果不炸堤，武漢不日將淪陷，則國民政府很可能來不及撤退到重慶，更有可能是當即被迫投降，使日本幾乎控制全中國。或許第二次世界大戰期間最接近的事例是，法國最高統帥部在一九四〇年六月決定向德國投降[6]。和法國一樣，蔣介石是在中國面臨存亡絕續、最緊要關頭下做出決定，而且中國部隊還遠比法國更弱、更乏訓練，炸堤的兩難乃是絕望之餘孤注一擲的產物[7]。

蔣介石痛下決定。他命令魏汝霖將軍（譯按：第二集團軍參謀處長）炸掉河南中部的黃河堤防。後果不言而喻：洪水將淹沒華中大片地區，成為大水、泥濘之地，日軍將被迫停止推進。然而，這個策略若要成功，動作必須極快，政府也不能公開警告人民，以免日軍知情，加快進軍速度。

熊先煜當時是第八師（譯按：新八師）上尉作戰參謀，並在日記寫下當時的急迫狀況。日軍已經到達黃河北岸。因為國軍炸毀跨河鐵路橋，日軍暫時遭阻。破壞河堤是下一步：如果這個地區成為泥海，日軍連企圖重造鐵橋也不可能。

炸堤說得容易，真要做可就難了。擋住黃河之水的工程非常巨大，河堤亦非常厚重、堅固。國軍先在一九三八年六月四日至六日在小鎮趙口試圖炸堤，但是河堤結構太牢固了。在附近試了第二次，又失敗。日軍愈加靠近。

此時師長蔣在珍詢問熊先煜，可知道防區哪裡適合決堤。熊先煜寫說：「以地形而言論，馬渡口、花園口均可。不過，馬渡口與趙口相距不遠，敵人已迫近這一地區，恐堤未決成，敵人已至。為獲時間寬裕，我看最好還是選定花園口一段為宜[8]。」

起先，士兵把這項任務當做軍事工程工作，以熊先煜自己的話說，「既感興奮，又覺沉重」。熊先煜和魏汝霖先在六月六日深夜前往現場視察。周遭環境非常安靜。熊先煜回憶說：「微風拂拂，十分涼爽……腳下河水潺潺。」但是「水位莫辨」，月亮時隱時現，「所帶四支手電筒……燈泡質量尤為低劣，一經使用，先後全部燒壞。」由於「考慮到事關重大，不敢摸黑盲目選址」，乃擠在車上，坐待破曉，再勘察選址。

但是天亮之後，他們似乎醒悟到打算要做的事後果非同小可，士兵們也變得愈來愈擔心。第二團團長王松梅向熊先煜說：「吾兄此次計畫，功在國家民族，減少人民損害，將來一定討個好夫人，多生貴子。」王松梅這一番話意在向大家曉諭即將做的事之政治必要性，命運不會詛咒他們斷子絕孫。

魏汝霖確認花園口是合適地點後，兩千多名士兵在六月八日開始工作。國民政府急欲快快完成工作。熊先煜寫下，「最高當局」（毫無疑問，指的是蔣介石或其近身部屬）一再從武漢打電話來查問進度，上級還派戰地服務隊來為官兵唱歌、表演，鼓勵士氣。商震將軍（譯按：二十集團軍總司令）向工作人員宣布，六月八日午夜前放水成功，發放獎金法幣兩千元；次晨六點前完成，獎金一千元法幣。他們是需要鼓勵，因為挖掘工人全是以徒手揮鎬掘土。在趙口以炸藥炸堤失敗之後，魏汝霖手下沒有使用「一兩炸藥」。工人賺到了兩千元獎金。河堤在幾小時之內破了。

熊先煜記載，六月九日上午，「當放水瞬間，情緒緊張，悲壯淒慘。起始流速甚小，至午後一時許，水勢驟猛，似萬馬奔騰。決口亦因水勢之急而迅速潰大」。熊先煜「遠望一片汪洋，心惻痛焉」。水勢極大，沖垮堤防缺口，滿河大水撲向千里平川[9]。

熊先煜反思說：「此舉本為阻止敵人，挽救全局，故不惜重大犧牲，以求最後勝利。」但是，他和其他士兵也有沉重的觀察，部隊既已完成炸毀鐵路橋和決堤的工作，「政府和全國同胞」應該為家園財產被洪水摧毀的人民提供賑濟。事實上，前一天夜裡，蔣在珍師長已一面督工決堤，一面電話派員放賑，以救濟決口附近形將被淹沒之人民。

魏汝霖、熊先煜和他們的部隊順利搭木船脫困，數十萬陷身洪水的農民，可沒有那麼幸運。《時代》週刊特派記者白修德在決堤之後幾天報導：

> 上星期，「難以駕馭」（的黃河）潰堤、洪水大作，它不僅改變了河道，也將改變整個中日戰爭的方向。開封附近嚴重潰堤，五英尺高的大水淹沒五百多平方英里的範圍，死者無數。黃河大水的死者大多不是當下淹死，反而是因逐漸得病及饑餓而死。黃河的汙泥淹沒田地有及踝之深，孳生細菌、淹死作物。上星期，大約五十萬名農民逃出兩千多鄉鎮，因等候救援或不支而斃命[10]。

蔣介石政府深知內情曝光會嚴重傷害政府聲譽，因此他決心推卸責任，宣稱黃河在日軍空襲之下決堤，日軍則堅決否認炸毀黃河堤防。白修德的報導反映出絕大多數外國記者當下即刻的反應：聽多了日軍在南京和徐州犯下的獸行，根本不認為日本人不會幹這種傷天害理的事。甚且，就在黃河決堤、水淹華中之際，日軍也濫轟廣州，造成數千人傷亡。在白修德聽來，日本人矢口否認外，還說是中國人自己幹的，根本不可想像。「外國觀察家認為，這些指控太荒謬。要讓中國人犧牲五十萬條人命來牽制日本進軍，將是代價慘重的勝利。何況，決堤是中國最黑暗的罪行，中國軍隊怎會為戰術上枝微勝利，甘冒舉世責備[11]。」然而，國民政府的確幹了這樁事。

抗戰期間，國民政府從來沒有承認是他們、而非日本人幹下決堤。但是真相很快就廣為人知。事隔一個月，美國大使詹森在七月十九日的一封私函中提到，「中國人藉黃河決堤擋住日軍向鄭州推進[12]。」華中大約五萬四千平方公里土地被洪水淹沒。如果日本人搞了決堤，那將是抗戰期間最大罪行，以受害人數來講，南京大屠殺、重慶大轟炸統統如小巫見大巫。在戰時的紊亂和兵連禍結之下，不可能得到確切的統計數字，但是國民政府一九四八年發表的數字證明傷亡慘重。河南、安徽和江蘇這三個受災省份，死者達八十四萬四千四百八十九人，另有四百八十萬人成為難民。近年的研究把人數降低，但估計死者仍有五十萬人上下，難民人數約三百萬至五百萬人[13]。相形之下，一九三九年五月重慶大轟炸死者只有幾千人。

熊先煜在日記中反思，黃河決堤是為了更大的勝利所做的犧牲。即使部分日本人也認為這個戰術短期內是成功的。武漢美國大使館一等祕書報告說，洪水「完全牽制住日本對鄭州的推進」，也阻止他們以空襲攻占武漢。他預測，日軍可能從水路及沿長江北岸來攻打武漢[14]。

支持決堤的人會說，這項行動救了華中及蔣介石在武漢的軍事總部，爭取到五個月時間。日軍的確被擋住，無法沿隴海鐵路向武漢推進。短期而言，洪水達成國民政府所訂定的目標，但是洪水只是戰術、爭取喘息空間，不能解決根本問題——中國部隊需要堅強的領導和快速的改革。有些歷史學者認為蔣介石的決定白費心思，它只是拖延無法避免的挫敗[15]。

白修德說得一點都不錯：沒有一項戰略優勢值得付出五十萬條中國人民的性命。然而，蔣介石的決定雖然不可原諒，卻可以從事件脈絡去解釋部分。我們現在可以回顧國民政府的做法，聲稱他們不應該堅守武漢，或是說他們決堤的行動太激烈、不應該。但是對蔣介石而言，在一九三八年酷暑中，他唯一的希望似乎就是盡可能拖延、不讓日本控制大部分中國領土，創造從中國內地對日長期抗戰最佳的條件，同時讓全世界注意日本的行徑，藉由洪水暫時阻卻敵人也是策略的一環。國民政府內部良心掙扎中，狠下心腸、痛下決定的意識，暫時占了上風。黃河決堤是個轉捩點，國民政府這項決定的嚴重後果，在日後必須付出代價。

一九三八年夏天的種種紛擾動盪當中，蔣介石最重要的一項同盟關係劃下休止符。六月二十二日，德國召回派在國民政府的所有顧問；違命不歸者將以叛國罪論處。自從第一次世界大戰結束以來，德國威瑪政府和中國，這兩個初生的共和國之間即有特殊關係：兩者都很弱，不能完全掌控自己的主權。

根據一九一九年凡爾賽和約，德國失去它在中國領土的治外法權，但是這項劣勢反而意謂著它可以和中國站在非殖民者的平等地位交往，因此在政、商圈比起其他西方國家更受歡迎。蔣介石的軍事改造計畫先後倚重塞克特和法肯豪森；即使希特勒一九三三年崛起主政，也沒使兩國關係即刻破裂。蔣介石在意識型態上並不迷戀納粹德國，他的政府視德國為可能的盟國，曾努力試圖說服柏林當局選擇中國、而非日本，做為它在東亞首要的反共夥伴。一九三七年六月，孔祥熙曾率領代表團訪問柏林、進謁希特勒，建議中、德結盟。但是戰爭爆發，國民政府撤往武漢，使希特勒政府認為應該押寶在日本身上，因此決定召回全體德國駐華顧問。蔣介石發表談話稱讚法肯豪森，宣稱「我們友人的敵人，也是我們的敵人」，又說德國軍隊的忠誠和倫理替國軍立下足資效法的楷模。蔣介石說：「我們贏得抗戰勝利後，我相信你會要回到遠東，重新擔任我國顧問。」[16]（法肯豪森在第二次世界大戰期間出任納粹占領的比利時總督，戰後因祕密救了許多猶太人性命而頗受讚揚。)[17]

德國顧問離去時，刻意在搭乘的火車專列車廂頂上，張起明顯的德國國旗及納粹卐字標誌。由於武漢正遭受嚴重的空襲，此舉甚為聰明。日軍已展開攻占武漢的行動，國軍亦調集八十萬大軍保衛。由於黃河決堤，日軍無法從北側攻城，他們決定動用海軍沿長江西進，並調來九個師團支援。中方雖英勇奮戰，但實力太弱、抵擋不住技術先進的日本海軍之重擊。唯一的外援是，史達林為了讓中國和日本交戰，同意出售俄國飛機給中國，並派俄國飛行員開飛機助陣。（一九三八至四〇年之間，蘇聯有兩千名左右飛行員在中國服務。)[18]六月二十四到二十七日，日機瘋狂轟炸長江邊的馬當，打得守軍不得不投降。一個月之後，中國守軍棄守九江市（位於武漢東南方兩百五十公里），九江市民遭到侵略者燒殺姦淫。九江市民遭遇厄運，反而使國軍益增悲憤作戰的意志。

蔣介石在七月三十一日向國軍部隊發表極為重要的講話。他宣稱：「我們抗戰一年，已經得了這樣的成績，使日寇陷於進退維谷，無法自了。」他指出，武漢若是失守，中國將被切成南、北兩半，將使得人員及補給移動十分困難。武漢與「革命史」有強烈的關聯，「武漢的得失在精神上有很大的關係」。蔣介石向聽眾擔保，全世界已愈來愈同情中國的際遇；一旦世人了解日本的獸行，侵略者的聲譽將受損。蔣介石也非常關切中國部隊的行為：士兵不服長官節制，「這真是亡國自殺的行為」，而侵擾人民會傷害軍、民之間的信賴。

蔣介石宣稱：「我們不但不好隨便攜取人民的東西，而且我們軍隊有了好的東西要分給人民吃，分給人民穿，」指揮官必須堅守崗位；他提醒聽眾，聽任馬當失守的指揮官已經遭到槍斃，他這句話針對軍官而發。他指出，和淞滬之戰情況不一樣，武漢已構築防空設施，但是「我們做官長的，決不好隨便脫離部隊跑入防空壕裡面，致為部下看輕」，也不能像某些軍官在徐州會戰那樣丟下部隊逃跑。「到了重要緊急關頭，隨便鬆懈職守，離開部隊，這樣的軍官，還能成為革命軍官嗎？還能帶部隊打敵人嗎？[19]」

這一番精神訓話或許產生若干效果，日軍在八月份必須更努力作戰才能沿長江推進。薛岳率領約十萬大軍在黃梅擊退日軍，數千名守軍死守田家鎮，直到九月底，因日軍動用毒氣瓦斯才不得不撤退。可是，即使到了這一刻，國軍高級將領似乎還是不能衷心合作。當李宗仁的桂系部隊在信陽被打得抬不起頭時，他們期待蔣介石的嫡系將領胡宗南能接防，但胡卻領兵離開信陽，使日軍不戰而勝、拿下信陽。日軍占領信陽，遂得以控制平漢鐵路，注定了武漢會戰敗局[20]。

蔣介石再度訓勉武漢守軍。曉得情勢吃緊，他一方面鼓勵，一方面也承認武漢可能即將失守。雖然武漢有許多洋人居住，它和外在世界頗有聯繫，但是國軍不能期待外國人會伸出援手。因此，如果必須撤離武漢，就得有妥善計畫。蔣介石明白指示該從什麼路線撤退。接下來他碰觸到最敏感的題目：去年十二月從首都南京的大撤退。「當時大家都說，我們宜放棄南京，使南京成為一個空城」。士兵已經兵疲馬乏，且人數太少。「但是為什麼本委員長一人一定主張要守南京？」蔣介石說，「這乃是明明叫他們為守衛國都和守衛總理陵墓而犧牲！而他們都能視死如歸，受之不辭！」蔣介石宣稱，國軍若是撤退，將是五千年國史最可恥的一頁。馬當的淪陷也是奇恥大辱。蔣介石說：現在，「保障武漢的完全，為守南京的陣亡將士和死難同胞報仇」，否則「我們不僅對不起革命的先烈和已死的一般官兵，而且對不起我們自己的良心，沒有面目見人[21]！」

蔣介石這一番解釋既重寫歷史、又替未來打造政治資本。根據這一版本的歷史，南京守軍死守首都；造成「奇恥大辱」的是首都失守，不是守軍的表現。事實上，唐生智率部英勇打了兩天仗，可是日軍進城燒殺姦擄時，國軍已經撤走。蔣介石的談話強調保衛南京時的英勇、避談不光彩的一面，把故事說成「英烈」衛國，希望鼓舞士卒堅守武漢。同時他又必須明白表示，堅守武漢不是要死守到底。其實這是很難走的鋼索，好在蔣介石善於自欺；他可能相當真心相信，他所建構的這一版本的真相。

毛澤東躲在遙遠的延安根據地靜觀局勢，非常同意蔣介石不該死守武漢。他在十月中旬國軍力守武漢時寫說：「假設武漢失守，戰局會出現許多新變化。」其中包括國、共關係將繼續改進；加強動員民眾；以及擴大游擊戰術。毛澤東又說：「保衛武漢的目的一則是消耗敵人，一則是爭取時間，以便展開全國工作、不是死守據點。」在長期抗戰中，不妨暫時放棄某些據點，以便維持更大的鬥爭[22]。

一九三七年十月上海的情況在將近一年之後，於今又在武漢上演。政府趕在日本人抵達武漢之前，慌忙地將最重要的工業設施往長江上游搬遷。蔣介石仍一如在南京的做法，留守指揮本部到最後一天。十月二十四日，武漢異常寒冷，開始飄雪。蔣介石打電話給高階將領，囑咐他們撤退。蔣介石告訴他們：「你們必須先走，我馬上也要離開。」當天夜裡十點鐘，蔣介石偕夫人宋美齡前往武漢機場。天氣變得更冷，雪下得更大。委員長座機受阻，經過一陣慌亂，他們登上一架民航機、飛往武漢南方四百五十公里的衡陽。他們啟程時，槍聲大作、武漢起火。他們走得恰是時候。一九三八年十月二十五日，武漢四面被圍，陷入皇軍之手[23]。

蔣介石倉促判斷日軍不僅會占領武漢，還會迅速向內地推進，製造了另一個悲劇性的後果。他判斷湖南長沙岌岌可危，給了屬下一個印象（如果不是直接命令的話），應該火燒長沙城，以免它落入敵軍手中。地方官員果真放火焚燒長沙，大火延燒兩天。但是日本人沒有侵擾長沙：他們在八十公里外的洞庭湖停下。蔣介石否認放火，但事實上是他的指示導致下屬動手，後來有些下屬因此遭到處決[24]。

現在所有的視線都投向抗戰新中心，陪都重慶。蔣介石掌控的「大後方」現在主要僅剩四川、湖南和河南省，江蘇和浙江已經淪陷。華東失守中國主要關稅稅收、全國最富庶省份，以及最先進的基礎建設也隨之喪失。政治重心遷移到西部，進入國民黨從來不曾控制過的地區，從地形、方言到飲食習慣都完全不熟悉的一塊地方。從地圖上看，彷彿蔣介石還控制著中國大半江山，但其實華北、西北廣大地區人口稀少。中國大多數人口集中的華東和華南，國民黨現在不是已經失去控制，就是只能岌岌可危勉強守住。同時在華北，日本人和中共陷入僵持。毛澤東的部隊可以阻撓日軍守住鄉下，逼得他們不敢遠離鐵路，以免無法利用鐵路運送數十萬大軍到中國內部作戰。但是中共也沒有能力擊敗日軍。

一九三八年十月，一段灰澀的時期。此時距離開戰已經十五個月，有一個事實持續不變。不論是中國生意人、英國外交官、還是日本將領，各方觀察家一再預言，每一次戰敗肯定就會讓中國停止抗戰、迅速投降，或至少和談，國民政府勢必接受東京方面嚴峻的條件。然而即令守軍被迫退出上海、南京和武漢，即令日軍讓中國抗戰吃盡苦頭，即令日軍的人力、技術和經濟資源都遠勝過中國，中國仍然奮戰到底，而且是孤軍奮鬥。

注釋

1. FRUS, 1938, vol. III（7 June 1938）, 194.
2. Ibid.（July 19, 1938）, 232–233, 236.
3. Ibid.（July 23, 1938）, 234–235.
4. Stephen R. Mackinnon, Wuhan 1938: War, Refugees, and the Making of Modern China（Berkeley, CA, 2008）, 57.
5. 〈德國總顧問法肯豪森關於中國抗日戰略之兩份建議書〉，一九三五年八月二十日，《民國檔案》二（一九九一），頁二六。
6. 不過，近年的研究顯示法國部隊可能比一九四〇年當時所知或承認，有更大機會擊敗德軍，見 Ernest R. May, Strange Victory: Hitler's Conquest of France（New York, 2001）.
7. 渠長根也認為花園口決堤是國民政府對難民的態度，以及政府需提供賑濟的轉折點。渠長根，〈抗戰期間國民政府在黃泛區的資源整合與國家調度〉《軍事歷史研究》一（二〇〇七），頁五七。
8. 中國第二國家檔案館編，〈一九三八年黃河決堤史料一組〉；《熊先煜日記》一九三八年六月，《民國檔案》三，（一九九七），頁九。
9. 《熊先煜日記》（一九三八年六月九日）; Diana Lary, "Drowned Earth: The Strategic Breaching of the Yellow River Dyke, 1938," War in History 8（2001）, 198–199.
10. "Japan's Sorrow," Time, June 27, 1938.
11. Ibid.
12. FRUS, 1938, vol. III（July 19, 1938）, 230.
13. Lary, "Drowned Earth," 205–206.

14. FRUS, 1938, vol. III（June 15, 1938）, 197.

15. Diana Lary 認為日本的整體目標完全沒被擊敗（"Drowned Earth," 201）. 馬仲廉認為日軍在黃河決堤前已經決定變更向武漢推進的路線，決堤沒有太大的戰略價值。(「花園口決堤的軍事意義」《抗日戰爭研究》四（一九九九）。Hans van de Ven 則比較推許這項決定的軍事意義，見 War and Nationalism in China, 1925–1945（London, 2003）, 226.

16. 〈宴別德籍顧問致詞〉，《先總統蔣公思想言論總集》，一九三八年七月二日，頁三三〇。

17. FRUS, 1938, vol. III（June 22, 1938）, 202.

18. Edna Tow, "The Great Bombing of Chongqing and the Anti-Japanese War, 1937– 1945," in Mark Peattie, Edward Drea and Hans van de Ven, The Battle for China: Essays on the Military History of the Sino-Japanese War（Stanford, CA, 2011）, 265.

19. 〈發揚革命歷史的光榮、保衛革命根據地的武漢〉，《先總統蔣公思想言論總集》，一九三八年七月三十一日，頁四一〇至四二一。

20. MacKinnon, Wuhan 1938, 96.

21. 〈認清目前抗戰形勢和所負責任努力準備保衛武漢〉，《先總統蔣公思想言論總集》，一九三八年八月二十八日，頁四六一至四六六。

22. 〈論新階段〉，一九三八年十月十二日至十四日，MZD, vol. VI, 478–479.

23. Jay Taylor, The Generalissimo: Chiang Kai-shek and the Making of Modern China（Cambridge, MA, 2009）, 158

24. Taylor, Generalissimo, 159–160.

第三部

孤軍作戰

10. 「一種戰時常態」

從一九三八年底武漢淪陷，到一九四一年底珍珠港事變，乍看之下這三年可能予人中日戰爭陷入僵局的印象。三方面都已接受這將是一場持久戰的事實，這也是蔣介石和毛澤東都承認的戰略。但是這三年裡，中國的形勢絕不是平靜、穩定的。中國打從一開始就必須孤軍奮戰，不敢保證會有外來援助。相關各造都要投入極大兵力，才能維持三方分治中國的局面：國民黨控制華中和華南、共產黨控制華北，日本控制華東。戰爭的性質更從攻勢改為守勢；抗戰頭一年頻頻出現的大型會戰，次數正在減少：代之而起的是，中國的命運繫於同盟關係轉變、外交折衝、波譎雲詭和將會永久改變國家方向的種種社會變遷。這些改變當中最主要的是社會供給概念更新。傳統上，中國國家機關很少直接負責提供日常福祉給予人民。現在，戰爭迫使新政權彼此相互競爭。國民黨和共產黨都爭相展現，國家對人民的要求增大，人民也要求政府應該照顧百姓。同時，日本占領區的政府也顯示，新主人必須面對許多相同的舊問題。

人民最先寄希望於蔣介石的新首都重慶。數百萬難民往西撤退之下，重慶成為具體而微的全國縮影[1]。杜重遠回憶說：「我七年前來過重慶，當時是個非常封建的地方，到處是鴉片和賭博。」因此他對改變十分訝異。他說：「馬路重新修過，市容已經改變，城裡政府機關林立[2]。」許多來自繁華的華東省份之「下江人」很看不起這個落後、骯髒的城市。作家老舍回憶他初次抽用本地劣質菸草製作的香菸之經驗：

> 第一口就噴出黃煙——我還以為噴火了！我沒聽到爆炸聲，因此我繼續吸。吐了四、五口煙之後，我看到蚊子跑了，因此我很高興。抽菸、還能趕蚊子——真正值得呀！

但是在抗戰期間，來自不同省份的人被迫彼此要並肩工作、生活。重慶本身的地理位置在改變中國對其地理的意識上，也起了重要作用。多年來，中國西部，尤其是四川省，被認為是中國的外緣，也從來沒被國民黨控制過。現在，華東精華地帶被日寇占領，這裡倒成為政府運作中心。不像一九三一年另一個邊疆地區滿洲遭到日本入侵，刺激起強大的、擁護中央的民族主義意識，現在中樞被迫西遷，使政府決心增強對西藏及新疆地區的統一。由於共和政府積弱不振，這些地區已在排擠漢人勢力[3]。國民政府地區的人類學家開始研究華西邊境地區的人民，（至少在意識型態上）將他們引入廣大的中國民族主義範圍內[4]。把整個政府往長江上游遷移一千五百公里，竟有助於鞏固統一的中國是涵蓋整個九州中華的概念。

現在不僅是中國人本身把此一戰時首都視為抗戰堡壘。在抗戰末期變成批評蔣介石甚力的美國記者白修德注意到，重慶是「當代之驕」，人們因堅信「中國的偉大」努力「捍衛國土[5]」。國民政府精明的宣傳負責人，董顯光所主持的英文雜誌《戰時中國》（*China at War*）向中立國美國民眾講述中國英勇的戰鬥機飛行員，如何降落在只有退潮時才會顯露的沙洲上的危險機場的故事。（這些雜誌可謂日後英國宣傳工作的前驅，英國人在德軍閃電轟炸倫敦時，同樣描繪英國是如何英勇抗敵，以爭取持孤立主義立場的美國加入戰局。）蔣介石把他從重慶所統治的華西、華中地區取名「自由中國」，就透露出他大力推銷抗戰的意圖。這個地理名詞的主要對象是外國人。

雖然在中國內外，重慶被描繪成堅決抗戰的中心，從位於長江和嘉陵江交匯的石岩峭壁上發號施令、不屈不撓對抗日本侵略者，但其實也沒有那麼壯烈。重慶並沒準備好迎接大量的難民，很快就冒出各式各樣的違章建築。有些建物是拿鋼絲綁了竹竿、墊上木板，四周糊上泥漿、屋頂隨便鋪上薄瓦或稻草。另一種是三夾板搭的泥屋，著名的文學批評家胡風（日後在一九五〇年代遭毛澤東整肅）就住在這樣的房子。後來他遇上空襲，屋頂穿破一個洞，差點要了他老命[6]。

這樣一個貧困城市突然一躍為舉國、舉世聞名，匆匆營建一些簡陋住屋，其實並不足奇。難民蜂擁而入大後方，重慶人口也暴增：一九三七年全市人口將近四十七萬四千人，到了一九四一年已經突破七十萬人，在抗戰結束時更增加到一百零五萬人[7]。四川省做為政府抗戰建國計畫的主要基地，它的人口（在一九四四年達到最高點）約為四千七百五十萬人[8]。

新來的人並不習慣新的生活環境。許多的新興中產階級來自民國時期的新城市，習慣比重慶舒適的生活水平。這裡的飲用水稀少，有時候必須走好幾里路才找得到泉水；在乾旱時、尤其是四川的酷暑溽夏時節，必須大排長龍。即使有水，也經常相當汙濁，需經化學處理。至於沒接電的住戶，當然沒有電力可用，夜裡一團漆黑。人們只好放一碟油，擺上蕊心，若是小孩要做功課，就多添一、兩根蕊心[9]。

可是，重慶的改變仍然相當顯著。其他國家的戰時首都全有數十年政府駐節辦公的經驗，也有訓練有素的政客及官僚上班；華府、莫斯科、倫敦、巴黎、柏林和南京全是習慣統治壓力的城市。重慶則連四川省會都不是（省會成都位於其西北約三百公里遠）。

由於山地地形，重慶的秋冬大多籠罩在雲霧中，阻礙了敵機對陪都的攻擊。供電不穩定也代表夜裡不會有太多燈火，不會吸引空中訪客的注意。但是，春天天氣轉暖，起保護作用的大霧也不見了。重慶成為清晰的目標。

重慶的生活許多不是國民政府所能控制，持續不停的轟炸就是十分明顯的恐怖事實。一九三八年冬天，重慶舉行了幾次「防空演習」。敵機隨即在隔年春天開始大舉進犯，三九年五月三、四日兩天，彈下如雨，象徵新恐怖行動的開端。五四民族主義運動二十週年的殘酷紀念「大轟炸」，代表天外飛來橫禍的開端，往後數年都揮之不去。

中國社會出現一種新的共同空間：防空洞。對許多人而言，日常生活必須環繞著突然奔尋防空掩體保護的需要大做調整。有位重慶市民回憶：「你每天的計畫全看氣候決定。如果你需要出門久一點，就得選陰天。如果是晴天，你必須早起、趁天亮前出門。」市民習慣隨身攜帶防空緊急包，裡面最好擺放食物、飲水以及必要的藥品。富貴人家或許得把貴重物品藏在隨時能移動的地方。至於防空洞裡，也有人備妥椅凳，以免必須長時間站著[10]。

和戰時中國的許多情況一樣，光講大家都吃苦受難，其實掩飾了階級差異的現實。有錢有勢的重慶市民享有比較好的防空設施，政府官員有特別預留的防空洞，還可以領到憑證、將近親家屬也帶進去。出得起錢的人，年繳兩千元，便享有第一等的豪華防空洞。然而，絕大多數人能有從岩壁挖出的陽春防空洞可以藏身，就是阿彌陀佛了[11]。

空襲發生在春天和盛夏，全市最熱的時節，氣溫動輒破攝氏四十度。防空洞裡空氣十分燠悶，大家得揮扇子去暑氣。當日機還在數英里路之外時，人們照常聊天、孩童呼叫父母。有些人甚至端出椅子，坐在防空洞口、守著清涼空氣，直到被警察趕進去。

不久，日機到了。人們感到「吹起一陣妖風」：炸彈從空而降，引起熱流，撲向每一空曠之處。人們必須十分小心，如果沒準備好，那股力量會逼得他們飛出去撞上防空洞的牆。有個當地人回憶說：「接下來，你聽到一聲巨響……像天地互撞、像當頭霹靂。」有時候敵機被擊落，防空洞的沉寂立刻打破，爆出歡呼、鼓掌。整個經驗使市民精神緊繃。

日復一日等候空襲警報、以及解除警報，擾亂了工作和生活型態。一九三九年五月的轟炸顯示，這一波才解除警報，另一波空襲可能又迫在眉睫，市民當時已習慣在又熱、又黑的防空洞裡住上好幾天。他們的緊急隨身包和如廁安排可以頂個一、兩天之需，但是時間一長，就得靠那些不怕死的小販賣東西給陷在又悶又熱、沒有燈光的防空洞中的市民了。有些人因為在防空洞躲了五、六天才出來，眼睛已經受不了耀眼的陽光，痛苦極了[12]。當局試圖修改規則以適應新現實。解除警報若在午夜過後才響，次日可以減少工作時數。政府會發津貼給一些奉命營業，賣民生必需品的商店[13]。白修德在《時代》雜誌上報導：「一連多月，重慶商人下午四點多才開門做生意，以降低空襲的危險。」他說，為調適禍從天降的可能，已經成為「一種戰時常態[14]」。

一九三九年五月大轟炸之後，政府召募專業的收屍大隊處理空襲受難者的屍體，每處理一具屍身，可賺一斤米。收屍隊用船隻載運屍體，送到一處「新棺山」集體埋葬（空襲最猖狂的時候，一度有一百多艘運屍船作業）。船伕只收全屍，把不全的殘屍丟到河裡、或在河邊就地掩埋。這倒不是無情無義或迷信，而是出於實際需要。每艘船底，屍水逾尺。工人沒有塑膠鞋、只穿拖鞋，站在屍水中工作既不舒適、也不衛生。屍堆又吸引成群的蚊蠅，工人也只有薄口罩對付。惡臭難耐時，即使全屍也草草了事，埋在河邊[15]。

重慶的空防仍然很弱，因為若要強化空防，中國就必須快速增加空戰能力，以及飛機、武器及其他器材設備——偏偏中國根本沒有。為了解決這個問題，蔣夫人於一九三七年設法延攬退休的美國空軍少將陳納德（Claire Lee Chennault）參加中國抗戰。陳納德是強烈主張空權力量的戰士，他接掌中國才剛萌芽的空軍之訓練工作（官方號稱擁有六百架飛機，恐怕過於誇大）。除了培訓中國飛行員作戰技能之外，陳納德還從美國召募比較能和日本戰鬥機交戰的飛行員。這支部隊正式名稱是「美國志願團」（American Volunteer Group, AVG），但大家通稱他們為「飛虎隊」。即使飛虎隊從來沒在重慶升空、與日機交戰，它對重慶的民心士氣起了極大激勵作用。陳納德的貢獻和觀點還有待幾年後，才真正彰顯出來[16]。

然而，即使政府阻止不了日機頻頻空襲，還是得處理後續善後。它一方面開發新的社會福利體系，一方面在迫切需要下努力應對，重整政府和中國人民之間的關係。

國民政府心知肚明，它號召群眾動員的技術中看不中用。中國抗戰的口號根植於全民真心的感受，它也引起追隨政府遷往大後方的廣大民眾的期待，認為政府會照料、支援他們。國民政府利用戰爭狀態繼續推動它在南京時所啟動的現代化計畫，特別重視蒐集資訊。戰況日益吃緊之下，掌握統計數字及資料的控制感，至少讓試圖推動政務的主司官員感到幾分安慰。相當重要的是，他們可以強調，即使制止不了敵軍轟炸，政府有能力處理善後。

國民政府遷駐武漢那幾個月，其實已經展開努力；國民黨積極份子史良等人，成為匆匆成立的賑濟活動中心人物[17]。政府播遷到重慶使得制度化組織架構更加清晰，有一項創舉即是替難民建立身分證。不同的身分證允許難民享有不同程度的援助（包括分派工作在內）。規定顯示，政府也考量到新制度有遭遇貪瀆的可能性：它規定難民不准利用身分證做「可疑的買賣[18]」。

和處理難民問題相同，重慶市政府也設法尋找更有系統的方法處理轟炸的善後。一九三九年一月十六日，重慶市工務局和賑濟委員會等機構代表開會，研究防備空襲最重要的準備工作。本地的新生活運動推行委員會和世界紅卍字會等組織被納入整個救助體系[19]。警方報告也在一九三九年五月大轟炸之後，紀錄空襲的傷損[20]。其他的公僕也獲得更多獎勵：譬如有一方案是，政府預發一個月薪水給工務局員工，鼓勵他們不離開重慶[21]。

另一個更廣泛的建議案是，員工若在空襲中受害，應提供給他們更大的便利和服務。第一，工務局員工若在空襲中受傷，應該免費送醫院治療，不過辦法也明定治療費用不應超過一百元。員工若在空襲中遇害、家屬無力負擔喪葬費，或是員工必須為在空襲中遇害的妻小辦喪事，可獲得最高兩百元的喪葬補助費。

國民政府難民救濟的總規模遠超過前此中國的一切紀錄。一九三七年以前，中國很少有官方核定的政府福利措施，現在，戰爭的需求逼得它非得創建一套系統不可。一九三七~四一年期間，成立於一九三八年的全國級「賑濟委員會」派發約二億一千四百萬元做賑濟工作，另外還替九萬個難民製造就業機會。賑濟委員會的身分證計畫建立起一套收容站系統，使得難民疏散工作在最拮据的狀況下仍得以進行。到了一九四一年底，國民政府設置三十八個收容總站、一千零五十九個收容所，收容了九百二十萬名註冊難民。賑濟可能不足，但是它絕非微不足道的小型規模[22]。

政府曉得，它如何對待難民會被拿來和共產黨、日本人的對待做對比。就許多中產階級而言，尤其是具有進步意識的人士，共產黨是另一個選擇。來自更貧窮農村背景的難民，則傾向於考慮住在日本占領區。這麼做，至少離家近；在某些狀況下，日本人或許壞不到哪裡去，甚至可能是更好，因為過去幾十年許多軍閥習於四處橫行、蹂躪良民。國民政府因此不願讓難民回家，原因不僅是民族尊嚴，也深怕回鄉難民成了日寇極佳情報來源、藉之偵知大後方的情況。日本人則極力招徠，鼓勵難民回鄉。一九四〇年有一份報告指出，日本人放出謠言說占領區農作豐收，誘惑難民回鄉；日方透過特務偷運地圖及指示進入大後方，告訴難民在哪裡有免費的車輛載運，或是如何找到偷渡船隻可坐船從宜昌直下武漢。政府一份報告說：「若不剷除它，對抗戰將有嚴重影響。」國民政府因此投入更多資源做文宣，以及進行賑濟工作，試圖防止人民「為敵所欺[23]」。

文宣工作的對象不只限於難民。走出重慶，國民政府現在愈加對本地人提高需求，不僅要徵兵、服役，也要徵糧供應城市及軍隊所需。政府試圖將現代文宣技巧與依然十分傳統的農村此一事實結合起來。一九三九年一月四川省某縣有一則報導，描述採用持火炬遊行、演政治話劇和唱歌（包括傳統的花鼓和竹樂器），來吸引當地民眾，共有三千多人出席了集會。中秋節也被利用來寫詩、做對聯鼓舞抗戰，有一副對聯就說：「中秋夜光照東瀛，奠定中華萬年基[24]。」可是有許多跡象顯示，鼓舞群眾抗日最多只能說是績效有限。機密報告指出，分配糧米給入伍兵員家屬的工作，並沒有做得很公平。

徵兵攸關政府能否持續抗戰。但是，起初的徵兵有如隨興所至，也不怎麼去向廣大民眾說服全民參與抗戰的重要性。因此之故，逃兵極盛，地方官員也藉機貪瀆，拿了政府發給的徵兵費用，卻交不出承諾的壯丁。一九三八年一月，政府制定新的徵兵辦法，訂定每月徵兵員額，並且（至少在書面上）禁止強迫拉伕。固然徵兵一向不討人喜歡，地方層級也不斷傳出虐待兵伕、濫權徵兵事件，但是抗戰頭幾年從一九三八至四一年間，兵源尚稱穩定，國民政府每年穩定徵兵一百七十萬至兩百萬人之間。抗戰初期，徵兵並未造成地方上普遍的社會動盪[25]。

另一份報告指責政府未能鼓吹廣大的農村婦女抗日熱忱。它說：「婦女相當保守，她們的見解囿於宗族和鄉下。她們不了解抗戰的意義。」報告撰述人認為，可以善加利用日本人「綁架幼童、焚燒財物、強暴婦女」的事實，來動員婦女、提升她們的家國意識。替婦女們想定的角色：照顧傷患士兵、縫製軍衣，未必合乎開放精神，但這份報告承認，應該將婦女納入任何社會現代化建設工作。抗戰應該是號召中國全體國民共創民族國家的最好機會[26]。

國民政府的戰時經濟倒是頗有進步。抗戰爆發之前，中國糧食尚不能自給自足，定期從國外、尤其是東南亞，進口數百萬噸穀物和稻米。抗戰頭幾年，稻米進口量增加，大後方主要城市的稻米購買價格大致都還平穩，農民合理地繁榮富足。這裡頭頗有幸運成分；因為抗戰的頭兩年，風調雨順，農作物豐收。不過政府也實施改革，提升生產力，如採用難民參與勞動、運用現代殺蟲劑，以及提供貸款給農業合作社。糧食供應因而相當穩定：直到一九四〇年，稻米、小麥以及其他許多主要作物的收成都相當平穩[27]。

可是，國民政府一邊要抗戰，一邊要建立福利責任國家，所費不貲，而且蔣介石的政府現金短絀。一九三七~三九年之間，政府年度歲入下降六三%，而歲出卻上升三三%。國家歲入的許多主要來源，最主要的是海關所收的進口關稅，因國民政府從華東撤退而損失殆盡。政府只好開徵內地商品運輸的釐金。雖然這對自由市場構成障礙，在抗戰頭兩年倒是彌補了一部分關稅損失的缺口[28]。

國民政府的工業經濟也岌岌可危。打從一九三二年開始，政府就集中力量想建設國力，設法控制鋼鐵及機械製造等，有軍事導向的新型企業。可是，抗戰爆發時，這些新型工業尚未完全建設完成，順長江而上、遷往四川的工廠大多是民營企業。四川地區發電量僅占全國發電總量的四%；占全國工業資金的比重也同樣薄弱。四川沒有鐵路、現代煉鋼廠，而且抗戰爆發前十年，公路都在其他地區開發建設[29]。因此要在這小得可憐的基礎之上，試圖建立起戰時工業經濟十分辛苦。雪上加霜的是，華東淪陷代表工業物資若要引進四川，若非由南方海路引進，就得飛越危險的緬甸「駝峰」由印度空運進入中國。除了進口之外，只好靠靈巧、但愈來愈麻煩的辦法，譬如提煉工業酒精以替代汽油[30]。

國民政府採取的方法，乃是現代時期任何國家陷入總體戰都會採取的典型做法：大幅提升國家對經濟的控制程度。它將戰前原有的資源委員會整編，納入新成立的經濟部，由資源委員會活力充沛的主任委員翁文灝出任部長。一九三八年，經濟部獲得權力，可將重大工業收歸國有。到了年底，已有六十三家企業由經濟部自行經營，或與其他國家機關或民間資本家合作經營。可是，不論政府多麼努力，戰時生產力的增長受到西南地區低度開發、資源有限的囿限；即使到了抗戰末年，國民政府轄區的發電量仍然只有日本占領區發電量的八%左右[31]。戰時的重慶一直必須倚賴油燈昏暗的燈光。

日本人往華東日益推進之際，美國傳教士凱薩琳・韓德仍住在山東省嶧州縣。國軍倉皇撤退，全縣落入日軍手中。韓德觀察到：「數千名部隊士兵經過我們縣境。」嶧州未經太多戰鬥即告易手，但大家總是提心吊膽、深怕出事。韓德在一九三八年五月二日日記寫下：

最詭異的是站在空蕩蕩的街上，除了被毀的樓房，什麼也沒有。在房舍廢墟前，可聽到風聲吹響，曉得裡頭有人在搜尋穀物或金錢，而且隨時隨地可能會出現一群士兵……只要我亮出（美國）國旗，或許還可保安全，可是城裡已經有老百姓無故被射殺；不隨身攜帶身分證，肯定不安全。我們也護送一群群難民離開，以便疏散到鄉下去[32]。

韓德不只一次用「詭異」這個字形容陷身於戰爭之中的感覺，不過她不是指處身於戰鬥之中。有這種感覺的人倒也不只是她。華東地區日益陷入日軍控制下，淪陷區人民面對著日本人似乎必將大勝，只能無奈、又驚駭地等候新政府露出真面目。

國民政府沒準備好處理撤退到大後方事宜，日本人也幾乎同樣沒準備好接下占領的責任。入侵者或許是沒想到一九三七年七月的事件會升高為全面戰爭，他們並沒有具體計畫以處理突如其來的大片征服地。不過，過去已有先例可資參考。尤其是一九三一、三二年占領滿洲，已迫使日本想方設法處理占領地的政治和經濟。他們通常就是找出有相當地位的人出來合作，替日本人主持地方政府。日本人希望征服地區能自給自足，最好還能對日本歲入有所貢獻；但是日本人也理解，短期內他們必須先花錢恢復秩序，取得地方人士的信賴。這套伎倆在滿洲比較易於推行，因為滿洲少有嚴重的抵抗占領的軍事行動；相形之下，一九三七年至一九三八年的華中地區，戰事已摧毀地方基礎建設。恢復秩序是日本人聲稱其新政府具有正當性的最佳機會[33]。

這種情況需要有強大的政府，可是要到哪裡去找強大的政府呢？敉平「匪黨」是占領者及其傀儡政府的共同課題。這絕對不是個藉口。有個中產階級的華人基督徒婦人，講了被蘇州土匪綁架的經歷。經過一個月的談判，贖金從三萬元降到一千元，這名婦人和兩個女兒才恢復自由。當時與土匪交涉談判，全透過地方人士斡旋；地方當局早已逃之夭夭，他們申訴無門[34]。抗戰爆發之前，綁票勒贖不時發生，但國民政府從華東撤走，土匪益發猖獗。在抗戰期間，對日本人和地方當局而言，「土匪」不僅指擄人勒贖的歹徒，也指抗日愛國份子。也有許多打著「抗日鬥士」旗號的人其實就是土匪，或者是以壓榨鄉里過活的人。（很多情況下，真正的抗戰鬥士，恐怕也別無選擇，必須壓榨地方人士才能生存。）

土匪在農村中國猖獗，城市裡也一樣犯罪橫行。上海方面，日本人最先於一九三七年十二月五日在原本由國民黨控制的地區成立「大道政府」。「大道政府」只支撐到一九三八年四月二十八日；這是上海市為取代已撤退的國民政府之第一次嘗試[35]。繼之而上的是「維新政府」。一九三八年三月二十八日，一九一〇、二〇年代活躍於北洋政府、後在國民政府時期失意的梁鴻志，於南京國民政府大禮堂正式成立「維新政府[36]」。維新政府在南京昭告天下後，全員坐上火車，回到上海新亞飯店。他們往後兩年就從這裡發號施令，因此被人譃稱為「飯店政府」。（兩年之後，法國維琪政府更上層樓，不僅徵用一家飯店，而是徵用整個渡假村做為政府總部。）維新政府高層官員來來去去，上海很少人知道他們是何許人物。

上海市淪陷區的政府已經無從發揮功能，善後工作落到中國人數百年來所建立起來的其他社會組織肩上。中國許多大城市都有各省或大縣市同鄉會：一個無錫人來上海經商或追求更好的生活，就可以到同鄉會尋求財務或其他方面的協助。另一個賑濟源頭是強大的宗教慈善機構網。其中最著名的就是世界紅卍字會，一個相當於紅十字會（此時在中國已很強大）的組織。它們一九三八年在上海的文件宣示它們無意參與政治，只希望在淞滬戰役之後能盡一分力量紓緩苦難[37]。

與此同時，即使外國租界照常以中立的綠洲地帶運作，戰事依然逼近眼前，甚至散溢到街上。難民本能的擁入租界、尋求安全庇護，援助成千上萬的難民，成了以英國人為首的上海工部局和法租界當局現在的頭痛問題。「第一百號營房」是個典型的臨時收容所，設在一九三七年秋天淞滬保衛戰開打時即撤空的一所孤立醫院，收容約一千三百人。收容所的狀況顯然很可怕：有位義工，她的工作就是協助防止疾病擴散，因為有太多流離失所的人團團擠住在一起。她每天要替這些難民的小孩子清洗牛奶瓶，分配新衣服，安排難民洗澡。她說：「可憐呀！這些人好幾個月沒洗澡，奇怪的是，儘管他們缺乏種種設施，肌膚看起來仍很乾淨[38]。」

可是，就掌管公共租界的上海工部局來講，提供空間和設施給難民並不是一件樂意的事。工部局官員羅伯臣（R. C. Robertson）在一九三七年九月六日起草一份報告，以鄙夷的口氣指出，難民已持續向鄉下疏散，但那「主要是較有地位的難民。留下一大堆很難疏散的難民……最明顯的事例就是一群低層社會『違建』型的老百姓，他們占用了破舊的洋房。」他又說：「這些難民顯然是靠打零工、偷竊等方法自生自滅。他們不願撤走。他們把住處搞得髒兮兮，對公共衛生構成威脅。對付這群人，唯一的辦法就是動用警察[39]。」但是，羅伯臣也明白事情不是如此單純。他指出：「這批難民在雙方交火下，一直躲在已被炸得一塌糊塗的廢墟裡，而且遭受了各種戰火的恐怖震撼。從醫學的角度看，除了難民，還有被轟炸震撼嚇壞、精神緊張的一夥人[40]。」難民擁入，加上帶來疫疾，使上海自命的秩序井然、理性和諧和現代，蕩然無存。

有人建議要補充難民的伙食，包括提供魚肝油，但是「每個收容所都有極多難民」，使得這個計畫必須花費大筆經費。工部局也鼓勵民眾捐款：他們不認為供應大量難民福祉是他們的職責[41]。

一九三八年四月，法租界當局致函工部局祕書長史特林・費生登（Sterling Fessenden），讓他知道「自從一九三八年四月一日以來，進入本租界尋求避難者人數已超過十五萬人」[42]。法租界當局建議別再允許船隻駛進上海，但是工部局警察指出封閉進出中國最大港口的航運，實務上相當困難。然而，衛生局長一再強調，「在租界收容所登記有案的八萬名難民，是一群來自鄉下及來自上海貧窮郊區的普遍原始、未受教育的人，因此他們無法了解及遵守種種攸關健全、有序的社會所必須的規定」[43]。

用上「原始」這樣的字眼，足證租界當局已接近恐慌，情勢即將失去控制。上海之所以享有外國人特權特區之地位，是因為它與租界之外，日益繁榮的中國——不論它是積弱不振的帝制中國，還是實力日增的國民政府，保有聯繫。可是，這個中國城市慘遭戰火侵襲、難民奔逃癱瘓了本地區的行銷和運輸網絡，或是國民政府的潰敗，卻預告了西方人在上海的巨大財務投資，乃至感情寄託俱已前途黯淡。

日本攻擊之後陷入混亂的城市，並不限於上海一地。一九三九年二月十二日，韓德回顧在日本占領下在嶧州住了一年的情況：

> 日軍依然駐守城裡，游擊隊則在鄉間活動。摩擦經常發生，也無從避免。我們從來不知道何時、何地可能爆發嚴重的戰事。土匪藉勢作亂。鄉下人嚇壞了，經常到處逃難。我們仍然有許多難民寄住，因此無法讓所有學生住進宿舍。許多難民是城裡人，根本沒有別的地方可去。城裡仍然像是軍事堡壘，房舍大多已經毀壞，也沒人做生意，除了士兵、很少有居民。醫院幾乎住滿傷患，但很少有人

付得起醫療費用。如果我們弄不到賑濟款給他們，很多人會活活餓死。許多人在戰前家境還不錯，現在卻沒有工作、沒有前途……

結局會如何？何時會結束？如果我們知道的話，會比較高興嗎[44]？

來到陝北中共首府延安參訪的外國人，一寫起回憶錄，就一再觸及食物這個主題。用餐時間是上午八點、十一點，和下午三點；主食是粟粥或乾粟。冬天天氣太冷，雞不下蛋，就沒蛋可吃[45]。食物經過小心謹慎地配給，也少有變化，不過婦孺會多分一點肉。黨內地位較高可分到較多配給，這套特權制度意味著一家之內都會出現差別待遇：作家艾青得到中等程度膳食，而他太太和小孩只有基本等級的膳食[46]。膳食規定反映著大團體的生活方式。戰時的延安是個紀律嚴峻的地方，對於那些接受黨的紀律的人而言，生活尤其清苦，更甚重慶，延安是新社會契約的測試場。黨國體制承諾會照顧社會生活供應，但也要求黨員完全服從。

兩年前的一九三五年，九千名衣衫襤褸、疲憊不堪的士兵，來到這個西北山城。他們抵達延安，成為日後中國共產黨傳奇、號稱「長征」的這一事件畫下句點。長征其實是大撤退，是面對國民黨剿共力量增長、且黨內高層在江西內鬨不休，所不得不然的大徙移。延安成為愈來愈不滿意國民黨專制獨裁傾向的人士，另一種政治前途選擇的象徵。但是共產黨的政治實驗在一九三〇年代中期其實處於十分危險的境地。

對日抗戰改變了中國共產黨的命運。它不再是亡命天涯的叛徒，現在被正式承認為抗日統一戰線中的資淺夥伴。共產黨在抗戰期間政治政策的演進，受到戰爭需求的重大影響。抗戰也使毛澤東的事業前途出現重大變化。抗戰爆發時，毛澤東還不是中共最高領導人，經由長征他的地位已經大大加強；日後的記錄會把長征期間同樣勇敢、甚至超乎毛澤東的其他領導人，統統壓抑下去。一九三五年一月在貴州遵義召開的會議，也是毛澤東命運的一個重大轉捩點，會議支持他的機動戰戰術，以及捨棄共產國際所支持的傳統作戰策略的決定。可是，在一九三七年抗戰爆發時，他在中共黨內仍有角逐領導地位的競爭對手，最著名的是莫斯科培養的王明（本名陳紹禹）和長征老幹部張國燾[47]。但是毛澤東的決策不囿於黨內其他人物及思想的脈絡。儘管要轉向自給自足，中共並非存在於真空之中。共產主義的意識型態必須調整，以適應真實的、無法預料的，以及非常快速變動的戰爭事件之發展。

毛澤東深知與國民黨統一戰線，是中共擴張勢力的絕佳機會，不過當中也充滿極大的危險。尤其是紅軍將置於蔣介石全面指揮之下。中共絕對不願重蹈一九二七年的覆轍，當時它沒有自己的武裝部隊、無力抗拒蔣介石的清黨。抗戰開始時，共軍約有三萬兵力，八、九月，共軍改組為第八路軍，下轄三個師，但旋即擴張至八萬人。稍後不久，中共獲准組建第二支部隊，人數一萬兩千人、番號新四軍，在華中地區作戰[48]。至少有三分之一共軍不與日軍直接交戰，守在邊區（意即保護邊區，以免遭到國軍攻擊）。

毛澤東注意到，蔣介石是真心抗日。一九三七年八月十三日，也就是中、日雙方在上海地區爆發戰爭的同一天，毛澤東和同情中共的美國記者妮姆・威爾斯（Nym Wales，筆名 Helen Foster Snow）談話，承認國民政府已同意立即抗戰，共軍將納入國軍體系[49]。九月六日，陝甘寧邊區政府正式成立，首府設在延安。這將是抗戰期間毛澤東駐在的根據地，他將在這裡創造新形式的社會，日後的分析將把它稱譽為「延安之路」[50]。

毛澤東的作品顯示，這個政治人物和思想家抗戰初期時正處在改變之中。毛澤東利用位於延安相對孤立的優勢，大量閱讀馬克思主義文獻。毛澤東一向求知若渴、手不釋卷，而今不必栖栖皇皇逃亡，使他首度有時間（或許是五四運動那段忙亂日子以來第一次）浸淫在他年輕時即已接受的意識型態當中。王明及其追隨者有機會在莫斯科親炙史達林教誨，周恩來等城市菁英也有機會出洋長見識。毛澤東和他們不同，毛澤東出身農村，自修自學，他的智慧沒有問題，但是他的訓練與理論基礎則不免啟人疑慮。令人明白他已掌握了建黨的意識型態結構，有助於增強他爭取領導權的機會。

抗戰初期，毛澤東有關戰爭的論述顯示他這個思想家的視野已超乎陝西的窯洞[51]。上海、太原在一九三七年十一月相繼淪陷。毛澤東認為這些城市的淪陷乃是國民黨以大批軍隊進行陣地戰的戰略已經過時的跡象，今後游擊戰將是主要的戰略，至少在抗戰變成國際化之前應是如此。就蔣介石的計畫來講，這是信念的大躍進，因為在一九三七年秋天的時候，根本沒有跡象顯示戰爭會變成世界大戰。不過，毛澤東認為傳統的陣地戰不再有用，也不見得完全正確。譬如，薛岳一九三九年力守長沙，至少就替國民政府多保住這個戰略要衝達好幾年。國民政府即使有可能採取毛澤東所偏好的機動戰，從政治角度看，恐怕也很難做到，因為全世界的眼光都看著它，它要如何放棄傳統的武裝防禦，而一面呼籲國際伸出援手？身為國民黨的次要夥伴，毛澤東可以沉溺在比較激進的戰略思考，但是需要出面遊說倫敦和華府助戰的是重慶，而非延安。

延安做為激烈抗日燈塔的強大地位，吸引許多人投奔而來，一九三七～四〇年之間，多達十萬人[52]。和上百萬奔向重慶的人相比，這個數字當然是小巫見大巫，但是前往延安的人有極大比例是受過良好教育的人。大約五萬人是中產階級、讀書識字的人，如學生、作家和老師。許多人為追求中國新未來而來到陝北，他們對國民政府在一九三七年之前的殘暴行為已經失望。然而，延安的現實並不吻合許多人的夢想。這座小城位於經濟赤貧、落後地區，相形之下，重慶有若先進的大都會。陝西省周遭地區十分貧困，而且幾乎仍全是農業地區。共產黨的口號在這裡能夠引起共鳴，這也是原因之一。中共從延安所統治的邊區，總人口只有一百四十萬人。邊區是天災（地震與乾旱）頻仍、人禍（土匪與饑荒）不斷[53]。黃土形成懸崖，人民掘窯洞而居。

有志革命的人也覺得生活清苦，糧食不足、起居不便。延安馬列學院是典型的黨校，學生都住在山壁窯洞裡。學校有桌、有燈，以便學員晚上念書，但是沒有椅子。段蘇權多年之後回憶說：「學生生活井井有條。我們學習、上課、討論，然後吃飯、睡覺。規定很嚴，吹哨子以示上課開始[54]。」可是，儘管重視秩序，卻很難組織起活潑的政治運動。延安醫院創辦人陳學昭在《解放日報》上發表文章說：

當我們開會時，即使已有許多人到場，等候的時間幾乎與實際開會時間一樣長。開會兩小時，等候也要兩小時……因此我若要聽取兩小時的報告，已經等了一個半小時之後，我已經累了，無法專心聽講[55]。

重慶方面，來自華東的難民發覺自己與四川本地人不和。延安方面亦然，新到者尋求有系統的共產主義革命，卻與本地農民數百年來的舊習慣起了衝突。年輕的工運份子楊長春回憶起他在一九三八年春天參加植樹，他建議把樹擺好、擺整齊。另一位參加過長征的老幹部不同意，硬說把樹擺進地底就行。兩人為此吵起來。楊長春罵此人「只是個老農民」，卻被回罵說：「你們這些來自國民黨地區的人很討厭，你們根本就像外國人[56]！」產業技術工人在延安炙手可熱，因此可以賺到較高工資、享有較好生活水平（有人估計是抗戰爆發前的兩倍），因此招人妒恨[57]。

延安一向陽盛陰衰、男多於女。一九三八年，男女比例呈三十比一；即使到了一九四四年，仍是八比一[58]。對許多女性而言，這是擺脫制式角色的大好機會；例如，敞開領口的「列寧式革命服裝」成為抗日女子大學的流行服飾。趙超構在將近半個世紀後於回憶錄中寫下，形容延安羅曼蒂克其實一點也不恰當：

> 絕對沒有燙髮的女人，也沒有手挽著手招搖過市的戀人。一般女同志，很少嬌柔的做作。在服裝上，和男人差別很少。如果誇張一點說，延安大概是最缺乏性感的地方了[59]。

延安的女性也承受極大的社會壓力。缺乏避孕工具造成許多意外懷孕，而原始的醫療條件代表生產過程非常危險，延安又缺乏充足的育幼設施。如果女性希望持續其革命事業，必須考慮這個十分痛苦的可能性，把新生兒交給當地農家撫養[60]。衛生條件很差之下，以致當地有個笑話說，蝨子是「革命之蟲」，因為只要矢志革命、在延安住久了，身上遲早都會長蝨子[61]。

延安也免不了遭受日軍攻擊。一九三八年十一月二十日，七架日本軍機向古城投擲炸彈。有位觀察者王光榮回憶，書屋成為一片瓦礫，周圍死傷學員、幹部「七、八十人，血肉橫飛，慘不忍睹。」次日，敵機再度光臨，命中毛澤東住處，炸死三十名士兵。但是大家學得很快。陽曆新年和農曆新年，延安又遭空襲，但這次已有較好的準備，傷亡不大。明朝留下來的延安古城樓架上了高射砲，大鐘敲響便是空襲警報[62]。

日本人攻打延安沒有攻打重慶那麼認真。一九三八～四一年底之間，日軍總共空襲延安十七次；死者兩百一十四人，不能不說是重大傷亡，但遠遠不及重慶在一九三九年五月三、四日大轟炸，一舉就有五千多人喪生那麼嚴重[63]。日軍雖然強烈反共，但他們的首要目標是蔣介石，蔣介石的頑抗象徵不是整個中國願向日本降服。國民政府持續遭受日軍轟炸，一舉一動又在中、外媒體嚴密關注之下。相形之下，延安位居偏區、相較於重慶沒有太多難民湧入，使得共產黨能在不受外界注意或干預下發展他們的計畫。延安在外界眼中仍然神祕、難解：這裡沒有外國使領館、也沒有外國常駐記者。外國人並未絕跡，但受邀而來的外國貴賓，如激進派記者艾德加・史諾（Edgar Snow）或艾格妮絲・史沫特萊（Agnes Smedley）等人都同情共產黨、稱頌延安。

不在國際鎂光燈照射下，使得毛澤東有極大機會建立新的社會秩序。陝北除了貧窮之外，土地亦分配不均。有一項估計說，一二％的人擁有四六％的土地。在陝甘寧邊區，中共設計了一套政策要住在邊區的所有人民平均負擔，並依地方狀況做調整。在極少數地主擁有高比例土地的地方，降租成為重要工具；土地分配比較均衡、但普遍貧窮的其他地區，降低稅賦就比較重要。共產黨並沒有試圖從延安控制整個邊區的經濟，而是監督住重大的私有經濟（包括私人擁有大量土地）。政治也相當多元化，雖然黨在實際上繼續主導，但允許有民選的地方代表[64]。一九四〇年，共產黨採取一套「三三制」的代表制度，以示重視統一戰線。它規定地方代表機關（但不是黨或軍）應由三個群體選出：三分之一中共黨員，三分之一非黨員的左派人士，三分之一非左、非右的中間份子[65]。

其他領導人能威脅毛澤東的實力不一。一九三八年春天，張國燾發覺他能主宰黨的希望已日益渺茫，遂投向國民黨。王明是比較強勁的挑戰者，尤其是他的資歷包含在莫斯科受訓培養。他主張的政策是毛澤東所深惡痛絕者，譬如中共應與國民黨更加強合作，甚至合組政府也不妨。由於蘇聯給予國民政府大量援助，中共或許有機會藉此分享到流向蔣介石的部分財務和物資。王明也強烈堅持中國的共產革命應發生在城市、而非農村[66]。可是，事件的發展卻對他不利，武漢淪陷意味著他希望替中共建立都市基地的念頭已經不再合乎現實，中共只能在農村地區發展，毛澤東的看法壓過王明的主張。到了一九三八年底，莫斯科培養的王明已不再是實質威脅。此時毛澤東還不是定於一尊的共產黨領導人，他的根據地也不是抗戰期間中共發展思想和實力唯一的地方。但是毛澤東的奇魅，加上延安的地理優勢，意味著共產黨在中國其他地方抗戰的故事光芒全被他遮蓋下去。

共產黨也在華中地區發展，在山西、河北邊境成立「晉冀察邊區」，也在山西西北部成立「晉綏邊區」、在山西東南部太行山成立「晉冀魯豫邊區」。山西軍閥閻錫山雖然（和蔣介石一樣）天性不喜歡共產黨，卻與中共組成同盟。山西省會太原成為中共華北局（由劉少奇主持）所在地的頭幾個月，帶來了一九三七年九月二十五日的平型關大捷，共產黨八路軍與地方部隊合作，伏擊、狙殺日本皇軍第五師團若干兵力[67]。

中國共產黨及其盟軍利用抗戰初期大肆擴張。從一九三七至四一年間，黨員從四萬人左右急增至七十六萬三千四百四十七人，八路軍和新四軍起初總兵力約九萬兩千人，在同一時期竄升至四十四萬之眾[68]。共產黨各邊區之內還有地方民兵，許多民兵除當兵服役外，還從事正常農務工作，從而降低了年輕人應徵入伍後就離家、使家裡失去賺取生活所資的壯丁的那份恐懼感（在國民黨地區，這種恐懼感很強）。國民黨的政策是試圖重新分配穀物給軍眷（並不成功），共產黨則試圖減少服兵役和日常務農之間的地理距離。此外，直到一九四〇年以前，國民政府每月補助陝甘寧邊區經濟法幣六十萬元（當時折算約十八萬美元），對於這個赤貧地區提供了極為寶貴的收入[69]。（國民政府停止財務補助之後，史達林核示每個月支援中共約三十萬美元。）

共產黨比起國民黨更熱切樂見民眾參與政治活動，但是中共也和他們的對手一樣，不希望交出最終權力的權利。他們的民主觀念固然是要擴大政治參與，但絕非自由、或完全多元的。國民黨在他們控制的地區，藉由全國政治協商會議擴大政治參與，允許其他黨派參政，但是維持國民黨對政府的最終控制[70]。共產黨也支持地方代表機關擴大參與，但是要確保由黨來做實質決定。觀察家們批評這樣的制度空洞、欠缺實質政治權力，其實沒有抓住重點。它們不是設計來防止多元化的自由民主的模式，而是針對前現代的制度，因為帝制時代的臣民根本沒有天賦的公民權利參與政府。不過，這些意識型態的制度也顯示，主導的政黨是多麼地不願意分享實質權力。

延安和重慶一樣，不但是個實體的地方，也代表了一種理念，兩者都與被日本占領的中國形成鮮明對比。重慶成為國家與社會之間新契約的表徵，也就是說在新中國之中，國家面對可能毀家滅國的大考驗時，可以對人民提出極大的要求，然後公民也可以期待統治他們的政府日後回報。延安的契約也大致類似，但提升到更高的水平，共產黨政策的核心是革命、而非改革。一九一七年的俄國大革命也發生在國際戰爭進行之中，但毛澤東和他的黨所用的方法，與布爾什維克從上而下奪權的方法大不相同。毛澤東清楚表示，首要任務是團結在抗日統一戰線大方向之下，階級鬥爭暫居次要地位，共產黨要利用時間發展動員群眾的工具。

並不是人人樂見共產黨利用抗戰而勢力坐大。蔣介石當然非常不相信他們的意圖，汪精衛也一樣。

注釋

1. 見Lee McIsaac, "The City as Nation: Creating a Wartime Capital in Chongqing," in Joseph W. Esherick, ed., Remaking the Chinese City: Modernity and National Identity, 1900–1950（Honolulu: University of Hawai'i Press, 2000）.
2. 杜重遠，〈敵人內部嚴重狀況的新報告〉一九三八年四月二十四日，頁二七六。
3. 關於新疆，見James Millward, Eurasian Crossroads: A History of Xinjiang（New York: Columbia University Press, 2006）；關於西藏，見Hsiao-ting Lin, Tibet and Nationalist China's Frontier: Intrigues and Ethnopolitics, 1928–49（Vancouver, 2006）.
4. Andres Rodriguez, "Building the Nation, Serving the Frontier: Mobilizing and Reconstructing China's Borderlands during the War of Resistance（1937–1945）," Modern Asian Studies 45:2（March 2011）.
5. Theodore White and Annalee Jacoby, Thunder out of China（New York, 1946）, 13.
6. 西南師範大學重慶轟炸研究中心等編，《重慶大轟炸》（重慶，二〇〇二年），頁九二、九三。
7. 周勇，《重慶通史》（重慶：二〇〇二年），卷二，頁八七六。
8. 四川省檔案，《抗日戰爭時期四川省各類情況統計》（成都，二〇〇五），頁二九。
9. 《重慶大轟炸》，頁三九四。
10. Ibid., 408.
11. 張瑞德（Chang Jui-te）, "Bombs Don't Discriminate? Class, Gender, and Ethnicity in the Air-Raid-Shelter Experience of the Wartime Chongqing Population," in James Flath and Norman Smith, Beyond Suffering: Recounting War in Modern China（Vancouver, 2011）; Edna Tow, "The Great Bombing of Chongqing and the Anti- Japanese War, 1937–1945," in Mark Peattie, Edward Drea, and Hans van de Ven, The Battle for China: Essays on the Military History of the Sino-Japanese War（Stanford, CA, 2011）.

12. 《重慶大轟炸》，頁四一一、四一二。
13. 《重慶大轟炸》，頁四一六。
14. "War in China: Heavenly Dog,"Time（May 15, 1939）.
15. 《重慶大轟炸》，頁四一〇、四一一。
16. Tow, "The Great Bombing of Chongqing," 265. Jay Taylor, The Generalissimo：Chiang Kai-shek and the Making of Modern China（Cambridge, MA, 2009）, 179.
17. MacKinnon, Wuhan 1938, 55–59.
18. Rana Mitter, "Classifying Citizens in Nationalist China during World War II,"Modern Asian Studies 45:2（March 2011）, 258–259. Sichuan Provincial Archives, Min [Republican-era files] 38, folder 2 / 614（June 1940）.
19. 重慶市檔案館 0067–1–1150（May 1939）.
20. 重慶市檔案館 0053–12–91（May 1939）.
21. Ibid.
22. 重慶市檔案館 0053–12–91（June 1939）. Lu Liu, "A Whole Nation Walking," 202–10.
23. Mitter, "Classifying Citizens," 262.
24. Ibid., 265–267.
25. Hans J. van de Ven, War and Nationalism in China, 1925–1945（London, 2003）,255–258.
26. Mitter, "Classifying Citizens," 272–273. 另見 Helen Schneider, "Mobilising Women: The Women's Advisory Council, Resistance, and Reconstruction during China's War with Japan," European Journal of East Asian Studies 11:2（2012）.
27. Van de Ven, War and Nationalism in China, 260–262.

28. William C. Kirby, "The Chinese War Economy," in Hsiung and Levine, China's Bitter Victory, 191; Felix Boecking, "Unmaking the Chinese Nationalist State: Administrative Reform among Fiscal Collapse, 1937–1945," Modern Asian Studies 45:2（March 2011）, 283.
29. Ibid., 190–191.
30. Ibid., 196.
31. Ibid., 192–193.
32. KH, "Diary," May 2, 1938.
33. Timothy Brook, Collaboration: Japanese Agents and Local Elites in Wartime China（Cambridge, MA, 2005）, especially chapters 2 and 3.
34. Yale Divinity Library, M. M. Rue papers: Y. L. Vane, "One Month among the Bandits."
35. Timothy Brook, "The Great Way Government of Shanghai," in Christian Henriot and Wen-hsin Yeh, eds., In the Shadow of the Rising Sun: Shanghai under Japanese Occupation（Cambridge, 2004）, 161.
36. Timothy Brook, "Collaborationist Nationalism in Wartime China," in Timothy Brook and Andre Schmid, Nation Work: Asian Elites and National Identities（Ann Arbor, MI, 2000）, 170ff.
37. 上海市檔案館 Q113–2–12. Q165–1–64.
38. Yale Divinity Library, M. M. Rue papers: Mrs. C. M. Lee, "Impressions of Camp No. 100."
39. 上海市檔案館（U1–16–1039）.
40. Ibid., 2.
41. 例如，見"Who Ran the Treaty Ports? A Study of the Shanghai Municipal Council," in Robert Bickers and Isabella Jackson（eds.）, Treaty Ports in Modern China: Law, Land, and Power（London, 2013）.
42. 上海市檔案館（U1–16–1039）, 101.

43. Ibid., 121.
44. KH, "Diary," February 12, 1939.
45. 朱鴻召，《延安日常生活中的歷史》（桂林，二〇〇七），頁一一。
46. 朱鴻召，《延安日常生活中的歷史》，頁一一至二九。
47. Lyman P. Van Slyke, "The Chinese Communist Movement during the Sino-Japanese War, 1937–1945," in Lloyd E. Eastman et al., The Nationalist Era in China, 1927–1949（Cambridge, 1991）, 183–187.
48. Van Slyke, "Chinese Communist Movement," 181, 189.
49. "Interview with Nym Wales on Negotiations with the Guomindang and the War with Japan," MZD, vol. VI, 16–17.
50. Mark Selden, The Yenan Way in Revolutionary China（Cambridge, MA, 1971）.
51. 例如，"On Protracted War"（May 26, 1938）, MZD, vol. VI, 319–389.
52. Van Slyke, "Chinese Communist Movement," 203.
53. Ibid., 200.
54. 朱鴻召，《延安日常生活中的歷史》，頁一二。
55. Ibid., 8.
56. Ibid., 34.
57. 見 Joshua H. Howard, Workers at War: Labor in China's Arsenals, 1937– 1953（Stanford, CA, 2004）, on Chongqing workers, particularly chapters 3, 4, and 5.
58. 朱鴻召，《延安日常生活中的歷史》，頁六。
59. Ibid.,（citing 1992 memoir）.
60. Ibid., 238, 243, 245–250.

61. Ibid., 351.

62. Ibid., 319–321；王光榮，〈日軍飛機轟炸延安紀實〉，《黨史博覽》二，（二〇〇三），頁四六、四七。

63. 《延安日常生活中的歷史》，頁三一九至三二一；〈日軍飛機轟炸延安紀實〉，頁四六、四七。

64. Van Slyke, "Chinese Communist Movement," 200–02.

65. Selden, Yenan Way, 161–171; Lyman van Slyke, Enemies and Friends: The United Front in Chinese Communist History（Stanford, CA, 1967），142–153.

66. Van Slyke, "Chinese Communist Movement," 185–187.

67. 關於平型關，見Satoshi and Drea, "Japanese Operations," in Peattie, Drea, and Van de Ven, The Battle for China, 164–167. 關於共產黨根據地及延安外頭的抗戰，見Gregor Benton, Mountain Fires: The Red Army's Three-Year War in South China, 1934–1938（Berkeley, CA, 1992），關於新四軍，見Gregor Benton, New Fourth Army: Communist Resistance Along the Yangtze and the Huai, 1938–1941（Berkeley, CA, 1999）；David Goodman, Social and Political Change in Revolutionary China: The Taihang Base Area in the War of Resistance to Japan, 1937–1945（Lanham, MD, 2000）；Pauline Keating, David Goodman, and Feng Chongyi, eds., North China at War: The Social Ecology of Revolution（New York: M. E. Sharpe, 1999）；Pauline B. Keating, Two Revolutions: Village Reconstruction and the Cooperative Movement in Northern Shaanxi, 1934–1945（Stanford, CA, 1997）; and Dagfinn Gatu, Village China at War: The Impact of Resistance to Japan, 1937–1945（Vancouver, 2008）.

68. Van Slyke, "Chinese Communist Movement," 188–189.

69. Taylor, Generalissimo, 171.
70. Van de Ven, War and Nationalism, 220.

11. 奔向混沌不明的未來

一九三八年十一月二十六日，周佛海和他的副手梅思平等一夥國民政府官員奉召到重慶汪精衛寓邸祕密開會。梅思平剛從上海回來。蔣介石若是知道此事，一定立刻逮捕梅思平，因為他在過去幾天與日軍高階人員進行詳盡、熱切的討論。日方的要求很簡單：汪精衛應該叛逃，在日本控制的華東另立政府，與蔣介石唱對台戲。雙方已簽署一項協議草案，日本首相近衛文麿已備好宣言，即將宣布此一新政府的誕生。但是對於具有長久革命歷史的汪精衛而言，不論他對蔣介石有多深的仇恨、對中國命運又有多深的焦慮，要跨出這一無可後退的一步，可謂極其艱巨的決定。

汪精衛舉棋不定，會議過後，他神情落寞。周佛海很氣汪精衛的猶疑不決，他寫下：「返寓後，與思平談及汪之性情，咸甚（認）為無一定主張，容易變更，故十餘年屢遭失敗也。惟對於此事，則斷定其雖有反復，結果必仍如原訂計畫也。」周佛海的評斷或許稍嫌嚴厲。畢竟汪精衛在青年時期為革命甘冒殺身之禍去行刺滿清攝政王；現在，他貴為重慶政府首腦人物，他們要求他再次冒死涉險，因為毫無疑問，蔣介石和中共都會視投日為叛國漢奸。

次日，汪精衛仍然猶豫不決，但周佛海已經比較能原諒他。他後來省思說，汪精衛雖然舉棋不定、缺乏自制，卻能聽人進言。周佛海寫說：「為茲事體大，亦難怪其左思右想，前顧後盼也。余為此事，亦再四考慮，心力交瘁矣[1]。」幾天之後，汪精衛似乎已下定決心。可是，要付諸行動並非易事。蔣介石的特務頭子戴笠在重慶布下許多眼線、注意所有可疑行動。因此，主要人物並非同時離開重慶，汪精衛先到四川省會成都，而周佛海則逕自到雲南省會昆明——當時由軍閥龍雲控制。龍雲是彝族人，和蔣介石關係時好時壞。他理論上承認國民政府的權力，但是經常歡迎覺得重慶氣氛太過壓迫的異議人士到訪。雲南也接近印度支那（法蘭西帝國的一部分）的邊境。

汪精衛和蔣介石、還有晚年的毛澤東都一樣，有個意志強悍的妻子。汪精衛優柔寡斷，陳璧君卻截然不同，可能是她起了作用。外交部亞洲司司長高宗武說：

汪夫人是位傑出女性……她對汪精衛有極大影響力。她的堅毅、果決態度彌補了汪精衛的秀氣俊逸和溫文動作……得罪她的人再也見不到汪精衛；這是她最大的力量[2]。

高宗武也說，陳璧君能把英俊的汪精衛收為夫婿，憑的是堅強的意志、而非她的容貌。高宗武說：「她一向介意汪精衛的年輕俊秀，因為人們往往誤以為她是他的媽媽。」這種刻薄評論在中國歷史上源遠流長，夙來用以批評垂簾聽政的強勢可怕婦人。事實上，陳璧君有許多特質吸引汪精衛，她不僅投身革命、也十分勇敢，且護夫心切。汪精衛決定從重慶出走或許還有一個影響因素，那就是陳璧君愈來愈相信蔣介石有心暗殺汪[3]。

叛逃者在準備出走時，氣氛變得很熾熱。每一秒鐘，人不在重慶的蔣介石隨時都可能察覺他們的勾當。周佛海在十二月一日的日記寫下：「聞蔣先生十號以前將來渝，心理上有莫名奇妙之感想，如小學生聞先生將至然。」現在汪精衛又開始動搖，他在一系列電話中洩漏出他的焦慮。有一天，他對維新政府（日本人在華北成立的傀儡政府）發布的一項公開聲明大動肝火，因為它像是主張對全中國擁有主權；還有一天他讀到香港、上海的報紙（也就是不受國民黨控制的報紙）抨擊他，煩惱該如何回應[4]。周佛海愈來愈擔心，他們這夥人寄希望於汪精衛身上，可是又不能倚賴他。

十二月五日，周佛海搭機前往昆明。前往機場送行的官員只知道他為例行公事出差，可是對周佛海而言，這是他走向茫茫政治前途的開端。

「十時三刻上機起飛。別矣，重慶！國家存亡，個人成敗，在此一行！……豈飛機離地之剎那，即余政治生命斷絕之時歟[5]？」

到了昆明，隨便遇上什麼人，都讓周佛海心驚膽跳。他寫說：「本日聞人仿重慶『要得』、『要不得』腔調，頗憶重慶。不滿現狀，留戀過去，殆心理上之缺憾歟？」離家，使他回想起往事，尤其是一首久已忘記的情歌。他哀傷地寫說：「憶亡友曼秋。書『亡友』，余心痛極矣！」

接下來，來自重慶的消息使他陷入失望深淵。汪精衛取消離城之行。蔣介石回到重慶，汪精衛怕蔣會風聞密謀，拒絕行動，已經到了香港的梅思平急忙取消原定在上海宣布汪、日將展開和談的安排。周佛海睡不著覺，他寫下：「苦心焦思，為平生所未有。」他應該回重慶，等候另一次機會嗎？畢竟只有極少數人曉得他到昆明不是例行出差[6]。或許他改變想法，沒有人會發覺？

但是周佛海決定，他不能回重慶，如果他現在回陪都，只能拖延幾天，更糟的是，他可能沒機會再次出城。他寫說：「如天不亡中國，汪先生或能於十天內離渝。」

周佛海繼續失眠。他不在重慶，無法勸汪改變主意。而汪精衛似乎已經退縮。十二月十七日，陳春圃（陳璧君的親戚）告訴周佛海，汪精衛已取消他往河內的機票。周佛海寫說：「余究應如何，實難決定，心緒之煩，向所未有。見客五人，強作應酬，內心實痛苦萬分也。」周佛海現在立場變了，或許回重慶觀察情勢、另等機會比較好。他反省說：「本日心緒十分之八返渝，十分之二赴港[7]。」他仍然擔心蔣介石會識破密謀；如果蔣真的偵知此事，周自忖一定立遭逮捕。

十二月十八日，周佛海上街，見到街上有樂隊奏樂、警察布哨警備。很顯然，有大人物到了昆明。但究竟是誰呢？如果是蔣介石，則周佛海的出走計畫已經胎死腹中。如果是汪精衛到了昆明，那出走計畫即可付諸實行。

武漢淪陷之後，蔣介石明白宣示政府無意投降，他宣布這是全國的革命戰爭[8]。蔣介石從來沒有停止相信，抗戰是數十年來要實現孫中山建立穩定、正統民國大志的工作之一環。蔣介石一生經歷多次成敗起伏，因此把對日抗戰看成是最近的許多挫折之一。他也相信已經付出昂貴生命代價保衛的武漢，不再攸關他的戰略。他已另行闢建從西北和東北供應大後方的新路徑，國民政府現在守住好幾條主要通路。蔣介石宣布：「我們從過去五個月對敵作戰建立起信心。」他指的是台兒莊大捷以來，國軍士氣大振。

但是蔣介石仍然面臨巨大的挑戰。到了一九三八年底，仍然沒有國際重大干預中日戰爭的跡象。中國共產黨繼續保持對華北、華中部分地區的控制，但是國民黨曉得他們將被迫靠自己的資源避免被打敗。蔣介石已經失去他的舊愛牯嶺（廬山），改在湖南南嶽山區別墅召開高階軍事會議，就截至目前為止的戰術失敗提出檢討。第一次南嶽軍事會議於一九三八年十一月二十五日召開，蔣介石援古論今，鼓勵聽訓將領。他首先引用中國軍事韜略經典《孫子兵法》：「能使敵自至者，利之也。」蔣介石宣稱，日軍沿著長江一路挺進，正是國民政府希望他們做的。幾週前的十月十二日，日軍在廣東省大亞灣登陸，十天之內攻克華南重鎮廣州[10]。即使這場撼動人心的大敗現在也被編造成為整體戰略成功的一環。孫子說：「凡先處戰地而待敵者逸，後處戰地而趨戰者勞，故善戰者致人而不致於人。」抗戰第一期已經結束，現在是第二期抗戰的開始，是我們轉守為攻、轉敗為勝的時期[11]。

蔣介石明白這種說法挺像極度失望後的胡言亂語，因此他再舉晚近一件史實來凸顯他的觀點。大約七十年前，太平軍聞風披靡，征服大半個華中地區。負責彈壓太平軍之亂的滿清官員曾國藩，遭叛軍擊敗，認真考慮自殺。在他被勸阻後努力鑽研失敗原因，終能改造湘軍，在武漢、長沙及其他地方頻頻告捷，最後敉平亂事。他的隱喻很清晰。

但是走向軍事改造（乃至國家改革）的路徑並不簡單，蔣介石向與會將領明白表示他的不滿。他譴責日本人，責備他們失去「東方人」應有的特殊美德、「驕兵必敗」，不過，國軍也必須大幅改進本身的紀錄。蔣介石一再剴切提示，軍隊許多做法傷害到組織：軍隊在戰場上應該替戰死同志收屍，善予安葬，士兵受傷應該提供醫療妥為診治；蔣介石指出，全國都出現指揮官聽任士兵乞討或偷竊以求自足的可怕現象。一般而言，應該是「軍民無間」，但實際上，許多地方是軍來民跑，深怕會被騷擾或敲詐。

其咎不全在普通士兵身上，也要怪長官只關心本身地位、沒有盡責。士兵逃亡，軍官

「怠忽職責」不去追捕，軍官竄改情報報告，誇大本身成績。部隊之間的溝通經常失靈，太多機密情報外洩，未能蒐集到有關敵人之足夠情報。高階將領只採用有限的戰術，只顧防衛戰場上的「線」、不能更加靈活地部署部隊[12]。

蔣介石也承認自己有過失。十一月二十八日是會議的最後一天，他宣稱南京失守是他「一生最大恥辱」。他要為失去上海、武漢和馬當負責任，也承認在武漢應該破壞機場和碉堡才對。沒有破壞它們，反而使得日本人有了轟炸重慶的基地。即使如此，他還是用詞謹慎，責備廣州和馬當失守是他「用人不當」[13]。

會議定下重大改革，要把國軍改造為更強大的作戰力量，做法包括集中化徵兵體制、減少整體部隊員額但維持部隊費用，並且集中指導訓練計畫，把三分之一部隊從作戰地區調到大後方重新整訓。當然，整個計畫也是意在降低個別將領的權力，讓他們接受國家節制[14]。蔣介石在訓話的結尾強調軍紀的重要。他的用詞非常類似毛澤東的說法：「今後勝敗關鍵，全在我能否把握民眾[15]」。

但是蔣介石的身側還有他的老政敵汪精衛。汪精衛身兼國防最高會議及中央政治會議委員，他或許會想起他的革命事業是如何激烈起伏。他曾經明顯是孫中山的政治傳人，現在他卻流亡西南，面對中國如何奮戰、似乎都撼動不了的強敵。他也屈居蔣介石之下，汪精衛認為這個僭主竊據了理當歸他所有的國民革命領袖的地位，現在蔣又把中國最古老的大半壁江山輸給日本人。汪精衛認為，抗戰的訊息愈來愈空洞。外交官高宗武回憶說：汪精衛很不高興擔任（國民黨）副總裁，他認為他比任何人更夠格擔任總裁[16]。

蔣介石留下日記，毛澤東也有大量筆記、文字和演講稿傳世，汪精衛卻沒留下詳盡的個人作品，後人必須依賴別人如周佛海等的眼光來了解他[17]。中日戰爭一九三七年爆發時，周佛海是國民黨中央宣傳部副部長[18]。即使在開戰後頭幾週和頭幾個月，周佛海仍抱持疑慮。他和其他政治界、知識界人士組成一個「低調俱樂部」，希望審慎地思考與日本和談的可能性，陶希聖也是成員之一。這位前任大學教授與汪精衛關係密切，現在在政府幾個重要委員會擔任職務。透過這些「低調」活動，周佛海首次和汪精衛變得親近[19]。

交涉和談的關鍵人物是高宗武，時任外交部亞洲司司長。雖然年紀輕（抗戰爆發時年僅三十歲），高宗武在南京政府高度派系政治中卻展現圓融的政治手腕。他曾留學日本九州帝國大學，因為文探討中日關係使他受到當時擔任外交部長的汪精衛器重。即使汪精衛在一九三五年短暫離開政府職位，高宗武仍保留原職。

一九三七年八月，藏在防空洞躲避日軍對南京的轟炸時，周佛海和友人開始討論如何終止戰爭。周佛海在八月中旬的日記寫下：「預計三個月後可開始外交，未知能否天隨人願也」。低調俱樂部毫不懷疑，長期抗戰將對中國造成大害。周佛海寫說：「國力不足，戰爭只可適可而止，宜準備外交接洽[20]。」他們之中有許多人曾經留學日本，自認了解日本。長期衝突、且結果高度未卜，比之快速和談、中國若干要求至少可以得遂，前者要來得更糟。高宗武及其友人把對日交涉的情況都向汪精衛、蔣介石報告[21]。汪精衛在政府的職務有一部分即是調停結束戰爭，而蔣介石完全知悉這些交涉[22]。

蔣介石不願與日本太公然往來。一九三七年八月他批駁高宗武與日本駐華大使川越茂之間進行交涉的提議，因為高宗武是外交官，高和川越會晤易給人正式交涉的印象。不過，「低調俱樂部」抓住訊號：蔣並不絕對排斥與日方接觸。陶希聖和汪精衛談論之後表示，蔣顯示可能願意允許某種交涉，但必須十分謹慎，因為他擔心日方會把消息洩漏出去。汪精衛的友人設法維持他的精神。周佛海說：「與希聖談，請其勸汪勿灰心，蓋蔣先生於公開場所表示，自不能不強硬也。」私底下或許允許更多彈性。汪精衛在九月中旬告訴陶希聖，他認為中、日應該停戰，透過英、美談判；他聲稱蔣也同意，但擔心代價會太高[23]。

一九三八年初，華東岌岌可危、即將崩潰，低調活動抬頭。高宗武辭去官職，以便以特使身分穿梭於上海和香港之間，中、日雙方可在此進行非官方對話。高宗武在一九三八年春天數度回武漢，讓周佛海了解他交涉的進展。高宗武及其同僚與許多中層日本官員和企業界人士會談；這些人許多曾在中國長住，對於兩國爆發戰爭甚為遺憾。一九三八年七月初，高宗武受邀前往東京住了幾週，與犬養健（Inukai Ken，譯按：其父犬養毅曾任日相。）、松本重治（Matsumoto Shigeharu）及其他官僚、記者討論。這些人組成一個非正式的「早餐俱樂部」，向近衛親王首相進言[24]。就高宗武而言，這是非常危險的動作，當蔣介石正極力試圖保衛武漢之際，只要稍有跡象顯示高宗武出現在日本是得到國民政府准許，勢必傷害到抗日。高宗武受到主方「皇室般」的待遇，但沒得到任何明確的讓步。交涉過程中，重點從說服蔣介石接受中日協議，轉為爭取他的官職副座汪精衛的可能性[25]。回到武漢後，針對高宗武未經核准就到東京去，反應不一，從慍怒到盛怒都有；汪精衛和蔣介石也都譴責此一舉動[26]（然而，有些學者堅信高宗武奉有蔣介石密令才接觸日本人[27]）。

武漢在一九三八年十月二十五日淪陷。周佛海幸運脫身；他在十月二十四日前往重慶，不過他原定是次日啟程。現在周佛海必須嚴肅思考中國應該走哪一條路。蔣介石和中共已公開聯手支持「長期抗戰」，一面牽制、拖垮敵人，一面等候衝突在國際上擴大。在重慶第一個酷暑下，周佛海經常和友人在晚間秉燭夜談，聊南京往事，也和汪精衛討論戰事。周佛海對抗戰愈來愈不抱希望，他對家鄉長沙毀於大火甚為憤慨。他寫說：「聞長沙自行放火」。他指的是蔣介石指示，應該火燒長沙城，以防它落入日本手中。「敵未至而土先焦，實以民為敵，如此倒行逆施，真為淵驅魚，為叢驅雀也。」

周佛海肯定曉得長沙大火，一定也死了數千人。而他看不到有任何政治制度可伸出援手。他提到國防委員會的會議：「從未見扼要詳盡之冷靜討論，非多說廢話，即沉默無言，草草通過。以指導政治之總責付於此會，難怪各種決策不能周密決定及推行。」他特別點名蔣介石的連襟，行政院長孔祥熙「廢話尤多，令人煩悶[28]。」

周佛海的信心危機盡顯在他一九三八年十月底的日記中，也就是武漢淪陷前幾天。他問說：

英雄造時勢歟？時勢造英雄歟？時勢如此，能否旋乾轉坤，使國家不至於滅亡，端賴今後努力。惟國運如何，實未能預料也。[29]

十一月三日，日本近衛首相在電台發表講話，宣布他有心在亞洲建立「新秩序」，日本和中國在新秩序中將具有平等地位，將攜手對抗真正的威脅——共產主義。雖然聲明沒有直接推翻一月份所宣稱的日本不再以國民政府為交涉對象之立場，近衛的聲明的確表示，由不同「人士」當家的國民政府或許在東京可以得到善待。這個訊息足以引起汪精衛的興趣，他派低調俱樂部另一成員調查。

因此，梅思平在汪精衛建議下於一九三八年秋天前往上海。十一月十二日至二十日期間，梅思平與早先曾和高宗武討論過的日本陸軍代表今井武夫中佐討論和平協定的條件。參加者還有高宗武，以及日方的影佐禎昭（Kagesa Sadaaki）大佐和犬養健大佐。交涉在上海市虹口區匆匆裝修的大廈重光堂舉行。談判代表為幾個關鍵議題激辯。日本要求中方承認滿洲國，但中方不肯，因為它等於明白地放棄中國主權。雙方能同意的是，兩國在經濟上共同開發中國領土，雖然日本要求中國「賠償」戰事所引起的損失令中方很難吞嚥

定該走陸路、還是搭飛機。「二十分鐘內變化七、八次，……，最後決定冒險乘機。」他們前往機場。「三時一刻起飛。」離開中國，周佛海的思緒不在政治事務上。他寫說：「機中念母不置，恐今後不易見面，為之泣下[31]。」

直到生命告終，周佛海和他追隨的汪精衛，一直自認是真正的愛國者。面臨中國被日本進攻而亡國的可能性，要不就是在蘇聯控制下成立共產中國，汪精衛這夥人認為談和是解決戰爭危機唯一的務實方法。他們受真正意識型態熱情的鼓舞，傾向於泛亞主義的未來、而非與英國或美國同盟，因為在中國，這些大國的帝國主義行徑並沒有使他們比日本人更可取。

然而，汪精衛並不是狂熱的「親日」漢奸，欽慕日本生活方式、鄙視中國。對於早年如此專注於民族主義革命大業的人來講，這是很奇異的立場。汪精衛略通日文，但不會說、讀；高宗武回憶說：「他擔任外交部長時，我必須為他翻譯。」高宗武認為另一個殖民大國或許對汪精衛有更大的影響。武漢淪陷之前，他曾和法國大使亨利・柯士敏（Henri Cosme）交談。柯士敏建議國民政府和日本談判；他指出，畢竟中國比一八七〇年敗給普魯士之後的法國還更弱。當時的法國人想要復仇，可是外交和軍事方面都沒有力量完成心願[32]。柯士敏的意思很清楚。花了四十多年時間，法國才終於在一九一八年打敗宿敵。同理，中國或許必須等候機會擊敗日本；同時，中國人對於復仇的時機必須務實。事實上，柯士敏這段話將對他本人更具意義，只是當時他並不知道。法國在一九四〇年六月被德國攻克之後，他被維琪政府派任駐東京大使。

汪精衛在飛往河內的飛機上，非常焦慮。高宗武回憶說：「他神情憂慮，擔心蔣介石或許會發現他的計畫，可能派飛機來制止他，迫他在重慶降落。」汪精衛甚至對同行夥伴下達緊急指示。他說：「我們往南走，因此太陽在我們右方。如果你們看到任何影子（意即你們感覺飛機掉頭），就衝進駕駛艙，逼飛行員改回正確方向[33]。」但是，這些預防措施沒有派上用場。汪精衛等一行人在十二月十九日下午五點半於河內安全降落。

次日，他們移動到離河內約一百公里的一處海邊小別墅，稍事輕鬆。現在他們已經付諸行動，周佛海的情緒也不一樣了。他說：「面對汪洋大海，心境為之一爽。目前之海闊天空，非十五日前踞處萬山中之重慶時所可想像。」一群人中午大啖海鮮，也開始討論新政府當務之急：軍隊、外交系統，當然還有經費財源。周佛海、陳春圃和陶希聖當天夜裡喝了烈酒，還跑去一家越南妓院。即使縱情酒色也撫慰不了多愁善感的周佛海。他寫下：「老妓為吟月落烏啼、閨中少婦等詩，不禁眷念祖國[34]。」

這一年的最後幾天，一夥人就在籌謀劃計和旅行中度過。印度支那只是中途站，他們下一站是香港。旅途中，周佛海表示，他們這一夥出走的人當中，蔣介石一定最氣他。畢竟汪精衛從來就與蔣不合，可是周和蔣非常親近，他的出走會被蔣視為個人背叛。周佛海寫信給蔣介石（及蔣的祕書陳布雷）說明他有此行動的理由。周佛海在日記中寫下：「固知決不致得其諒解，但盡心而已。」同時，汪精衛也起草公開聲明說明出走的原委。討論中，周佛海沉痛地強調兩點。第一，日本必須放棄其侵略、羞辱中國的「傳統」思想；第二，日本必須承認抗戰（汪精衛在委員會開會時也投票贊成）是為了保障「民族之獨立與生存」，如果能夠和平達成它（意即透過與日本談判），中國就「抗戰之目的已達」。汪精衛渴望任何協定都把他描繪為正義之戰的愛國勝利者[35]。

重慶出現一些非正式的訊號，官員們在汪精衛做出石破天驚決定之後試圖降低政治溫度。蔣介石鼓勵中國駐英大使郭泰祺拍發電報給汪精衛，請汪前往歐洲；郭泰祺甚至願意放棄官職，陪侍汪精衛左右。周佛海也寫信給陳布雷，聲稱此舉「不是反蔣，而是擁護和平」。他拜託陳布雷勸蔣不要在報上攻訐汪精衛，也不要下令刺殺汪精衛。汪精衛出走的頭幾天，蔣介石的確命令報界謹慎處理汪出走的消息，聲稱汪是到河內「治病」，又說汪若有意見要說，應該回重慶來討論[36]。十二月二十一日，龍雲向蔣介石證實汪精衛在河內與日本人會面。蔣介石相當困惑：

> 聞汪先生潛飛到滇，殊所不料。當此黨國空前未有之危局，彼竟不顧一切，藉口不願與共黨合作，拂袖私行，置黨國於不顧，此豈吾革命黨員應有之行動乎？不勝痛惜之至！惟仍望其能自覺回頭耳[37]。

但是這一切都沒有效果。十二月二十二日，近衛匆匆在東京召開記者會，含糊地宣示願與中國攜手友善、經濟合作及反共[38]。蔣介石公開駁斥，聲稱日本所倡議的「新秩序」是「奴役中國……的條件，日本可藉以主宰太平洋，進而瓜分世界其他國家[39]」。十二月三十一日，香港報紙刊登汪精衛的電報，（譯按：所謂「豔電」）證實已流傳多日的傳聞：汪精衛說近衛的聲明創造了和談的新條件。任何和平方案都要求中共必須放棄其分裂組織，日本也必須明確承諾從中國領土撤軍[40]。

周佛海指出：「各報無不攻擊者。以目前情勢論，此實為當然之現象，殊非意外也[41]。」出走者做出巨大犧牲，甘冒叛國罵名來和敵人談判。現在他們當然覺得他們理應得到獎酬：一個獨立的中國之合法政府。

這一切都還必須等候。一九三八年的最後一天，周佛海寫下：「今日為除夕，與希聖枯坐無聊，度此殘歲。」事態演變，汪精衛、周佛海和低調俱樂部將竟日枯坐無所事事很長一段時間。

注釋

1. 《周佛海日記》，一九三八年十一月二十六日至十二月一日。
2. 高宗武，《高宗武回憶錄》（北京，二〇〇九），頁三〇。
3. 《高宗武回憶錄》，頁三〇至三二。
4. 《周佛海日記》，一九三八年十二月一日和三日。
5. Ibid., December 5, 1938.
6. Jbid., December 5, 7, and 8, 1938.
7. Ibid., December 9, 12, and 17, 1938.
8. 〈為國軍退出武漢告全國國民書〉（一九三八年十月三十一日），《先總統蔣公思想言論總集》，卷三〇，頁三〇五。
9. 〈為國軍退出武漢告全國國民書〉，頁三〇一至三〇二。
10. Drea and Van de Ven, "Overview," in Mark Peattie, Edward Drea, and Hans van de Ven, The Battle for China: Essays on the Military History of the Sino-Japanese War of 1937–1945（Stanford, CA, 2011）, 35.
11. 〈第一次南嶽軍事會議開會訓詞〉，《先總統蔣公思想言論總集》，（一九三八年十一月二十五日），頁四八六至四八七。
12. 〈第一次南嶽軍事會議〉，頁四八六至五一〇。
13. 〈第一次南嶽軍事會議開會訓詞〉，頁五四五、五四六。
14. Hans J. van de Ven, War and Nationalism in China, 1925–1945（London, 2003）, 232.
15. 〈第一次南嶽軍事會議〉，頁四八六至五一〇。
16. 《高宗武回憶錄》，頁二十六。
17. 可是，一九三九年那一卷卻佚失。

18. John Hunter Boyle, China and Japan at War, 1937–1945: The Politics of Collaboration（Stanford, CA, 1972）, 168–169.
19. Ibid., 168.
20. 《周佛海日記》，一九三七年八月二十一日。
21. 《周佛海日記》，一九三七年八月十六、十七日；《高宗武回憶錄》，頁三〇。
22. Boyle, China and Japan at War, 168.
23. 《周佛海日記》，一九三七年八月三十、三十一日，九月一日、三日與十一日
24. Boyle, China and Japan at War, 141.
25. Ibid., 179–187.
26. Ibid., 187.
27. Huang Meizhen and Yang Hanqing, "Nationalist China's Negotiating Position during the Stalemate, 1938–1945," in David P. Barrett and Larry N. Shyu, Chinese Collaboration with Japan, 1932–1945: The Limits of Accommodation（Stanford, CA, 2001）, 57.
28. 《周佛海日記》，一九三八年十月三十日，十一月十五日與二十三日。
29. Ibid., October 30, 1938.
30. Boyle, China and Japan at War, 195–199.
31. 《周佛海日記》，一九三八年十一月十九日。
32. 《高宗武回憶錄》，頁二九、三〇。
33. Ibid., 30.
34. 《周佛海日記》，一九三八年十一月二十日。
35. 《周佛海日記》，一九三八年十一月二十一、二十六日。

36. Boyle, China and Japan at War, 212–213.
37. 《蔣介石日記》，一九三八年十一月二十一日，（Box 40, Folder 2）
38. Boyle, China and Japan at War, 213.
39. Pei-kai Cheng（鄭培凱）and Michael Lestz with Jonathan D. Spence, "Generalissimo Chiang Assails Prince Konoye's Statement," in The Search for Modern China: A Documentary Collection（New York, 1999）, 321.
40. Boyle, China and Japan at War, 223–224.
41. 《周佛海日記》，一九三八年十一月二十七、二十九、三十一日。

12. 走向珍珠港之路

華東的安徽省通常很冷，在寒冬時甚至是十分溼冷，但氣候只是駐防安徽的項英在一九四〇年十二月頭痛的問題之一（譯按：當時項英是中共新四軍副軍長、並兼中共東南局書記）。幾週前，蔣介石下達命令，安徽省內的共軍部隊必須移防到長江以北，退出由顧祝同將軍（譯按：第三戰區司令長官，新四軍名義上歸他節制）控制的國軍防區。他向顧祝同明白指示，如果共軍拒不移防，應強迫他們遵令。

項英認為移防是在和國軍部隊合作下執行，但是毛澤東和整個紅軍總司令朱德由延安總部來了一封電報指示：

> 你不應對國民黨抱持錯誤希望。別依賴他們對你有任何幫助……如果你遭逢國軍和日軍從兩側攻擊，對你將是極其危險[1]。

僅僅一週之後，項英將發現自己有多麼危險。從一九三九～四一年的兩年，衝突不僅是發生在對抗日軍及其中國傀儡部隊，也是國、共之間的戰鬥。國際情勢變化下，同盟關係也起變化，不僅造成舊朋友反目，也造成無人能預料到的奇異夥伴關係。

頭兩年的戰爭中，國民政府竭盡全力、逆勢求存。它本身處理兵力不足、難民撫戢和日軍空襲的努力，相當大程度有助於它的生存，但是國民政府多少也還算走運。中共大體上遵守統一戰線的條件，與國民黨合作，至少不與政府正面衝突。蘇聯也支持重慶政府，歐洲列強雖仍是中立國家，卻同情蔣介石政府、默示支持，允許它即使退守西南，仍可取得補給。日本無法爭取到真正能對國民政府構成威脅、或是讓外界看重的大角色合作。甚至連氣候也幫蔣介石的忙：大後方在抗戰後第一個夏天的收成非常豐碩，多少緩和了政府無力正常進口食糧的傷害。到了一九四〇年底，這一切條件都發生變化，而且樣樣皆不利於國民政府。

一九三九年九月，已經成立中國派遣軍總部統一調度作戰的日本皇軍，派出十萬大軍攻略華中長沙市，它在一九三八年十月國軍由武漢撤退時，即因蔣介石下令焚城而飽受劫難。如果日軍占領了長沙，他們就可以守住湖南省這個主要穀倉。從長沙出發，往西通往四川的門戶將大開，他們極可能一舉徹底擊敗重慶的蔣介石政府。但是日本攻占長沙之役失敗了。廣東將領薛岳打出漂亮的防衛戰，結合正式的陣地戰以及游擊戰術，誘導日軍陷入伏襲、也阻絕他們的補給線。長沙仍掌握在中國人手中[2]。

國民政府軍方現在掌握主動，動員了八十個師，在全國展開一系列攻勢。透過這一系列的協同進攻，國軍預備奪回大片領土；地點從閻錫山原本控制的山西省、到西南的廣西省。

但是幾乎沒有一件事按照原訂計畫發展。軍閥閻錫山自行與日本人協商，控制部分山西省、退出作戰。華南方面，日本人出奇不意攻進廣西，於一九三九年十一月二十三日占領省會南寧，切斷通往海岸的通路。國軍無法積極部署兵力奪回失土，再度落入守勢。經過兩個月激戰，國軍終於擊退日軍挺進，但是國軍發動冬季攻勢的能量已經失去，情勢在一九四〇年春天更加惡化。五月間，湖北省宜昌市在日軍另一波攻勢下淪陷。宜昌是從四川通往全國各地的門戶，宜昌失守代表蔣介石政府更加孤立。重慶現在也愈來愈禁不起日本三菱生產的零式戰鬥機攻擊，這是世界最先進的一項新武器。一九四〇年夏天，零式戰鬥機把所有防衛重慶的飛機打得落花流水、無法升空迎戰，使得全城籠罩在日機空襲之下[3]。

就如同過去經常發生的一樣，國軍又是先盛後衰。

蔣介石的處境又因八千公里以外發生的事件雪上加霜。一九三九年夏末，兩件事改變了衝突的面貌：德國和英、法之間果如預期爆發戰爭，而德國及其意識型態敵人蘇聯之間出乎意料之外和平。一九三九年八月二十三日，莫斯科和柏林簽署互不侵犯條約，這或許是二十世紀最令人意外的意識型態大翻盤。一星期之後，納粹德國於九月一日揮兵入侵波蘭，兩天後，英、法對德宣戰。一夕之間，歐洲列強注意力集中在本身的存亡之戰。對他們來講，原本已是次要問題的東亞戰爭，現在更成為一樁小事[4]。

蔣介石希望建立一個可以協助中國抵禦日本入侵的同盟。他不僅受困於列強維持中立、不肯援助中國；還因為第二次世界大戰爆發後，頭幾年同盟關係不斷變化而困難重重。蔣介石從來不樂見歐洲爆發大戰，因為他正確地判斷，這會使得各國注意力從中國問題移走。縱使如此，他還是看到建立新同盟的機會，現在帝國主義民主國家和法西斯主義之間已經劃清界限，但柏林和莫斯科之間高漲的熱情對他反而有害。蔣介石煞費苦心亟欲把蘇聯捲入對日作戰，現在蘇聯卻與納粹締盟，而納粹又是東京的盟友。

後凡爾賽的世界令中國相當憤怒（一九一九年的五四運動即是針對巴黎和會解決方案

的直接回應），但是至少世界還是熟悉的，尤其是歐洲有兩個主要帝國、加上全球老大的美國。現在，帝國已在裂解中，而新的地緣戰略均勢還不明朗。蔣介石或其他人只知道，德國將是歐洲新興大國。歐洲戰爭的頭幾年是令人昏眩的外交折衝、立場反覆的時期。

國民政府早先曾與納粹德國有過短暫的同盟關係。希特勒政府在國民政府對日抗戰的初期，其實也供應軍火彈藥給蔣介石[5]。一九三六年簽訂的反共產國際公約理論上把德國、義大利和日本匯集為軸心國家，但它們一向相互猜忌以致未能創造真正的同盟關係。蔣介石發現有機可乘，可以向西方大國暗示，他或許會被迫和德國結為夥伴；蘇聯最忌憚這一點，因為它深怕會東、西兩側遭大敵夾擊。但是，德國對東亞政策的矛盾畢竟太大，一九三八年四月德國禁不住日本的壓力，停止援助中國。

英國也幫不上忙。一九三七年五月，張伯倫出任以保守黨為主的全民政府首相，他很快就被歐洲和平問題搞得焦頭爛額。如果他認為捷克是「我們毫不熟悉的遙遠國家」，那中國的命運就更不足以令倫敦多數（如果不是全部）決策者掛意了。國民政府爭取美國支持的努力就比較有效果。一九三七年十一月在布魯塞爾召開的「九國公約會議」，中國代表團仍無法說服美國對日本實施制裁。然而，到了一九三八年中，美國態度開始改變。

在日本日益南下深入中國之下，遭到占領的中國將與外界斷絕貿易的情勢已經很明顯。一九三八年十二月，美國財政部長亨利・摩根索（Henry Morgenthau）促成民間貸款兩千五百萬美元給中國，中方以日益稀少的桐油做為實物償付[6]。

蔣介石也緊抓著另一個似乎更不可能的同盟機會不放。他在一九二〇年代即成為狂熱的反共派，但是抗戰爆發頭幾年，最大的希望卻是爭取蘇聯加入戰局。蘇聯顧問和飛行員在一九三七~三九年期間協助中方作戰，但蘇聯並未對日本宣戰。假使日本在北亞的侵略升高，蘇聯或許會被迫介入戰局。

接下來，就像每次蔣介石想要主導戰爭時總會發生狀況一樣，發生在中國境外的一些事件徹底改變了戰爭的性質。當西方的注意力投注在歐洲灰黯的局勢時，在外蒙古、滿洲國和蘇聯東部邊境發生了一場大大影響到東亞的衝突。一九三八年至三九年初，有一支日本皇軍部隊試圖對東部邊境的蘇聯施加壓力。他們研判或許可以輕易欺負蘇聯；史達林的瘋狂整肅已經搞得紅軍許多優秀軍官遭處決或流放到西伯利亞去。一九三九年五月，駐防在附庸國外蒙古的蘇聯部隊，和來自滿洲國的日本部隊，在諾門罕（Nomonhan）附近發生糾紛。雙方都在幾天之內增調兵力，近六萬名蘇聯部隊和大約四萬名日本關東軍對峙。

接下來四個月（直到九月中旬）雙方打了一場著名的戰役，日軍慘敗，紅軍將領喬治・朱可夫（Georgi Zhukov）聲譽鵲起，日後成為史達林在第二次世界大戰期間戰功最彪炳的名將。（譯按：率兵攻進柏林。）被人看扁的蘇聯部隊英勇作戰，使雙方不僅宣布停火，還簽訂互不侵犯條約，粉碎了蔣介石中、蘇同盟的希望[7]。

最大的打擊來自冰天雪地的北方歐洲所發生的一系列事件。一九三九年至四〇年的冬季戰爭，蘇聯入侵芬蘭，造成英、法提議將蘇聯趕出國際聯盟。當時中國是國聯理事會成員，卻沒動用否決權否決這項動議[8]，蘇聯很氣蔣介石沒有制止他們。此後中、日抗戰期間，蔣介石和史達林的關係便一直不和諧、相互猜忌。中國必須和日本苦鬥，得不到蘇聯重大援助。

蔣介石拚命要在無法預料的世局中爭取外交成果之同時，汪精衛的計畫也停滯不前。梅思平和高宗武在上海所接洽的中階日本軍官和商界人物，並不能代表東京政府發言。事實上他們代表的是一個同情中國的小團體，渴望在不羞辱巨大的鄰國之下恢復和平。可是日本近衛首相一點也不認為和汪合作可帶來東京所要的結果。雖然近衛首相在一九三八年十二月二十二日的公開聲明表示，他預備與中方重啟對話，他也明白表示日軍兩年之內撤出中國之議（在上海對汪精衛提出的協議之關鍵條件），沒得談。

重慶政府決定對汪精衛出走一事嚴峻以對。一九三九年一月一日，汪精衛被革除一切公職，並開除國民黨黨籍。但是，蔣介石並沒有發布通緝令抓他。汪精衛等人在一月五日又遭遇挫折：近衛內閣總辭下台。接任首相的平沼騏一郎男爵（Baron Hiranuma Kiichiro）對於和低調俱樂部打交道十分小心，日本軍方高階人士亦然。不過，一九三九年五月，汪精衛努力爭取到東京一談。

汪精衛六月初的東京行一事無成。六月六日，汪精衛不在場時，日本內閣五位大臣會商得出結論：汪精衛主持的政府只能是日本在中國扶植設立的多個附庸政權之一；汪精衛想將中國重新統一在他治下的夢想，在他還沒到達之前就被扼殺。此外，日本對中國的要求也很嚴苛，包括在整個中國都要享有經濟和軍事的主宰優勢。唯一一位肯略做姿態、與汪精衛討論條件的主要大臣是陸軍省大臣板垣征四郎。可是板垣明白表示，他不支持解散其他附庸政府的主張，尤其是開府北平、控制大部分華北地區的臨時政府。日本已在戰爭中贏得對華北的控制，不肯輕易放棄。[9]

汪精衛只在一個議題上贏得日方讓步。日方希望他的政府以民國初年北洋政府的五色旗為國旗（汪精衛所不屑的王克敏主政之華北「臨時政府」也以五色旗為國旗）。汪精衛很堅持；他的政府應以孫中山先生所訂的國民政府之青天白日滿地紅國旗為國旗。汪精衛認為他的政府是真正的國民政府之延續，蔣介石已與共產黨結盟、背棄了革命。採用青天白日滿地紅國旗可以一圓汪精衛十三年來之夢——當年北伐時蔣介石從他手中奪走權柄，現在他終於可以完成孫中山的革命遺志。日本人反對，表面理由是如果汪精衛的部隊和蔣介石的部隊交戰，雙方都高擎相同的旗幟，要如何分辨敵我？汪精衛還是堅絕不讓。最後日本人同意，國旗之下要附一黃色絲帶，上繡「和平、建國、反共」字樣。汪精衛得到小勝利，不過其意義不凡。日本領導人大半鄙視中國人的民族主義，認為它是外來移植品，破壞了亞細亞兄弟精神（當然在亞細亞主義中，日本是老大）。汪精衛堅持他的政府官署大樓要升起中國革命民族主義最強烈的象徵國旗，其實在已經陳舊的和日本人合作之傀儡政府中只算是小小成就[10]。

回到上海的汪精衛試圖壓制王克敏的「臨時政府」以及梁鴻志設在南京的「維新政府」，結果是三人彼此都不願合作。日軍一九三九年夏天在諾門罕之役戰敗，使得東京的權力掮客眼中認為汪精衛反而更有吸引力，因為他們現在看清楚了，皇軍可能不會如預期地輕易打敗蔣介石，不過他們還是頑固得很。一九三九年十一、十二月，整整兩個月時間，日本皇軍影佐禎昭大佐和犬養健大佐等談判代表和汪精衛的顧問群梅思平、周佛海和陶希聖等人坐下來交涉（汪精衛本人不直接參加討論）。影佐禎昭雖然同情中方，卻傳遞日本陸軍強硬派人士嚴厲、不妥協的要求。日本部隊和「顧問」將分派到中國各地，這一來破壞了汪精衛所主張的他的政府將代表國民黨恢復主權的說法。煤礦、鐵砂等重要產業都做出重大讓步，日本海軍將可控制海南島。儘管汪精衛懷抱中國重新統一之夢，華北將維持獨立，另外上海也居於特殊地位（亦即日本人擁有特權）。條件幾乎完全一面倒，一九三九年十二月三十日簽署協定反而氣氛陰沉[11]。不過，談判已確立：國民政府「改組」，推舉汪精衛為領導人，開府南京。

然而高宗武現在卻對整樁事產生嚴重懷疑。日汪密約起草後，他奉命協助將它翻譯為中文。汪精衛對於保密安全非常敏感，堅持翻譯工作必須在他的上海寓邸內進行。高宗武決心要弄到一本複印本。他終於在陪伴一位來訪的日本政治家離開汪精衛寓邸時找到機會，把翻譯本偷偷放進自己的口袋。然後他打電話向汪精衛報告，他誤拿了文件。在歸還之前，他把文件帶回家，拍成照片[12]。一九四〇年元旦，周佛海和高宗武談起他們迄今的進展。周佛海回憶說：「兩人發誓各自努力，互相諒解。」其實他並不明白高宗武為什麼會提到互相原諒。但是三天之後，周佛海在一月四日日記寫下，謠傳高宗武和陶希聖失蹤，可能潛赴香港。周佛海終於明白高宗武的用意，哀傷地寫下：「因憶一號與宗武所談，恍然大悟。」

高宗武和陶希聖把一九三九年底那幾週談判時日本人的兩面手法解讀為，與日本合作不是真正的夥伴關係，會受日本人威逼利用。他們倆人經由青幫老大杜月笙安排溜出上海，出現在重慶。這是國民政府宣傳戰一大成績！高、陶兩人在香港發表聲明，揭發日本無理的要求，並且呼籲汪精衛停止談判，「懸崖勒馬」[13]。高宗武旋即獲准移居美國，陶希聖投入蔣介石麾下，為他主持文宣工作（高、陶兩人均享高壽）。

日本人並不想把路走絕，他們把汪精衛當做備胎，希望能釣到真正的大魚——蔣介石靠過來。例如，日本人宣布不預備對汪精衛新組的南京政府派駐大使（代表全面外交承認），只擬派「特使」。周佛海氣壞了：「余以為中央政府即國民政府，無所謂承認問題，但派大使足矣。」他和一名日本官員談話時說：「余謂如此則新中央政府為無意義，可以不組織，蓋其意欲留一與重慶談判之餘地。余謂余輩絕不反對日本與重慶談判，但新中央如日本不承認，則寧可不組織[14]。」

周佛海對於自己對南京新政府的貢獻頗有誇大之嫌。一月二十六日他在日記寫下，是他、而非汪精衛，挑選了主要部會首長。他半開玩笑地說：「中央政府即於十分鐘之內在余筆下產生矣[15]。」周佛海不只組織部會首長，也負責籌組情治單位。汪精衛做為權力掮客其致命傷就是缺乏軍力支持。他在北伐期間失敗即是因為這個因素，十年之後又得不到日本人重視也是因為這個因素。這個缺陷也使他和追隨者有被蔣介石的特務頭子戴笠派人追殺的性命危險。周佛海別無辦法，於是借重原本戴笠手下的兩個惡棍丁默邨和李士群，由他們在上海極司非爾路七十六號（76 Jessfield Road）設立一個情報機關[16]。（譯按：丁、李出身陳立夫主持的中央統計調查組俗稱「中統」，與戴笠的「軍統」有別。）有了特務機關當靠山，原本就聲譽不佳的汪精衛政府在它正式組成之前已經更加不堪聞問。

冬去春來，周佛海依違於希望與沉淪之間。他依然懷抱與重慶政府修好的希望，樂觀地透過一名美國中間人傳話給蔣介石，表示即使南京新政府成立，國民黨和日本之間也不應停止和談。三月底，他差點和汪精衛夫婦為是否應財政補貼他們的故鄉廣東省爭吵起來。爭吵的背後其實是擔心，已經處處留一手的日本人是否會阻撓新政府運作。

儘管困難重重，汪精衛終究在南京成立了新政府。一九四〇年三月三十日，汪精衛正式「還都」南京。政府機關報《中華日報》充滿著對「汪主席」政府的阿諛稱頌，不說它是新政府，而是真正的國民黨回到南京重新執政。內頁的插畫全是宣傳作品：汪精衛被畫成超人，朝一群代表中國人民的小孩散發光芒[17]。

周佛海在日記中照樣自吹自擂敘述歡欣慶祝的情景，他宣稱：「余之理想果實現，為人生一大快事。」他又說：「國民政府還都，青天白日滿地紅重飄揚於石頭城畔，完全係余一人所發起，以後運動亦以余為中心，人生有此一段，亦不虛生一世也[18]！」周佛海在慶典過後開懷暢飲，以致胃疼。汪精衛則沒有那麼興高采烈。有位目擊者說，他「似乎恍神地站在哪裡……淚水潸然而下[19]。」他出走的動機、盼望與日本人平起平坐合作，現在看來非常空洞。

一九四〇年二月，美國大使館參事法蘭克・洛克哈特（Frank Lockhart）代表詹森大使發報告給華府，總結剛過去的一年之作戰情勢：

儘管國際局勢不確定、「統一戰線」出現摩擦，以及戰爭對國民經濟構成嚴重壓力，並沒有跡象顯示中國持續抗戰的決心已趨緩和。蔣介石將軍仍保有全國信心，他的影響力也能有效解決政府不同派系所產生的困難……維持並增強中國人抗戰決心有一個重要因素，即日本人無情地轟炸平民，最凶殘的案例於五月份發生在重慶[20]。

蔣介石如果知道有此一正面評價，一定會珍惜它。到了一九四〇年春天，中國情勢岌岌可危。三月間，高階日本談判代表試圖與蔣介石的重慶政府達成協議，同時汪精衛也忙著在南京正式組建他的國民政府。這個策略，中方稱之為「桐工作」，西方稱之為「Operation Kiri」（編按：桐是日文キリ，讀音為 kiri），雙方一九四〇年三月七日至十日在香港會談。國民政府處於危險的軍事地位，美國仍然中立，歐洲則天下大亂。事實上，這一年春天，法國戰敗已迫在眉睫，英國政府同樣很小心地派出密使，測試與德國和談的可能性。對於中國而言，西方不可能伸出援手。日本人認為這是說服蔣介石讓步的有利時機[21]。蔣介石在他的政府陷於極大危險之下，稍微開門談判。

因此日本繼續推遲承認汪精衛的新政府。一九四〇年的夏天和秋天，日本人對汪精衛這夥人依然愛恨交織、不知如何處理。日本高階人物如樞密院有馬賴寧伯爵（Count Arima Yoriyasu）宣稱汪精衛的行徑證明他不可靠，而外相松岡洋右（Matsuoka Yosuke）則宣稱他仍有興趣與重慶達成協議[22]。周佛海總結出走者的挫折感，他們自認出於愛國心做出極大犧牲：「重慶各人自命為民族英雄，而目余等為漢奸；余等則自命為民族英雄。蓋是否民族英雄，純視能否救國為定。余等確信惟和平足以救國，故以民族英雄自命。究竟以民族英雄而終，抑以漢奸而終，實繫於能否救國。如余等以民族英雄而終，則中日之永久和平可定；如以漢奸而終，則中日糾紛永不能解決[23]……」

日本軍方高階人物和一個號稱是宋子文弟弟的中國情報員會面。雙方對話在原則問題上觸礁：日方要求在華北駐軍並正式承認滿洲國；蔣介石堅決悍拒。日本遂增加壓力。六月間，皇軍攻占湖北主要城市宜昌。重慶在壓力籠罩下，雙方於六月四日至六日在澳門恢復談判[24]。談判中，日本又極力施壓，要求承認滿洲國和駐軍華北，中方則繼續拖延時間，聲稱東京的最終立場仍不明朗。

日本人亦利用中國可能的歐洲盟友之弱點。蔣介石的政府迫切需要利用鐵路從印度支那的海防港運送補給到西北邊約一千公里之遙的雲南昆明。一九四〇年一月，巴黎正在準備迎戰德國入侵之際，日本外交官傳話給法國當局，要求它關閉其殖民地鐵路。日軍一再轟炸此一鐵路，而當法國駐東京大使抗議時，外相松岡洋右答稱：「日本政府打算繼續轟炸印度支那的法國鐵路，直到法國停止運送補給給蔣介石為止[25]。」法國在一九四〇年六月被德軍攻陷，印度支那和大多數殖民地一樣，都由與德軍媾和合作的維琪政府控制。這個新政府雖應中立，卻繼續允許補給品透過鐵路運送到大後方。一九四〇年夏天，日本一再向維琪政府殖民當局施壓，要求關閉鐵路，但法國人拒絕照辦；不過法方於八月同意日本可在印度支那派駐一支部隊（人數不得超過六千人）。日本人不願妥協，九月二十二日，中將中村明人（Nakamura Akihito）率軍打入印度支那。作戰在幾天之內就結束，印度支那投降，日軍一直屯駐到大戰結束，切斷國民政府從這條鐵路取得給養。

一九四〇年七月，大不列顛保衛戰在英格蘭南部上空打得如火如荼，日本政府要求倫敦當局關閉連接英國殖民地緬甸和中國邊境的滇緬公路。這將切斷從仰光經由滇緬公路，再進入國民政府轄區的作戰物資之運補。邱吉爾政府已見到法國在六月被納粹攻陷，深怕英國隨時隨地也將遭到入侵。由於無法想像在亞洲另闢新戰場會有什麼後果，他們決定關閉滇緬公路。

不到一年，大後方從華南沿海、印度支那以及緬甸，取得給養的通路完全被切斷（不過，滇緬公路於一九四〇年十月即恢復通行）。國民政府若有更好的戰略，或許能讓海上運輸路線延續久一點，但是陸上路線卻是因為英國政府和法國維琪的政策而失去，這是蔣介石所無能為力的。國民政府明顯陷入困危。

蔣介石繼續展現他的決心與狡詐。他先在一九四〇年八月同意與日本人和談，旋即藉口日方沒有取消不以國民政府為對手的聲明，突然取消會談。國民政府藉由讓人懷疑日本是否真的支持汪精衛南京政府，達成一個重要目標[26]。中國人看得很清楚，日方打算利用反共為藉口，長期在中國駐軍。蔣介石暗示願與日方談判、又不實際舉行任何正式談判的策略，有兩大作用，一來使日本停住腳步，直到一九四〇年才終於允許汪精衛在南京組建政府，二來也向西方列強釋放訊息，如果他們不再支持重慶，蔣介石將被迫與敵人尋求某種協議。十一月三十日，汪精衛政府正式得到東京承認。同一天，美國政府宣布貸款一億美元給自由中國，並派遣五十架軍機給國民政府[27]。

蔣介石的行動並不代表他願意和日本人談判，換來嚴峻的和平方案。他表達的很清楚，在一九四〇年最黯淡的日子，當時的中國就像英國，已經瀕臨亡國了。他給人印象已經到了與日本合作的邊緣，但又絕不踏出落崖的那一步。日本占領中國的威脅嚇壞了同盟國，蔣介石曉得他迫切需要拉攏他們。因為不僅他的軍隊和政府已危在旦夕，又沒有外援將至的跡象。現在他自身的同盟內部也出現新威脅。

從一九三九年初起始，國民政府開始採取措施限制中國共產黨的成長。這一年是日軍瘋狂攻擊重慶的開始，它將大大傷害國民政府的地位，並且在彈如雨下之際，蔣介石及其同僚開始警覺到在他們東北邊、以延安為根據地的對手實力正在上升。蔣介石下令採取新的政治、經濟措施對付毛澤東的老巢。他尤其努力設法重新掌控河北、山西、河南和山東等被中共掌控的省份。國民政府派出四十萬部隊，從陝甘寧邊區的南邊和西邊把中共圍堵起來。這項行動的用意在於圍堵共產黨、而非進犯他們的領土；但是這也是雙方關係開始裂解的跡象。

可是，雙方仍對衝突保持低調、隱密。任何一方都不敢讓自己的群眾、更不用說是國際社會，認為統一戰線已經失敗。當國、共雙方部隊在陝甘寧邊區的邊境發生衝突時，中共宣稱這純粹是地方層級的「摩擦」，並不代表捨棄統一戰線，而蔣介石也不能公開否定這個說法。

毛澤東暗示，國民黨若要鎮壓共產黨將會有危險。毛澤東一九三九年七月一篇論兩黨長期合作的演講，刻意提到國民黨過去曾企圖限制中共的成長，向國民黨內有心粉碎共產黨的「死硬派」喊話：

> 你們堅持要「剿」我們，但是最奇怪的是，我們愈是被「剿」，人數卻愈來愈多。我們的黨過去只有一根小指大，但是感謝「圍剿」，卻壯大到像拇指大……整個紅軍是因和你們作戰而鍛造出來，紅軍的槍砲都是你們給的，因此我要請我的朋友想一想：是打、或不打？我們也想到這一點。讓大家講和吧！[28]

即使關係失和，雙方還是喜憎交加。蔣介石一向小心提防毛澤東，對周恩來有較正面評價，周恩來也尊敬蔣介石。一九三九年八月，周恩來上報中共中央政治局，主張兩黨都應節制自己較極端、沒有前瞻觀念的黨員。不久後，周恩來摔斷臂膀，蔣介石還派個人專機到延安，載周恩來夫婦赴新疆，轉往莫斯科就醫[29]。

縱使如此，國民黨並沒有放鬆圍堵，對共產黨根據地造成嚴重傷害。蔣介石在一九四〇年初停止國民政府對邊區的財政補助。令情勢雪上加霜的是，繼抗戰頭兩年農作大豐收之後，一九三九和四〇年的收成相當差。收成差給國民政府帶來麻煩，重慶的食物物價指數在一九四〇至四一年間上漲近一四〇〇%[30]。物價在孤立、貧窮的陝甘寧邊區也漲得兇：一九四〇年五百元買得到的東西，一九四一年需要兩千兩百元才買得到[31]。中共現在轄下的人民增加許多，資源卻嚴重減少。他們採用的解決辦法是實施激烈的經濟自足方案。接下來幾年發動的「大生產運動」大幅增加可耕地面積，也提升棉花生產、牲畜蓄養、織布的數量，以及鹽、煤、甚至石油、天然氣的開採量[32]。這個策略在心理上產生強大作用，而國、共彼此也一直不能互相信任。整個抗戰到了一九四〇年夏天，中共兩支軍隊控制了大部分的華北及華中地區。是年八月，八路軍在彭德懷率領下發動中共部隊在抗戰期間唯一一次的重大常規軍事攻勢：「百團大戰」。二十二個團、大約四萬部隊對華北地區攸關日本控制之需的鐵路、公路、橋梁及其他基礎建設，發動全面攻擊（更多部隊陸續加入作戰，增加到一百零四個團）。作戰持續到十月份，招致日軍大規模、猛烈反撲[33]。

同時，新四軍滲透到黃河以南、長江北岸一帶，進入原本國民黨控制的地區。位於上海以北及以西的蘇北地區及安徽省，成為新四軍副軍長項英掌控的共產黨地盤。七月間，軍事委員會提議共軍部隊應集中到黃河舊道以北（一九三八年六月決堤之後，黃河改道入海）。項英和國軍將領顧祝同、上官雲相的關係尚稱友好，現在卻立場不變。中共方面，周恩來或許支持移防計畫，但毛澤東強烈反對。

十月十九日，蔣介石屬下的參謀總長何應欽告訴新四軍指揮官項英（譯按：原文誤植為八路軍總司令朱德）：所有的共軍部隊必須移防，包括原先獲准在長江以南駐防的部隊。十二月九日，蔣下達命令：十二月三十一日以前，他要所有的新四軍部隊移防到長江以北，一月三十一日以前，所有的新四軍和八路軍部隊必須移動到黃河以北。他又以密電向顧祝同交代清楚意旨。如果共軍逾期不動，「務必處理，絕不寬貸[34]」。項英接到毛澤東含糊的命令，一會兒要他率部北上，一會兒要他繞路、不急著北上[35]。毛澤東本人或許也委決不下，不知道自己想達成什麼，半希望又半擔心與國軍爆發衝突[36]。然後，他在十二月二十六日憤怒地拍電報給項英，警告他不能相信國民黨。毛澤東開始推卸責任。儘管他本人舉棋不定，萬一新四軍在安徽出了差錯，他要當地指揮官、而非遠在延安的自己負責任[37]。

一九四一年一月四日，新四軍開始向南、而非向北移動。共產黨稱這是為了避免部隊穿過日軍控制區域所必須，國民黨則懷疑這是中共要擴大控制區域的行動。不久，雙方即爆發衝突。

董南才也是參加新四軍移防的一名軍官，當時在項英的對手葉挺麾下服務。（譯按：葉挺雖未入黨，卻是軍長，項英名義雖只是副軍長，實際掌控指揮權。）董南才回憶說，部隊在寒冬移防，烏雲密布，天氣極冷。部隊不時要搭建臨時橋梁渡江，不過，「由於人太多、速度太慢、輜重太重，有些同志落水，必須頂著嚴寒游泳渡江[38]」。接下來兩天，新四軍與國軍發生衝突，雙方寸步不讓：「連（我們的）伙夫也拿起菜刀」。經過一番激戰，共軍得勝。接下來，新四軍必須躲避敵方突襲、伏擊，克服周遭環境的危險：有些人從峭壁跌下而死[39]。

在這些遭遇戰中，總指揮項英卻失蹤了；也不清楚是被嚇壞了、棄職而逃，或是企圖另尋他途、反擊進攻的國軍[40]。然後他突然出現，於一月十日向黨中央報告：「前天我方試圖突圍，卻被擋下、包圍……我們極可能被殲滅……我打算率一小支部隊尋路突圍。」他承認：「我的行為的確可議，願受懲罰。」黨中央迅速回應，斥責他「懦夫」、「動搖份子」[41]。即使項英重返崗位，也抵擋不了國軍的優勢兵力。顧祝同的攻擊造成項英部隊九千餘人或死或俘[42]，項英本人被俘，三月十四日遇害。（譯按：項英突圍成功，但因身攜新四軍黃金財物，三月間遭其副官劉厚總殺害，劉向國民黨投降。）

但是國民黨軍事上勝利，在公共關係上卻衍生風暴。大多數外界觀察家當下的反應都不認為是共軍部隊拒絕服從命令，而是蔣介石不顧日軍大敵當前，反而向盟友痛下辣手，只求擊敗政敵。一月十五日，毛澤東急電周恩來和葉劍英，宣稱蔣介石講仁義道德全是謊言，絕對不能相信[43]。國內外輿論都痛批蔣介石。《時代》週刊說：

> 這是黃埔系將領……的勝利，他們忌恨共產黨，又嫉妒新四軍和八路軍的名氣。但這不是中國的勝利。共產黨之所以替蔣作戰，是因為他們畏日本多過畏蔣。如果日本（或俄國）能讓共產黨相信，他們不必畏日本（或俄國）如畏蔣，中國就完了[44]。

蔣介石曉得他經受不起逼中共造反、而不去抗日。他放棄逼共軍移防江北的計畫，一直到抗戰結束前都不敢太堅持。同時，紅軍曉得它可以趁勢發展，不虞蔣介石鎮壓。

毛澤東的舉棋不定使他必須為項英不能成功撤退負起部分責任，而且毛澤東也肯定對衝突難辭其咎。縱使如此，這場戰役對毛澤東爭奪對中共的控制權力卻是一項勝利。項英過去即是他的對手，據有自主的控制地區。現在項英敗亡，使得中共的未來更緊密繫於毛澤東在延安的動作[45]。整體而言，這起「新四軍事件」（譯按：中共稱之為「皖南事變」）看起來雖是共軍受挫，其實卻是中共及毛澤東崛起的一個重要轉捩點。

事實上，「新四軍事件」代表中國政治史上一個最重要年份的完結。一九四〇年發生的內部思想鬥爭，早已受到當時消息靈通的觀察家注意。一九四一年初，美國駐華大使詹森對中國政治情勢做了一份詳細評估送呈華府，這是針對進到中國內地深入考察的美國軍官伊文斯・卡爾森（Evans Carlson）少校送回華府的報告所做的回應。這兩份報告的差異反映出美國對中國政治的見解愈來愈分歧。卡爾森和紐西蘭人路易・艾黎（Rewi Alley）結伴旅行。他們愈來愈同情中國共產黨，於一九三八年進入中共控制的邊區，對於他們的紀律大為折服。卡爾森認為國民黨正在走向「法西斯主義」，主張美國資助國民政府，必須逼迫蔣介石制定更多的「民主」結構[46]。

詹森大使強烈不贊成此一主張。國民黨希望保持權力是「正常、自然」的事；它在抗戰時期也成立「國民參政會」，含納共產黨等各個黨派在內。他也指出中共可以在重慶印行共產黨報，這在戰前乃是不可想像的事。一般人或許會以為國民黨會以戰爭為藉口，「消滅……所有在野勢力」，其實它寧可「敷衍了事」。詹森也覺得國民黨內各個派系的影響力被誇大。其實蔣介石「地位上升，被公認是團結抗日的象徵」，「他是做最後決定的人」。不過詹森同意卡爾森的評估：除了以反日意識為基礎之外，蔣介石政府不願支持任何群眾運動；不過他也注意到，國民政府正推行合作運動和縣級改革。詹森也不同意美國對華援助應以國民政府全面政治改革做為條件，蔣介石決心抗日，美國應支持他抗日。詹森另外做了相當有先見之明的評論，他說：

> 我個人認為，自從滿清滅亡、傳統中國政府概念也傾覆以來，中國人民已在摸索前進、走向新演進形式的政府。確定形式的政府尚未建立，可能花數十年功夫也未能建立；它或許是、或許不是民主形式，但它將是依中國及其人民需求調適的政府[47]。

詹森的評論很敏銳，即使在今天的中國（名義上由共產黨統治、但政策完全不是那一回事）它也可以引起共鳴。這種不和諧現象源自於各方都自稱繼承孫中山遺訓。一九三八年蔣介石接受國民黨「總裁」名銜，地位直追孫中山（譯按：「總理」），權力愈加集中於個人。孫中山的民族、民權、民生「三民主義」在（北伐之後）國民黨主政南京的十年期間，至多只有零星執行，不過抗戰期間至少仍有明顯跡象有執行的意願。

然而，毛澤東利用他發表一項重要的演說的場合，將孫中山遺教奪為共產黨所用。一九三九年國共關係惡化，毛澤東原先比較和善的語言開始變化。一九四〇年一月九日，他發表演講，不久之後整理為較長的文章發表。文章題目是〈新民主主義論〉，顯示政治詞彙變了。孫中山用「民權」界定民主，「民權」翻譯成英文是「人民權利」，是政府要賦與人民的東西；而毛澤東的用詞是「民主」，其元素暗示不是「人民統治」，而是直接控制。

他認為蔣介石擁護三民主義，只不過是要維持經濟現況、貶抑共產主義的重要性。毛澤東提倡的「新三民主義」，更加公開擁護共產主義。例如，聯俄優先於與帝國主義國家團結、容共、扶助農工。雖然這些原則明白地與國民黨的主張唱反調，毛澤東也小心地承認它們是「孫中山先生貢獻極大的舊三民主義之發展[48]」。

汪精衛的南京政府則是同時奉行孫中山遺教的第三個政府，從遺教中找出不同政策的線索。就汪精衛而言，至為要緊的是孫中山曾鍾情大亞洲主義，而他可藉此做為與日本合作的論述之根據，宣稱中、日合作是孫中山提倡的民族主義之另一版本。汪精衛政府也發動一項「新公民運動」的全民動員，宣稱納入孫中山遺教的公民元素。其實它呼應著蔣介石一九三四年提倡的「新生活運動」，當時蔣介石企圖以道德勸喻重振國民精神，而今在抗戰期間則用它界定戰時賑濟復興計畫[49]。

然而，這三大主角沒有一個人要尋求建立西方國家、尤其是美國所認為的民主：一個自由、多黨制的政府，人民享有重大的公民自由。蔣介石和毛澤東都講「民主」，但他們對這個字的理解是，在一個主宰政黨指導下的民眾參政。在這方面，他們並不是不尋常。和他們一樣從事反西方鬥爭的人物，如印度的蘇巴斯・錢德拉・鮑斯（Subhas Chandra Bose）（譯注1）和緬甸的巴莫（Ba Maw）（譯注2）都是進步人士，有著現實的目標，可是卻未必是多元主義者。環視亞洲，印度民族主義者尼赫魯和甘地堅決主張民主模式反而是異數。

汪精衛的南京政府遵奉孫中山遺教，它最積極的一項計畫「新公民運動」，其實不脫蔣介石所推行的「新生活運動」之色彩。政府不惜重金，大做宣傳，包括以海報和文章慶祝汪精衛還都南京（甚至用一張把蔣介石臉孔打叉的照片做對比），成立青年團、訂定制服[50]。政府迅速在農村地區展開日本人支持的一項「清鄉」運動。情治首腦李士群策劃的這項運動旨在剷除可能藏身鄉下、暗中支持國民黨或共產黨的人士。這項政策算是相當成功：所有與日本人合作的政府都採用相當標準化的恐怖、威嚇做法，配合某種程度的賑濟復興，若肯合作日常生活即可保無虞[51]。共產黨新四軍一九四一年一份文件指出，在江蘇省某些縣，「敵人及其傀儡在收成之間運送許多糧米……人民則愈來愈難取得普通商品，

譯注1　鮑斯曾參加甘地領導的非暴力不合作運動，是印度獨立運動的激進派，一九三七年至三九年曾任印度國大黨主席，後來被甘地為首的溫和派開除。一九四一年太平洋戰爭爆發後，鮑斯於一九四三年與日本人合作，成立自由印度臨時政府，擔任主席，並組建印度國民軍。一九四五年八月日本投降，鮑斯由新加坡經西貢擬飛往大連，途經台北松山機場加油後起飛，疑因飛機超重失事墜毀而身亡。

譯注2　巴莫在英國殖民統治緬甸時期曾任總理（一九三七至三九年），因主張獨立，淪為政治犯。太平洋戰爭爆發後出獄，一九四一年，出任日本人策劃成立的緬甸行政府（Burmese Executive Administration）主席。

因此日本人和傀儡成立合作社，低於市價出售商品」[52]。

合作社只是和善的表象，骨子裡藏著對付抵抗運動更毒辣的策略，日本人希望傀儡政府能替他們出面做事。江渭清在一九四一年春天新四軍被攻打時擔任第十八旅旅長。他僅有部眾四千人左右，要面對汪精衛政府部署在蘇州、常熟和太倉地區的約十萬名軍警部隊（另有三千名左右日軍支援）。江回憶起那些用來防止共產黨滲透的伎倆。沿著公路，每里路（約三分之一英里）都有哨兵；路上也布下竹塹，每英里又有瞭望台。路上有機動部隊巡查，河裡也有機動船巡邏。部隊拂曉即出動追查是否有人躲在田裡，他們還出動軍犬和長竹棍撥開農作物，「像梳頭髮一樣」。找到人，騎馬或坐腳踏車的士兵即予以追擊；夜裡頭則利用探照燈協助追殺[53]。

江渭清和他的一小支部隊必須因勢制宜。他們躲在受到最緊密監視的地區之側翼或後方四十多天，每兩三人一組，換上便衣。他回憶說：「敵人一休息，我們就從四面八方突襲他們，殺掉哨兵和馬匹、火燒他們的兵器房，然後把炸彈丟進他們的宿營區。」共軍另一個愛用的方法是趁黑潛入瞭望台、點火，希望守軍在混亂中朝自己人亂開槍[54]。這套伎倆雖不能讓日本人屈服，但是它們顯示，游擊戰術可以阻止汪精衛「新秩序」的穩定、也提醒大家不是人人都肯投降。當然，對地方上的農民而言，出現共產黨（或國民黨）游擊隊未必是好事；地方上存在抗日鬥士可能導致日軍及其盟友的報復。

多災多厄的一九四〇年讓人不禁懷疑，除了向日本帝國降服、中國還會有何前途。又一次可怕的事件震撼疲憊的陪都重慶。六月五日，重慶遭到五個小時轟炸後，老百姓爭相躲入防空洞。十八梯地區有一隧道，情況比平常更加通風不良。這座大型防空洞應該配置電燈和風扇，可是發電機一直沒有接電。防空洞內漆黑一片、難以呼吸。大約晚上十點鐘，人們開始走出隧道，此時傳出謠言說日軍又來施放毒氣炸彈了。即使還有人一直往外走，空襲指揮長開始強迫人們退回防空洞。這時民眾因呼吸困難驚慌推擠、跌倒，相互踐踏。接下來幾個小時，數百人身陷地底下黑暗中，死了。確實人數一直不清楚：官方版本說是四百六十一人，不過當時一項警方報告的死亡人數高達一千五百二十七人。救援人員清楚記得死者痛苦的表情：人們失去意識、抱成一團，由於驚恐、互相拉扯，衣服撕成破片，屍體汗水之多儼然浸泡在水中。湯政誠是倖存者之一，他還記得屍體之中伸出一隻手抓住他，呻吟地呼喚「先生救命呀！」那隻手緊抓著湯的褲子不放，湯則拚命逃，結果他被扯下褲子、赤著下身逃出防空洞[55]。官方報告低調處理災情。但是慘劇讓重慶市民情緒益加低落。

縱使如此，遠方發生的事件卻給國民政府帶來一絲希望。一九四〇年底，羅斯福成功連任美國總統。他在和共和黨提名人溫德爾・威爾基（Wendell Willkie）競選時宣示：「我不會把你們的子弟派到任何國外戰爭。」可是，羅斯福和他的國務卿赫爾都很清楚，納粹稱霸歐洲已經嚴重挑戰美國在歐洲的勢力。中國遭到日本占領，中國的貿易「門戶開放」政策也被封死，顯然美國已無法長久維持中立。

一九四一年，美國駐華大使詹森在一份討論中國國內及國際政治的報告中提到，一九四〇年中期德軍橫掃歐洲時，中國人很焦慮盟國是否會堅定支持中國。由於英國拒絕投降，蘇聯又持續表達善意，鼓舞了中國民眾，現在他們期待美、英伸出援手，覺得「勝利終將屬於他們」[56]。

一九四一年六月二十二日，世界一覺醒來，赫然發覺三百萬德國大軍如潮水般衝進蘇聯。希特勒進攻蘇聯的「巴巴羅薩行動」（Operation Barbarossa）乃是針對這兩個歐洲獨裁專制大國過去兩年彼此互不侵犯的驚天大逆轉。歐洲戰爭徹底改變。比較不顯著，但是亞洲戰場也大大改變。拜情報外洩之助，蔣介石事先已經知道德、蘇之間很可能爆發衝突。

蘇聯和日本一九四一年四月十三日簽訂中立條約之後，蔣介石預料美國將被捲入亞洲的戰爭，甚至日本日後可能改變主意、進攻蘇聯。一旦如此，中國將扮演極重要角色，成為華府和莫斯科在亞洲的關鍵盟友[57]。德國攻打蘇聯，令史達林大感意外（大部分是因為他不聽來自其高階同僚日益尖銳的警告，這些人從潛伏在德國、地位頗高的間諜獲悉情報），而共產國際為了支撐住同盟，現在要求中國共產黨要更加和國民黨合作[58]。中共中央在一九四一年六月二十三日做出回應，宣布它將「堅持抗日統一戰線、堅持國共合作」，並與英國、美國以及其他反對軸心國家「法西斯統治份子」結盟[59]。

在重慶和延安，德國攻打蘇聯，被認為是戰爭可能轉為對日不利的正面訊號。南京方面則有不同看法。六月二十二日，周佛海在日記中寫下：雖然戰爭的結果「難以預卜」，「日方咸信德必勝利，兩個月內可占莫斯科。」周佛海猜測，日本人無法調和日蘇中立條約和他們是反共產國際公約成員兩者之間的歧異。後者的宗旨是把軸心國家團結起來反抗蘇聯擴張主義。可是由於德國人先動手，周佛海指出，日本沒有責任非幫他們不可[60]。周佛海也從他思想中從未放棄的另一個角度——中國民族主義，觀察世局發展。他指出：「就中國全體而論，重慶已加入前者，如前者勝，中國之福」，如果他們輸了，對蔣介石當然不好；可是由於汪精衛已在南京組成政府、與日本合作，中國可以「腳踏兩隻船[61]」。

一九四一年夏天出現世界大戰地緣政治上，決定性的大改變。直到這一刻，在中國和在歐洲的衝突，是歐亞大陸塊各自進行的大戰。但是現在德國攻打俄國，逼得日本必須抉擇是否也要和蘇聯開戰。東京方面的辯論沒有撐太久。雖然政府裡某些人，包括外相松岡洋右，支持在南下之前先打蘇聯，關東軍和海軍都主張暫勿援助德國，至少等到它成功地將大量蘇聯部隊從西伯利亞吸引到歐洲戰場再說。現在再度出任首相的近衛，同意這一派主張[62]。摒棄攻蘇之議後，日本領導人把注意力轉到另一個大國，美國身上。日本無法在中國伸張力量，遂轉而想在本區域，尤其是富含石油、橡膠及其他攸關戰爭資材的東南亞，擴張勢力。從一九四〇年起，類似關閉滇緬公路的要求，顯示東京在亞洲要採取更強悍的政策。儘管沒有能力制伏中國，日本領導人卻思考要升高賭注。

日本國內政治亦愈來愈受到沒有能力終止在華戰爭的影響。早在一九三八年，軍事開銷已占日本總預算約三〇％，同年，「全國動員法」賦與政府對「財閥」——即日本大型工業集合體，有「總體戰的控制」權力。到了一九四〇年，「新秩序」已滲透到日本人生活的每個層面，反奢華消費運動極為強盛。一九四〇年二月，有位議員因發言反對日本在中國進行的「聖戰」，竟被逐出國會[63]。在這種氣氛下，要從日本的帝國野心退卻的可能性變得遙不可及。

羅斯福政府愈來愈關心這些發展。美國雖然仍是中立國，卻已透過「租借法案」提供大量援助給英國和蘇聯，抵禦德國的入侵。現在政府亦增加對中國的援助。二月十日，羅斯福的代表居里（Lauchlin Currie）抵達重慶，告訴蔣介石：美國即將交運價值四千五百萬美元的軍事器材設備給中國[64]。約翰・馬格魯德將軍（General John Magruder）率領的一小支「美國駐華軍事代表團」（AMMISCA，the American Military Mission in China）已在一九四一年九月進駐重慶（即珍珠港事變之前幾個月），為中國可能加入反日同盟預做準備[65]。羅斯福總統在一九四一年初即派威廉・唐諾文將軍（General William Donovan, "Wild Bill"）前往中國，設立戰略情報處（OSS，Office of Strategic Service，美國中央情報局的前身）中國站[66]。

儘管美方一再努力，試圖說服日本不要南下進入東南亞，但是雙方對抗情勢反而更加升高。日本占領法屬印度支那的南部，美國在一九四一年七月決定對日本實施石油禁運。近衛無力抗拒陸軍及海軍愈來愈強大的主戰壓力，於十月十六日辭職，大將東條英機

（General Tojo Hideki）繼任首相。東京急急準備向西方國家宣戰[67]。日軍鎖定的目標有新加坡、香港、馬來亞、荷屬東印度，以及菲律賓。

一九四一年秋天，美、日雙方更加迫切進行談判。美國堅持日本必須從中國撤軍，日本同樣堅定拒絕。日本文、武兩派爭辯他們應該多快發動戰爭之同時，東京領導人心中已無疑問：美、日即將爆發戰爭。十一月五日的御前會議正式決定，十二月一日以前外交交涉若得不到滿意結果，不久之後即將開戰。野村吉三郎（Nomura Kichisaburo）大使和來栖三郎（Kurusu Saburo）特使，在華府與赫爾國務卿的談判，一直沒有結果。十一月二十六日，赫爾交給日本代表一份「覺書」（即切結書），重申美國堅持日本必須撤離中國和印度支那。十二月一日，御前會議決定開戰；次日，決定以十二月八日（美國時間十二月七日）為攻擊發起日。

一九四一年十二月七日上午，美國太平洋艦隊泊靠在夏威夷珍珠港。兩波日本轟炸機由六艘航空母艦起飛，攻擊美軍船艦及猶在睡夢中的士兵，當下即摧毀戰鬥艦亞里桑納號、破壞了十七艘船艦，以及停在附近的大多數軍機。兩千四百多名美軍死亡，一千一百多人受傷。一天之內，日軍攻打暹羅（當時是個獨立國家）、馬來亞和菲律賓。

蔣介石在凌晨一點鐘接獲報告，立刻口述一封信向羅斯福表示支持，誓言堅決打這場「共同戰爭[68]」。周佛海在上海也聽到新聞。十二月八日（越過夏威夷的國際換日線）他聽到槍砲聲，日軍展開占領全市行動；然後他接到報告說，日本已向西方國家宣戰。他寫下：「聞日機大炸檀香山、馬尼剌、新加坡、香港等。太平洋自此成為屠殺場矣[69]。」

注釋

1. 葉超，〈皖南事變經過的回顧〉，《安徽文史資料》卷六（一九四〇年十二月二十六日電報），頁五。
2. Hans J. van de Ven, War and Nationalism in China, 1925–1945（London, 2003）, 237–239.
3. Ibid., 240–246.
4. Christopher Thorne, Allies of a Kind: The United States, Britain, and the War against Japan, 1941–1945（Oxford, 1978）, 52.
5. John Garver, "China's Wartime Diplomacy," in James C. Hsiung and Steven I. Levine, eds., China's Bitter Victory: The War with Japan, 1937–1945（Armonk, NY, 1992）, 10–11.
6. Ibid., 13.
7. 關於諾門罕戰役最完整的報導，見 Alvin D. Coox, Nomonhan: Japan against Russia, 1939（Stanford, CA, 1985）.
8. Garver, "China's Wartime Diplomacy," 16.
9. John Hunter Boyle, China and Japan at War, 1937–1945: The Politics of Collaboration（Stanford, CA, 1972）, 243–246.
10. Ibid., 246.
11. Ibid., chapter 13.
12. 《高宗武回憶錄》，頁七四、七五。
13. Boyle, China and Japan at War, 279.
14. 《周佛海日記》，一九四〇年一月十三日，頁二三〇。
15. Ibid., January 26, 1940, 237.

16. Boyle, China and Japan at War, 282–285.
17. 《中華日報》，一九四〇年三月三十日。
18. 《周佛海日記》，一九四〇年三月三十日、三十一日，頁二七二、二七三。
19. Boyle, China and Japan at War, 304.
20. FRUS, 1940, vol. IV（February 17, 1940）, 287.
21. Garver, "China's Wartime Diplomacy," 8–9.
22. Boyle, China and Japan at War, 303.
23. 《周佛海日記》，一九四〇年五月十三日，頁二八〇。
24. Huang Meizhen（黃美真）and Yang Hanqing, "Nationalist China's Negotiating Position during the Stalemate, 1938–1945," in David P. Barrett and Larry N. Shyu, Chinese Collaboration with Japan, 1932–1945: The Limits of Accommodation（Stanford, CA, 2001）, 65.
25. FRUS, 1940, vol. IV（January 15, 1940）, 263.
26. Huang and Yang, "Nationalist China's Negotiating Position," 61.
27. Boyle, China and Japan at War, 303–305; Jay Taylor, The Generalissimo: Chiang Kai-shek and the Making of Modern China（Cambridge, MA, 2009）, 174–175.
28. "Persist in Long-term Cooperation between the Guomindang and the Communist Party," MZD, vol. VI, 153.
29. Taylor, Generalissimo, 166–167.
30. Lloyd E. Eastman（易勞逸）, "Nationalist China during the Sino-Japanese War, 1937–1945," in Lloyd E. Eastman et al., The Nationalist Era in China, 1927–1949（Cambridge, 1991）, 152–160.
31. Lyman P. Van Slyke, "The Chinese Communist Movement during the Sino- Japanese War, 1937–1945," in Eastman et al., The Nationalist Era in China, 1927–1949, 253.

32. Ibid., 254–255.
33. Ibid., 244–245.
34. 王建國，〈顧祝同與皖南事變〉《抗日戰爭研究》叁（一九九三），頁一九七 Gregor Benton, New Fourth Army: Communist Resistance Along the Yangtze and the Huai, 1938–1941（Berkeley, CA, 1999）, 515–516.
35. 例如，他指示說：「最好將江南部隊移到蘇南。」（一九四〇年十二月三十日）；又說：「粉碎國民黨攻勢，扭轉情勢。」（一九四〇年十二月三十一日）。

    MZD, vol. 6, 610, 611. Benton, New Fourth Army, 513.
36. "Mao Zedong and Zhu De to Zhou Enlai and Ye Jianying concerning the negotiations with Chiang Kai-shek on the New Fourth Army's route for moving northward"（December 25, 1940）, MZD, vol. 6, 593. Benton, New Fourth Army, 530.
37. Benton, New Fourth Army, 530.
38. 董南才，〈皖南事變突圍記實〉，《玉環文史資料》卷三（一九四一年一月五日），頁七九。
39. 董南才，〈皖南事變突圍記實〉，頁八一。
40. Benton, New Fourth Army, 572.
41. 張光宇、李仲元，〈新四軍在皖南事變中的軍事失誤與教訓再探討〉《武漢大學學報》卷六（一九九二），頁七二。
42. Taylor, Generalissimo, 176–177.
43. "To Zhou Enlai and Ye Jianying concerning political and military preparations for an overall counterattack"（January 15, 1941）, MZD, vol. 6, 637.
44. "Chiang and the Communists," Time, February 3, 1941.

45. Benton, New Fourth Army, 597.
46. FRUS, 1940, vol. IV, January 3, 1941, 477.
47. Ibid., 479.
48. 〈新民主主義論〉（一九四〇年一月十五日）, MZD, vol. VII, 340, 351, and 355.
49. Federica Ferlanti, "The New Life Movement in Jiangxi Province, 1934–1938,"Modern Asian Studies 5:44（2010）.
50. 上海市檔案館：Q130–1–1; R18–1–321; R48–1–801.
51. 見 Mitter, Manchurian Myth, chapters 3 and 4.
52. 王建國，〈清鄉運動與李士群之死〉，《安徽史學》六，（二〇〇四），頁五六、五七。
53. 胡居成，〈江渭清與蘇南反「清」〉，《鐵軍》十一期，（二〇一〇），頁九。
54. 同前注，頁九、十。
55. 謝世廉編，《川渝大轟炸》（成都，西南交通大學出版社，二〇〇五），頁七六至八九。
56. FRUS, 1940, vol. IV, January 3, 1941, 484.
57. Taylor, Generalissimo, 181–183.
58. 關於史達林不肯接受德國會發動入侵，見 Constantine Pleshakov, Stalin's Folly: The Tragic First Ten Days of WWII on the Eastern Front（Boston, MA, 2005）.
59. "Decision Regarding the International United Front against Fascism," MZD, vol. VII（June 23, 1941）, 764.
60. 《周佛海日記》，一九四一年六月二十二日，頁四八一。
61. Ibid., June 29, 1941, 484.
62. Mikiso Hane, Modern Japan: A Historical Survey（Boulder, CO, 1992）, 298–308.

63. David A. Titus, "Introduction," in James W. Morley, ed., The Final Confrontation: Japan's Negotiations with the United States, 1941（New York, 1994）, xxiii.
64. Taylor, Generalissimo, 179.
65. Charles F. Romanus and Riley Sunderland, Stilwell's Mission to China（Washington DC, 1953）, 30–31.
66. Yu Maochun（余茂春）, OSS in China: Prelude to Cold War（New Haven, CT, 1997）, 25.
67. Gerhard Weinberg, A World at Arms: A Global History of World War II, 2nd ed.（Cambridge, 2005）, 252–264.
68. Taylor, Generalissimo, 188.
69. 《周佛海日記》，一九四一年十二月八日，頁五四八。

—第四部—

各懷鬼胎

13. 緬甸

自從一九四一年十二月可怕的那一天之後，他們就成為階下囚。春天降臨廣東省，但是傳教士兼醫生薇娃・布朗（Velva V. Brown）和她的美國夥伴依然困在沿海的汕頭市。

布朗在一九二三年就來到中國。一九三七年抗戰爆發也影響到汕頭，尤其是日軍轟炸汕頭，但是初期震撼過後，大部分美僑留了下來。布朗在家裡對家人說：「我們的座右銘是一切照常。」她還得在面對日軍進犯的動盪情勢下，拚命維持醫院照常運作[1]。但是四年之後的秋天，住在中國的美國人愈來愈明顯感受到，他們的中立國國民身分恐怕快保不住了。一九四一年美國浸信會國外傳道部（American Baptist Foreign Mission Society）於十一月十五日通電各教會，宣布「鑒於愈來愈嚴峻的局勢，我們力促教會全體女性以及接近退休年齡或身體欠佳的男性，應該即刻回到美國[2]。」

中國時間十二月七日，布朗和其他傳教士在教會裡圍坐收音機旁，等候赫爾國務卿和日本代表野村吉三郎大使、來栖三郎特使最後談判的新聞。（赫爾在華府對於和談已經不抱希望，但還想把握「一％」的機會，盼望雙方能避免開戰。赫爾說，在近乎相對無言的辦公室拜會之後，兩位日方代表「無言地低頭告辭[3]」。）次日下午四點鐘，美國浸信會國外傳道部發來電報，提到「日本攻擊夏威夷的驚人消息[4]」，他們的傳教士突然身陷在敵後。羅斯福總統痛斥日方突襲「將在歷史上留下可恥的一日」。布朗寫說：「次晨消息傳來，雙方宣戰了[5]。」當天下午，日本憲兵展開逮捕外籍人士的動作。

直到一九四一年十二月八日，美、英兩國分別受困於國內經濟大蕭條和歐洲戰爭，中國的抗戰一直得不到他們的重視。對於一九三七年之後仍留在中國的外國人而言，戰爭變成日常生活的一部分，但是因為本國保持中立、一直讓他們與戰爭保持某種程度的距離，也獲得保障，尤其是留在日本占領區的洋人更有此感覺。現在他們一變成為敵國公民，整個華東地區的美國人、英國人，全被押進集中營。上海公共租界一直是這個戰亂城市當中的中立綠洲，現在納入日本人控制。數千名同盟國國籍的洋人被送進集中營。對某些人而言，這個惡劣環境將是他們的家，一直要到戰爭結束才能重獲自由，但前提是如果他們挺得住、沒死的話。十一歲的英國男孩吉姆・巴拉德（Jim Ballard）被送進收容兩千多人的龍華集中營；四十年之後他成為作家，寫了一本半自傳體的小說《太陽帝國》（*Empire of the Sun*），敘述他在龍華所度過的饑寒交迫、病痛不斷的生活故事。薇娃・布朗及她在汕頭的友人，不曉得上海西方居民的命運，但是他們為自己擔心不是沒有道理。日本人沒有太嚴厲對待這些傳教士，但是等待解押期太長，拖了幾週、甚至幾個月，這段期間亞洲的勢力均衡以令人驚悚的速度在變化。

住在集中營裡，有很多時間反省思索。數十年來，成千上萬的美國人來到中國。許多人像薇娃・布朗，以醫生、傳教士和老師的身分來到中國。小說家賽珍珠住在中國多年，在中國革命及邁向現代化的路途上，她也成為最著名的翻譯家之一，並把中國介紹給美國民眾。亨利・魯斯（Henry Luce）出生在中國，父親是傳教士。身為美國最有影響力的新聞雜誌《時代》週刊東主，他和蔣介石堅強的夥伴關係，是中國在美國的最佳抗戰助力。可是儘管帶給中國許多好處，美國在中國其實也不脫帝國主義角色，與英、法無殊。美國人在鴉片貿易上也相當活躍，並且在中國享有治外法權。一九四一年十二月七日上午七點四十八分，夏威夷珍珠港中的美國軍艦遭到摧毀，他們的平安世界也隨著消失。

布朗和朋友終於在四月四日接到消息。他們將做為美、日換俘交易的籌碼遣送回國；

雙方交換的知名人物包含日本駐華府大使野村吉三郎和美國駐東京大使約瑟夫・格魯（Joseph Grew）。布朗寫說：「回國之前最傷心的一件事是遣散我的下屬，尤其是老佣人，有些人跟著我們已經十五、二十年了。」教會人員被告知只能帶三箱的私人財物。

舊秩序準備離去之際，新秩序已經登堂入室。美國人收拾行囊離開，日本人和台灣人則前來「觀光」以便決定「要住哪間屋子[6]」。過去一百年，美國人在中國是帝國主義者的一份子，帝國主義有時善良、有時橫暴，但總是由西方人當家做主。現在出現另一個新帝國來取代他們。

回國之旅很不方便。同行者有美國、英國駐汕頭領事，以及商人和傳教士，但是日方沒有依身分差別待遇。布朗寫說：大家統統分配「一張中式蓆子，並排擺在……船艙硬地板上[7]」。大多數旅客必須蜷縮成一團才能勉強入睡。然而這一點都比不上一九三七年中國難民逃躲日軍推進時那麼驚險可怕，不過它一定令人覺得十分受辱。

數千英里之外的華府，有位剛獲晉升的美國陸軍中將即將接奉，將會啟動大不相同的美、中關係之命令。雙方交會只有四年，但是他任職的後續影響卻將牽動超過半個世紀以上的中、美關係。蔣介石將得到他夢寐以求的一項東西：在全球決策平台上據有一席地位，中國至少在名義上被視為一位平起平坐的夥伴。

珍珠港事變發生後不到幾星期，蔣介石展現他對新同盟的價值，給其他亞洲領導人立下楷模（這些人和他一樣，都有豐富的反帝國主義紀錄）。蔣介石將訪問印度，以盟友、非歐洲人夥伴的身分與其領導人討論他們的獨立鬥爭。然後他將與同盟國攜手首次聯合作戰，戰場不在中國，而在緬甸叢林。中國好不容易終於加入同盟，但它要付出的代價非常的高。蔣介石迫切需要新夥伴，可是接受這個同盟卻得釋放出將會威脅他統治根基的勢力。這筆交易的錯綜複雜在蔣介石和約瑟夫・華倫・史迪威（Joseph Warren Stilwell）這位美國將領之間長達四年的糾葛當中充分表露。

打從一開始，情勢就很清楚，新同盟的成員相互疑忌。當然表面言談非常正面。一九四二年元旦，蔣介石發表新年文告談到新事實。他宣稱同盟國努力保護文明，對抗軸心國的殘暴不仁。中國在最艱苦抗戰的時候亟盼另一個大國會站在它同一邊介入戰局。現在，美國和大英帝國都來拔刀相助。蔣介石也曉得他必須善用這個機會糾正過去一個世紀，中國所遭遇的欺負。不僅要處理日本的侵略，也要處理現在來協助中國的國家過去的不義行為。目標不僅是完成抗日戰爭的勝利，也要運用孫中山的三民主義以「保障國家領土主權的完整」及「生存」[8]。

蔣介石公開談論他的目標時委婉地使用外交詞令。他在日記中對新同盟關係就挺坦白，喜恨交加。他在一九四一年十二月的日記每月反省欄記下國民政府駐美大使胡適（原本強烈批評國民黨的知名學者）和羅斯福總統對話內容：羅斯福總統要求中國展現同情，不宜過於喧譁慶祝（這位美國領袖可能對於新同盟關係會在國內引起的民情反應仍心懷忐忑，不願他的選民見到重慶民眾狂喜）。蔣介石寫說：中國人當然不會慶祝。這個要求顯示美國人及英國人對我們的蔑視。即使羅斯福仍不脫這種舊態度。可惜[9]！珍珠港事變剛過三個星期，情勢已經清楚，談到提供軍事補給，中國必須順從美、英的優先。蔣介石（在第一次三強會議時）寫下，「三國軍事會議中，可說受盡英美代表對我之輕侮[10]。」

羅斯福讓蔣介石失望，另一個盟國英國更是被蔣介石痛批。蔣介石寫下：「受盡英美代表對我之輕侮。」又說：「後世當知建國忍辱之難。」他認為中國之所以發生種種困難，罪魁禍首不只是日本；他無意忘掉英國在中國長久的帝國主義行徑。十二月十五日，也就是離珍珠港事變才一個星期，蔣介石指出：

「英使及其武官之貪嗜小利，不識大體，不顧全局，此絕非余平日所想像而具有偉大氣魄之盎格魯撒克遜民族之所為也[11]。」

兩天之後他又寫說：我看不起他們，但我也尊敬他們[12]。蔣介石也列出一份他預定要向英國人提的要求清單以交換參戰：歸還九龍，歸還對西藏的控制（英國把西藏列為勢力範圍），以及外蒙古及新疆要脫離蘇聯控制（新疆當時由軍閥盛世才控制，實質上形同蘇聯的附庸國），還要承認滿洲是中國具有主權的領土[13]。英國也注意到中方態度的變化；英國駐重慶軍事武官宣稱中國人已經「狂妄到不可相信的地步[14]」。

消息靈通的美國觀察家也更加注意他們支持的這個政府。三年前，尼爾森・詹森大使曾經宣稱他深信國民黨真心抗戰，且比一般預期的允許更多元的政治文化。一九四一年繼詹森之後接任大使的克萊倫斯・高思（Clarence Gauss）卻相當審慎。當國務卿赫爾問起是否會有中國放棄作戰的危險時，高思駁斥這種擔心，但是他說，「（國民）黨多年來光是口說改革、改進，卻很少有具體成就[15]。」

問題在於中國人和西方人透過幾乎全然不同的鏡頭看待中國的角色。在西方盟國看來，中國是個懇求者、是個被打得不成人形的國家，等待美國和英國伸出援手，救她脫離肯定會被日本人摧毀的毒手。從蔣介石及許多中國人的角度看，他們的國家是第一個、也是最堅定的反軸心國侵略的國家。儘管有多次退出戰爭的機會，在外援無望下中國仍堅決奮戰，現在它更應該被當做平等的大國對待。

美國人比起英國人對中國盟友維持更開放、友好的態度。太多英國人搖擺於友善的不加聞問和輕視之間，不過其中也不乏同情中國的人。可是中國人要求參加盟國聯合委員會、或由ＡＢＣＤ（即美、英、中、荷）四強在重慶設立聯合軍事參謀本部，卻未被接受[16]。有一部分的擔憂是有道理的，他們怕中國總部會洩漏情報；但整體而言，英國人或美國人既沒把蔣介石真正平等對待、也沒把中國當做首要戰區。（相形之下，對美國或英國而言，蘇聯根本不是完全值得信任的盟友，可是它討價還價的力量和重要性，卻意味美、英在大多數關鍵議題上，必須以全面戰略和情報夥伴身分對待它。）西方盟國對於如何才是進行戰爭的上上之策，意見分歧，美國軍方領導層就出現海軍主張以太平洋、而非歐洲做為第一優先。美國陸軍參謀長喬治・馬歇爾將軍（General George C. Marshall）權衡所有方案，最後贊同歐洲優先戰略[17]。兩造的觀點都有自欺欺人的成分：英、美希望予人印象，認為中國是認真的盟友、但他們實際上沒太致力維繫此一關係；蔣介石則過度高估他在西方盟國心目中的身價。

可是蔣介石的觀點可沒有不合理。美國曉得中國若是垮了，被國、共部隊牽制在中國的六十多萬日本皇軍將可以移防部署到太平洋戰區。因此，至少勢必需要「讓中國留在戰局裡[18]」。一九四二年一月，蔣介石向美國要求借款五億美元。高思大使和美國財政部長對這項要求十分謹慎，滿有道理地擔心大量的借款將被政府貪瀆份子刮走[19]。美方刁難蔣介石的要求，卻看不到一項事實：與其他盟國的作戰努力相比，派發給中國的援助非常的少。（一九四一年和一九四二年，美國依租借法案援助中國的數額只占總額的一・五%，於一九四三年和四四年降到〇・五%，直到四五年才升到四%[20]。）儘管美國官員有所疑懼，眾議院在一九四二年二月三日通過這筆貸款。

如果批評蔣介石的人士肯用心注意的話，就會注意到他的用處真不小。蔣介石至少在一個領域具有西方盟國不及的權威：他堅定不移的反帝國主義。當亞洲新起的戰爭威脅到大英帝國極寶貴的屬地，印度次大陸之際，這一點就變得特別重要。軸心國有一項貪婪、野心勃勃的計畫，想從中東和東亞雙翼包抄，奪占人力及資源豐富的印度帝國。不讓這個計畫得遂就變得攸關重大，可是印度內部政治動盪的情勢卻令人害怕此事頗有可能成真。

印度首都的確陷入戰爭，但是新德里和遍地垃圾、房屋偷工減料隨意亂蓋的陪都重慶可是完全不同。三十年前艾德溫・魯琴斯爵士（Sir Edwin Lutyens）以白色大理石創造了一個適合印度王公貴族居住的光鮮新城市，預備發展往後數百年的基業。可是即使建設新都會，英國人還是得處理追求迅速政治改革、正在興起的印度獨立運動。

邱吉爾是誓死反對把大權交還給印度人的死硬派之一，但是他的觀點在一九三〇年代已經顯得老派、過時，使自身在保守黨內都淪為孤鳥。一九三〇年代期間，英國總督雖然仍是最高人物，大量行政權力已交給印度人民選出的憲政議會。可是，總督林里資哥勛爵（Lord Linlithgow）在一九三九年末和最主要的支持印度獨立之組織印度國民大會黨（Indian National Congress）諮商，就逕自決定印度加入抗德戰爭，使得尼赫魯、甘地和國大黨一批知名領導人非常生氣。

林里資哥和邱吉爾一樣，反對快速將權力移交給印度人，他這麼做似乎也是故意表示對印度人的不屑。印度國大黨大多數領導人已宣布支持與法西斯搏鬥〔主要例外是國大黨前任主席鮑斯，他在一九四一年一月離開印度、前往德國，後來領導日本人資助的印度國民軍（Indian National Army）〕。然而，到了一九四二年初，尼赫魯和甘地愈來愈關心印度人在政治上、軍事上支持英國人作戰，並不會換來具體的獨立時間表。英國和國大黨之間的關係變得相當尖銳，尤其是一九四一年十二月亞洲爆發戰爭之後。

與印度的聯結攸關到蔣介石政府的生死存亡。日本和大英帝國交戰，有一個後果即是滇緬公路或許會被封閉。一九四〇年夏天，邱吉爾政府在日本壓力下將它關閉三個月，已經讓蔣介石嘗到箇中厲害，不過當年年底它還能每個月供應中國約兩萬噸的物資[22]。失去這些補給，從印度飛越緬甸「駝峰」空運物資就變得益發重要，蔣介石因此更加關切，在日本被打敗之前，英國不能削弱守護印度。蔣介石提議訪問印度，與國大黨領導人會談。這個主張觸怒邱吉爾，後來經英國駐華大使卡爾爵士斡旋，才安排成行。

蔣介石自從將近二十多年前以青年軍官身分訪問蘇聯之外，未曾踏出國門一步。當他抵達印度首都時，它是大英帝國運用這個最大的殖民地做為對付日本進侵的堡壘之神經中心。印度軍（Indian Army）的規模已經增加為十倍。德里氣氛仍很緊張；英國當局越俎代庖、替印度宣布參戰的拙劣手法，使得政治氣氛頗有爆炸的可能性[23]。

一九四二年二月十一日，蔣介石在德里見了尼赫魯，以及國大黨主席茂拉南・阿柴德（Maulana Azad）。阿柴德是穆斯林領袖，反對印度聯邦獨立後分割為印度和巴基斯坦兩個國家；但是穆罕默德・阿里・真納（Mohammad Ali Jinnah）領導的「回教同盟」（Muslim League）則主張分割為兩國獨立。蔣介石覺得他和尼赫魯相談甚歡，這一點兒也不意外，尼赫魯曾在一九三九年訪問中國，與蔣介石有過幾次正面交談。

雖然尼赫魯的出身背景和氣質使他成為與蔣介石大異其趣的民主人士，這兩位領導人都很務實，雖然堅持反帝國主義目標，也能設法尋求務實的折衷妥協。縱使如此，蔣介石還是倚老賣老，向印方主人說教。蔣介石記載，他告訴這兩位主張獨立的領導人：根據我的革命經驗，他們不應該在程序或戰略上犯錯誤。蔣介石同情印度的民族主義大業，不喜歡邱吉爾或英國人，但是他關切甘地和尼赫魯反對英國在印度的地位，有可能削弱同盟國的作戰力量。（事實上，尼赫魯和甘地的立場並不同：尼赫魯擁護抗日，但是印度要自主、不能事事聽命於英國，而甘地則持相當強烈的非暴力抵抗的立場[24]。）蔣介石寫下：他們態度的極端，令我頗為驚訝。他也見了真納，對真納就相當冷淡，稱真納「下等無賴」。他寫下：英國人就是如此利用人——但是要說印度人和穆斯林不能和諧相處並不對，並且建議真正愛國的穆斯林應該支持甘地和國大黨[25]。蔣介石是一個二十世紀仍深陷分裂的國家之領袖，毋怪乎他對主張分裂的印度政客相當冷淡。

蔣介石的訪問很快就碰上外交風暴。邱吉爾堅持，蔣介石是一國領袖，不應把甘地當做對等的貴賓，到甘地的寓所，孟買附近的華達鎮（Wardha）去拜訪他；應該由甘地到新德里來拜會才對。蔣介石很生氣。蔣介石一連好幾天深夜接到英國當局的來訊，要求他不得去拜訪甘地。他拒絕回覆。

二月十五日午夜，蔣介石接到甘地親自來函，他大為感動。蔣痛感「亡國者失去自由之苦」，遂「召見卡爾大使，告以余離印之前必須與甘先生面晤[26]。」最後，中、英雙方取得協議，蔣、甘兩人在加爾各答附近的桑蒂尼蓋登（Santiniketan）會面。諾貝爾文學獎得主、博學的詩人泰戈爾（Rabindranath Tagore）在此小鎮創辦了一所大學。

二月十八日，蔣介石和甘地促膝長談五個小時，宋美齡居中翻譯。甘地告訴蔣介石，他同情中國的抗戰，他不會阻礙英國援助中國。然而，蔣介石試圖拋出共同合作的議題——支持印度在戰爭中扮演更積極的角色。甘地沒有正面回答，只表示蔣「不應勉強他改變原則」，然後用他一向喜歡的技巧——轉動織布機，織一塊手織布，結束這段尷尬的對話。次日，蔣介石記下他的失望：

「昨日晤甘地先生後，對其態度不覺失望，此或余熱望過度之故亦未可知。彼受英人統治之苦痛而演成今日鐵石心腸……彼惟知愛印度，有印度而不知有世界及其他之人類也，可謂忍心極矣。此乃印度哲學與傳統精神所造成。只知忍痛而毫無熱忱，實非革命首領之特徵。余乃斷言印度革命之不易成功也[27]。」

甘地也感覺到兩人話不投機、形成僵局。他寫信對他的同僚瓦拉海・帕鐵爾（Vallahai Patel）說：「我不能說我學到東西，而我們也沒有東西可以教他[28]。」宋美齡後來告訴尼赫魯，她很悲觀，不以為甘地的方法會給印度帶來自由，這番話也讓這位國大黨領導人很不痛快。蔣介石對甘地的評價並不公允：甘地是個國際主義者，他終身的奮鬥始於南非、不是印度，他著名的非暴力抵抗哲學深受托爾斯泰（Tolstoy）等思想家以及傳統印度思想的影響。但是蔣介石沒有看錯，他們的目標的確根本不同。甘地的非暴力原則，在經歷一九二〇及三〇年代軍閥混戰的一位領袖來看，沒有太大意義；另外，蔣介石本人雖不是生活豪奢之人，甘地主張的極端簡樸卻與宋美齡的富貴品味相去甚遠。

一九四二年二月二十一日是他訪問印度行程的最後一天，蔣介石在加爾各答透過宋美齡英文翻譯，廣播他的辭行演說。蔣介石的話語大膽，他提醒聽眾南京大屠殺，暗示他們不應把反帝希望寄託在日本人身上，他警告，如果同盟國敗了，則「世界文明將倒退一百年」。但是他也明白地將中國的自由和印度的自由聯結起來，並且警告英國人，應該在印度人提出要求之前，「從速賦予印度國民以政治上之實權[29]」（邱吉爾當然又是一番盛怒）。

蔣介石在日記裡反思此行訪問印度有兩個重點。他寫下：我在離印告別書中，完全支持解放印度，「英或許不諒解，而對英實有益。」他指出，尼赫魯抱怨蔣介石對印度的態度矛盾，既說支持印度獨立，又要求印度與英國齊心合力作戰；蔣介石回答說，所有的政治都很渾沌，如果太清楚，那將是「哲學、而非政治」。一九四二年二月，亞洲戰事仍在相當早期的階段。緬甸戰役即將開始，蔣介石無法（比邱吉爾或羅斯福更能）預卜印度是否會落入日本手中。印度最知名的獨立運動領袖如能全力支持對日作戰，而不只是默示贊成，當然最符合蔣介石的利益。但是蔣介石訪問印度也增強了他的信念，認為戰爭是創造新的、反帝國主義、團結的亞洲之機會。他在二月二十一日最後一次和尼赫魯共進午餐時，教訓尼赫魯說：革命機會易失、難得。這是印度唯一的革命良機，如果我們錯失，我們再也得不回它。尼赫魯默不作聲，但似乎明白[30]。蔣介石在三月份又發表另一次演講，再度敦促印度領導人支持同盟國。他也向英國人強調，印度提供的士兵人數之多，僅次於中國，英方若承諾快速准予獨立，必能更進一步鼓舞印度民心士氣[31]。

反帝國主義的團結畢竟有限度。英國左派政治家史塔福・克利普斯爵士（Sir Stafford Cripps）一九四二年四月率領的訪印代表團，未能在殖民當局和國大黨之間達成任何協議。隔了幾個月，尼赫魯和甘地在一九四二年八月展開「退出印度」（Quit India）運動，要求快快脫離英國獨立，導致國大黨高層領導人及將近十萬名活躍份子被逮捕。不過國大黨雖未明白表態支持，仍有兩百五十萬印度部隊在戰時參與盟國作戰。

縱使如此，蔣介石訪問印度的姿態相當重要。在一個全世界非西方民族都在爭取自由的時代，獨立運動的領導人受到非歐洲的主權國家元首登門拜訪，仍是稀有的事。其他的同盟國領袖要拜訪尼赫魯或甘地，也沒有蔣介石這樣的分量。

蔣介石私底下失望他未能說服國大黨領導人全力支持作戰。就這一點而言，他的想法和邱吉爾或羅斯福並無不同，只不過邱吉爾不能理解或承認而已。如果英國當局更全力支持蔣介石，結果或許大不相同。總體而言，這次訪問代表中國在戰時首次以主權國家的大國之姿站上國際舞台。

一九四二年一月十四日，美國陸軍部長亨利・史汀生（Henry L. Stimson）在華府與一位客人單獨會面、共進午餐。他和客人史迪威將軍談話的主題是中國。史迪威在日記中寫下，史汀生「認為中國人將接受一位美國司令官」；他又說，史汀生表示：「命運之針愈來愈指向你[32]。」

馬歇爾雖已決定集中力量在歐洲，他也認識到有必要顯示出美國人在亞洲作戰；畢竟，對美國啟釁的是日本、不是德國。可是他不想派美軍地面部隊進駐中國。解決之道就是說服蔣介石接受一位美國人擔任中國部隊參謀長，既可顯示美國人與中國人並肩作戰，又不需要派出相當數量的部隊。史迪威就是馬歇爾欽點的人選。

史迪威曾在西點軍校任教，由於言詞尖酸刻薄，贏得「酸醋喬」的綽號，而他還頗以此沾沾自喜。在兩次世界大戰中間的期間，他數度派到中國服務，通曉中文。他曾在一九三五年至一九三九年期間擔任美國駐華大使館武官，目睹中日戰爭的爆發。他的報告一直保持一項重點：疑惑不解、又生氣，中國軍隊竟然一再撤退、而不堅守領土。有一次被問到中國部隊何時才會反擊，他回答：「等到他們改掉不愛攻擊作戰的天性吧[33]！」他認為，中國軍官根本不具備打現代戰爭需要的技能，但是一般戰士有不屈不撓的作戰意志，只要他們是歸懂得用兵的將領指揮的話。史迪威過去沒有直接帶兵的將官經驗，但是他有馬歇爾將軍做靠山。史迪威認為只要他對中國軍隊有真正的「指揮權」（他在日記大筆寫下COMMAND），他就可以有效地運用他們對抗日軍[34]。一九四二年二月六日，馬歇爾發給美國駐重慶軍事代表團團長約翰・馬格魯德將軍的電報清楚交代史迪威的角色：「中國及緬甸的美軍將在史迪威指揮下作戰……但是史迪威將軍本人將受委員長的指揮[35]。」對史迪威角色的正式了解，和史迪威對本身地位的認知，這兩者之間的落差很快就成為極其重要的一個因素。

美國正式加入第二次世界大戰使得重慶在一九四一年十二月以後，變成非常不一樣的城市。雖然美國沒有派部隊到中國作戰，重慶仍然擁入大量的美國官員和軍人。有時候他們的影響會出現古怪的結果；有一則報導說，有位女學生開始用美國腔講中國話，老師責備她：「這位同學，請妳記住，我是妳的教授、不是妳的男朋友[36]。」美軍在中國也的確動見觀瞻。葛理翰・畢克（Graham Peck）抗戰期間長駐中國，於美國戰爭新聞處（US Office of War Information）上班。他的工作是宣揚對於抗日戰爭及中國的新盟友美國之有利報導。

畢克在敘述派駐重慶期間見聞的回憶錄中，提到飽受戰火摧殘的這個城市是如何歡迎新盟友的到來。他說：「彷彿撕裂厚絲布，在巨響聲中」出現了「美軍P-40戰鬥機，鼻頭繪著『飛虎隊』的鯊魚臉徽記」。P-40在空中表演俯攻、攀升半個小時，「像一群快樂的飛魚」，而「五十萬市民齊聲向天空歡呼」，很高興科技先進的新盟友前來助陣[37]。

陳納德將軍（General Claire Chennault）從一九三七年就來到重慶，他很高興美國和中國現在終於正式成為盟國。他所指揮的飛虎隊得到一百架P-40的增援；美國在珍珠港事變之前就已答應供應這些飛機，而且大多也在一九四一年底，即珍珠港遭偷襲前已運到中國[38]。（飛虎隊在一九四二年正式編組為美國第十四航空部隊，成為在中國正式參與作戰任務的唯一一支美軍。）可是史迪威到任，卻給這些美國飛行員帶來麻煩。陳納德深信空權是在中國戰場迅速制勝日本的關鍵，史迪威卻相信訓練精良的地面部隊才是關鍵。兩人的不和使得美、中之間原本就複雜的關係益加緊張。

蔣介石最大的希望是美國能提供美軍地面部隊在中國作戰。可是，盟軍司令部從來沒有認真思考過這一點。美國陸軍官方史學家說得很清楚：

並沒有美軍地面作戰部隊，因為陸軍部在華作戰一直是以協助中國人防衛為目標。針對這一點，陸軍部和聯參首長願意提供顧問意見，以及技術和空中支援。甚且，由於每送一個美國人進入中國即代表每個月需提供給他零點六二噸的補給，史迪威把駐華美軍地面部隊及服務人員人數控制在最低限度，因此這類人員的確很少。[39]

史迪威要讓中國部隊投入作戰的機會，很快就到來。盟軍司令部最早的決定之一是在緬甸、而非中國，擊退日軍的推進。在珍珠港事變之前，英國人和中國人就已經關心位於中國和英屬印度帝國之間的緬甸，禁不起日軍進攻；一旦緬甸淪陷，日本就能占領印度東北部加爾各答，使得整個印度東部告急。滇緬公路每個月供應約兩萬噸的補給，一旦滇緬公路遭切斷，唯一能替代的就是從印度飛越駝峰向中國運補，其數量勢必大減。可是日本對緬甸的威脅沒被當做是重大威脅，只有約一萬兩千名部隊駐守緬甸[40]。

一九四二年二月，日軍對緬甸發動攻擊。他們原先沒把這個英國殖民地視為優先目標，但是前一個月的事件使他們動念攻占緬甸。繼珍珠港之後，日軍迅速相繼攻克香港和菲律賓。突然間，那強大的英軍似乎也並非堅不能摧，緬甸看來也挺值得動手搶攻。它有兩個誘因：一是切斷國民政府透過滇緬公路取得物資，一是進而可以攻掠英屬印度東側。二月九日，日本第十五軍出動，撲向首都仰光，然後北上搶攻同古（Toungoo）和曼德勒（Mandalay，現稱瓦城）。

蔣介石表示願意派國軍第五軍和第六軍守衛緬甸中部的同古，減輕仰光英國守軍的壓力，但是英國駐印軍總司令兼遠東英軍最高統帥阿奇巴德・魏菲爾（Archibald Wavell）卻予以峻拒。魏菲爾一部分理由是後勤考量，但也有一大部分是帝國的驕矜。他寫信向邱吉爾呈報，緬甸由英軍而非中國部隊防守，「明顯較佳」；不過邱吉爾在這件事上並不認同魏菲爾的決定[41]。人還在華府的史迪威輕蔑地寫下，魏菲爾「不想要骯髒的中國人進入緬甸[42]」。（同樣的情形也發生在第一次世界大戰期間，中國表示願意派戰鬥部隊到歐洲助戰，法國人接受，英國人則反對[43]。）可是英國人在東南亞的地位已日益危急。英國在東亞的首要軍港新加坡，在二月十五日失守，這是大英帝國在整個第二次世界大戰期間最嚴重的失敗之一。

哈洛德・亞歷山大將軍（General Harold Alexander）率領的英軍守不住仰光，開始撤退。日軍三月八日占領仰光，立即計畫北上進攻同古。儘管亞歷山大和蔣介石互信不足，但是中、英雙方都認為當前上上之計是撤退。亞歷山大關切的是把部隊撤回去守衛印度、但利用中國部隊為緩衝。蔣介石主張固守緬甸中部的曼德勒，但是他要求英方提供更積極的援助、才肯派國軍保衛曼德勒。雙方都願意棄守緬甸南部[44]。

史迪威可不願意。他在一九四二年三月初經印度、抵達重慶，被派為蔣介石的參謀長。史迪威和蔣委員長第一次正式見面後在日記裡語帶肯定地寫下，「他似乎願意作戰，受不了英國人的撤退和懶散[45]」。蔣介石對史迪威的人事案初步反應也不錯。但是他明白表示，他是中國戰區統帥，他期待史迪威要服從命令。蔣介石同意讓美方派史迪威來華，藉以顯示美、中關係合作無間，但是他毫無意願實際將指揮權交付給洋人。

三月九日和十日，史迪威和蔣介石研商緬甸戰略。蔣介石主張小心謹慎：中國部隊應派到緬甸之北邊，以保衛與雲南之邊界（雲南由彝族軍閥龍雲所控制）。蔣介石認為有機會守住曼德勒，他要史迪威去向英方施壓，答應支持中國守衛曼德勒。不料史迪威卻發言贊成攻勢戰略，主張從同古擋住日本可以取得大勝。他在一九四二年三月九日日記寫下：「仰光至為重要。仰光失守，補給即止。」他又說：「我直覺日本人很弱[46]。」由於並無美軍參與作戰，史迪威將以中國部隊作戰，尤其是第五軍和第六軍這兩支中國所剩無幾的精銳部隊。

和蔣介石一樣，史迪威相信中國可以積極參與世界大戰，做出貢獻。他真心認為應該在中國大陸反制日軍。有些比他更高階的指揮官並不贊同他的看法。馬歇爾發給英、美聯合參謀本部的一份備忘錄，對史迪威的任命有坦誠的評價，他說：「由於太平洋是次要戰場，我們必須靠中國人比現在牽制更多的日本師團[47]。」因此，史迪威主張攻勢戰略，乃是違反馬歇爾的意見。

如此冒險戰術是可以發揮效用：十年之後，麥克阿瑟將軍（General Douglas MacArthur）在韓國仁川大膽發動兩棲作戰進攻，扭轉了對抗共產黨軍隊的大局。但是麥克阿瑟比起史迪威經驗豐富，掌握的資源也比一九四二年的史迪威高出許多。蔣介石反對史迪威的主張，指出盟國在緬甸沒有足夠的空中掩護或坦克支援，而且如果折損第五軍和第六軍，中國將更難防守大西南。他重申史迪威具有部隊指揮權，但是要求他等候中國部隊在曼德勒附近調集兵力後，由蔣來決定適當時刻發動攻擊。

起先史迪威對他以美國人擔任中國部隊指揮官的地位有相當程度的自覺。他說：「我很訝異中國人接受我[48]。」他比較不去尋求英國人接納他，在日記中一直稱呼他們「檸檬水老英」（Limeys）（譯按：北美洲人用來蔑稱英國人的鄙俚俗語），並且嘲笑英國駐華武官藍瑟洛・鄧尼斯少將（Major General Lancelot Dennys）希望中國人「衝進去拯救大英帝國[49]」。他的自信不久就表露無遺，他自認可以了解中國人，以及不甩英國人，喚醒英國內心的衝勁。

經過初期、短暫的熱絡之後，史迪威和蔣介石不斷地意見相左。史迪威開始在日記裡稱呼蔣介石為「花生米」，這個綽號明顯不是出於親善。蔣介石希望在中、緬邊境採取守勢戰略導致史迪威的譏諷。史迪威在日記中嘲笑說：「一個月內，如無任何差池，或許我們可以發動攻勢。他希望確保事情容易。再次告訴我，第五軍、第六軍一定不能戰敗，因此我告訴他另請高明，因為我無法保證[50]。」史迪威把蔣介石的反對解讀為過度小心甚或怯懦畏戰。對於負隅頑抗的一位國家領袖而言，面對有可能摧毀手上所剩無幾的兩支精銳部隊之大膽建議，尤其是沒有指戰經驗的外國將領所提議，蔣有所懷疑，其實也不足為奇。可是蔣介石不想跟他剛派任的參謀長有嫌隙，乃在疑慮中允許史迪威執行其戰略。

三月二十一日，史迪威回到緬甸。此時同古已遭到攻擊，史迪威沒和中、英方充分討論他的計畫，就命令他屬下的國軍五十五師和二十二師匆匆南下，對彬馬那（Pyinmana）和瓢背（Pyawnbwe）的日軍發動反攻[51]。史迪威在寫給太太的家書承認這是冒險之舉動。「日軍對馬圭（Magwe）的空襲即將清掃掉我們微薄的補給，現在我們必須力挺一陣子，還不知結果會如何。」他又說：「不過，中國人很勇敢，我相信還可以承受、不會崩潰[52]。」

史迪威的評估很快就受到考驗。次日（三月二十五日），日軍包圍同古。史迪威不肯下令陷身同古的國軍二〇〇師撤退。他認為自己堅定不移，別人卻驚慌失措。史迪威寫說：「蔣介石心思善變，令我擔心。」他又說，教訓就是「總是慢吞吞地把不願接受的計畫付諸行動。」（蔣介石希望撤退是「不能接受」的想法。）第五軍軍長杜聿明「糟透了」。「英軍在仁安羌（Yenang-yaung）騷亂。英國人摧毀油田。天啊！我們究竟為何而戰[53]？」

史迪威的策略如果奏效，他如此堅信本身正確或許還可以理解，可是他的策略根本沒用。蔣介石在日記裡失望地寫下：我知道我犧牲了一大堆，為了這個美、英計畫，卻得不到收穫。可是現在我必須堅持到底[54]。在日軍日益逼近之下，蔣介石終於在三月三十日下達命令允許師長撤退。史迪威卻暴跳如雷，痛斥蔣介石企圖干預、不信任他的指揮。次日中午，史迪威坐上飛機，在凌晨兩點鐘趕到重慶。這一天是四月一日。史迪威寫說：「我是四月愚人嗎？從三月十九日到四月一日在緬甸，和中國人、英國人、我自己人、補給、醫療等等搏鬥。偶爾才和日本人鬥。」史迪威自憐自艾的語氣使他更接近他討厭的蔣介石，只是他未必願意承認。蔣介石在抗戰初起就在日記寫下：除了吾妻，沒有人了解我。不過，蔣介石在日記中還知道自我檢討；史迪威在評估同古之潰敗時可完全沒有這一回事：「由於愚蠢、畏懼和防禦心態，我們失去在同古痛擊老日的大好機會。根本原因出在蔣介石的干預。」他也形容中國的政治和軍事策略「扭曲、不直接、和遮遮掩掩。」

史迪威當然不是笨蛋，但是他的個性顯示他做為一個軍事指揮官有嚴重的缺陷。他看待世界的方式很奇特，任何事情只要不符他的觀點，就被摒斥為不相干，或甚至被認為是有惡意、企圖傷害他。

當天中午，史迪威跑去見蔣介石，揚言辭職不幹了。「我必須扳著臉告訴蔣介石，他的部屬沒有執行他的命令，他們只做他（蔣）交代他們的事。」他承認中國人一定很難把部隊交給「一個他媽的外國人指揮……他們對他沒有信心」。日記的下一行就呈現出史迪威不是那麼心思縝密：「報上出現最糟的事了。在我有機會踩穩腳步前，出現一大堆胡說八道的話，逼得我必須在一星期內回仰光。如果老日把我趕出緬甸，我還真像個呆瓜呢[55]！」史迪威在報上被他的盟友形容為堅決、無私的漢子，套用白修德的話說，他「全心全力、民主地、不容許貪瀆、口是心非，也不講外交辭令」，奮勇作戰[56]。事實上，史迪威比起同階層的其他任何司令官更愛面子。或許是因為他缺乏實際帶兵經驗，又在緬甸初嘗敗績，使他更加重視形象。

蔣介石也進退維谷。沒錯，因為史迪威面對日軍壓倒性大軍卻不肯撤退，他只好下令同古守軍師長撤退，因此救了史迪威及部隊的命。蔣介石認為史迪威是個輕率的決策者，太輕率置中國所剩無幾的精銳部隊於險境。（同一星期，蔣介石對於史迪威保證可在十三天之內蓋好一座新機場也表示懷疑。蔣寫說：「是彼受英方之欺，而又欺我者也[57]。」）可是，他已經苦等四年才爭取到美國做為盟友。他承受不起不到四個月就與中國戰區美軍最高司令官全面衝突。

蔣介石向太太宋美齡問計，她強調安撫史迪威的重要性。（史迪威對她比較寬厚，稱她「直爽、有力量、精力充沛、熱愛權力……對蔣介石有極大影響力，大半都路線正確[58]。」）蔣介石邀請史迪威到黃山小憩，這是委員長在重慶市外的行館，可以暫離城市塵囂、也相對不虞日軍空襲。他宣稱羅卓英將軍將陪史迪威回緬甸，負責向下屬中國指揮官傳達他的命令。此外，蔣介石也會和他們一道去，明白宣示他個人支持史迪威指揮部隊。史迪威寫下：「對我而言，這是重大勝利。」他又說：「考量到他們與洋人打交道的歷史和經驗，這真是蔣介石的漂亮姿勢[59]。」包括蔣氏夫婦以及《時代》週刊發行人的妻子、作家克萊兒・布斯・魯斯（Clare Boothe Luce）等人，飛到緬甸中部的美苗（Maymyo）。到了當地，中國官員在公開場合奉指示要貫徹服從史迪威的命令。

緬甸的情勢現在變得十分嚴重。史迪威想和國軍第五軍守住緬甸中部的彬馬那，希望誘日軍進入陷阱。但是計畫很快就垮了，英軍不願在右翼掩護國軍，深怕自己會被包圍。四月十八日，威廉・史林（William Slim）少將率領的英軍在仁安羌附近盛產石油地區、即彬馬那之西有被圍之險，迫使史迪威調部分國軍部隊去救他們。（史林在作戰中獲晉升為中將[60]。）史迪威在四月二十日寫說：「盛傳老日坦克師到了壘固（Loikaw），針對臘戌

（Lashio）而來嗎？天啊！這可能把我們全搞死了[61]。」

盟軍南進的希望很快就變成倉皇撤退，以免日軍摧毀盟國在本地區最精良的部隊。可是撤退的舉動卻因英軍、國軍和史迪威彼此之間互不相信對方的動機和判斷而亂了套。同時，日軍猛烈進攻緬甸東部的臘戍，並且果如史迪威所擔心，於四月二十九日攻占了它。現在大批盟軍果真有陷身緬甸、逃不出日軍防線的危險。史迪威寫說：「瓦解、崩潰之險迫在眉睫[62]。」

史迪威和蔣介石之間爆發新的意志之戰。史迪威命令杜聿明率領所部第五軍不是退回中國，而往印度撤退。蔣介石一聽到他這位老美參謀長命令他一支大軍撤退到別的國家的消息，大吃一驚，心想莫非是史迪威因為他提議的攻打緬甸計畫大敗，已失去信心[63]。蔣介石更改命令，指示杜聿明率部退到緬甸北部的密支那（Myitkyina）。接下來蔣介石又接到報告說，史迪威帶著近身參謀由緬甸退往印度。蔣介石簡直不敢相信史迪威會拋棄應該歸他指揮的部隊[64]。蔣大驚失色寫下：沒料到軍事顧問會這樣幹。莫非是因為作戰，他已經精神崩潰[65]？

史迪威堅決要脫隊而走。五月間，他率領由美、中、英軍人，印度工兵和緬甸護士組成的約八十人出發。史迪威帶著這支奇異組合走上可怕的征途，穿越疫疾、蛇咬和追兵一樣可怕的叢林。他在五月八日寫下：「英國佬的腳全跛了……我們的人疲憊至極……猴群在叢林中喧囂。飛機在上空……營地甚熱。蟲咬。」他們終於在五月二十日抵達印度東北部的英帕爾（Imphal），由省政府派駐的一個「老笨蛋」接待，重新接觸到文明世界[66]。

一向不錯失宣傳機會的史迪威五月二十五日在新德里發表正式聲明。他宣稱：「我要說我們被打慘了。我們被趕出緬甸，這是天大的恥辱。我認為我們應該找出失敗的原因、打回去，把它搶回來。」他寫給太太的家書對於責任歸屬及他打算怎麼做則有比較坦白的敘述。「我要回去向委員長報告，我保證他會聽到一大堆話。他將會聽到以前絕對沒聽過的事，他會怎麼承受一定很有意思[67]。」事實上，蔣介石已經決定今後史迪威每一道命令都必須先經過他核可，只不過他沒有正面告訴史迪威這一點[68]。蔣介石寫下：「今而及知此所謂同盟與互助皆為虛妄之語，美國亦不能外此例乎[69]。」

史迪威親自率領的一隊人，沒有任何人喪生就走出叢林，的確了不起。但是歸他指揮、被他丟在緬甸的部隊，可就沒有這麼幸運。羅古是杜聿明手下第五軍的士兵。他們與日軍拚死搏鬥，甚至還抓了幾頭大象。但是五月初，通訊斷了，他們企圖向西北前進，退往曼德勒。羅古回憶：「沿途草莽叢林，灰塵蔽日，連找一點水源也不可得」。不久，他們就迷路了。他們在稻田中蹣跚而行時，蚊蠅從四面八方攻擊他們，突然一陣大雷雨，人人淋成落湯雞。跋涉幾天變成幾週，情況愈來愈糟。士兵已經筋疲力竭，無力攜帶武器、又不願讓日軍虜獲武器，遂毀掉武器。羅古回憶：一個月之後，士兵已經衣褸破爛、十分狼狽。人人身攜一袋米、一個水壺、一個錫碗，另一隻手則拄著一根枴杖。士兵因為飲食失調，更加不良於行。羅古抱怨：「一個月來沒有吃一滴油，大便緊得出血」。他們走到哪兒，都會看到棄屍。連上的伙夫失蹤；找到時屍身已經一半遭啃噬，可能是被叢林裡的老虎咬了。六月中旬，士兵不堪饑餓，開始挖樹根吃、勉求活命；與此同時，每天季節雨大作。福無雙至、禍不單行，連空投下來的補給，都把士兵活活砸死。饑餓過度之後，搶快吃東西，又害得一些人噎死。直到八月初，羅古和他的夥伴才終於走到印度[70]。

孫立人將軍率領的第三十八師，雖然因日軍攻擊和癘疫橫行折損部分兵力，但大多數退到印度。第五軍部分部隊必須在日軍不斷空襲下往北撤到緬北的密支那。第九十六師和第二〇〇師陣容完整退回中國。第六軍則不幸，大部分被日軍殲滅。日軍打到中國門口，甚至還進入雲南。蔣介石派出援軍，再加上陳納德的飛虎隊，才把他們擊退[71]。日軍此時不需要深入中國，他們已達成主要目標：切斷補給品經滇緬公路進入重慶的通路。國民政府失去可靠的陸路或海路補給供應，現在接近完全孤立、岌岌可危。

史迪威在緬甸的戰略失敗是否破壞了國民政府的主要防線？撤退到緬北的替代方案，國民政府和英國都贊成可能還是不免本地區遭日軍占領、滇緬公路被切斷。但是史迪威危險的豪賭，失敗的機率遠大於成功，造成約兩萬五千名中國官兵傷亡，以及一萬多名英國及印度部隊傷亡（日軍死傷只有四千五百人）[72]。撤退或許可以保全第五軍及第六軍的實力以保衛中國。不論替代方案如何，現實就是到了一九四二年春天，國民政府再也不可能透過緬甸取得物資補給。史迪威這項決定所造成的政治和財務後果，在往後幾年還不時影響著蔣介石政府。緬甸補給路線中斷也讓史迪威掌握另一個機會。原本要運到中國的約四萬五千噸租借法案物資，現在轉撥給撤退到印度的國軍部隊[73]。此後史迪威一直控制著分派給中國的租借法案物資，把大部分物資交給他偏好的項目，因而加劇緊張、傷害到華府和國民政府的同盟。

世界大戰才打了幾個月，緬甸戰役潰敗就讓西方盟國對中國的作戰努力鑄下惡劣印象。西方軍官（主要是美國人、尤其是史迪威）被認為一直努力要鼓勵中國作戰——違逆腐敗、不情願的領袖蔣介石的意旨。蔣介石對這一點心知肚明。蔣介石寫下，史迪威有關中國軍事的報告「皆極輕視且力加汙蔑」，「對我（國）接濟甚為冷淡，思之憤痛[74]。」

蔣介石部隊在緬甸的表現也未能提升中國的軍事聲望。雖然英國在整個東南亞節節潰敗，中國的表現並沒有特別差，盟國還是責怪蔣介石中國利益掛帥。但是他希望這麼做又有什麼值得大驚小怪？他們責備他表現不力，彷彿他指揮的是一支強大的、紀律嚴明的英國式或美國式的部隊；他們不是說他的政府弱小、認為他無足輕重嗎？國軍會如此疲弱的情境（尤其是獨力持續打了四年仗）沒被認為理應多給予蔣介石援助，反而被當做是一種缺失。

緬甸戰役告一段落，另一件事又證明中國在西方盟國心目中地位甚低。一九四二年四月十八日，十六架B-25轟炸機由航空母艦「黃蜂號」（USS Hornet）起飛，空襲東京、大阪和名古屋等城市的軍事及工業設施。它們造成的傷害不大，但是此舉顯示日本不是不會遭受空襲。這支部隊由詹姆斯・杜立德（James Doolittle）中校領軍，因此這項行動被稱為「杜立德襲擊」（Doolittle Raid）。杜立德空襲日本本土，美國人可以拿來大肆宣傳，提振民心士氣，可是蔣介石卻大驚失色。飛機完成任務後預定降落在國民政府控制的浙江之飛機場。事實上，沒有一架按計畫降落，它們全都迫降在華東不同地點，唯一例外是有一架竟飛到俄國海岸的海參崴，飛行員被扣押達一年。日本人因此動怒，發動攻擊，陳納德在浙江所建造的飛機場破壞殆盡，並痛懲周遭地區的中國民眾。美國民眾這廂歡欣鼓舞，中國這廂卻吃盡苦頭。

往後一年，美國飛行員一出動，持續在雙方之間造成緊張。有位美國武官相當不滿意地寫下，中方官員告訴他，「中國人開始痛恨美國人」，因為每有美國飛機飛越上空就得發出警報。（在飛機飛近之前，村民無從知道它們是友機或敵機，村長經常得疏散村民、以防被炸，搞得生活大亂。）陳納德答覆說，「只要中方能向他證明，在未淪陷區一個日本間諜都沒有」（這明顯是不可能的事）他就可以事先預告美國飛機將會經過[76]。美國人擔心讓中方先知道何時要出動攻擊，如果敵方掌握情報，會危害到飛行員的安全。但是美方不肯信任中方高階軍官，無可避免凸顯雙方之間的不平等。

此外，蔣介石政府也出現內憂。罪魁禍首不是驕兵悍將、也不是盟友不可靠，而是天災與社會力量使他和自己的人民不合。

注釋

1. Yale Divinity Library（RG08, Box 31）, Velva V. Brown, MD [hereafter VVB], letter of October 4, 1937.
2. VVB, letter of November 17, 1941, from the American Baptist Foreign Mission Society to "Friends and relatives of East and South China missionaries."
3. Robert J. C. Butow, Tojo and the Coming of the War（Stanford, CA, 1969）, 402.
4. VVB, letter of December 7, 1941, from the American Baptist Foreign Mission Society to "Friends and relatives of all missionaries in the Far East."
5. VVB, letter of September 1, 1942, from VVB to "friends and family."
6. Ibid.
7. Ibid.
8. 〈中華民國三十一年元旦告全國軍民同胞書〉。
9. 《蔣介石日記》，一九四一年十二月反省。
10. 《蔣介石日記》，一九四一年十二月二十七日，王建朗摘〈信任的流失：從蔣介石日記看抗戰後期的中美關係〉《近代史研究》三（二〇〇九），頁五〇。
11. 《蔣介石日記》，（Box 41, folder 18），一九四一年十二月十五日。
12. 《蔣介石日記》，一九四一年十二月十七日。
13. Ibid., December 20, 1941.
14. Christopher Thorne, Allies of a Kind: The United States, Britain, and the War against Japan, 1941–1945（Oxford, 1978）, 189.
15. FRUS, 1942: China（January 7, 1942）, 193. Thorne, Allies of a Kind, 181.
16. Thorne, Allies of a Kind, 183.

17. Hans J. van de Ven, War and Nationalism in China, 1925–1945（London, 2003）, 25.
18. Theodore White and Annalee Jacoby, Thunder out of China（New York, 1946）, 146.
19. Barbara W. Tuchman, Stilwell and the American Experience in China, 1911–1945（New York, 1971）, 251.
20. Lloyd E. Eastman, "Nationalist China during the Sino-Japanese War, 1937–1945," in Eastman et al., The Nationalist Era in China, 1927–1949（Cambridge, 1991）, 145.
21. Barbara D. Metcalf and Thomas R. Metcalf, A Concise History of India（Cambridge, 2002）, 200.
22. Jay Taylor, The Generalissimo: Chiang Kai-shek and the Making of Modern China（Cambridge, MA, 2009）, 194.
23. Metcalf and Metcalf, A Concise History of India, 201–202.
24. Guido Samarani, "Shaping the Future of Asia: Chiang Kai-shek, Nehru, and China-India Relations during the Second World War Period," LSE working paper, http://www.ace.lu.se/images/Syd_och_sydostasienstudier/working_papers/Samarani.pdf.
25.《蔣介石日記》，一九四二年二月二十七日，（Box 47, folder 7）
26.《蔣介石日記》，一九四二年二月十五日。
27.《蔣介石日記》，一九四二年二月十九日。
28. B. K. Mishra, The Cripps Mission: An Appraisal（Delhi, 1982）, 48.
29.〈告印度國民書〉，《先總統蔣公思想言論集》，頁二八九至二九二。
30.《蔣介石日記》，一九四二年二月二十一日。
31.〈訪問印度的感想與對於太平洋戰局的觀察〉，一九四二年三月九日，《先總統蔣公思想言論集》，頁五六；www.chungcheng.org.tw/thought/class06/0019/0008.htm
32. Joseph W. Stilwell, ed. Theodore H. White, The Stilwell Papers（Beijing, 2003）[originally New York,

1948] [hereafter SP], 14 January 1942, 14.

33. Tuchman, Stilwell, 172.
34. Taylor, Generalissimo, 191.
35. NARA（National Archives and Records Administration, Washington, DC）RG 493（171 [3]）.
36. 許晚成，《重慶花絮》（上海，一九四六），頁七。
37. Graham Peck, Two Kinds of Time（Seattle, 2008）[originally published Boston, 1950], 384.
38. Taylor, Generalissimo, 194.
39. Charles F. Romanus and Riley Sunderland, China-Burma-India Theater: Time Runs Out in CBI（Washington, DC, 1959）, 19.
40. Van de Ven, War and Nationalism, 23.
41. Ibid., 29.
42. SP, January 24, 1942, 26.
43. 見Xu Guoqi（徐國琦）, China and the Great War: China's Pursuit of a New National Identity and Internationalization（Cambridge, 2005）. Thorne, Allies of a Kind, 187, 189（關於英國擔心中國的民族主義）。
44. Christopher Bayly and Tim Harper, Forgotten Armies: Britain's Asian Empire and the War with Japan（London, 2004）, 156–166; Van de Ven, War and Nationalism, 30.
45. SP, March 6, 1942, 43.
46. Ibid., March 9, 1942, 44. Taylor, Generalissimo, 197. Van de Ven, War and Nationalism, 31.
47. Van de Ven, War and Nationalism, 26.
48. SP, March 14, 1942, 53.

49. Ibid., March 12, 1942, 51.
50. Ibid., March 19, 1942, 55.
51. Ibid., March 23, 1942, 59.
52. Ibid., March 24, 1942, 59–60.
53. Ibid., March 25–26, 1942, 60–61. Bayly and Harper, Forgotten Armies, 180, 指出這件事對緬甸經濟將造成的長久傷害。
54. 《蔣介石日記》，一九四二年三月二十九日，摘自楊天石《抗戰與戰後中國》（北京，二〇〇七），頁三八六。
55. SP, April 1, 1942, 65–67.
56. White and Jacoby, Thunder, 147.
57. 《蔣介石日記》，一九四二年四月八日，摘自楊天石《抗戰與戰後中國》，頁三八七。
58. SP, April 1, 1942, 68.
59. Ibid., April 2, 1942, 68.
60. Taylor, Generalissimo, 202; Van de Ven, War and Nationalism, 32.
61. SP, April 20, 1942, 76.
62. Ibid., April 30, 1942, 80.
63. Taylor, Generalissimo, 204.
64. Ibid., 204–205.
65. 《蔣介石日記》，摘自楊天石《抗戰與戰後中國》，頁三八七。
66. SP, May 14, 1942. Tuchman, Stilwell, 298.
67. SP, May 26, 1942, 89.

68. Taylor, Generalissimo, 203–204.

69. 《蔣介石日記》，一九四二年五月，摘自王建朗〈信任的流失〉，頁五二。

70. 羅古，《印緬之征戰：戰鬥紀實》（上海，一九四五），一九四二年六月四日至八月四日，頁三五至七五。

71. Taylor, Generalissimo, 206–207.

72. Ibid., 207–208.

73. Van de Ven, War and Nationalism, 35.

74. 摘自王建朗〈信任的流失〉，頁五二。

75. Taylor, Generalissimo, 209. Van de Ven, War and Nationalism, 34–35.

76. NARA, RG 493（616/178）.

14. 河南大饑荒

一九四三年二月，新聞記者李蕤來到華中的河南省。這個區域在中國歷史上具有特別重要的地位，因為流經此地的黃河孕育中國最早的文明。洛陽、鄭州等城市的歷史可以上溯好幾千年。這個區域肥沃的農田生產的穀物，每年餵養數以百萬計的中國人，而它眾多的人口是中國過去五年抗戰兵力補充的主要來源。一九三八年，蔣介石下令黃河決堤、阻止日軍推進時，河南部分地區災情慘重。現在謠傳當地發生可怕的饑荒，生靈塗炭。官方的新聞檢查使得故事隱晦不明，難以查證，李蕤希望到現場發掘事實真相。

李蕤寫說：「從義井鋪到偃師，我看到三個死屍在馬路旁邊：一個是頭髮已白的老頭，不知誰把他的衣服都剝掉了，臉向下伏在路邊的麥田裡[1]」；李蕤往內地更加深入。他一度問個老者，為什麼那麼多人聚集在洛水河岸。答案是，附近曾有大批鵝群，他們來蒐集鳥糞。他們用水沖掉糞屎、露出混藏在其中的寶貴食物：未被消化掉、還可吃的麥粒[2]。

不論這則故事有多麼可怕，它還不是那個饑餓的春天，河南人民將忍受的、最慘痛的經驗。

中國在全球政治的角色突然擴大，國內的局勢也開始變化。珍珠港事變後，蔣介石的時間表塞滿了與史迪威、羅斯福、魏菲爾及邱吉爾的談判。緬甸潰敗顯示這些盟國離成為真正夥伴還有一段漫長的路要走。同時，蔣介石的注意力也不是永遠擺在更逼近面前的快速變化情勢上。在中國的各省，首都鞭長莫及的地方勢力，倉促實施的官僚體系、賑災救濟和軍事行政相當脆弱，無法承受壓力。不僅來自一直不退的日軍之威脅，也來自中國社會內部日益增長的社會緊張，尤其是物資日益匱乏，政府和盟國還一直要求人民忍耐。

雖然中國已經得到渴望已久的與西方大國結盟，也有許多跡象顯示一切並不是那麼順利。葛理翰・畢克替美國政府機關戰時新聞處工作，理當強調美國與蔣介石結盟的積極面，但是他很快就認為即刻的反應「虛浮……國民黨愈來愈脫離現實[3]」。重慶的新決心掩藏不了國民政府在西南以外地區的權力變得十分薄弱的事實。

有個人能夠給予蔣介石有關國民政府統治崩壞的第一手資訊，那就是他的兒子蔣經國。父子倆的關係一向疏遠。蔣經國一九二七年前往莫斯科，在蘇聯住了十年，一九三五年娶了白俄羅斯女子芳娜（Faina，譯按：日後蔣介石替她取名為方良）為妻。他在一九三七年回國，被派到一窮二白的江西省擔任贛南行政專員。他在贛南時期的日記記載許許多多事例，使我們得以了解國民黨是如何努力往偏遠省份推動現代化和中央化。

一九四〇年六月，蔣經國初到贛州，他去視察一所破舊的小學，遇到一個「學生」，其實是個三十歲躲避兵役者。蔣經國向學生們抽問：「中央政府在哪裡？」得不到答案。（「汪精衛在哪裡？」這道題目得到的答覆是「在日本」。但是再問「日本在哪裡？」大夥兒又沉默，隔一會兒終於有個學生回答「日本帝國主義。」）其他機構一樣令人氣餒。有一家醫院，除了粥，病患什麼都沒得吃。某個政府辦公室一片亂七八糟之際，竟然還擺個積滿了尿的大夜壺。蔣經國發現縣長拿一堆戶口名簿表格當枕頭，問他為什麼沒被子，縣長說，鎖起來了，以免被偷走[4]。蔣經國在抗戰期間一直都在贛州，他推行的社會改造讓贛南名聞遐邇。但即使他在那裡停留了兩年，蔣經國還是很震驚地方上的極度貧窮：有個六十六歲的老嫗抱怨，過去三年賑濟所膳堂給的飯從來都不夠吃；有一間破房子發出「惡臭」，因為屋主的工作是收狗糞，先存起來（「三個廁所裡共有十二大桶」），然後秤重再賣[5]。國家統一的概念在這種窮鄉僻壤毫無任何意義。

要創造他所要的新中國，蔣介石必須擊敗日本；要擊敗日本，他需要有軍事同盟。

珍珠港事變後，他好不容易能與英、美組成同盟，可是同盟的即刻結果卻是，蔣介石政府從外國取得物資供應的路線遭切斷。由於供應部隊給養攸關到中國抗日戰爭是否能維持下去，它使得要維持社會和經濟穩定更加困難。

亞瑟．楊格做為中國戰時財政的記錄者、以及控制者的身分參與其中，也看到新同盟的影響。他曾任美國國務院的經濟顧問，後來在一九二九年應聘擔任蔣介石政府財政顧問。抗戰爆發後，他留在中國，在中國夢魘加深之際成為受信賴的人士。早在一九三七年九月十一日，楊格就建議改徵收「實物稅……以軍隊需要的糧食繳納」。抗戰初期穀物豐收，這項政策似乎並無急迫性。但是一九四〇年收成不佳，促使行政院通過決議，土地稅應以實物，即穀物繳納、而非以現金繳納；這項政策得到羅斯福總統派來中國的特別代表居里（Laughlin Currie）的支持。一九四一年七月一日，實物稅開徵，不久政府又推出新規定，強制收購米、麥[6]。（河南、山西、陝西等華北各省，小麥是主要穀物；雲南和廣西等華南各省，稻米是主要穀物。四川則兩者兼有[7]。）

這項政策並非不合理。軍隊疲病、士氣不振、又吃不飽飯，若不從英屬印度取得大量穀物補給，徵用穀物勢在必行。否則，中國龐大的常備兵根本無從存在。史迪威將軍抱怨中國軍隊在中國不怎麼和日本人作戰，這個抱怨是個誤導，理由是：盟國戰略就聚焦在歐洲和太平洋戰場。在中國戰場要開闢全面作戰，勢必繃緊超乎美國和大英帝國能力的資源。阻止日本更往華中推進的唯一因素，就是國軍部隊的存在。國民政府決定不再保衛其領土，或許正是日本在一九四二、四三年攻勢頻頻告捷的原因。

縱使如此，徵發穀物的政策的確傷害到原已弱不禁風的經濟。汪精衛政府一九四〇年三月在南京成立，他的日本主子發行一種新貨幣，並以恐怖手法強迫人民接受它。和國民黨有關的中國銀行成為特定目標。一九四〇年三月二十四日，中國銀行位於上海法租界的分行發生爆炸事件，當場死了七十人；往後幾個月，銀行行員頻頻遭到逮捕或恐嚇[8]。持有國民政府法幣的人必須設法在仍由國民政府控制的地區使用法幣，導致這些地區突然流入大量鈔券[9]。雪上加霜的是，它發生在食物開始稀少之時。因為大後方從外界取得補給供應的路線逐一遭到切斷，通貨膨脹如燎原大火般燒了起來。

穀物稅政策的確收到抑制通膨功效，因為軍隊不再需要到公開市場大量買進糧食。從一九四二年起，重慶政府每年收入約六千萬市擔的穀物（編按：依一九三〇年的《中華民國度量衡法》規定，擔為重量的市用單位，一擔是五十公斤）。可是，稅賦重擔現在落到國民政府控制下最肥沃的省份身上，尤其是四川。這個政策也提供了許多貪腐和投機的機會[10]。新制度把承擔戰爭的重負更往農村身上移動。從抗戰開始，農村地區就是新兵來源，但是農民還未遭受糧食短缺之苦；收成好、以及沒有土地實物稅，代表他們在必要時仍然自給自足。突然間，供養軍隊的重擔直接落在農民身上。河南省位於國民政府和日軍爭奪控制權的前線，一向是肥沃的省份，可是在一九四二年夏天劇變降臨。

抗戰初年，穀物豐收。但是華南稻米收成從一九三九年的七億五千三百三十萬市擔跌為一九四〇年的六億一千八百九十萬市擔，事實上再也沒有恢復到抗戰頭三年的高點。華北小麥收成量於一九四〇年創下兩億零一百一十萬市擔高點，但是一九四一年跌為一億六千五百一十萬市擔[11]。過去不是沒有收成不佳的年份，但是穀物歉收、加上其他戰時狀況，終於釀成大禍。

張仲魯目睹這幕慘象。一九四二年，張仲魯擔任河南省建設廳廳長。他是從美國密蘇里大學和哥倫比亞大學畢業，留學歸國的新世代技術官僚，南京時期國民政府將國家復興的希望所寄託的世代。張仲魯仕途順利，也擔任過河南大學校長。但是他的國際教育和仕途歷練，都不足以讓他面對河南在戰時要面臨的困局。

張仲魯後來反省說，當年稍早的一些因素累積起來造成可怕後果。在一九四一年初的豫南戰役，河南省大部分地區已遭日軍攻陷、占領[12]。一九四二年春天乾旱不雨，那一季的收成只及正常數量的一、兩成。張仲魯回憶說：「收成之後，老百姓已經很不安和驚慌，寄希望於秋收。可是，夏天照樣乾旱不雨，初秋作物全死了。」即使有井，原可避過乾旱的地方也不能倖免，因為「蝗蟲過境、吃光一切[13]」。

問題不在缺乏食物，而是缺乏體系把食物送到有需要的地方。陝西和湖北等鄰省有穀物，但是當地當局不肯把它運往河南。這倒也不盡然是出於自私的心態。現在既已實施穀物繳稅，大量穀物被徵集來餵飽士兵；各省當局自然沒有興趣出售寶貴的穀物、換取愈來愈不值錢的法幣。蔣介石雖宣布降低河南的繳穀份額，但是實際上河南糧政局長徵收的份額卻超過規定[14]。在饑荒橫掃河南之際，不肖官員把天災擴大成為人禍。

一九四二年夏天，重慶政府派官員下鄉訪察，並檢查穀物稅實施情形。張仲魯也是下鄉訪察的官員之一。滎陽縣長左宗濂哭著向張仲魯報告，他無法完成收繳穀物的任務。鄭縣縣長魯彥也向張仲魯報告，有一戶李姓人家把僅剩的穀物繳交給稅吏之後，舉家跳河自盡。張仲魯說：「然後縣長開始啜泣、跪地叩頭，懇求免繳穀物稅。」張仲魯愈看愈是不忍卒睹：

路上，饑民挖草根、撿樹葉、剝樹皮。從鄭州往南，難民如潮沿路乞討食物，慘狀令人不忍卒睹[15]。

這些情景發生在饑荒初期，即秋收失敗時，更慘的還在後頭。張仲魯所到之處，一片悽慘。方城城外有個市場，人們插牌自願賣身為奴。張仲魯見到一對夫婦，唯一的存活之路就是賣掉妻子。當他們必須分手時，妻子喊說：「我的長褲比你的好，你拿走我的吧！」聽了此話，丈夫哭了：「我不能賣掉妳，我們要死一起死吧！」

對於許多人來講，唯一的辦法就是逃：

我走到哪裡都遇上往南逃的難民，乞討食物，那些走不動的就死在路邊。你可以拿一個孩子換幾個饅頭。當我來到洛陽，車站四周淨是難民，哭喊、呻吟——不忍聞之。如果火車來了，他們爭擁而上，掛在車廂頂上——完全不顧危險。那些擠不上火車的人……哭泣、賣子女——不問價錢，只求交出去。當火車往西開去，進入隧道時，由於車頂上擠滿了人，許多人撞上隧道頂、跌死[16]。

歷史學者劉震雲的父親也是一九四二年大饑荒的逃難者之一。劉的伯父一路上把孩子放在籃框裡挑著走，他的父親則推著塞了家當的小車。到了洛陽，劉父剛走出天主教修女設置的供膳處，他就被軍隊給拉走了。劉的父母根本不知道他究竟怎麼了，「他們以為我被綁架了。下次我再見到他們，已經隔了好多年。」接下來他的雙親和其他數百人擠上火車頂。有個堂兄弟也擠上車，但劉的姊妹卻擠不上，自此音訊全無[17]。

張仲魯聽說他視察不及的村子竟然悽慘到吃人肉的慘狀，李蕤也碰到一個人因吃人肉、賣人肉被抓坐牢[18]。這些行為罕有報導，這是極端違反人倫的禁忌，而且有些說法或許也有誇大渲染。可是，隔了相當時日之後，的確出現證據顯示，人們在大饑荒時走上了極端。

一九六〇年代中國文化大革命初期，河南省柘城（Duanzhang）審訊三個本地人，其中名叫王聚（Wang Jiu，音譯）的一個暴眼、矮壯漢子，承認一九四二年冬天「大饑荒時期」犯下的罪行。有個淪為乞丐的老難民住在村子東邊一戶破房子，王聚和兩個朋友殺了老人，烹食之。然後他們開始誘騙過路客，逐一殺害、烹食。後來他們又犯下超越原先罪行的行為。有個年逾四旬的婦人帶著一個七、八歲小女孩借宿王聚的家。沒有別的過路客可下手，王聚和友人扼殺這對母女。王聚迭經訊問才肯吐露如何吃掉受害人，他認罪說：其他人把母親開膛剖腹吃了。王聚本人把女孩帶回家吃了[19]。戰爭竟能把人性摧殘至此。

證據一再顯示，無能和貪瀆是造成饑荒的主要原因。李蕤揭露其中一起舞弊：汝南原本有套穀物儲存制度，逢饑荒即可開倉賑濟，這個糧倉從一九三七年抗戰爆發以來就沒開放過。現在，既有需要，就來開倉，依據帳目本該有足夠資源可供給約一萬五千人。不料，汝南糧管處田賦管理處科長根本沒把穀物入庫，統統拿去盜賣[20]。災區裡面的大城市，如洛陽、鄭州的餐館還能照常營業，但只有有錢人才上得了館子吃飯。

《大公報》也派出記者採訪饑荒。它在一九四三年二月的一則報導坦率描述災情，導致報紙被停刊三天[21]。白修德就沒有受到這麼多限制，不過他發自中國的報導還是會被《時代》雜誌老闆亨利・魯斯把口吻改得不那麼直白，因為魯斯希望保持蔣介石在美國的良好形象。可是，白修德一九四三年三月二十二日的報導，即使被《時代》編輯部修刪過，憤怒還是浮躍出字裡行間。中國觀察家提到的恐怖景象，白修德也統統看到：「狗啃食路邊棄屍，農民在夜色籠罩下尋找死人肉，村莊十室九空，乞丐簇擁在每個城門口，每條路上都有棄嬰哭喊和死亡。」白修德看到的慘象包括，難民的腿被火車壓斷；成群的人圍著外國傳教士乞討食物；有個婦人因吃了自己的孩子被起訴，而她的辯詞是小孩先死了。

白修德報導，諸多因素加起來、造成饑荒：政府徵糧以餵養軍隊和公務員，加上提供食物給災區動作遲滯，而且道路狀況極差，使得供應需求的糧食更加困難。白修德不能直接批評蔣介石，但是他的意思很明白。他寫說：「最可怕的是你曉得饑荒或許可以避免。」他在報導的末尾形容歷經兩星期的災區採訪後，地方官員招待他的食物包括雞肉、牛肉、菱角、豆腐和三道蛋糕點心[22]。

白修德和魯斯吵架後，辭去《時代》雜誌的工作。戰爭結束後他發表專書《中國驚雷》，清楚地控訴蔣介石。白修德有一段十分傳神的字句描述饑荒的慘狀：「一個女孩，年紀不超過十七歲，纖瘦、漂亮，躺在潮溼的地上，她的雙脣發青，死了。」白修德又重述他走遍河南各地，遇上鐵石心腸的官員和嗷嗷待哺的饑民的經過，他的結論是：「我們知道在河南人民胸臆中有一股怒火，和死神一樣冷峻、無情[23]。」一書出版問世之際，他已經曉得一九四三年他所不能斷定的事：不到一年，農民會向如此過分壓榨他們、而且其不恤民情造成約四百萬人喪生的國家報復。

有位官員對眼前的慘象尤其無動於衷。張仲魯回憶說，當時人們口耳相傳「河南四荒：『水（澇）、（乾）旱、蝗（蟲）、湯（恩伯）』。」一九三八年四月台兒莊大捷戰功彪炳的湯恩伯，仍是蔣介石的親密盟友。因為關心日軍可能挺進，湯恩伯在饑荒鬧得最厲害的時刻，徵集數十萬農民興建道路。官方向農民擔保，他們可以「以工代稅」（中國歷朝即有徵民伕、充傜役的做法）。張仲魯聲稱，沒有人相信這些承諾，指控湯恩伯是為了自己方便、而非軍事用途修路。湯恩伯的軍官也因非法、暴力手段拉伕當兵出名[24]。

蔣介石在一九四三年四月的日記寫下：「鄭路沿線淺葬暴骨，為狗所食之慘狀。嚴電蔣、湯。又鄭州專員與司令諂事外人，日與謊報災情。」一週之後，他更加緊張：「河南災區，餓殍載道，犬獸食屍，其慘狀更不忍聞。」他又說，如果抗戰再拖上一年，中國可能就無法頂住這種情勢[25]。可是蔣介石只採取有限度、不充足的措施。他的日記透露他在一九四三年春天心力交瘁的狀況：「近來自覺心思滯拙不展似有重壓籠罩，於環境然。蓋社會經濟之疲弱，軍事政治之消沉，實以此時為最也。抗戰以來，六年之間，力竭心拙，未有如此之甚者也。」幾天之後他又說：「社會情勢百孔千瘡，六年抗戰至此，更顯得精疲力竭[26]。」國內的盟友不足信、經濟凋敝，加上和史迪威不合，在在使得蔣介石分心，未能全力對付河南災情。

蔣介石對饑民的同情毋庸置疑。然而，勉強撐住國民政府的體系現在已經搖搖欲墜，無法再承受更多壓力。在重慶和四川省，已經建立現代福利國家的結構，縱使在最拮据的情勢下仍在繼續運作。由於有收入（大部分來自外國捐款）、害怕被國際批評，以及至少某些菁英（如留美歸國的技術官僚翁文灝、蔣廷黻等）真心覺得應該利用抗戰這個時機來重建國民革命，重慶市內及周圍的開發仍然相當穩定。但是出了重慶愈往東走，你愈難相信除了紙上公文和日益貶值的鈔票，國民政府還有什麼真正的權力。支撐著中國的微妙的權力平衡，根本不可能有跨區域的合作。四川省的難民救濟並不足，但至少還在發展。河南則是國民政府和日軍易手多次的地區，共產黨又躲在一側蠢蠢欲動，賑濟計畫不具意義。浙江省的控制線更加模糊，難民賑濟只見諸文字、實際上不存在[27]。

蔣介石政府對河南饑荒難辭其咎。直接可歸因於政府的行動，如改行實物徵穀稅制，只撥經費、不能運送穀物到災區舒緩災情，加上官員貪腐，讓重慶決策者難辭其咎。可是，蔣介石的政府也不是唯一一個犯下相同錯誤的政府。只隔了幾個月，幾乎同樣嚴重的另一場饑荒（死者約三百萬人），發生在西邊約六百四十公里的印度孟加拉省。

一九四二年十月十六日沿海地區遭遇颶風之後，因緬甸淪陷即已設下限制的稻米供應又更萎縮，部分原因是謠傳糧米不足，造成囤積，導致普遍無法取得和購買食物。到了一九四三年中期，白修德描繪河南饑荒的慘象已在孟加拉農村地區出現。和國民政府不同的是，英屬印度並沒有受到激烈的攻擊（加爾各答雖有嚴重空襲，其破壞程度不及重慶），而且印度雖是殖民地國家，它是在受到議會民主啟發的制度之下治理。可是就和《大公報》的遭遇一樣，孟加拉省的報紙，包括加爾各答《政治家》報（*Statesman*）在內，都遭到新聞檢查，不准它們報導饑荒。和蔣介石政府一樣，有許多官員無能，缺乏主動或活力，只關心私人利益、不重治理的情況。

和中國一樣，即使人民餓肚子，糧食照常運出孟加拉省，因為需要它們來餵養海外部隊。英國戰時內閣不肯將物資移撥去紓解饑荒。邱吉爾首相及印度事務大臣李歐・艾梅利（Leo Amery）等主要政客，對印度人民展現的態度從漠不關心到直率的敵視，之所以會有敵意，有一部分是因為「退出印度」運動的緣故（蔣介石曾經試圖說服甘地和尼赫魯不要做），還有一部分是因為邱吉爾一向不喜歡印度人[28]。但是和英屬印度政府不同，蔣介石背後沒有一個全球帝國的資源做奧援，轄下也不是一個遠離火線的次大陸。

河南饑荒雖然十分恐怖，卻是中國加入世界大戰之後，國民政府鬆動這個大現象的一個實例。回想起來，雖然農村地區一片赤貧是很清晰的戰爭後果，沒有發生更多饑荒還真是料想不到的事[29]。戰爭過了二十年，亞瑟・楊格有點輕描淡寫地回憶說：「不幸的是，國民政府沒能更有效地處理農業問題。」他提到共產黨一九四九年掌握政權後立刻實施土地稅，而國民黨在一九四九年遷到台灣後，也設法制定土地改革政策，成功地從農業部門取得稅收。楊格承認，戰時會失敗，部分原因起自階級之間的緊張，因為地主強烈反對他們的土地被課稅。另一個原因是政府面臨「迫切的生存問題[30]」。

河南饑荒顯示，國民政府財政緊縮的後果就好像希臘悲劇：個人固然可以有不同的做法，但最後結果卻無可避免。（做為對比，一九五八年至一九六二年毛澤東搞大躍進製造出來的大饑荒，可以因高層政策改變而終止，實情也是如此[31]。）貪汙腐敗、漫不經心、不恤民瘼，全都是因素。但總歸來講，蔣介石恐怕也沒有更好的選擇。楊格也承認這一點，不過他寫下，目睹投機、囤積現象，使得「地方人士對國民政府產生負面態度。它有助於國家鬆動，接受共產黨」。不過他仍然認為，「做為財政工具，（穀物稅）是支應作戰成本不可或缺的工具，這一點要歸功於政府[32]」。國民政府要持續抗戰，或許必須仰賴穀物稅。但是付出代價的卻是白修德在河南看到的，輾轉於溝壑、瀕死的農民。

不但戰局惡化，經濟狀況也在惡化。一九四二年實施穀物實物繳稅制使得農民不堪其苦，卻成功地緩和了軍方購糧價格飛漲的效應。可是通貨膨脹很快就又出現。部分原因是日本人影響的貨幣稀釋。

楊格徹頭徹尾同情國民政府，他完全了解其他種種因素，如物資匱乏、難民危機，以及丁勇當兵、造成勞動力下降等等。可是整體來講，他的評斷是「中國戰時的通貨膨脹主要是因貨幣過多所引起[33]」。當蔣介石政府發現身陷困難時，它求助於印鈔機印製更多紙幣。從一九四一年中期至一九四四年底，每月物價上漲一〇%左右[34]。一九四〇年二月，一市斤（約半公斤）的米在重慶售價兩元；到了十二月（滇緬公路當年夏天被切斷）已經漲到十八・三五元。一九四二年開年，也就是珍珠港事變之後，它已經接近四十元，兩年之內漲成二十倍。在抗戰的最後一年，物價還要更快速攀升。

抗戰期間，中國沒有出現德國威瑪共和、或匈牙利在兩次世界大戰中間期間那種惡性大通膨，楊格認為這要「歸功於中國政府」。（在一九四六～四九年國共內戰期間，物價才終於失控。）但是物價上漲對許多族群已經夠慘的生活水平產生具體可見的衝擊，而政府要生存、又非得倚賴這些族群的支持不可。

物價飛漲使得貧富懸殊更加強烈。非常富有的人可以把財富換為外幣、匯到國外，並紛紛這麼做。（按照楊格的估計，抗戰期間約三億美元以這種方式離開中國。）高階軍官利用士兵糧餉總額交付給他們再分配下去的機會，上下其手，藉權謀私。無可避免的結果就是，低階軍官和士兵發現到手的餉銀少了，購買力也逐月萎縮。穀物稅或許代表他們可以配給到米糧，但是他們還是得要掏錢買肉、蔬菜、衣物和日常用品。但是到了一九四四年六月，成都一名普通士兵的生活費用是他餉銀的十一倍[35]。這表示他們得另闢蹊徑才活得下去。

重慶的報界受到嚴格的新聞檢查。但是當時有個說法是，報攤雖少，還好茶館不少，各式各樣街談巷議、八卦緋聞全在茶館裡流通。有一則故事說明了物價飛騰對人民日常生活的影響：

重慶某個單位有個上校在此之前一直都在城裡上班，他有一妻、三名子女，生活非常艱苦。一日，單位派他出城視察，為期一個月。他家裡只有一條被子，他又沒錢添購一條。天氣很冷，他若帶著被子出差，家人就會凍壞了。因此唯一的辦法就是，不去。他的上級知道他刻意抗命拖延，就痛斥他：「服從命令是軍人的天職。」因為這個上級軍官不相信哪裡會有人窮到家裡只有一條被子[36]。

故事的內容或許是編造、並非事實，但毫無疑問，通貨膨脹已經嚴重影響到職業軍人的聲譽。楊格報導，有些軍官受不了低薪，棄職潛逃。另一則茶館故事說，有個軍官被上級逮到，兼差挑水賺幾文錢。上級告訴他，請繼續，但是「先脫掉你的中校肩章[37]」。這是國軍陷入軍隊居於守勢太久、不知為何而戰，只會無盡地等待所帶來的弊病。這些軍隊並不知道，隔不了幾個月，中國將面臨一九三八年夏天激戰以來，敵軍最兇猛的進擊。

在軍隊受困於通貨膨脹，農村又物資匱乏，百姓餓肚子之際，城市生活也受到威脅。畢克指出，有錢又有黑市管道的人可以買到奢侈品，如「昂貴的進口衣飾、罐裝食品和酒」，但是「來自鄉下的許多流浪乞丐開始占住城外官方挖掘的防空洞[38]」。中國觀察家也記載靠固定薪資過活、沒有兼業收入的人日常生活之困窘。某大學食堂裡一紙告示引來哄堂大笑，它說：「別吃太飽。」另一則黑色幽默則說：

四川有許多老鼠，也有許多麻雀。如果有人發明捕鼠器、捕鳥器，一定暢銷。但是四川人不抓麻雀，是因為他們不曉得麻雀是否夠好吃[39]。

維持重慶政府運作的公務員，也發現自己在能靠關係和黑市取得上等好貨的極少數富人，和大多數窮人兩者日益擴大的鴻溝之間站錯邊。從抗戰開始到一九四三年底，教員的薪資相較於生活費用只漲了五分之一，公務員更只有十分之一[40]。中產階級原本寄望國民黨能帶來現代化、穩定的中國，他們即可實現理想，通貨膨脹摧毀了許多這類中國人的儲蓄。亞瑟・楊格提到一個故事：有一家人辛辛苦苦每年存一大筆錢準備供孩子上大學，等到兒子十八歲，「他們提出所有的錢、只夠給他買一塊蛋糕」[41]。

楊格也特別注意通貨膨脹和官員貪瀆對中國知識份子造成的衝擊，他們變得「失望、反政府」，可是他們的怨言又被壓制[42]。有位不滿意的官員語帶尖酸，自嘲「身上衣物破洞增多，幸好四川不會太冷。」又說：全家擠一陋室，不斷像鳥一樣悲鳴[43]。財政危機對於國民政府希望利用戰爭建設一個更加統一的新中國，也構成十分不利的影響。從難民賑濟，到杜重遠盼望中國未來能出現的公路、航空網，凡此計畫皆成為資金有限、通膨飛漲的現實之人質。到了一九四三年，即使做了通膨調整，政府花費僅有一九三七年軍、民用途支出的二五%[44]。

民間滋生起對於能夠躲過財務危機的人士的仇視感。固然極少有人指控蔣介石本人奢侈浪費，有關他太太揮霍無度的傳聞卻滿天飛。美國在華記者對於中國這個盟國愈來愈失望，認為它貪瀆腐敗、作戰不力，利用有關宋美齡行為的小道消息做為政府百病叢生的象徵。有一個故事說，宋美齡經由駝峰空運運回成箱的衣服和珠寶飾物。（謠言經人添油加醋，後來變成箱子裡塞滿「貂皮奶罩」[45]。）宋美齡的大姊夫孔祥熙普遍被懷疑是中國最大貪官。

很自然地，許多觀察家，包括畢克、白修德等美國人，把共產黨的成功拿來與國民黨的失敗做對比。其實延安一點也不好。國民政府對邊區的補助在一九三九年叫停，換上封鎖，這一來使得邊區經濟情勢十分艱困。一九四〇年和一九四一年收成欠佳造成河南大饑荒，也影響到陝甘寧邊區。

由於國民政府發行的法幣不能在邊區自由流通，共產黨必須發行自己的貨幣，省下難以取得的國民政府法幣，以進口在邊區無法產製的物品。結果卻是巨大的通貨膨脹，甚至比國統區還更厲害。到了一九四四年，重慶物價與一九三七年相比已漲了七百五十五倍，而延安更是飛漲五千六百四十七倍。毛澤東根據地的經濟隨時有崩潰之虞[46]。

毛澤東的做法是強調自給自足的重要。如果商品不能順利進口或出口，而又欠缺可兌換的貨幣，那麼邊區就必須自己供給。一九四二年十二月，毛澤東就如何解決被圍困的邊區之經濟問題，發表一篇重要的文章。他的提議非常切合實際。毛澤東寫說：除非我們發展公、私部門的經濟，我們只能坐以待斃。在此之前，邊區人民並不需繳太多稅。現在毛澤東承認非得加重稅賦不可，但是黨必須積極支持開發手工業、農業和商業，讓農民「得大於給」[47]。

稅賦的確很重，包括對農民開徵實物稅（穀物、稻草和羊毛），以及部分現金稅。但是黨非常小心避免國統區造成不幸的那些錯誤，農民中最貧窮的五分之一仍然免稅，只是這代表中間層農民的負擔加重。那些繳納穀物稅的人，原本份額從一九三八年占收成不足一%、激升到一九四一年的一三・六%（後來幾年稍微降低[48]）。毛澤東拿這個政策和「對人民需索無度」、只顧軍隊和政府要求、罔顧廣大人民的政策做比較，他說：「那是國民黨的思維方式，我們絕不能採取[49]。」

土地課徵實物稅稅賦沉重遇上河南大饑荒鬧得最兇的時刻，這的確是很重要的一點。農民被迫繳付給共產黨更高的稅賦當然不痛快，但是他們逃過了河南農民的悲劇，把最後的穀物上繳給稅吏之後，等著活活餓死。共產黨的政策很嚴苛，它是累進的。但它也很有效：抗戰期間延安穀物生產量增加將近四成；一九四三年織造的棉布匹是一九三八年的十四倍；邊區還積極開發鹽、煤，甚至最根本的石油和天然氣[50]。共產黨也沒有捨棄掉以頗可訾議的方法增加收入的手段：有充分證據顯示他們也在邊區產製鴉片，但只向國民黨及日本控制地區輸出[51]。

共產黨在延安的政策挽救邊區免於崩潰，也顯示在國民政府及其人民關係日益對立的破壞性循環之外，還有別的選擇。可是毛澤東要穩住邊區，其實占了相當優勢。他所控制的陝甘寧邊區雖有約四萬名部隊，可是他打游擊戰的政策代表他不需要像國民黨那樣，養一支龐大的常備部隊才能完全參與戰時同盟。西方盟國最喜歡給蔣介石戴上的罪名，就是指控國民黨不願徵募足夠的部隊、對戰爭有適切的貢獻，只坐等西方人替他們打贏抗戰（這是畢克指控國民黨的核心論述）。相同的這些觀察家，其中有許多人欽佩共產黨，卻沒有看到在已經緊繃至極的經濟條件下要維持數百萬大軍、還不能投入生產建設，其壓力有多大。國民黨的中國其實和延安一樣遭到圍困，只是方式不同罷了。可是軍事費用負擔低，代表毛澤東可以把他的稅收以國民黨所無法運用的方式去運用。

只要國統區的生活日益艱困和貧富不均，共產黨提供的就是希望和鮮明的對比。一九四三年十二月二十八日，國統區昆明出現一則報紙廣告刺穿了日益貧困的中產階級沉默的痛苦核心：

> 敬告有心領養小孩的善心人士：
>
> 目前服務於教育機關的一對夫妻無力撫養，願意無條件讓予親子（預產期明年春天）。有能力撫養、但自己不能生育的穩定家庭，有心領養請賜函[52]……

在任何國家這都是萬不得已的一條路。在中國，子嗣傳承血脈在過去與現在始終是其文化核心，這個跡象顯示戰爭已把生命扭曲到不可辨識的地步。唯一的希望是戰爭或許能在中國崩潰之前就先結束。在這種恐懼、不確定和社會瓦解的氛圍下，中國各個政府，不問它是蔣介石、毛澤東或汪精衛所領導，都將訴諸恐怖的新手段來控制人民。

注釋

1. 李蕤，〈災區系列通訊與豫災剪影〉，宋致新編著，《一九四二：河南大饑荒》，頁六六。
2. Ibid., 79.
3. Graham Peck, Two Kinds of Time（Seattle, 2008）) [originally published Boston,1950], 386.
4. 張日新編，《蔣經國日記：一九二五至一九四九》（北京，二〇一〇），一九四〇年六月二十六日，頁五五、五六。
5. 張日新編，《蔣經國日記》，一九四二年九月十四日，頁一〇七。
6. Arthur N. Young, China's Wartime Finance and Inflation, 1937–1945（Cambridge, MA, 1965）, 23.
7. Hans J. van de Ven, War and Nationalism in China, 1925–1945（London, 2003）, 277.
8. Brian G. Martin, "Shield of Collaboration: The Wang Jingwei Regime's Security Service, 1939–1945," Intelligence and National Security 16:4（2001）, 117.
9. Van de Ven, War and Nationalism, 269.
10. Ibid., 276.
11. Ibid., 263.
12. Van de Ven, War and Nationalism. 張仲魯，《一九四二年河南大荒的回憶》；宋致新，《一九四二：河南大饑荒》，頁一四四。
13. 張仲魯，《一九四二年河南大荒的回憶》，頁一四四。
14. Ibid., 145.
15. Ibid., 150.
16. Ibid., 151.
17. 劉震雲，《溫故一九四二》（北京，二〇〇九）。

18. 張仲魯，《一九四二年河南大荒的回憶》，頁一五一；李蕤，〈豫災剪影〉頁一〇七。
19. 〈災區慘事記錄〉，《輝縣文史資料》，第五輯，頁七十。
20. 李蕤，「災區系列」，頁一一一。
21. Theodore White and Annalee Jacoby, Thunder out of China（New York, 1946）, 166.
22. "Until the Harvest Is Reaped," Time, March 22, 1943.
23. White and Jacoby, Thunder, 177.
24. 張仲魯，《一九四二年河南大荒的回憶》，頁一四八。
25. 《蔣介石日記》，一九四三年四月五日、四月十一日。
26. 《蔣介石日記》，一九四三年四月十八日、四月二十日。
27. Christopher Bayly and Tim Harper, Forgotten Armies: Britain's Asian Empire and the War with Japan（London, 2004）, 285–286. 關於戰時饑荒的比較分析，見Sugata Bose, "Starvation amidst Plenty: The Making of Famine in Bengal, Honan and Tonkin, 1942–1945," Modern Asian Studies 24:4（October 1990）.
28. R. Keith Schoppa, In a Sea of Bitterness: Refugees during the Sino-Japanese War（Cambridge, MA, 2011）.
29. 關於農村的退化，見Prasenjit Duara, Culture, Power, and the State: Rural North China, 1900–1942（Stanford, CA, 1988）.
30. Young, China's Wartime Finance, 23.
31. Frank Dikotter, Mao's Great Famine: The History of China's Most Devastating Catastrophe, 1958–1962（London, 2010）.
32. Young, China's Wartime Finance, 25–26.

33. Ibid., 299.
34. Ibid., 302.
35. Ibid., 319.
36. 《重慶花絮》，頁二九〇。
37. Ibid., 30.
38. Peck, Two Kinds of Time, 385, 386.
39. 《重慶花絮》，頁五。
40. Young, China's Wartime Finance, 320.
41. Ibid., 321.
42. Ibid., 323.
43. 《去大後方》，頁四〇〇至四〇一。
44. Van de Ven, War and Nationalism, 270.
45. Peck, Two Kinds of Time, 478.
46. Lyman P. Van Slyke, "The Chinese Communist Movement during the Sino-Japanese War, 1937–1945," in Lloyd E. Eastman et al., The Nationalist Era in China,1927–1949（Cambridge, 1991）, 252–253.
47. "Economic and Financial Problems in the Anti-Japanese War"（December 1942）, in Mao Zedong, Selected Works, vol. III（Beijing, 1967））[hereafter MSW], 111.
48. Van Slyke, "The Communist Movement," 253–254.
49. "Economic and Financial Problems in the Anti-Japanese War," 111, 114.
50. Van Slyke, "The Communist Movement," 254–255.

51. 陳永發，〈紅太陽下的罌粟花：鴉片貿易與延安模式〉，in Tony Saich and Hans van de Ven, New Perspectives on the Chinese Communist Revolution（Armonk, NY, 1995）.

52. 《去大後方》，頁四〇〇。

15. 恐怖統治

一九四二年二月一日是中國共產黨史上一個重大轉折點。這一天，毛澤東在延安黨校始業式向一千多名幹部演講，發出尖銳的批評。他宣稱：「有幾樣東西在一些同志的頭腦中還顯得不大正確，不大正派。」毛澤東抨擊種種「歪風」：譬如有些幹部的政治寫作冗長、又愛用艱澀文字，彷彿應科舉考試寫的「八股文」。毛澤東也對準來到延安加入革命的知識菁英。他叱責說：「有許多知識份子，他們自以為很有知識，大擺其知識架子，而不知道這種架子是不好的，是有害的，是阻礙他們前進的。他們應該知道一個真理，就是許多所謂知識份子，其實是比較地最無知識的，工農分子的知識有時倒比他們多一點。」毛澤東也警告不能搞「宗派主義」，宣稱黨員「鬧獨立性」，其實就是「鬧名譽，鬧地位，鬧出風頭。」他提醒黨員：他們是共產運動的一員，「我們一定要建設一個集中的統一的黨，一切無原則的派別鬥爭，都要清除乾淨[1]」。

這篇講話掀開了「整風運動」，它果真雷厲風行。它代表意識型態的徹底改造，以當時的話說，是「整飭黨的作風」。它包括專注研究毛澤東的著作，並且是徹底的、幾乎是宗教性的，專注中國共產黨的目標。不肯參加的人會受到壓力：起先是心理壓力，接下來就不是那麼抽象，變得十分兇惡。

毛澤東掀起意識型態旋風。有個目擊者，即一九四二年五月奉派到延安的蘇聯顧問彼得．佛拉迪米洛夫（Peter Vladimirov）。困惑的佛拉迪米洛夫寫下「不僅黨員、連士兵和平民現在都得要填塞毛澤東演講詞」，又說「在軍情嚴峻和經濟艱困的情況下……這一切顯得很荒謬。」他認為這項運動明顯是要「掩飾某種非常嚴重的事情、毛澤東……非常需要的東西[2]」。

但是佛拉迪米洛夫看走眼了。整風運動不是要掩飾什麼事情。它是毛澤東徹底改造中國社會的任務的核心。也正是因為「軍情嚴峻」才讓毛澤東得以成功實現目標。戰時經驗攸關到現代化的共產體制之形成，以恐怖手段服務毛澤東所要建立的革命。

不僅共產黨利用戰爭的緊張局勢來重建國家，蔣介石的重慶政府和汪精衛的南京政府也都一樣。經濟情勢惡化下，蔣介石的政府開始失去在抗戰初期還不穩定的多元主義精神。從抗戰一開始，國民政府的施政項目就有光明面、也有黑暗面。一面是開放的、現代化的，以制定福利救濟、建立技術先進設施（如兵工廠）和非黨員政治參與等為象徵。另一面則比較陰暗，可以追溯到蔣介石和黑社會的關係，以及使他崛起、掌握全國大政的波譎雲詭。汪精衛政權當然打從一開始就有正當性的危機，在抗戰期間一直需要替親日立場找合理化的根據。

珍珠港事變之後，中國實質上益加孤立，軍事和經濟危機惡化，國民政府設法強化其官僚和社會基礎架構。共產黨和南京政府則試圖藉重慶政府弱化之際，增益本身勢力。這三個政府的基礎架構裡都有一個基本元素，很精細地關聯到他們的運作，但罕有人提出來討論，那就是實施國家恐怖統治。

三個政府各有它的最高領袖，分別是蔣介石、汪精衛和毛澤東。但他們每個人背後都有一個幽靈人物負責情治機關，可以透過心理壓力以及對不肯服從者動刑，來執行國家的意旨。中國在戰時日夜處於生存危機中，使得這三個相互為敵、又同時存在的政府有完美的藉口採用相同的手法達成目標，從勒索到安置炸彈，壓制反對者的批評聲浪。如果說他們全在公開場合尊奉孫中山，至少私底下也仰慕史達林的思維和技術。

這些技術有三個大師：蔣介石愛將戴笠，綽號「中國的希姆萊」；汪精衛手下李士群，身材魁梧、貌似忠厚，街頭流氓出身；毛澤東帳下的康生，則師從全世界最精於虐待人體及心靈的專家、蘇聯內政部（NKVD，譯按：轄有治安警察部隊）首腦金立克・葉佐夫（Genrik Yezhov）。這三個人是影響戰時中國政府至深且巨的人物，點燃零合（zero-sum）的權力鬥爭。戴笠和美國情報機關的關係糾纏不清，使得盟國在華作戰出現不利後果。李士群的陰謀害得汪精衛最忠心的追隨者周佛海，又做出影響命運的個人抉擇，對替日本人效勞的中國人產生深刻影響。至於康生所打造的情治架構，製造更大的恐怖，日後更界定了中華人民共和國的性質。這些人彼此是不共戴天的敵人，但諷刺的是他們雖從三個不同面向工作，致力的目標卻相同：利用戰爭打造強大的中國，而恐怖統治和現代化是其陰陽兩面。

蔣介石早年從事革命時，戴笠即追隨左右。戴笠是浙江人，一九二〇年代青年時期涉及上海青幫大老杜月笙的黑社會活動，因為這層關係結識浙江同鄉蔣介石。在就讀黃埔軍校期間，北伐猶在計畫階段，戴笠已經開始祕密偵察周圍的共產黨員。一九二八年，蔣介石勝利後，派戴笠主持軍事情報工作。打從早年開始，戴笠就是個毀譽參半的人物，不但神祕又臭名昭彰，他很小心不讓自己的照片公開散布。抗戰爆發時，戴笠更是蔣介石政府的核心人物。他在中、外人士之間有個名氣，不僅殘忍、而且是徹底的虐待狂。有一則一九二七年上海清黨期間關於戴笠的故事，他在鐵道旁軌道弄個火車頭，把火爐燒旺，再把五花大綁的犯人塞進去，他們被活活燒死的呼號聲都被引擎汽笛聲淹沒。英國「特別行動處」（British Special Operations Executive）駐華負責人約翰・柯士維（John Keswick）直率說，戴笠「殺人不眨眼」[3]。

抗戰期間，戴笠集中權力在俗稱「軍統」的特務機關「軍事委員會調查統計局」。事實上，軍統是個個人化的執法工具，所用手段不問是否合法。在戰時重慶，只要提到軍統、或是它設在重慶南邊「望龍門」的特務總隊，就可以把大部分普通老百姓嚇得噤口不語。光憑一句「我望龍門的」就可以從坐霸王車到白嫖，通行無阻。哪個人不長眼睛得罪軍統特務，或是發表被認定叛國言論的意見，往往被抓去坐牢、聽憑發落。刑求、綁架的威脅一直籠罩在老百姓頭頂，尤其是全市布滿軍統線民。這些線民大多是低層人員，靠著每年檢舉幾個人領賞金過活，才不管方法或情資正確與否。還有許多特務本是武漢的幫派份子，被吸收後追隨國民政府來到重慶[4]。

戴笠受到主子蔣介石的影響，特別熱中追緝共產黨。統一戰線的協議允許中共在陪都設立辦事處（設在重慶西郊紅岩村），以及發行黨報《新華日報》。但是軍統一直都緊盯著共產黨的活動，甚至就在紅岩村同一棟樓裡，設置一個國民黨黨部。縱使如此，共產黨還是在戴笠眼皮子底下於重慶幹了幾件大事。有個年輕女子張露萍，設法滲透進戴笠的電訊總部，取得軍統數百個無線電台往來函電的情報。閻寶航是潛伏在政府內的中共高級特務，擔任蔣介石的軍事顧問，事先把巴巴羅薩行動計畫細節傳遞給莫斯科。（史達林在德軍進攻蘇聯之前幾天就接到訊息，卻認為它是「東方來的胡說八道」，沒把它當一回事[5]。）

大體而言，共產黨在重慶的活動是受到限制的：重慶市根本就是國民黨掌控的城市，反對派並不安全。中共在四川的黨員集中在成都或其他地方，廣西桂林在抗戰期間是共產黨的主要據點，西南地區最自由的是雲南省會昆明。統治雲南的軍閥龍雲與蔣介石的政府貌合神離，允許大量的各型異議人士聚在昆明。由北大、清華、南開等著名大學遷到大後方所成立的西南聯合大學（通稱「聯大」）是激進思想的溫床[6]。

珍珠港事變之後，戴笠因為是中國主要情報機關的首長，受到美國盟友的重視。美方與中國情報機關的合作，比與英國的合作更加密切；有一部分是因為一九四〇年六月發生一件事故的影響。當時戴笠在香港啟德機場轉機，卻被殖民地當局逮捕，送到公共監獄關了一夜，經過外交交涉才在次日上午釋放。蔣介石政府原本就強烈反英，這下子雙方關係更僵[7]。由於美、中同盟，戴笠和美國海軍少將米爾頓・梅樂斯（Milton Miles）成立「中美合作所」（Sino- American Cooperation Organization）相互合作。〔梅樂斯被人戲稱「瑪麗」，以其名近於默片明星瑪麗・梅樂斯・閔特（Mary Miles Minter）。〕中美合作所在今天的中國聲名極差，因為一般人聯想到它和反共活動、拘押及迫害政治異議人士脫不了關係。當時的中美合作所可是在中國最有權力的機構之一，督導在華全部情報活動，包括美國戰略情報處都得向它彙報。

由於史迪威和陳納德不合，駐華美軍的情況相當複雜。史迪威徹頭徹尾對蔣介石有敵意，陳納德則敬佩蔣介石，甚且與委員長夫婦關係親密。這兩位將領的戰術觀念也不同：陳納德持續堅持空權是在中國快速取勝的關鍵，而史迪威卻斷定唯有靠地面部隊長時間、艱苦結實作戰，才能穩操勝券[8]。

現在梅樂斯一到，原本就彼此誤解深重的關係益發增添複雜。美國的不同情報機關立刻陷入地盤之爭。戰略情報處駐華分處的負責人唐諾文與梅樂斯、戴笠達成臨時協議，他將與他們協調情報活動，但是由於唐諾文著手在中國建立自己的單獨作業，協議很快就擱淺[9]。一九四二年底，戴笠愈發懷疑戰略情報處會成為美、英高級官員背著他在中國蒐集情報的一個平台。戴笠也不能接受必須與史迪威合作，或者更糟的是向他報告，因為史迪威與委員長作對已經相當明顯。因此，奉梅樂斯為首、而非史迪威（或陸軍）為首的中美情報合作，更有吸引力。

一九四三年十二月三日戴笠請唐諾文吃飯，席間一言不合對罵起來。唐諾文告訴戴笠，如果他不與戰略情報處合作，那麼戰略情報處將自己幹、不甩他了。戴笠威脅說，任何戰略情報處的特工若不受他指揮調度作業，他會把他們幹掉。唐諾文聞言大怒、厲聲說他會殺掉中國軍事將領回敬。次日氣氛稍見緩和，蔣介石告訴唐諾文，美國人必須「記住，這是一個主權國家……請照規矩來[10]。」但是雙方根本歧見並未解決。抗戰期間，中美合作所和戰略情報處在中國彼此暗中較勁，戴笠和國民政府不時攪和一下、甚至從中得益。很大一部分功能失靈是因為美方情報機關彼此不協調、也搞不定他們在中國的確切政策是什麼。美國在華情報作業日益混亂[11]。英國的情報機關「特別行動處」和「祕密情報處」（Secret Intelligence Service，SIS）在中國就比較成功，包括與華北的共產黨有所接觸，但整體來講，也同樣無法建立協調一致、有效運作的結構。美國駐華大使高思一度說過，盟國至少有十五個情報機關在中國活動，但是彼此「完全不協調，讓中國人大樂[12]」。一年之內，情報機關不能協調合作果真出事，對戰爭的路徑產生嚴重後果[13]。

這段期間，戴笠得以在國統區擴張他自己的恐怖帝國。一九四三年四月十五日，美國海軍部長法蘭克・諾克斯（Frank Knox）和中國外交部長宋子文正式簽署中美技術合作協定。英文版宣稱，中美合作所的宗旨是，「在中國敵後地區沿海以及日方占領的其他地區，攻擊共同敵人」。中文版明確敘明成立特種部隊及其他小組，在敵後進行特戰任務[14]。戴笠和梅樂斯利用對中美合作所的共同指揮（名義上戴笠是主任，梅樂斯是副主任）打造他們本身的權力基礎：以梅樂斯來講是鞏固美國海軍情報單位、即「海軍中國組」（Naval Group China）壓過戰略情報處的地位；以戴笠來講是強化他本身在國民政府內部的權力和自主地位。梅樂斯帶來致死毒素和會爆炸的蛋糕粉等東西，讓戴笠對這些科技創新大開眼界[15]。

中美合作所的主要工作是訓練游擊部隊，以便美軍部隊按計畫在中國沿海登陸時，在敵後同步騷擾日軍。雖然不到兩萬七千名學員正式經過中美合作所訓練營結訓，有人估計這支部隊人數在四萬人以上。訓練過程兇險和滑稽兼而有之。美國教官公開承認，他們根本分辨不了這些老中哪個是張三、哪個是李四（一度有人建議在中國學員背上畫學號以利辨別）。這種情形正中戴笠下懷，因為他本來就希望中美合作所的學員只向他服務。他的軍官不准到美軍宿舍區和老美交好（美軍自設營區，住的是比較奢華的房子，有助於這道禁令的落實），甚至國民政府其他機關也不准越雷池一步、進入中美合作所訓練營。學員被打造成向蔣介石個人崇拜，誓為偉大領袖的「耳目」[16]。

中美合作所活動的基地是重慶市郊歌樂山山區。這塊地區面積約六十多平方公里，成為戴笠的私人采邑。沒有通行證，任何人都嚴禁進入；若是無意間闖入，一旦逮獲，經常被動刑或殺害。女性亦嚴禁進入營區，以防中共實施美人計；中美合作所人員在職期間也不准結婚。山谷裡散布戴笠培訓軍統特務的訓練營、美軍人員宿舍區；另有個令人聞之膽戰心驚的「白公館」，那是關押政治犯的營地，他們往往被刑求而死。蔣介石政府現在有它的執法機構，他們的培訓經費來自美國人。戴笠的「耳目」必須保衛破爛的國民政府，因為光靠委員長的言論和搖搖欲墜的社會福利制度是辦不到的。

無獨有偶，並非只有蔣介石政府製造戰時恐怖統治。汪精衛南京政府打從一九三八年和日本人合作之初，就開始發展情治機關[17]。周佛海在汪精衛從河內叛逃後不久就開始著手，找到李士群和丁默邨這兩個上海幫派份子出面領導。魁梧的李士群和軟弱的丁默邨，與周佛海一樣，早年加入共產黨，但很快就轉而投效戴笠的軍統。他們再度變節、於一九三九年初投效汪精衛之前，已經浸染了兇殘施暴的習性。日本中佐晴氣慶胤（Haruke Yoshitane）說，看到丁默邨的「冷酷表情和蛇般的眼睛」都會戰慄，不過李士群「活潑、愉悅的態度」可使人如沐春風[18]。

丁默邨的外表比較能代表他們的作業方式。一九三九年這一年，汪精衛忙著與日本交涉條件之際，周佛海和丁默邨、李士群聯手建立一個恐怖機關俾能控制上海政治圈。在晴氣慶胤協助下，丁默邨、李士群在犯罪盛行的一塊三不管地區，極斯非爾路七十六號設立機關部[19]。「七十六號」成為上海市民聞而色變的號碼，就和重慶市民一聽到「望龍門」就心驚膽戰一樣。政治人質被關在「七十六號」地下室：如果戴笠在上海的地下工作人員殺了一個親汪精衛的公共人物，他們也會殺一個親國民黨人物做為報復[20]。

汪精衛政府於一九四〇年三月正式粉墨上場，李士群和丁默邨的單位繼續運作。往後三年，他們動輒奪命的殘暴手段在短期內奏效，情勢變得很清楚，他們控制住街頭，但整體而言卻削弱汪精衛政權的正當性。到了一九四三年，汪精衛本人已經成為影子，與一九三八年從重慶出走時判若兩人。他最親近的副手對他失去信心，周佛海在年初即抱怨：「深感汪先生為汪夫人所支配、宵小所包圍，私心自用，漸自失去全體領袖之身分。」[21]周佛海的評論反映出汪精衛政府高層首長的分裂。汪精衛太太陳璧君身邊簇擁著一批親友，號稱「宮廷派」。周佛海則和李士群、丁默邨親近。不過，到了一九四二年，周佛海和李士群爭奪當家主導權[22]。兩人的不合於一九四一年十二月變得更加尖銳，此時日本和西方剛爆發戰爭，而汪精衛政府的情治機關猛然突襲重慶政府派來潛伏在汪政府內部高層的軍統特務，包括周佛海的妻舅楊惺華。這對周佛海極可能爆發重大災禍。周堅持反對李士群處決這些特務的要求，還設法將同派系某些人官復原職。

周佛海不只為權力鬥爭煩惱。幫助汪精衛出走之後三年，周佛海覺得自己做錯決定。現在重慶政府已有西方兩大強國做為盟友，維新政府做為蔣介石和東京之間橋梁的必要性已經不存在。戴笠運用他的軍統網絡，發動在上海及南京的地下特務施加壓力。他派人送了一封信給周佛海，寄語「令堂在重慶倚門望子早歸」。周佛海頻頻夢見老母，夜不能眠。他甚至起了自殺的念頭[23]。到了一九四二年底，周佛海決定又要換效忠對象。

就和一九三八年出走一樣，周佛海對身邊親信也守口如瓶。公開場合，他完全沒有異樣，但是他傳遞訊息給戴笠，表示願意「戴罪立功」。戴笠非常高興逮到這一條大魚，開始好好運用周佛海在汪政權做他的伏兵。周佛海安排在他上海豫園路宅邸祕密安裝強大的無線電電台。令人驚異的是，周佛海能裝這套電台，是和他親善的日本軍官所贊同，他們很想監聽來自重慶的新聞。可是就跟他以前試圖與重慶談判一樣，周佛海無法和他的老朋友蔣介石開啟任何直接對話。一九四三年三月，周佛海派吳開先帶訊息到重慶，向蔣介石求和。吳開先是他在國民黨CC派的舊屬，是國民黨此時在上海的地下組織高級人物。但是重慶方面沒有答覆[24]。和周佛海祕密接觸必須局限在戴笠這個層次，只要稍有風聲草動傳出蔣介石本人和汪偽政權接觸，將會破壞美國對國民政府的信任。

一九四三年九月，戴笠提出一項新要求：周佛海必須協助刺殺李士群，因為李士群領導的情治機關工作績效太好了。太多軍統特務在汪精衛政權轄區遭捕獲殺害[25]。李士群是擋住周佛海權力之路的大石頭，周佛海一定很高興有此計畫，並撥出一百萬元法幣經費。

但最後還是日本人出手剷除李士群。

日本憲兵隊有軍官忌恨李士群坐大，於一九四三年九月九日邀請他到上海外灘附近高檔的旅館百老匯賓館吃飯。用餐不久，李士群開始全身冒汗、異常疼痛，不到一天，就死了。日本人在他的海鮮下了毒[26]。現在，周佛海心腹大患已去。汪精衛政府欲藉一個有紀律、合理的情報體系以加強其政權的可能性，在個人權力鬥爭中瓦解了。

重慶和南京的情報機關在華南、華中相互拚搏之際，共產黨在北方則繼續整飭人民紀律。他們是在受到重挫之下展開內部整肅。由於共產黨很少進行正式的軍事作戰，一九四〇年底的百團大戰把日本人嚇了一跳。日軍還以顏色，於一九四一年春天發起所謂「三光」政策：華北方面軍奉令「殺光、燒光、搶光」。

接下來三年，華北共產黨根據地二十五萬名部隊一再受到日軍華北方面軍十五萬人、加上傀儡政權十萬部隊的猛烈攻擊。日軍不再是發動攻擊之後就退兵，而是破壞整個村子、燒毀地方上的收成，並且沒收穀倉糧米；然後又一再回來，確保不會再冒出抵抗活動。中共消息人士承認，這些根據地人口從四千四百萬人縮減為兩千五百萬人，共軍部隊也出現大量逃兵現象[27]。中共在華北大部分地區的首要之務不是積極抗日、而是如何生存[28]。唯一例外是毛澤東的陝甘寧邊區。

日軍在華北施壓，使得延安繼續抗日變得更加重要，毛澤東也因此獲益良多。他的地區相當安全，不受國軍或日軍攻擊，共產黨其他根據地大多位於敵後。整個抗戰期間，對抗日本有兩大支柱。美軍陸戰隊軍官卡爾森，他在一九三〇年代末期遍歷中國各地，曾就中國局勢向美國政府提出報告說，蔣介石和毛澤東是中國的「兩顆星星」：他們的首都重慶和延安象徵著千百萬中國人「中國必將勝利」的希望。但是連年戰爭已使重慶疲弱，而延安的力量卻大有增長。政策是延安崛起的關鍵——但是和重慶及南京一樣，恐怖統治也是重要因素。

毛澤東不再和其他領導人平起平坐，他的地位日益升高，「毛澤東思想」在根據地成為意識型態正確的同義詞。研讀毛澤東思想成為入黨根據。準黨員必須熟練的二十二篇重要文件當中（一九四二年發布的清單），有十八篇是毛澤東的作品[29]。

但是思想改造也必須靠毛澤東的特務頭子康生來加強。康生在黨轉入地下時期，曾於一九三六年到莫斯科接受訓練。史達林的整肅運動此時正處於火熱，有一個階段甚至以主司其事的內政部長葉佐夫之名而稱為「葉佐夫時代」（Yezhovschina）（不過他後來也在一九三八年遭到整肅）。康生接受蘇聯內政部的訓練，在莫斯科成立「殲滅反革命份子辦公室」，利用它針對中國境內被歸類為「叛徒」或「反革命份子」的中共黨員下達處決令。許多人只因知道康生過去見不得人的事跡（譬如他一度與國民黨合作）就被羅織入罪[30]。康生的虐待狂可與戴笠媲美。但是他和戴笠不同的是，戴笠狂熱效忠蔣介石，康生和中共領導階層的關係則相當務實。他在一九三〇年代就看好毛澤東是顆冉冉而起的明星，押寶在毛澤東身上。

毛澤東一九四二年在延安宣布整風，康生大顯身手的機會來了。當下的目標很清楚。毛澤東要展現他地位高於王明，及留學莫斯科的其他共產黨領導人（所謂「二十八個布爾什維克」）。但是他還有更廣泛的目標：許許多多黨內著名知識份子所展現出來的個人主義及缺乏紀律，加入地下黨、奔赴延安以示抗議中國種種弊病的羅曼蒂克時期過去了。今後，黨員就得建立機器以治理中國。

與毛澤東的宣告格格不入、最著名的知識份子就是丁玲。丁玲的作品《莎菲女士的日記》在一九二〇年代的上海轟動文壇。丁玲長途跋涉、歷盡艱辛，於一九三七年一月來到延安，成為邊區最著名的文學人物之一。她的小說結合革命信念以及對黨是否堅持婦女解放理想的懷疑精神。在中共的論述裡，婦女解放這個議題的重要性似乎永遠不及階級鬥爭。她的短篇小說〈我在霞村的時候〉發表於一九四一年，主角「貞貞」這個年輕女子的性格頗為含糊，她在敵後當妓女掩飾間諜身分。當她回到家鄉時，她的性史導致鄉人貶斥她「不道德」、排擠她。故事的力量在於幽微之處，以及拒絕接受黑白分明的道德分類[31]。

毛澤東的演講掀起整風運動後，丁玲於一九四二年三月在報上發表評論，題目〈三八思想〉，三月八日是國際婦女節。丁玲在文章中指出，即使在延安的革命氣氛中，女性還是得不到和男性一樣的評斷。她呼籲：「女性無法超越她們的時代。她們並不理想，她們不是鋼造的……我希望男性，尤其是當權的男性……能在社會現實的脈絡裡看到女性的缺點[32]。」另一位青年作家兼翻譯家王實味也寫了一篇文章〈野百合花〉，批評延安的自滿態度，並且指控高級幹部失去革命精神[33]。毛澤東不用多久就做出回應。

四月間，丁玲被免去延安黨報《解放日報》文藝副刊主編的職務[34]。其他的流亡知識份子也發現他們在延安的名聲變得冷淡。五月二日，整風運動正式發起三個月之後，一百多位文藝工作者在延安楊家嶺集合，等候毛澤東出現。毛澤東即將掀開當天的節目：延安文藝座談會。自從他們到達延安後，左翼思想家和作家就發現陷身於兩難，一方面是忠於他們所盼望的革命以及所敬仰的黨，一方面是身為文藝家，他們必須忠於本身觀點的信念。

毛澤東發言時還傳來附近國軍陣地的槍砲聲，但是他很清晰地表達了他的觀點：藝術觀點必須附屬於戰爭，以及革命的需要。在延安，文藝的受眾包括「工農兵和革命幹部」，藝術家應該「學習群眾的語言」、不要再沉溺在「乏味」、「無病呻吟」的作品[35]。接下來幾週，繼這場導論之後召開三次會議，代表共產黨和支持它的知識份子之間的關係起了強大變化。不斷有人起來高談闊論、表態懊悔或放言抨擊。一九七〇年代出任中共首席宣傳家的胡喬木宣稱，已在一九三六年去世的偉大的作家魯迅，應該接受黨的正式領導（魯迅是中共同路人，但一直不是黨員），沒入黨，對他並不好。有個文學作家何其芳宣稱「我迫切需要被改造」，以發表強烈的自我批評，懇求黨原諒他。五月二十三日，座談會結束時，毛澤東回頭強調這是改革的開端、不是結束。他說：「知識份子要和群眾結合，要為群眾服務，需要一個互相認識的過程。」毛澤東又加了一句不祥的結尾：「這個過程可能而且一定會發生許多痛苦，許多摩擦[36]。」

毛澤東這番話標誌著延安氣氛嚴重改變，不僅是人們將更難進入邊區，要離開也十分困難[37]。延安不僅是因為敵人封鎖而與外界隔絕，也因為黨的路線變得強硬而與外界隔絕。原先開放、且集體努力的氣氛已經徹底變了。多元主義及「新民主」的理念已轉變為黨控制一切。

康生是整風運動「痛苦和摩擦」這一部分的首腦。他利用典型的蘇聯技巧指控忠心黨員是國民黨間諜。他們在刑求之下認罪之後，又拿他們的自白書啟動一系列指控和逮捕。一九四三年戰局惡化，共產黨邊區益加孤立，康生提升整肅的速度和強度。同僚問起，以康生抓了這麼多人來看，延安真有可能有這麼多國民黨祕密間諜嗎？他回答：「抓了再說。把他們關起來以後，我們可以好好偵訊[38]。」他在公開場合形容整風運動是為黨及黨員好。他在一九四三年七月一次演講說：「共產黨為什麼費這麼大的勁拯救你們？這是因為它要你們當中國人，不要被騙去替敵人效勞。」他明白表示「寬恕有個限度」。一旦有人拒絕認罪，「我們必須採取嚴厲方法撲滅他們[39]。」

心理壓力是整風運動的重要手法。有一個方法是畫個圈子把被告限制在圈子裡，不坦白認罪、就不准踏出圈子。有個受害人在半個多世紀之後回想到這個過程，仍然心有餘悸。她被追問：「妳相信黨嗎？」她答說是的。「那麼如果……我們說妳是問題，妳就是問題。」她記得當時她有想要跳崖的念頭[40]。知識份子石泊夫被冠上間諜罪名收押，他太太高洛英「坦白」她打算謀害著名的黨知識份子周揚。她帶著三個子女在窯洞家中以一氧化碳自殺。周揚聽到消息後說：「她自絕於黨、自絕於人民。你可以看到她對共產黨的仇恨有多深，因為她殺了自己、也殺了她子女[41]。」

但是「整風」絕不只是心理面的改造。這項運動也涉及到肉體懲罰和無顧忌的刑求。當時延安的教育機關魯迅藝術學院，有一份文件透露學校還真枉負文化意味名稱，它用綑綁、痛毆手法對付意識型態不同的人員。魯迅藝術學院甚至設有勞動改造營，進入勞改的人說它比國民黨的監牢還更惡劣。王實味遭到黨所組織的鬥爭。首先是貼大字報攻擊他，再來以「托派份子」罪名開除黨籍，最後又羈押禁見，後來在一九四七年遭處決。丁玲也受到嚴重批評，被迫收回她在〈三八思想〉所表述的觀點。她被下放勞動兩年[42]。

一九六六年文化大革命爆發時，外界許多觀察家無法理解為何紅衛兵迫害及凌虐階級敵人，但是其實早在二十多年前的整風運動已經提供清晰的藍圖。它標誌著毛澤東的中國打從一開始即是如此。當時大家不知道，是因為外界根本不注意在共產黨所盤踞的、孤立的西北地區發生什麼事。不到十年之後建政的中華人民共和國會是什麼模樣，跡象已經擺明在那裡。原本是激進的反對黨已經毫無疑問成為執政黨，轄下有數百萬的人民。在土地改革和累進稅之間取得平衡的「延安方式」政策，將是中華人民共和國建政初期的政策。恐怖手段也是，人民公敵將遭到新主子的公開羞辱、毆打或殺害。

珍珠港事變之後幾年，主要政治演員的抉擇出現鮮明、擴大的差異。抗戰初期，國民黨和共產黨都強調多元主義及其政綱的合作面。對於亟需爭取本身人民及外在世界支持的政黨而言，這是理智的行為。多元主義之論也不是建立獨裁統治的煙幕。尤其是一九四一年以前，國、共兩黨都努力爭取黨外人士的認同。但是，蔣介石和毛澤東最後所預想的現代化中國，只有一個黨會居於主宰地位，這個目標與真正的多元主義並不相容。國民黨與共產黨都不認為現代化的國家就是自由化的國家。事實上，反過來才正確。國、共兩黨都從列寧得到啟示，承認並接受使用恐怖手段做為控制的機制。戰禍以及中國境內日益上升的社會危機，開始傷損到兩個政府的技術官僚面和寬容面，而且強化了那些贊成暴力和恫嚇之人的權力。

同時，在戰時中國運作的這三個政府，各自都對恐怖手段的意義及該如何執行，有自己的詮釋。對於李士群和丁默邨而言，控制街頭和個人權位是遠比任何意識型態理念更加優先的事項。戴笠的動機沒有那麼腐敗。他雖然熱愛權力、也十足是個虐待狂，但他效忠蔣介石，視委員長為防止中國潰亡的礎石。戴笠想要建立一支特務團隊，扮演令人畏敬、又不貪腐的政府耳目，這一心願卻因軍統許多人的不誠實和暴力所毀傷。民眾沒把特務看成意識型態的強者，反而是抓了權、圖謀私利的小人。康生搞的共產黨恐怖統治又不同。整風的目的不在謀求個人財富。它設想並也達成了一個清晰的目標：它將整合激進的意識型態、戰時的孤立和恐懼，建立嶄新的政治權力體系。抗日戰爭產生了毛澤東的中國。

注釋

1. 毛澤東，〈整頓黨的作風〉，一九四二年二月一日，《毛澤東選集》（北京，一九六七），卷三，頁三五、三九、四四。
2. Peter Vladimirov, The Vladimirov Diaries: Yenan, 1942–1945（New York, 1975）[hereafter PVD], May 22 and 29, 1942. 佛拉迪米洛夫本名Piotr Parfenovich Vlasov. 佛拉迪米洛夫日記在西方首度發表時，其真實性受到質疑。冷戰結束後，日記所據以翻譯的俄文材料問世，證明蘇聯當局雖然挪動材料的順序、並刪掉部分內容，以符莫斯科當局破壞毛澤東名譽的目的，內容仍吻合佛拉迪米洛夫原本所寫。
3. Frederic Wakeman Jr.（魏斐德），Spymaster: Dai Li and the Chinese Secret Service（Berkeley, CA, 2003），388–389, fn 40, 39. 關於柯士維、英國特別行動處和英國在華角色，見Richard Aldrich, Intelligence and the War against Japan: Britain, America, and the Politics of Secret Service（Cambridge, 2000），chapter 15.
4. Wakeman, Spymaster, 333–334, 337.
5. 余茂春，OSS in China: Prelude to Cold War（New Haven, CT, 1997），43–44. 關於閻寶航積極參與東北活動，見Rana Mitter, "Complicity, Repression, and Regionalism: Yan Baohang and Centripetal Nationalism, 1931–1949," Modern China 25:1（January 1999）.（譯按：閻寶航，遼寧人，曾任奉天基督教青年會總幹事。他的兒子閻明復曾任中共中央統戰部部長，一九八七年十三大一中全會後擔任中央書記處書記，一九八九年六四事件與民運人士對話，後被認為表現不當，去職。）
6. John Israel（易社強），Lianda: A Chinese University in War and Revolution（Stanford, CA, 1998）.
7. Wakeman, Spymaster, 282–283.

8. 關於史迪威和陳納德不合，見Hans J. van de Ven, War and Nationalism in China, 1925–1945（London, 2003）, 36–37.
9. Yu, OSS in China, 25; Aldrich, Intelligence and the War against Japan, 267. 另見Michael Schaller, The American Crusade in China, 1938–1945（New York, 1979）.
10. Wakeman, Spymaster, 316–317.
11. Yu, OSS in China, 97.
12. Aldrich, Intelligence and the War against Japan, 287, 296.
13. 關於情報機關互別苗頭，可參見Hans van de Ven, ed., "Lifting the Veil of Secrecy: Secret Services in China during World War II," Intelligence and National Security 16:4（Winter 2001）.
14. Wakeman, Spymaster, 291–292.
15. Ibid., 310.
16. Ibid., 294, 299.
17. Brian G. Martin, "Shield of Collaboration: The Wang Jingwei Regime's Security Service, 1939–1945," Intelligence and National Security 16:4（2001）, 95.
18. Martin, "Shield of Collaboration," 99.
19. Ibid., 101.
20. John Hunter Boyle, China and Japan at War, 1937–1945: The Politics of Collaboration（Stanford, CA, 1972）, 281–285.
21. 《周佛海日記》，一九四三年一月六日，頁六九〇。
22. Brian G. Martin, "Collaboration within Collaboration: Zhou Fohai's Relations with the Chongqing Government, 1942–1945," Twentieth-Century China 34:2（April 2008）, 59, 60.

23.《周佛海日記》，一九四二年十二月。
24. Martin, “Collaboration within Collaboration,” 66–67.
25. Martin, “Shield of Collaboration,” 133; 131ff.
26. Boyle, China and Japan at War, 285.
27. Lyman P. Van Slyke, “The Chinese Communist Movement during the Sino- Japanese War, 1937–1945,” in Lloyd E. Eastman et al., The Nationalist Era in China, 1927–1949（Cambridge, 1991）, 247–249.
28. 例如，見Feng Chongyi and David Goodman, eds., North China at War: The Social Ecology of Revolution, 1937–1945（Lanham, MD, 2000）.
29. David E. Apter, “Discourse as Power: Yan’an and the Chinese Revolution,” in Tony Saich and Hans van de Ven, eds., New Perspectives on the Chinese Communist Revolution（Armonk, NY, 1995）.
30. John Byron, The Claws of the Dragon: Kang Sheng（New York, 1992）, 125.
31. “When I Was in Xia Village,” in Ding Ling, Miss Sophie’s Diary and Other Stories, trans. W. J. F. Jenner（Beijing, 1983）.
32. Jonathan D. Spence, The Gate of Heavenly Peace: The Chinese and Their Revolution, 1895–1980（London, 1981）, 330.中譯本，史景遷著，溫洽溢譯，《天安門：中國的知識分子與革命》（台北：時報文化，二〇〇七年）。
33. Spence, Gate, 332.
34. Bonnie S. Macdougall, Mao Zedong’s Talks at the Yan’an Conference on Literature and Art: A Translation of the 1943 Text with Commentary（Ann Arbor, MI, 1980）.
35.〈在延安文藝座談會上講話〉，一九四二年五月，《毛選》，頁七一、七二。
36. Ibid.

37. Lyman P. Van Slyke, "The Chinese Communist Movement during the Sino Japanese War, 1937–1945," in Lloyd E. Eastman et al., The Nationalist Era in China, 1927–1949（Cambridge, 1991）, 251–252.
38. Byron, Claws, 172–179.
39. Ibid., 179–180.
40. 《延安日常生活中的歷史》（桂林，二〇〇七），頁一三二、一三三。
41. Ibid.
42. Spence, Gate, 334–335.

16. 開羅會議

一九四三年二月十八日，華府最菁英的聽眾群聚在眾議院議事廳。這位風靡眾生的演講者是蔣夫人宋美齡，有史以來第二位女性、更是第一位平民應邀向國會參眾兩院演講。宋美齡擔心有關貪汙腐敗、不願抗戰的謠言會使美國輿論轉變，反對給予中國財務及軍事援助，此行目的在於提升中國在美國的形象。宋美齡的出訪製造起一陣興奮風暴。身著一襲簡單黑色長衫和玉石珠寶，她站在副總統亨利・華萊士（Henry Wallace）身邊，顛倒在場眾多政客。她講了一則參加杜立德襲擊的一名美軍飛行員的故事：此君任務完成後、迫降中國，被農民救起，農民待他有如「失散多年的手足」。她說，這位飛行員後來告訴她，「當他看到我國人民時，有回到家的感覺，其實那是他這輩子第一次到中國」。她的結語是，「僅宣布理想，甚或確信具有此種理想，尚嫌不足。欲保存、支撐，並維持此等理想，有時必須不惜犧牲一切，甚至甘冒失敗之危險，以努力促其實現[1]。」這等於是明顯向聽眾們挑戰：要優先重視援助中國，而且停止批評它的政策。

美國決策者為蔣夫人傾倒，她募款之旅踏遍美國大陸、所至之處群眾蜂擁而至。但是在正與亞洲法西斯主義陷入苦戰、且在萌芽中的民主國家這個形象下，大後方愈來愈深陷困難。葛理翰・畢克就把宋美齡的貌似勝利解讀為即將潰敗的跡象。他寫說：「我不以為（中國）她真的開始崩潰、直到她赴美訪問[2]。」實際上，蔣介石對宋美齡的美國行之看法比畢克所知還更清醒。他沉思說：「余妻訪問白宮以後，美國對我政策惟有利用我們而毫無補助誠意乃可斷言[3]。」一九四三年將是盟國彼此之間加劇互不信賴的一年，中、英、美相互猜忌。到了這一年年底，蔣介石將發現在黃沙滾滾的埃及和叢林茂密的緬甸，這兩個間關萬里之處，中、美關係竟像坐雲霄飛車一樣，從勝利下墜到災禍。

一九四二年緬甸之役失利以後，美、中政治和軍事領導人之間的關係繼續緩慢、但明顯的惡化。不過，整體而言，全球戰局也同樣緩慢、但明顯地轉向盟國占上風。離中國相當遙遠的史達林格勒戰役（Battle of Stalingrad）在一九四三年二月初達到高潮。周佛海現在已腳踏兩條船，祕密地同時為南京及重慶團隊工作，他注意到軸心國的情勢已有轉變。他在一月底寫下：「德國東線極為不利，將有崩潰之勢。如此時歐洲再闢第二戰線，則德國必敗無疑。」周佛海頗有先見之明：此役的確是個轉捩點，蘇聯開始針對納粹入侵反攻。可是周佛海仍然相信，日本人主導的勢力圈在戰後世界或許猶有一席之地。他（正確地）猜測到美、英並不是真正信任蘇聯，認為他們或許會支撐日本的力量以圍堵蘇聯：「余意英美對俄仍存忌畏，絕不令其全勝，……仍將保存德國相當勢力，以抑制蘇聯。否則，歐亞兩大陸均將為俄之控制區域。……故日、美、英、德在對俄關係上，均有於適當時機妥協之可能也[4]。」

周佛海沒有理解到，同盟國已決心絕不讓德國有第三次機會藉由軍事力量稱霸歐洲，而且由於太平洋戰爭戰況慘烈，也使得與日本妥協變得無比困難。不過他預測圍堵蘇聯將是西方大國在戰後世界首要關切議題，倒是頗為中肯。周佛海在和重慶蔣介石政府代表劉百川祕密會晤時建議，如果美、日顯得可能達成妥協協定，重慶應該搶在美國之前先和日本談和。這個想法顯然吻合南京汪精衛政府的利益，因為一旦太平洋出現和平，它在政治上就會有了分量。周佛海深知如何投蔣介石之所好講話。重慶仍很擔心美國可能不會堅持日本無條件投降、反而與日本協商和平[5]。由於納粹現在已頗有實際可能在歐洲戰敗，盟國或許會認為太平洋應是次要優先，中國被推到一邊的機率更高了。

儘管宋美齡在美國國會似乎相當成功，蔣介石對盟國卻愈來愈懷疑。他寫下：中美英俄號稱四強，其實中國最弱。情勢有如「弱者遇拐子、流氓和惡霸。須知人非自強，任何人亦不能為助，無論為敵為友，皆屬俎上肉」[6]。

批評中國的人一再指責它是個疲弱、貪腐的獨裁政體，不配與民主國家同盟。可是，批評中國的美國，卻在國內三分之一的領土維持合法的種族隔離政策；英國在全世界都有殖民地；英、美兩國也和殺人如麻的史達林政權締結同盟。針對國民政府的控訴當然反映出它經常醜陋的國內政治，但也是出於中國在地緣政治地位太弱的原因。蔣介石對美國及其總統是既尊敬、又憤怒，兼而有之。

一九四三年二月，他非常氣憤羅斯福和史達林「破壞了我們過去三年的作戰計畫」，因為羅、史兩人在一九四三年的卡薩布蘭加會議（Casablanca Conference）之後，藉由蘇聯在史達林格勒之役後地位好轉，達成協議，結合蘇聯以擊敗德國為最高優先。蔣介石認為，美、蘇這項協議降低了（已經很低的）日本攻擊蘇聯的可能性，「因此中國身受其害」。「三強」將繼續把中國當做配角的意識，令蔣介石更加堅定他的想法，覺得他必須力爭中國的合理地位。

蔣介石思索：從前，美國對待中國「點綴敷衍」，現在「專以中國為犧牲品」。他懷疑甚至對中國提供財務援助，只是緩和美國對英國擴增租借法案援助的民意的一種間接方法。他痛恨美國不希望中國擁有一支獨立的空軍，以便自己在戰後控制太平洋[7]。不過蔣介石也覺察到太平洋的力量起了變化。他在某次對話提到，「以吾國卅年之內不特不怕美國稱霸東亞，而且惟恐其不稱霸東亞也[8]」。他認為，如果要有霸主，寧可是美國，而不要是日本、蘇聯或英國。

相形之下，如果說蔣介石尊敬英國，那也是因為他覺得它狡猾、頑固和傲慢。他認為英國人在中國一心只想維持其地位，邱吉爾尤其是個怪物。一九四三年三月，蔣介石很憤慨邱吉爾說「三強」將打造戰後秩序：「完全排除中國。」隔了幾個月，蔣介石又說：所有的大使本質就是間諜，英國人尤其是[9]。

英國政治領袖同樣看輕中國。一九四三年七月英國外交部有份文件說：「唯有在有利於戰略之下，才能考慮給予中國援助。」它又說，最好是讓重慶政府垮台，也勝過擾亂對日作戰的全盤規劃。邱吉爾的確認為把中國當做大國這個想法太滑稽，他一點也不隱瞞，他認為美國想提升中國的國際地位實在大錯特錯。邱吉爾寫信向他的外交大臣安東尼．艾登說，美國人出於「感情」因素，「假裝中國是個堪與其他三強比擬的大國」[10]。英國人也不信任美國的意圖：邱吉爾明白表示，他根本不去考慮羅斯福希望英國將香港還給中國以示親善的想法[11]。

鴉片戰爭後，英國就是在中國最優勢的西方大國，一九三〇年代威脅到它地位的是日本、不是美國。可是儘管邱吉爾不願在戰後全球秩序以關鍵大國對待中國，英國各界其實廣泛了解必須適當看待中國[12]。英國以一個最具體的行動表達此一看法。自從一八四二年以來，西方帝國主義在中國即以最鮮明的形式在中國最大的商業城市上海亮相。公共租界和法租界是洋人治理的孤島，不過太平洋戰爭一爆發，公共租界立刻遭日本占領。現在美國和英國提議結束可恨的治外法權制度，把公共租界交還給中國人治理。如果中國贏得抗戰，上海將在百年來首次完整地接受中國國家主權治理[13]。在美國施壓下，英國同意並於一九四三年一月十一日簽訂新條約，以此結束在中國的帝國主義，首度以平等新約取代「不平等條約」（譯按：國民政府後來將此日訂為司法節）。（輸人不輸陣，汪精衛搶先兩天在一月九日也與日本簽訂條約收復「主權」，做為南京政府向同盟國正式宣戰的獎賞[14]。不過這只是空洞的表態，換湯不換藥，以日式帝國主義換了西方帝國主義。）

蔣介石對英國及美國盟友有一肚子的牢騷、怨言，但是他把最辛辣的批評留給他的參謀長。最典型的是一則日記記事，蔣介石寫下：「此人之卑劣可恨極矣！」「嗚呼，此人之無常識、無人格，實難令人想像者[15]。」一九四三年二月，蔣介石記下他與史迪威之間的一段對話。蔣介石要求每個月飛越駝峰的補給量一萬噸、並增派五百架飛機；否則，中國無法「負責」再打下去。史迪威質問：「是否不達到標準，即不對日抗戰？」蔣介石覺得史迪威的回答「可惡不敬已極」。他寫下：

> 「余乃思之，不加反駁，只答其中國抗戰已經六年，即使太平洋戰爭不起，英美不來援助時，中國亦可獨立抗戰[16]。」

「酸醋喬」在私底下評論蔣介石時也很直白：「我們被耍得陷入非得支持花生米這個腐敗政權，歌頌其首腦為無所不通的偉大愛國者和軍人。天啊[17]！」

當緬甸問題在一九四三年春天又回到盟國議程上時，蔣介石對史迪威的懷疑又浮現上來。至少史迪威和盟國大多數司令官不一樣的是，他相信中國是亞洲戰場的關鍵，他的對手陳納德和蔣介石也都有同樣的感覺。然而，史迪威仍然擺脫不了他和陳納德為空權和地面部隊在中國戰區孰重的持續爭論。一九四二年十一月，曾與羅斯福競選總統敗北的共和黨人威爾基（Wendell Willkie）奉派到重慶友好訪問。（許多年之後爆出一個淫穢不堪的謠言，聲稱他在訪問期間與宋美齡有過一夜情。）威爾基要求與陳納德碰面交談，陳納德為威爾基準備了一份清單，聲稱若能給他一百零五架戰鬥機和四十二架轟炸機，他就可以從空中贏得中國戰場戰爭、進而贏得太平洋戰爭。華府的馬歇爾很快就駁回這項建議，但是他也建議史迪威要和這位美國對手修好[18]。

一九四三年五月，陳納德和史迪威一起奉召回華府商討如何處理中國戰局。史迪威仍然堅持必須好好訓練中國部隊，才能在緬北對日軍發動攻擊，重新打開補給線。陳納德不贊成，他給馬歇爾上了一份報告，聲稱「中國內部局勢已到緊要關頭」。他指出，汪精衛政權部隊大肆徵兵，「通膨上升、饑荒加劇、疫病流行，終於讓中國人民看得很清楚。」他懷疑還有時間可以為陸戰做準備，建議採用空戰。他建議說：「與持續不作為的風險做比較，發動中國空中攻勢的風險相對小了許多[19]。」

史迪威對於他這位對手的批評很尖酸：「除了我以外，沒有人有興趣搞組建地面部隊這種單調乏味工作。陳納德保證六個月之內把老日趕出中國，那麼為什麼不給他東西、讓他去做呢？那不是勝利的捷徑嗎[20]？」會議的結論卻反對史迪威所提議的一九四三年秋天，季節雨過後展開的緬北作戰計畫。它反而決定應培訓雲南的國軍部隊，以便用於保衛中國境內的重型轟炸機之基地。羅斯福也同意應該大量增加飛越駝峰提供物資給中國。史迪威抱怨：「羅斯福不讓我說話。」他覺得集中空軍力量為不智之舉。「我被打斷兩次，而邱吉爾也一再把話題扯到一邊，沒辦法[21]。」

蔣介石同意發動緬甸戰役，條件是美國提供充分的海、空和步兵支援[22]。蔣介石對西方盟國是否會堅定支持在緬甸發動新戰役有所疑慮，不是沒有道理。這項計畫後來果真沒有實現。一九四三年中期，美、英軍事指揮官們集中心力在「君主作戰」計畫（Operation Overlord）上面，即日後導致納粹德國戰敗投降的D-day歐洲登陸戰。中國再度被擺在優先順序表的極下方。

接下來，八月間在魁北克舉行的四邊會議（Quadrant Conference），決定將緬甸從中印緬戰區劃分出來，新設立「東南亞統帥部」（Southeast Asia Command，SEAC），由蒙巴頓勛爵（Lord Louis Mountbatten）出任最高統帥。邱吉爾施壓，力主成立此一統帥部，因為美國輿論已經覺得英國在亞洲戰局出力不夠。美國有人嘲諷SEAC是「拯救英格蘭的亞洲殖民地」（Save England's Asian Colonies）的縮寫[23]。

緬甸和泰國列入東南亞統帥部，和蔣介石的勢力範圍分開，這一來解除中國之危在優先順序表上又往下跌了好幾位。史迪威被派為東南亞統帥部副統帥，歸蒙巴頓勛爵節制，但是他又保有原先中印緬戰區最高統帥蔣介石的參謀長之職銜，情勢變得很複雜難行，更不用說「酸醋喬」對英國人感冒的程度也不亞於他和蔣介石的齟齬[24]。

一九四三年夏天，史迪威幻想接掌包括中共部隊在內的中國全部軍隊，把蔣介石和國民黨的軍事領導人貶為無足輕重的地位。他和蔣介石的關係已變得更加火爆，還私下偷罵蔣介石「認為派我當他的參謀長，我就會毫不置疑接受他的一切命令。他真是笨蛋[25]。」到了這個階段，史迪威已經聽不進去蔣介石的任何建議或優先事項。現在他自認為只有他了解大局，並且認為不僅是蔣介石、連英國人及大部分美國人統統搞錯了。

史迪威的自大在華府都引人側目。蔣介石的內兄宋子文在珍珠港事變後立即被派為外交部長。宋子文在美國首都運用他和羅斯福總統的親信哈利・霍浦金斯（Harry Hopkins）的交情，抱怨史迪威的種種不是，力促美方解除史迪威的職務。霍浦金斯認為史迪威有害中美關係，相當同情，鼓勵宋子文提議改組軍事領導架構。九月十五日，宋子文向白宮建議，既然蒙巴頓已出任東南亞統帥部最高統帥，意即史迪威已不再需要留在中國。因此應由中國將領來指揮中國境內一切部隊，同時接管中印緬戰區的空軍指揮權[26]。白宮聽進這一番進言。九月中旬，羅斯福預備召回問題連連的這位美籍參謀長。宋子文回到重慶，十月十五日蔣介石正式要求美方召回史迪威。

可是蔣介石又猶豫起來。雖然內兄努力斡旋將史迪威解職，其他家人卻同樣強烈建議史迪威應該留任。宋美齡和宋靄齡（孔祥熙夫人）出乎意料替史迪威撐腰：史迪威判斷，這兩位「聰明的貴婦」已經搞清楚「事態嚴重」，不過他誤以為她們維護他，是因為宋子文進言[27]。蔣夫人和她大姊認為，走了史迪威固然可以解除他和委員長缺乏交集的問題，但也會在日軍仍有可能征服大後方的這一刻，暴露美、中有根本歧見。宋美齡特別強烈反對史迪威罷官，而孔祥熙和宋靄齡則擔心史的罷官會增長宋子文的權力、削弱孔的地位。華府覺得孔祥熙腐敗、缺乏見識，比不上宋子文，並非無的放矢；宋被認為比較自由派作風，頗有潛力未來權位更上層樓。但蔣介石也不希望宋子文政治聲望高出其他家庭成員。他或許也擔心史迪威去職，可能使得由英國將領蒙巴頓指揮的東南亞統帥部更容易迫使中國動用部隊為英國人效勞，而非為中國的目標效命[28]。

十月十六日，蒙巴頓抵達重慶，與史迪威會面。史迪威抑鬱寡歡以大寫字體記載：「委員長說我必須解職[29]。」但是蒙巴頓力促蔣介石留下史迪威。在各方施壓下，蔣介石於十月十七日與史迪威會面。兩人言詞激烈交鋒。蔣介石寫說：「史乃完全自認錯誤，並表示徹底改過，余乃允而宥之。……彼果以悔悟，表示絕對服從，不再違令[30]。」史迪威的了解可不一樣。照他的說法是他半夜被找去見蔣，蔣告訴他應該「了解主帥和參謀長的權責分際」，並且要「避免優越感」。史迪威認為這是「一派胡言」，但是「禮貌地聽」他說。總之，他覺得「像空氣一般自由——不後悔、不自責[31]」。兩人只是暫停衝突對峙，並沒有解決根本問題。幾天後，蔣介石改變主意，要求史迪威留任。宋子文氣炸了，他在華府的努力全都白費力氣、而且害他丟臉；但是蔣介石聽不進他的話。他在日記裡又想起往日恩怨：宋子文和鮑羅廷（奉蘇聯之命來華在黃埔軍校訓練國共人員的蘇聯特務）曾在一九二〇年代陰謀倒蔣，而且宋子文在一九三一年東北危機時拒絕撥款助他。宋子文現在被打入冷宮[32]。

一九四三年十月同一個星期裡，重慶政府對於沒有太大把握的盟國留一手，另與南京汪精衛政府維持聯繫，派代表徐采丞去拜訪他們安插的內線周佛海。徐采丞告訴周佛海說，雖然中國簽署了所有盟國一體適用的共同保證，不單獨與日本和談，其實有一條但書規定，如果是為了保護中國領土主權，他們是可以和日本洽談的。周佛海對此一說法抱持懷疑。他回想說：「為中國設想，如下棋然，不應下死著，保留轉圜餘地亦為事理當然，但未知重慶當時是否如此深思熟慮，英美是否同意其有此保留也[33]。」他的懷疑是對的。西方盟國無意賦予中國與日本談判的自主權。

到了一九四三年十一月，同盟國與軸心國在棋局裡地位互易。歐洲方面，希特勒大軍在史達林格勒鎩羽，太平洋方面，盟軍也扭轉情勢，先是一九四二年六月中途島大捷，再來是次年緩慢地收復所羅門群島。七月間，墨索里尼在義大利被推翻。盟國顯然已經占了上風，日本人必須展現蔣介石若是與他們談判，會比堅守與美、英同盟更好。一九四三年九月東京大本營會議認定，他們不能期望德國會有幫助。日本戰爭經濟已經承受極大壓力，鐵砂、鋼、煤和石油全都供應不足，國家必須調整戰略，優先防衛本土及富藏石油的東南亞征服地區。日本將防衛緬甸及大部分的東南亞帝國，也要確保蘇聯維持中立。大本營會議亦強調需要避免升高在華戰事[34]。

現在兩大陣營都預備召開高峰會議，這將展現戰後亞洲非常不同的風貌。東京公開宣布它的目標是「解放」其亞洲盟國，不再受西方桎梏[35]。為做姿態，日本在十一月三十日與汪精衛政府簽署一項條約，至少在文字上比現有的條約比較平等。次日，汪精衛和周佛海飛往東京，出席大東亞共榮圈會議，這是日本用來描繪其帝國的華麗詞藻。

他們所抵達的戰時首都東京的確是個清苦的地方，雖然還未進入美方大規模轟炸的範圍之內，但已因米糧供應下降逐步顯示饑饉現象。會議是在不顧現實艱巨之下召開，藉以展示日本及其盟友的親善，並且要宣示日本擬成立一個新的區域政治組織，以取代在此耀武揚威多年的西方帝國主義。一九四三年十一月五日，日本首相東條英機歡迎來自亞洲各地的一群領導人。在周佛海看來，緬甸獨立領袖巴茂「活潑、外向，像個學生領袖」；美國統治者被趕走之後，領導菲律賓政府的荷西・勞瑞爾（José P. Laurel）則「經驗老到」。但是這群人當中最有魅力的是前印度國大黨主席錢德拉・鮑斯。他在一九四一年逃亡到德國，後來以新組成的印度國民軍領導人的身分投靠日本，爭取「自由印度」（Azad Hind）。

周佛海對鮑斯的演講反應熱情，稱譽他是「一位果決的革命家」。鮑斯則讚揚日本：「這不是世界第一次向東方尋找光明和指導……在創造新的、自由和繁榮的東方方面，日本政府和人民應該扮演領導角色。」鮑斯也重提一九〇四至一九〇五年日俄戰爭那段振奮人心的往事，第一次有亞洲國家擊敗歐洲大國。汪精衛以中國改組派政府主席的身分出席會議。與活力洋溢的鮑斯和巴茂相比，汪精衛顯得很低調。巴茂說他「非常英俊」，「不太說話，用詞謹慎……你很快就從他舉止謙抑、言詞閃爍中意識到中國的悲劇。」[36]

會議並沒有做出太多具體承諾。可是就這些東南亞領袖以及鮑斯而言，不論日本支持他們的獨立是多麼軟弱或有自己的盤算，這次會議清楚標誌他們追求獨立的希望，終於正式得到承認，可以擺脫英國或美國（對菲律賓）的殖民統治。對汪精衛而言，這次會議並沒有這些好處。中國已經受傷的主權因為戰爭爆發更加減弱、而非加強，並且很難相信與日本的新同盟，即使名義上更加平等，能有真正的夥伴關係。然而即令大東亞共榮會議有多麼單薄不可靠，它顯然是對同盟國戰後世界觀的一項挑戰。

與名稱相反，同盟國不團結的程度令人驚詫，對蔣介石而言，問題尤其嚴重。中國地位困難是因為同盟國的組合太詭異。非常關鍵的一點是，蘇聯仍然保持對日本中立。這表示史達林不能在有蔣介石參加的會議公開亮相，因為這將代表支持中國抗日作戰的目的。可是史達林又對亞洲戰後形勢有極大的興趣，因此之故，幾乎一九四一年以後的所有重要會議都排除蔣介石。雪上加霜的是，邱吉爾明白地瞧不起中國人。

就蔣介石而言，凡此種種壓力益發增添一九四三年十一月二十二至二十六日舉行的開羅會議〔代號「六分儀」（Sextant）〕的重要性。這是戰時試圖全面解決中日衝突的唯一一次重要會議。開羅會議召開於美、英關係持續緊張的時刻。雙方在一九四三年冬天和春天反覆討論何時最適宜發動進攻西歐的「君主作戰」。美方堅持界定戰略優先，英方則希望保有彈性空間。有關「君主作戰」的決定勢必後續影響到其他戰場，如地中海、太平洋，乃至中國的作戰部署。開羅會議也將花相當時間決定太平洋戰爭的策略[37]。可是開羅會議卻受制於一個事實：美國和英國都不曉得要如何收拾太平洋戰爭。即使華府和倫敦在一九四三年已把太平洋戰爭的重要性提高，中國的確切重要性卻尚有待界定[38]。

派垂克・赫爾利（Patrick J. Hurley）曾任胡佛總統（Herbert Hoover）的戰爭部長，現在出任羅斯福總統的國際事務私人代表。十一月十二日，他在重慶拜會蔣介石。在蔣介石眼裡，赫爾利是來說明羅斯福對邱吉爾和史達林的意向，以便對即將舉行的會議沒有誤解。蔣介石的解讀是，美國總統要「靠我和邱吉爾爭論東亞問題」，羅斯福才好以和事佬身分介入。蔣介石宣稱他打算在開羅會議再強調幾個重點，例如：建立正式的聯合國結構，讓中國在將來的國際秩序居於平等地位，以及未來若要奪回緬甸，需要有海、空支援[39]。（這時候，聯合國指的就是同盟國；這個詞彙要到一九四五年以後才用以指涉今人所知的聯合國組織。）蔣介石也思考他本身角色的重要性。從來沒有過哪一位非歐洲的領導人與西方大國領導人一起參加重要會議商討世界大局。蔣介石覺得：

「余此去與羅、邱會談，應以澹泊自得、無求於人為惟一方針，總使不辱其身也。對日處置提案與賠償損失等事，當待英美先提，切勿由我主動自提，此不僅使英美無所顧忌，而且使之畏敬，以我乃毫無私心於世界大戰也[40]。」

蔣介石和宋美齡在極端保密的情況下抵達開羅，但是他們公開現身時卻造成轟動。大英帝國參謀總長艾倫・布洛克將軍（General Alan Brooke）提到，他手下青年軍官看到蔣夫人嬌影、大為驚豔。布洛克本人則認為她「長相並不漂亮」，注意到她「病黃膚色」，而且「菸不離手[41]」。

蔣介石首次見到過去三年一直縈繞在他心頭的那位討厭鬼邱吉爾。他們透過宋美齡交談約半個小時，談話相當平順；比蔣預期來得好。次日他們又聊了一個小時，宋美齡和邱吉爾笑開懷，邱吉爾還問她：「妳認為我是個糟老頭，對不對？[42]」（英國外交部高級文官亞歷山大・卡多岡（Alexander Cadogan）也提到：「邱吉爾為蔣夫人神魂顛倒[43]。」）當天稍後，蔣介石與羅斯福會談，羅斯福「相貌蒼老」（已經疲態外顯，一年半後病故）。宋美齡遊刃有餘，穿梭其間，與內斂的蔣介石成為鮮明對比。蔣介石寫說：茶會上，我妻招呼著每個人。我很少說話，一個小時候就告退。他很不舒服地提到，英、美似乎已定好會議議程，中國有關本身地位的提案和問題，都還未討論。他寫下：這一點很奇怪[44]。

開羅會議有兩項議題與亞洲有關。一是戰後亞洲的形貌；另一是中國和東南亞統帥部當下的戰略。蔣介石記下他本身認為會議最重要的戰後目標是：歸還滿洲、台灣和澎湖給中國；成立新的獨立國家朝鮮；以及日本將它在中國占領區的全部工廠和航運交給中國，做為對華賠償的一部分[45]。

但是會談進行得並不順利。盟國對於應該如何在亞洲打仗，彼此意見強烈不同。開羅會議上，東南亞統帥部有三種可能性：光復緬甸〔代號「泰山作戰」（Operation Tarzan）〕；進攻蘇門答臘（Sumatra）〔代號「重砲作戰」（Operation Culverin）〕；以及最有野心的計畫：渡過孟加拉灣、以兩棲作戰搶占安達曼群島（Andaman Islands），進而威脅日本跨東南亞的補給線[46]〔代號「海盜作戰」（Operation Buccaneer）〕。蔣介石支持泰山作戰，國軍將與史林將軍率領的大英帝國部隊並肩作戰。但是蔣介石也希望能跨安達曼海推進；到了開羅後，他在日記寫下，他將支持陸、海軍聯手打進緬甸，並以曼德勒做為緬北作戰的目標[47]。邱吉爾不願意支持這個點子，但是蔣介石認為，他意識到「其他人人默示同意」。事實上，美國最高本部也不熱切，認為應以太平洋作戰為優先。蔣介石對此也略有所知：我和馬歇爾一談；他說得很長（又含糊）……我不明白他的重點是什麼[48]。同時，蒙巴頓很明顯也不想去說，美、英都刻意對蔣介石含含糊糊，使得蔣很難做出嚴肅的戰略抉擇。接下來，羅斯福突然介入：他向蔣介石保證，海盜作戰將伴隨著泰山作戰一併進行[50]。

蔣介石和羅斯福談過話後，相信他希望戰後中國在亞洲有重要地位的目標將可實現。邱吉爾不在場，蔣介石和羅斯福兩人交談時，蔣提起日本的未來，以及戰後世界與共產主義和帝國主義作戰的可能性。他寫說：「余甚讚羅對俄國共產主義之政策已得到初步效果為賀，惟希望其對英帝國主義之政策亦能運用成功，以解放世界被壓迫之人類，方能報酬其美國此次對世界戰爭之貢獻也[51]。」蔣介石非常關心新疆，因為蘇聯一直想要控制此一西北地區；他也重申希望朝鮮和越南獨立（後者顯然是要由中、美共同接管、指導來完成）。

蔣介石和羅斯福的一席話強化了他的信念，認為反帝國主義的民族主義，以及反共產主義是天生相容的立場。根據蔣介石的說法，兩人還祕密討論一個可能性：羅斯福建議戰後占領日本的部隊應以中國部隊為主。蔣介石說：「此其有深意存也。余亦未便明白表示可否也[52]。」或許有可能是：羅斯福此一親切、但又含糊的話只是客套話，要說美國軍事指揮部會有人像蔣介石一樣賦予這句話如此重大意義，恐怕頗有疑問。

蔣介石經歷的是數十位羅斯福的政壇敵、友數十年來所嘗過的滋味：羅斯福有本事同一天才和某人說過完全相互牴觸的話，隔一會兒就又和你套關係、講些話讓你覺得兩人意見完全契合。

羅斯福因為曉得蔣介石和邱吉爾不對盤，明顯也在兩人之間玩弄兩面人手法。關於邱吉爾，蔣介石嗤之以鼻地說：我承認他是一個英國式政客，典型的盎格魯撒克森種的例子，他和羅斯福沒得比。簡單地說，「狹隘浮滑，自私頑固八字盡之矣。」羅斯福在宴會中又對蔣介石添油加火，聲稱「真正讓我頭痛的問題是邱吉爾先生」，因為英國人依然不樂見中國成為強國[53]。

蔣介石對英國的疑慮，許多美國人也有同感，他們也擔心美國的作戰努力被利用來支撐大英帝國。到了開羅會議時，邱吉爾已經明白他在亞洲的戰爭目標和羅斯福的目標已經大為不同，而且美方希望有更大的空間直接和史達林談判戰後歐洲和亞洲的形貌。九月間，邱吉爾在白宮吃午飯時曾經談到有需要保持「盎格魯撒克遜人的優勢」。美國公職圈子有些人支持這個想法，例如前任駐華大使尼爾遜・詹森即是（不過詹森一向同情中國人的苦難）。但是美國多數民意，雖然也不脫本身偏見的影響，卻發現與英國同盟創造出一種令人不安的關係，頗有可能與帝國主義結盟、且有把對日戰爭轉變為種族戰爭的危險。

羅斯福總統的「智囊」、助理國務卿貝爾（A. A. Berle）注意到美英在「中國問題、種族問題、對印度人希望的態度」等亞洲問題上，立場不同。撇開邱吉爾的言談，其實大英帝國已經力有未逮，陷入其美國盟友的陰影下，特別是英國的戰時債務還在持續攀升[54]。英國人也關心美國有一股情緒（雖不是最占上風），認為美國的首要敵人是日本、不是德國。艾倫・布洛克在日記中提到美國軍方「他們的心思真正在太平洋[55]」。

蔣介石和宋美齡抽空參觀金字塔，旋即於十一月二十七日飛回中國。蔣介石在開羅會議之後進一步反省他所學到的東西。他說：這是我第一次出現在外交舞台。他也預測自己將來再出席國際會議會更有信心。如果他能夠在領土問題方面得到他所要的，這可能是中國歷史上最大的外交成就[56]。就某個程度而言，即使只在個人日記中表露，這也是相當荒誕的夸夸之言。然而它的確專注在一個令人驚訝的事實：很少有像中國這樣外交上居於弱勢的國家，曾經迫使實力強大許多的盟國，至少在名義上以平等地位對待它。當然不是第一次，蔣介石也反省英國的影響力，他說：英國的力量延伸到世界每一角落……在亞、非兩洲，甚至桀驁難馴的回教徒也服從其命令，你不能不欽佩他們的神奇力量。邱吉爾在開羅會議花了不少時間煩惱英國逐漸失去對美國的影響力，他若是知道蔣介石有此評價，一定十分欣慰。

蔣介石本身的故事顯示了中國是如何艱困地發展到今天和西方大國的關係。不到二十年之內，蔣介石本身從沒有赫赫聲名的一介地方軍頭崛起為可以與美國總統、英國首相同席並坐。蔣介石反思，現在中國必須藉這個機會加強自己，才能做為其他追求獨立的國家的表率。長期而言，中國如果真心希望與美、英競爭，就必須增進教育品質。但是他省思到，當下的情勢很清楚，英國不會無謂犧牲來協助別人，因此一定需要羅斯福保證提供海上支援來進行緬甸的地面作戰。蔣介石這番審慎小心後來證明頗有先見之明[57]。

飛機載著蔣介石飛回重慶之際，發生在距離開羅約一千八百公里的波斯首都德黑蘭的事件，將大大改變全局面貌。史達林拒絕出席開羅會議，只肯在德黑蘭和羅斯福、邱吉爾會談，他把話講得很清楚。他主張歐洲必須是絕對優先，他也保證一旦君主作戰啟動，蘇聯會加強在東線的作戰。他也保證蘇聯會加入對日作戰，但前提是德國先要投降。結果是同盟國匆匆變更目標。原定要以兩棲作戰部隊大舉跨渡孟加拉灣的海盜作戰計畫，在十二月五日取消[58]。這項計畫需要動用到英國皇家海軍所擁有的，極大多數登陸艦艇，而且美軍司令部也從來不認為它是可行的戰略。放棄海盜作戰計畫乃是對中國的承諾可以信口答應、也可以隨便取消的又一個例證。

蔣介石擔心會落得孤立無援，不肯把駐在雲南代號Y的國軍部隊派往緬甸。他抱怨：英國人不願意在遠東動用他們的力量[59]。邱吉爾批准蒙巴頓動用約兩萬名帝國部隊在若開邦（Arakan）海岸進行小規模的兩棲登陸作戰，以支援中國軍隊。但是蔣介石不肯接受這個構想，海盜作戰計畫遂壽終正寢。蔣介石仍然保證願意參加泰山作戰（即反攻緬甸戰役），因為他曉得攸關重大，中國必須表現出在自己國境之外對盟國作戰也不無貢獻。同時，可以理解，他必須小心中國的利益，不能讓剩下的部隊被當做俎上肉用在大型的地緣戰略棋局。他持續怪罪英國人改變心意，他寫說：英國對進軍緬甸沒有誠心，又說他們的態度「悶死我們的經濟」[60]。捨棄兩棲登陸作戰計畫後，馬歇爾決定發動緬北戰役，在該地區闢建一條公路[61]。

蔣介石的萬花筒一直變個不停。他從開羅回國途中在印度稍微停留，檢閱駐在比哈爾省（Bihar）藍姆伽（Ramgarh）的三萬三千名中國駐印軍（代號X部隊），並與鄭洞國將軍談話。蔣介石慨歎：史迪威對待鄭洞國有如傀儡，不肯給他任何實質的指揮權，也不讓他到雷多（Ledo）前線去指揮。這種事例不勝枚舉——真是痛心！可是蔣介石並沒有盲目到看不到培養高素質軍官的問題。他也承認：坦白說，我們指揮官的精神、體格和學識都不及美國人。我們要如何培養如此落後的民族、為國家感到光榮，並且追求國家真正的解放呢？[62]

同一時期，部分美國人愈來愈懷疑究竟應該支持蔣介石到什麼地步，他們的評斷也愈來愈苛刻。從重慶看，和從開羅看，情勢非常不一樣。美國駐華大使高思在開羅會議結束，委員長回重慶途中，向國務卿赫爾報告，表示關心中國抗戰是否能持續下去。高思報告他和頗受尊敬的經濟部長翁文灝有一席談話，翁文灝坦白承認政府收取稻穀實物稅已經招致深刻的民怨。高思宣稱：「我們必須接受一個事實：中國人沒辦法解決他們絕望的經濟問題。」美國也必須接受，中國現在戰略上已「完全採取守勢」，並且「在許多方面消極、聽天由命」。高思認為「中國部隊營養非常差，軍隊貪瀆成風，且從事沒有太大軍事價值的活動[63]。」

高思並不是唯一一個在重慶看到大後方情勢惡化的人。他和葛理翰・畢克等人可以看到，靠美元支撐的蔣介石政府已經是非常困難的掌控住權力。戴笠手下軍統特務抓了許多異議人士，予以刑求和槍斃。蔣介石還沒被打入和另一個西方盟友史達林同等級的殘暴，但是到一九四三年底，從美國的角度看，國民政府實在無法讓人喜歡，也幾乎難以敬佩。高思指出，它的一些「像法西斯」的行動將使它在戰後成為美國人很尷尬的盟友。

可是高思承認，雖然政治局勢嚴峻，「如果認為與日本妥協是無可避免的結果，那就錯了」。高思確信國民政府深信同盟國將贏得戰爭，並且「必須站在勝利的一方」。他也提醒赫爾，中國人抗戰已經打了六年，而且持續牽制住「將近五十萬的日軍部隊」。他也承認「厭戰」將是阻擋中國繼續抗戰的重大因素。（當年稍早，蔣介石也承認：「六年抗戰至此，更顯得精疲力竭[64]。」）許多中國人覺得中國在保衛亞洲上已經盡了心力，國民政府應該保存實力做戰後安置，以及防止中共在蘇聯協助下占領華北。高思也承認，蔣介石深怕美國會和日本妥協談和。有許多原因可以解釋為什麼兵疲馬乏的中國不願意在下一階段的戰爭採取更積極的角色。

即使高思見多識廣，他的批評仍然不夠公允。蔣介石表示得很清楚，他願意參加太平洋的聯合作戰。但是其他盟國把部隊集中在歐洲，卻要他單獨在亞洲作戰，這種建議並不誠懇。在這種情況下，難怪蔣介石會採取守勢戰略。盟國不僅告訴中國，它是次要、其實更是排第三位優先，就他們的地緣戰略目標而言，這是可以理解的。可是他們又暗示，中國被當做第三等盟國，但是中國應當以第一等盟國之姿行動。這種要求太偽善了。盟國的戰略是在進攻歐洲大陸之前夕，在中國戰場先不能有所行動[65]。如果蔣介石發動部隊進行某種獨角戲攻勢，他們很可能被殲滅，重慶政府可能更快速垮台，或許還讓南京掌控更大片中國領土，或甚至是中共更快勝利。

蔣介石致函羅斯福，坦率表示很失望不在太平洋戰場發動全面攻擊，同時他也警告說，中國人民可能不相信盟國真心答應援助，尤其是中國經濟岌岌可危、即將崩潰。唯有提供十億金元貸款，加上美國駐華空軍兵力倍增、增加空中運補量至少每月兩萬噸，才能遏止中國經濟迫在眉睫的爆炸，並確保中國繼續抗戰。蔣介石擔心，否則日本將利用盟國集中力量在歐洲戰場作戰的機會，「消滅」中國[66]。

這項要求非常的不智，被視為是蔣介石貪得無厭的跡象。但是蔣介石或許值得原諒，他可能認為鈔票在手、要比縹縹渺渺的含糊承諾支持要來得好。畢竟他在開羅會議強烈表達的立場，才隔不到幾天就被全盤推翻。現在很清楚的是，歐洲、以及君主作戰計畫，將主導一九四四年全球戰場的發展。

新年將屆，蔣介石並不曉得他很快就將面臨政府的生存保衛戰。盟國決定集中兵力解放法國、直搗柏林，僅只幾週，就對中國產生預料不到的、直接的、非常危險的結果。而且盟國、尤其是美國，強加在蔣介石身上的決定使得局勢更加惡化。

注釋

1. Hannah Pakula, The Last Empress: Madame Chiang Kai-shek and the Birth of Modern China（New York, 2009）, 419.
2. Graham Peck, Two Kinds of Time（Seattle, 2008）[originally published Boston,1950], 477.
3. 《蔣介石日記》每月反省錄，一九四三年二月，引自王建朗，〈信任的流失：從蔣介石日記看抗日戰後期的中美關係〉《近代史研究》（二〇〇九：三），頁五一。
4. 《周佛海日記》，一九四三年一月二十六日；一九四三年一月二十九日，頁六九九、七〇一。
5. Ibid., February 2, 1943, 703.
6. 《蔣介石日記》，一九四三年二月二十八日。
7. Ibid., February 13, 1943, 707; February 21, 1943, 710; March 4, 1943, 714.
8. Ibid., April 16, 1943.
9. Ibid., June 30, 1943, August 19, 1943.
10. Christopher Thorne, Allies of a Kind: The United States, Britain, and the War against Japan, 1941–1945（Oxford, 1978）, 306.
11. Ibid., 311.
12. Ibid., 319.
13. Ibid., 187–188.
14. John Hunter Boyle, China and Japan at War, 1937–1945: The Politics of Collaboration（Stanford, CA, 1972）, 308.
15. 《蔣介石日記》，一九四三年六月二十九日。
16. Ibid., February 7, 1943.

17. SP, January 19, 1943, 161.
18. Jay Taylor, The Generalissimo: Chiang Kai-shek and the Struggle for Modern China（Cambridge, MA, 2007）, 219–220.
19. NARA RG 493（616/174）.
20. Stilwell note from May 1943 conference, SP, May, 172. Hans J. van de Ven, War and Nationalism in China, 1925– 1945（London, 2003）, 36–37.
21. SP, May, 173.
22. Van de Ven, War and Nationalism, 37.
23. Ibid., 39–40.
24. Thorne, Allies of a Kind, 299.
25. SP, September 4, 1943, 186.
26. Ramon H. Myers（馬若孟）, "Casting New Light on Modern Chinese History: An Introduction,"《宋子文駐美時期電報選》，吳景平、郭岱君編選（上海，復旦大學出版社，二〇〇八），二五六。
27. SP, September 25, 1943, 193.
28. Van de Ven, War and Nationalism, 39.
29. SP, October 16, 1943, 196.
30. 《蔣介石日記》，一九四三年九月十八日。
31. SP, September 17, 1943, 187–188.
32. 《蔣介石日記》（Box 43, folder 9），一九四三年十月十八日。
33. 《周佛海日記》，一九四三年十月五日，頁八〇三。
34. R. B. Smith, Changing Visions of East Asia, 1943–1993: Transformations and Continuities（London,

2010）, 18.

35. Smith, Changing Visions, 19.

36. Ba Maw cited in Boyle, China and Japan at War, 323.

37. Gerhard Weinberg, A World at Arms: A Global History of World War II, 2nd ed.（Cambridge, 2005）, 624–629.

38. Thorne, Allies of a Kind, 294.

39. 《蔣介石日記》（Box 43, folder 10），一九四三年十一月十二日。

40. 《蔣介石日記》，一九四三年十一月十七日。

41. Pakula, Last Empress, 471.

42. Ibid., 470.

43. Thorne, Allies of a Kind, 319.

44. 《蔣介石日記》，一九四三年十一月二十一日、二十二日。

45. Ibid., November 21, 1943.

46. Van de Ven, War and Nationalism, 42.

47. 《蔣介石日記》，一九四三年十一月二十一日。

48. Ibid., November 23, 1943.

49. Thorne, Allies of a Kind, 333.

50. Van de Ven, War and Nationalism, 43. CKSD, November 23, 1943. Weinberg, A World at Arms, 628.

51. 《蔣介石日記》，一九四三年十一月二十三日。

52. Ibid.

53. 《蔣介石日記》，一九四三年十一月二十五日、二十六。

54. Thorne, Allies of a Kind, 275–279.
55. Ibid., 291, 292, 288.
56. 《蔣介石日記》，一九四三年十一月二十六日後上星期反省錄。
57. Ibid., monthly reflections, November 1943.
58. Van de Ven, War and Nationalism, 45.
59. 《蔣介石日記》，一九四三年十月一日。
60. Ibid., October 3, 1943.
61. Van de Ven, War and Nationalism, 46.
62. 《蔣介石日記》，一九四三年十一月三十日。
63. FRUS, 1943: China（November 30, 1943）, 167–176.
64. 《蔣介石日記》，一九四三年四月二十日。
65. Van de Ven, War and Nationalism, 62, argues this point forcefully.
66. FRUS, 1943: China（December 9, 1943）, 180.

17. 一場戰爭、兩個戰場

黃耀武生平第一次坐飛機是一九四四年六月部隊進駐印度。他曉得飛越駝峰很危險，但是他年輕、敢冒險，並沒有特別操心。最讓他難受的是冷得不得了。地面上氣溫很高，但是道格拉斯C-47運輸機飛到離地面約九千公尺高空，士兵們只穿一層薄單衣，感覺凍徹骨頭。黃耀武回憶說：「我感到昏眩，頭痛得要死。」他在痛苦中沉沉入睡，直到身體感到暖空氣，才知道已經到了印度[1]。

廣東籍的黃耀武雙親移民到美國，但是一九一一年後抱著參加建設新共和的熱忱回到中國。黃耀武出生於一九二八年。雙親在抗戰初期即過世，他為了生活而從軍，年僅十五歲。他對早年從軍有極鮮明的記憶。他們一群新兵坐在房裡，牆上掛著蔣介石、毛澤東和何應欽的肖像，彷彿他們都同屬一個黨、而一九三〇年代的國共苦戰根本沒發生一般。後來，他和幾個朋友跑到山上、歃血為盟義結金蘭，誓言不殺光日本鬼子不回家。幾個月之內，黃耀武將在中國對日抗戰最英勇、也最悲壯的一年扮演重要角色。

中國將在兩個戰場展開作戰。雖然在一個戰場上它將贏得不榮譽的勝利，另一個戰場上它卻面臨大禍，幾乎毀滅了國民政府。一九四四年元旦，蔣介石拍電報給羅斯福提出警告說，德黑蘭會議決定的戰略推翻了開羅會議的決議，恐會刺激日本在中國趁虛而入。他宣稱：「日本將推論出來，聯合國（即同盟國）部隊整個力量將放在歐洲戰場，因而放棄中國戰區聽任日本機械化的陸、空軍欺凌。不久，日本將針對中國發動全面攻勢[2]。」西方情報界不同意這個看法，認為日本將採取更加守勢的立場。二月間，蔣介石在第四次南嶽軍事會議上表示相當挫折，因為盟國沒有認真看待他的立場。他承認：「然而他們在精神上心理上不僅不以平等的地位來看待我們中國軍隊……根本原因，就是由於我們軍隊的力量不夠[3]」。

到了春天，情資顯示華東地區有些事正在醞釀中。美國駐華大使高思在三月二十三日向赫爾國務卿報告說，可靠的情報顯示，「日本正準備在河南蠢動[4]」。但是史迪威將軍的注意力已轉到不同方向去。二月十四日，《時代》雜誌出現一篇尖刻的文章，討論打開一條從印度到緬甸的補給路線：

過去十七個月，史迪威中將受到華府、倫敦和新德里火力攻擊。批評者說，從印度到中國的雷多新公路不值得興建……上星期在印度首都，「酸醋喬」史迪威僵硬地坐在他的藤椅上，長長的手指玩弄他喜愛的菸斗，雙眼幾乎閉起來。他簡慢地答覆批評他的人：雷多公路實現美國兩項目標：（一）至少為遭封鎖的中國取得一些補給；（二）設置一個情勢可殺日本人……海軍上將路易士・蒙巴頓勛爵與史迪威不同……這位美國司令官承認必須打開華南一個港口才能重新武裝起蔣介石委員長的部隊。但是，或許比起新德里的任何軍事將領更了解中國的「酸醋喬」，堅持「駝峰」空運路線和雷多公路可以填補中國迫切需要當下的缺口，因此合乎整體亞洲戰略[5]。

這是意在挑釁的文章，它也果真觸怒蒙巴頓；蒙巴頓試圖逼史迪威去職，卻不果[6]。它也反映出史迪威及其新聞界友人的觀點。自從一九四二年五月被迫走出叢林以來，史迪威念念不忘的就是光復緬甸。開羅會議規劃的海盜作戰使他希望上升，計畫一取消，可想而知對他的打擊有多大。英國和中國部隊已經移防，準備攻打緬甸，到了一九四三年十二月，國軍已在緬甸邊境與日軍陣地發生接觸戰。但是蒙巴頓主持的東南亞統帥部否決重新打通從印度東北部阿薩姆（Assam）的雷多、穿越緬甸，進入中國西南部雲南省的公路之作戰構想。現在盟國內部爆發爭執，史迪威堅持盡快在雷多公路發動攻擊，可是蒙巴頓和他的美籍東南亞統帥部參謀長魏德邁（Albert Wedemeyer）卻認為這項計畫不實際。最後，史迪威占了上風。他派代表去遊說羅斯福，羅斯福沒有採取清晰的立場，但是也沒有表示不贊成緬北作戰。史迪威和東南亞統帥部之間若是出現重大齟齬將會十分尷尬，值此盟軍司令官們正忙著第一優先（距祕密籌劃的歐洲登陸作戰D-day只剩下四個月）也會分散注意力。史迪威能夠發動緬北戰役另一個因素是沒有人有意願制止他。

蔣介石仍然關切日本的強烈攻勢迫在眉睫。但是他的意見沒辦法說服他的西方盟友。三月二十七日，蔣介石指出把Y部隊（總數約九萬人）及美軍戰鬥機調到印度、準備打緬甸戰役，將使得華中露出罩門。羅斯福在四月三日回覆，除非蔣介石同意派兵，就沒有理由繼續援助中國。在史迪威（及馬歇爾）持續施壓下，蔣介石被迫勉強同意[7]。儘管他深刻疑慮，他派衛立煌將軍率領國軍四萬官兵開赴緬甸前線。史迪威派出轄下中、美部隊強行軍直取緬甸東北部的密支那，五月十七日，他搶占下密支那機場，但是隔不多久，歷史重演。和一九四二年一樣，史迪威又被日軍圍困在城裡頭了。

不同的是，這一次有不少援軍前來援救史迪威。黃耀武就是新六軍二十二師士兵。駐印部隊已經操練多時，且受惠於中國駐印軍提供的資訊之助。這些情報其實並不能讓人安心。日軍利用他們叢林戰的經驗在樹林中架設機關槍網。某些路段，一邊是茂密的叢林，另一邊是懸崖峭壁，士兵必須利用藤蔓攀爬[8]。飽受季節雨滋潤、十分茂密的緬甸叢林，與中國的平原或森林相當不同；這片地域對於進入當地作戰的中國士兵而言，和英、美部隊一樣，都是蠻荒異域。黃耀武和同志們不久即奉派進入叢林。他們很快就發展出仿效猴鳴相互聯絡的方法，避免吸引日軍注意；如果黃耀武叫三聲，聽到同志回應三聲，就代表一切平安。

可是，在緬甸服役也有好處。史迪威掌控租借法案物資供應代表他的部隊資源豐富。黃耀武記得吃膩了每餐必有的牛肉和南瓜；但是不久之後就要在東邊兩千多公里外作戰的國軍部隊，可要羨慕死這樣的伙食[9]。

不過盟國並不知道日本也有他們一套計畫：它的領導人做出不同尋常的決定，除了在緬甸進行一場大戰之外，同時也要在中國大陸發動重大攻勢。一九四三年秋天，日軍大本營檢討在亞洲日益危險的情勢。美軍在太平洋步步推進之下，很顯然日軍在一九四二年初的戰果已經告急。到了一九四四年春天，盟軍的進攻已迫使東京重新調整兵力部署，至少得要保護它在中太平洋的部分帝國。一九四四年二月，馬紹爾群島失陷導致東條英機首相將海軍參謀總長南雲忠一免職，並親兼陸軍參謀總長[10]。現在日方又師法一九四一年故技，決定加碼押注，希望大膽、出其不意的動作能再次使他們占上風。他們決定針對亞洲大陸發動最後一次、大規模攻勢。C號作戰（Operation Ugo）將派八萬五千名部隊從緬北進攻英屬印度。

另一項重要戰役一號作戰（Operation Ichigo）則要一舉徹底打垮中國。東京大本營批准將在華中建立一條清晰的作戰走廊之軍事計畫。這個構想由日本的「支那派遣軍」提出，它試圖控制占領區、但在過去一年大部分時間卻被困住。一九四四年一月四日，一號作戰主要軍事目標是摧毀華中地區美軍航空基地，並且利用鐵路網打開一條從華中到法屬印度支那的通道。雖然東條英機首相只支持摧毀航空基地，計畫仍獲得正式批准，並於一月二十四日付諸行動[11]。

一號作戰是日本陸軍有史以來最大規模的一場戰役。從華中到法屬印度支那邊境，動員了約五十萬大軍。但是一號作戰除了上述戰略目標，還有更深的意義。對日本人及國民政府而言，這場戰役都是堅持留在戰局的最後生死鬥。完全制服中國成為迫切、甚且是不顧一切的最高優先。如果日方能在亞洲爭到主動，他們或許就能和把力量集中在歐洲的美國談判和解[12]。

四月中旬，蔣介石和高思的預測不幸成真。日本皇軍強力猛撲下，攻入河南。日方動員五十萬大軍、兩百架轟炸機，又調集了八個月用量的燃料和兩年之需的彈藥[13]。國民政府指揮部隔了一段時間才了解日軍的意圖。國民政府軍令部長徐永昌直到一九四四年春天都以為日本若要進攻，會從華南發動，到了五月份才明白攻擊將沿著華中南北縱走的平漢鐵路（北平至武漢）進行[14]。國軍趕緊調兵保衛華中、抵抗日軍進犯。

現在國軍部隊感受到多年來和日本消耗戰、以及政府腐敗無能的影響。自從一九四一年以來徵兵員額就在下降，拉伕變成普遍現象。新兵經常被繩子綁在一起，集體押解到遠離其家鄉的地方；如果離家太近，他們或許就跑了[15]。通貨膨脹已經吞噬掉軍餉，使得當兵相當沒有吸引力。同時，中國剩下的部分精銳部隊卻在數千公里路之外的緬甸（包括駐在雲南的Y部隊），伴隨史迪威打密支那解圍戰。

華中地區國軍部隊理論上的兵力和殘酷的現實之間的巨大落差，在一九四四年五月那段夢魘時期暴露無遺。蔣鼎文和湯恩伯是負責華北第一戰區的兩大將領，奉命保衛已經飽受洪水、饑荒之苦的河南大城洛陽。蔣鼎文記載他對河南北部情況的觀察；這個地區還沒走出一九三八年花園口決堤造成的災損。他寫說：我已經認為部隊不夠。但是當他要求增援，卻得不到援軍。他說，國軍其他部隊已被調去圍堵共產黨，我們三方面受敵。防衛區太大、兵太少。日軍反而有機械化部隊，在此一平坦地形下行動靈活。

蔣鼎文也沉痛暗示，問題不在他、而在他的總司令。他的部隊應在戰役初期的四月二十三或二十四日進攻，發動洛陽決戰，但是他直到五月一日才接到委員長允許進攻。這時候日軍已更向前挺進，太遲了。蔣鼎文必須派兵去解救湯恩伯，因為湯部遵循蔣介石前一道命令：應該堅守附近的禹縣，往另一個方向去。這種聯繫失敗竟然成為通病。三十八軍和十三軍沒有收到應該向洛陽推進的訊息，還遵循前一命令往禹縣趕去。接下來幾天，這種情況一再重演：蔣鼎文和湯恩伯部分部隊開赴下一個危機地區，但是太多其他部隊發現通訊線被砍掉，無法和友軍協調戰略。蔣鼎文暗示（「此事鈞座當能憶及」），蔣介石動輒下令是造成混亂的原因[16]。

可是蔣鼎文的記載最令人感到脊骨發涼的是，他所描繪的地方百姓之反應：

此次會戰期間，所意想不到之特殊現象，即豫西山地民眾到處截擊軍隊，無論槍枝彈藥，在所必取，……甚至圍擊我部隊，槍殺我官兵，亦時有所聞。尤以軍隊到處，保、甲、鄉長逃避一空，同時，並將倉庫存糧搶走，形成空室清野，使我官兵有數日不得一餐者[17]……

蔣鼎文很勉強承認，軍隊本身的行為可能是原因。他承認：「一方面固由於絕對少數不肖士兵不守紀律，擾及閭閻。而行政缺乏基礎，未能配合軍事，實為主因。」蔣鼎文的確看到軍民互信瓦解所造成的傷害：「各部隊於轉進時，所受民眾截擊之損失，殆較重於作戰之損失，言之殊為痛心[18]。」

蔣鼎文的敘述其實替自己掩飾，委過於湯恩伯、蔣介石及其他人。提呈給政府的一份文件顯示，指揮官們的指控相當嚴峻。他們宣稱，第一戰爭作戰失敗的原因是，蔣鼎文和他的副手湯恩伯「素日不留心軍政」，反而把時間花在斂財自肥，因此鼓舞了下屬有樣學樣。蔣鼎文和湯恩伯的部隊有好些優勢，例如，他們配備的捷克式武器，或許比敵軍所用的部分武器還更精良，可是這些武器都沒有被妥善運用。指控又說，他們剋扣普通士兵的薪餉，並且偽造名冊吃空缺，各個師都兵員不足。

蔣鼎文名義上是戰區司令長官，但大多數觀察家認為湯恩伯才握有實權；批評他的人把火力瞄準他。六年前台兒莊大捷的英勇事跡現在毫無分量。批評他的人士郭仲隗說：「湯恩伯身負中原禦敵之重責。但是當敵人渡過黃河時……他本人並未在前線指揮部隊，而是逃匿……享受泡溫泉。」主帥在四百里路外的魯山享受溫泉，部隊潰散：「難怪他們一槍不發。」湯恩伯的部隊應該是國軍精銳部隊，卻被用來幫軍官搬運行囊、家當，和老百姓一起逃離作戰地區。湯恩伯本人帶了兩名譯電員和二、三十名衛兵跑了，「抱頭鼠竄……與部隊完全失去聯繫」。指控甚至更尖銳地說，湯恩伯偽造報告，聲稱他已和敵人交戰，或是即將進攻。郭的指控又說：他根本不知道自己的部隊在哪裡。他怎麼能命令他們作戰？「捏報軍情，罪惡難恕[19]」。

湯恩伯和蔣鼎文的行徑不可原諒。但是湯恩伯拋棄部隊不就是呼應史迪威一九四二年

「走出」緬甸嗎？史迪威毫不貪腐，也非常關心士兵疾苦。但是他也喜怒無常，會逼部屬超越合理的局限（他很快就會對派去解救密支那之圍的美軍部隊做出無理的要求），也讓個人恩怨超越軍事判斷。中印緬戰區的西方與中國的司令官都一樣，能鼓舞領導士氣、但也有些可受軍法審判的行為：湯恩伯和史迪威就是兩者兼而有之的人物。

對湯恩伯的指控沒完沒了。由於士兵補給不足，他們必須向農民「借」穀，而且由於需要花時間找穀物、磨製，就無心訓練操課。即使他們磨米、穀物品質差，代表他們「營養不足，影響作戰[20]」。軍民關係現在非常緊張。當日本人占領河南北部時，入侵者搶走留在政府穀倉中的大部分穀物，被搶走的數百萬袋麵粉足以餵養二十萬士兵五個月之久。

湯恩伯的藉口——河南農民被漢奸騙了，因此搶奪國軍武器，遭到郭仲隗戳穿：「人人曉得河南人民忠誠、勇敢，即使在乾旱、饑荒時期，他們出人丁、出穀物抗日。」事實上湯恩伯也沒說錯。地方百姓撿起國軍潰逃時丟棄的武器，保衛自己、對抗日軍。郭承認：「即異日友軍勝利，戰局轉變，而將來欲恢復北方各省河南之重要基點已失，尚不知須增加若干困難[21]。」

蔣鼎文的記載也怪罪漢奸，這些「行政下級幹部階層及各鄉鎮、各警所」協助他們騷擾國軍及「淆惑」人民。他的報告顯示國家及其人民已經互信蕩然。地方百姓並未服從國軍命令破壞本地公路以阻止日軍推進。有時他們甚至在夜裡回去修好軍隊在白天破壞的道路[22]。

國民政府現在為一九三八年黃河決堤及後來河南一九四二年的大饑荒之後果付出代價。饑荒不全然是因政府無能所引起（雖然它是一項重大因素），若非日本入侵，或許根本也不會發生饑荒。但是對於經歷無盡悽慘的農民而言，那有什麼差別。他們的耕作歉收、穀物被扣去繳稅，以致淪為難民或挨餓。現在國民政府又來要求他們再次為抗日奉獻。這一次河南農民拒絕聽從命令。

美國大使館駐西安官員莊萊德（Everett F. Drumright）（日後出任美國派駐台灣蔣介石政府的大使）提交一份有關戰情的報告給高思大使，高思又把它轉呈給國務院。報告說，六、七萬名日軍只受到「象徵性的抵抗」，第一戰區現在已經「粉碎」，蔣鼎文和湯恩伯的一世英名也全毀了。「中方在人員、物資和穀糧方面遭受重大損失。小麥收成是多年來最佳成績，現在的損失可謂最為嚴重之損失。」一位於河南之西的陝西省，現在門戶洞開[23]。白修德也提到河南潰不成軍的種種因素如指揮官脫離戰場、軍官利用軍方設施撤運個人財物，以及向農民徵用牛隻，他最後也提到了結果：士兵遭自己同胞解除武器。「三個星期內，日軍搶占所有的目標；南下鐵路落入他們手中，三十萬國軍煙消雲滅[24]。」

由於國軍領導層低估撲向他們的日軍兵力，洛陽淪陷之後，很快又發生一場大災劫。五月底，薛岳將軍再次奉命保衛長沙（一九三八年十月，蔣介石從武漢撤退，長沙曾遭遇焚城惡夢）。雖然薛岳曾經十分英勇守衛長沙，這次卻兵力屈居下風（他的部隊一萬人，必須迎戰三萬名日軍），加上日軍已經熟悉他的包圍戰術——這一招他以前已經用過[25]。白修德的評語是：「他的單位已經老了三歲，他們的武器又舊了三年，士兵已經比上次獲勝又餓了三年[26]。」而蔣介石對嚴重問題自有判斷，他因為擔心薛岳可能不忠，便不送補給到長沙。陳納德對於蔣介石此一行為甚為憤慨[27]。薛岳和城防司令張德能（譯按：第四軍軍長）守不住，一九四四年六月十八日，長沙在抗戰以來力挺六年之久、而今終於僅以三週就被日軍攻陷。美國人的信心現在和中國人一樣低沉。現在變得愈加迫切，國民政府必須展現反攻的氣勢。六月十五日，高思大使寫下「大家都很鬱悶……失敗主義心態在重慶流行起來」，他又說，河南農民「由於處境悽慘」，反過來對抗自家軍隊這件事，特別傷害官員士氣。一個星期之後，蔣介石在中央訓練團發表低調的講話。他宣稱：「這就是由於大家都抱了一種心理，以為敵人太強，我們太弱，根本無法勝過他……」他又說：「現在的時代是科學的時代，現在辦事，必須合乎科學的精神[28]。」可是，事實與蔣介石言談所暗示的科技現代化相去甚遠。他在日後的演講也提到河南人民攻擊自己軍隊的事，指出俄羅斯內戰時白黨也曾經這麼做。他承認部隊撤退時，曾有搶劫、強姦、殺人的行徑。他歎息說：「這樣的軍隊當然只有失敗[29]！」

幸運的是，蔣介石和美國人沒有看到他們「盟友」毛澤東的反應。蘇聯顧問彼得・佛拉迪米洛夫記下：「中共領導人很高興聽到蔣介石部隊在河南和湖南打敗仗的消息……他的估算很單純，只要蔣介石嘗到敗績，延安就從中獲益[30]。」

衡陽是日本可能鎖定的下一個目標。最終，打通華中之戰頗有可能由日軍在廣州之北、武漢之南的另一場挺進之下完成，從而從中國心臟要害穿過、造成大後方更加孤立。除此之外，國民政府的作戰再次因為蔣介石和史迪威關係不睦受到威脅。薛岳現在移防到衡陽，可是蔣介石還是懷疑薛岳的忠誠，不肯給他直接援助。不過蔣介石倒是允許他信賴的一位將領方先覺參加衡陽保衛戰，並由陳納德的空軍予以支援。日軍起先被擊退。但是國軍補給不久即用罄。蔣介石沒有給守軍提供補給，陳納德直接找史迪威，懇求他撥小量補給，只要大約一千噸給國軍的前線部隊。史迪威只用一句話就駁回：「讓他們自作自受去吧！」[31]

蔣介石和史迪威的行為都不負責任。他們的恩怨和個人偏見導致下達的決定造成數千名兩人口口聲聲敬重的中國士兵魂斷沙場。不過後來是蔣介石的做法、而非史迪威，產生決定性作用，因為蔣介石醒悟到中國必須顯示努力抗戰的重要性。他沒有空運補給進去，而是調派衡陽附近的其他部隊去增援。守軍雖英勇奮戰、堅決固守，終究不敵日軍，它在八月八日淪陷[32]。

一九三八年，英勇奮戰、即使失守，也足以增強蔣介石爭取支持。到了一九四四年，這已經不夠。有一個人，蔣介石一定需要維持他的信心，那就是羅斯福總統；可是國民政府卻遭受羅斯福的強烈批評。抗戰初期，國民政府是連戰連敗。可是他們在上海、在武漢的表現，即使是被日軍打敗，卻給予世人國民政府認真抗戰的印象。現在在洛陽和長沙不幸戰敗，卻在重慶和華府引起非議。馬歇爾將軍向羅斯福進言，現在該是時候，應當把中國還剩下的軍事資源交付給「有能力以有效的方法指揮抗日的個人」。依馬歇爾的看法，只有史迪威適任。羅斯福要求應委派美國人出任中國所有部隊的統帥。蔣介石沒有辦法，只能接受[33]。

蔣介石沒有忘記美國人企圖侵犯他的兵權、甚至他的統治權利。他認為美國人正在栽培孫科，有朝一日會冊立他出任國民黨黨魁。身為孫中山的兒子，孫科有絕佳的家世庇蔭出任這項工作。他那不能侵犯的地位也使他可以主張自由派政策，不虞像其他知名人士遭到戴笠祕密警察的迫害。蔣介石抱怨：「孫科在各處煽動，以『民主』口號企圖搖盪人心，打擊現局。而若干中央政府委員隨聲附和，反對現狀，行勢洶湧，如有大禍臨頭者。」往後幾個月，蔣介石擴大他的猜疑網。他寫下：「以俄國為其後台老闆，鞏固其賣國地位。此人實汪逆之不若也。」不久他又說：「美英俄皆期以孫科為傀儡之暗示與宣傳逐漸發現，而以美為最甚[34]。」

但是當日本在華中頻頻告捷、美國對國民政府信心快速消褪之際，他們的眼光注意的倒不是孫科。（美國副總統華萊士訪問中國，見到孫科，對他的評語是，他「沒有給人他有當領導人需要的性格力量之印象[35]」。）美國駐重慶大使館二等祕書謝偉志（John S. Service），奉派在史迪威幕下工作。他向高思大使報告說，國民政府若在華中潰敗，對抗戰將產生嚴重後果。失去江西和湖南兩個產米省份，湧現新難民潮、需要靠貧瘠的華西土地支援大量軍隊，以及日本傀儡政權貨幣流入，將使國民政府轄區已經高漲的通貨膨脹更加惡化。他的結論是，國民政府的覆亡「可能只是時間問題」[36]。這項假設導致謝偉志對於誰將取代國民黨成為中國未來領袖，得出大膽的結論。

一九四四年一月，美國外交官戴維斯（John Paton Davies Jr.）主張，美國與延安的共產黨總部進行正式接觸，才是明智之舉。他說：「迄今只有一位美國官方觀察員曾經到過共區。而那已是六年前的事。」戴維斯認為，從當時以來美國人即使只從第二手資訊略知一二，在某些方面對於中共仍有相當清晰的了解。

中共在靠近日本重要軍事、工業中心附近都有大型根據地，而且掌握有關日本的寶貴情報。如果蘇聯參戰，它必須取道中共控制地區才能進攻日本。他宣稱他們是「蔣介石政府在中國最大的單一挑戰」。更有爭論的是，他認為他們「有最團結、最講紀律和積取的反日政府」（暗示中共比國民政府更積極抗日），並且他們可能形成「新中國與蘇聯修睦的基礎」。共產黨已經暗示他們願意接見美國訪賓，美國應該掌握機會、以免共產黨改變心意，現今蔣介石包圍延安已使妥協愈來愈難。蔣介石當然會反對與中共接觸，因此應由「總統直接向他提出要求，唯有總統才能運用我們充足的討價還價力量克服最初的抵拒」[37]。

高思把戴維斯的報告轉呈回華府，他也注意到蔣介石的地位受到來自幾個方面的威脅。例如，最近有過青年軍官企圖政變，他們希望重振國民政府活力。想要撲滅中共或許會造成內戰，特別是傳說某些國軍將領、如駐守西北的胡宗南，與共產黨有合作協議[38]。

史迪威也認為必須設法讓中共更參與抗戰，而且他們對中國社會的了解是國民黨所缺的。史迪威在國內雖是共和黨，由於厭惡蔣介石政府，也就偏離他原本的政治傾向。史迪威寫說：「他看不見中國廣大民眾歡迎赤黨，視他們為擺脫苛捐雜稅、軍隊濫權和戴笠的蓋世太保的唯一希望[39]。」

起先，蔣介石強烈反對美國應與中共正式接觸的想法。他寫說：「余惟以照理力拒而已[40]。」可是，美國副總統華萊士一九四四年六月到訪，有助於影響他改變主意。華萊士對於中國抗戰的狀況給羅斯福總統上了一份灰澀的報告，指責蔣介石受到「反動人士」包圍，又判斷說「他本人顯示出對共產黨偏見極深，似乎目前正在進行的談判不太有希望出現滿意或持久的解決方案[41]。」蔣介石迫於美國壓力，只好勉強同意美國與中共接觸。

一九四四年漫長炎夏的種種事件開始使蔣介石恐慌。他寫說：「嗚呼，二十年來，共匪與俄國合以謀我，已不勝其痛苦，而今復即英美亦與共匪沆瀣一氣，是世界帝國主義皆向余一人圍攻矣[42]。」史迪威或許把蔣介石當做「花生米」、一個不願作戰的小丑。但是從蔣介石的觀點看，他畏懼自己的盟友完全合理。他得設法以兵力下降的部隊對抗日本大舉進犯，同時他還被施壓，要他支持他並不贊同的緬甸戰役。同一時期，美方企圖尋找另一個權力基礎也威脅到他的統治地位。

可是蔣介石的大敵也很緊張。蘇聯派駐延安中共的顧問佛拉迪米洛夫於七月十五日和毛澤東說話。這個俄國人注意到：「他滿臉倦容。」毛澤東在這場漫漫長夜談話中，繞室徘徊，菸灰掉得滿地都是。毛澤東告訴他：「美國人的立場關係到我們的未來，非常的重要。」佛拉迪米洛夫覺得毛澤東願意試試對英、美稍示和好，以減輕他對蘇聯的倚賴[43]。

一九四四年七月二十二日，一架道格拉斯DC-3運輸機載著美國軍事觀察團降落在滾滾黃沙的延安。毛澤東和朱德特地穿上新制服，來到機場親自接待。奏樂、閱兵，行禮如儀；佛拉迪米洛夫也以蘇聯官方新聞通訊社塔斯社記者身分，手持萊卡相機，等候記錄這一歷史時刻。歷史差點變成鬧劇、或甚至悲劇，飛機在一陣狂風沙中偏離跑道，螺旋槳突然掉落，飛機也緊急煞車。幸好沒人受傷，大夥兒毫髮無傷下機[44]。

這群美國訪客後來被稱為「狄克西代表團」（Dixie Mission，典故出自美國南北戰爭內戰期間，北方代表團進入南方敵後交涉談判。）這一夥九個人（一個月後又來了十個人）

以謝偉志和包瑞德上校（Colonel David Barrett）為首；謝偉志負責政治分析，包瑞德負責蒐集軍事情報。佛拉迪米洛夫對謝偉志印象特別深刻：「年輕、充滿活力，記性極佳。」謝偉志走遍邊區，善加利用這些特質，問了許多問題[45]。謝偉志的報告送回重慶，高思再將它們轉呈給華府。由於原先對延安幾乎毫無所知，這一切都很新鮮。從窯洞的不舒服到整風運動的可怕，中共根據地的政治藏在祕密的紗幕之後，與重慶的衰退照射在強光下，成為尖銳對比。

謝偉志正因不能理解「中國共產黨符咒」非常煩惱。但即使如此，觀察團的第一印象還是非常正面，一致認為他們「來到不同的國度、見到不同的人群」。延安和國統區的差異在每一方面都很明顯。謝偉志寫說：「重慶官場習見的保鑣、憲兵和花言巧語，完全不見。毛澤東和其他領導人普遍受到尊敬……但是這些人和藹可親，完全沒有人對他們阿諛奉承。」同樣令人耳目一新的是生活和衣著的樸實，街上看不到乞丐和赤貧現象。謝偉志也注意到衣著和態度的樸質，至少表面上男女都差不多。他甚至呼應有人認為「延安實在不是個性感城市」的說法，評論說，在這裡「見不到重慶公園或安靜小街習見的青年愛侶[46]。」

謝偉志也注意到共產黨所推動的許多其他社會改革：譬如，強調秧歌舞等農民藝術形式，這是毛澤東一九四二年要求文化、藝術要找出與農民文化更多共通點的結果[47]。謝偉志也報告說，在延安沒有新聞言論檢查，頗有自由意識。他寫說：「士氣非常高。戰爭似乎很接近、很真實。這兒沒有失敗主義，反倒相當有自信[48]。」他觀察到：「不經意地瞧瞧，在延安看不到警察。」一連幾個月，謝偉志企圖能對共產黨領導人及其制度提出某些評估。他形容他們「欠缺明顯的個體性」，但給人年輕、有活力而且務實的印象。他覺得，「每件事都要問，在中國，這行得通嗎？」他也注意到他們的思維方式有某種「一致性[49]」。整體而言，謝偉志的報告讚許毛澤東的成就，蔣介石的表現跟他完全沒得比。謝偉志的觀點和佛拉迪米洛夫南轅北轍，大相徑庭。佛拉迪米洛夫寫說，反國民黨的宣傳和整風運動造成「黨內出現壓迫、窒息的氣氛」：人們急著「為他們不存在的罪惡贖罪，放棄了任何主動[50]」。

七月二十六日，在招待美國訪客的晚宴上，謝偉志坐在毛澤東身旁。這個共產黨領導人問謝偉志，美國是否有可能在延安設領事館。謝偉志以外交詞令談這個計畫會有什麼障礙，但是毛強調一旦與日本終止戰爭、美國人撤走，那「就是最危險的時刻，國民黨將會進攻、爆發內戰[51]。」

冷戰年代，謝偉志、包瑞德和涉及狄克西代表團的其他美國人都陷入麻煩，美、中之間溫暖的政治關係變成冰冷的敵意，「誰搞丟了中國？」這個有倒鉤、會誤導人的政治問題糾纏著大家。辯方力稱美國和毛澤東的共產黨的確有希望合作。攻擊他們的一方則說，他們被共產黨的欺騙手段騙了。

這兩種解釋說服力似乎都不夠。謝偉志及其同僚說對的是，共產黨地區的部隊紀律較佳，他們的政策比起國民黨地區在經濟上比較合乎公義，因為這是可以看到的事實。尤其推動稅制改革成功標誌國民黨從來做不到的真正的社會經濟改革，這一點要歸功於共產黨。但是儘管有緊密的觀察，謝偉志這夥人的對比並不正確：他們把長久住在國統區、深知內幕背景，拿來和在延安短暫、且有選擇性的參訪印象做比較。有了幾年住在重慶「貪瀆的汙煙瘴氣」的近距離經驗，加上曉得諸如河南饑荒等可怕災情，也就難怪他們覺得共產黨地區耳目一新[52]。他們對共產黨的觀點太過美好，整風運動雖然殘暴也沒讓他們改變觀點；他們認為一個政權有可能高壓、但同時又符合民心。可是謝偉志等人也低估了毛澤東遠在延安占的便宜，他不必像重慶政府打從抗戰一開始就得煩惱大轟炸及難民潮的棘手問題。甚且他們根本不知道中共黨內的討論很清楚顯示，毛澤東從未真正想和華府結盟[53]，他的意識型態傾向史達林、傾向激進、暴力、本土的革命。

謝偉志這夥人也沒有認知到西方、尤其是美國的作為和不作為，對於重慶政府的衰頽和分裂狀況也有幾分責任。多年的獨力抗戰，加上接受一個把中國擺在優先秩序最底下的同盟關係，使得蔣介石只能徒呼負負。就在謝偉志、包瑞德等人訪問延安之際，國軍部隊正力圖守住衡陽防線，同時他們一部分精銳之師還追隨史迪威進入緬甸進行唐吉訶德式的作戰。高思大使不像史迪威和謝偉志那樣對中共抱持過多憧憬，他把謝偉志熱切的報告忠實地轉呈給華府，但是他也簽注意見，提醒國務院不要太相信中共對本身貢獻的評估。高思提醒說：「中國共產黨最近聲稱抗日的軍事成就似嫌誇大。」他承認中共「毫無疑問」在華北建立有價值的抗日根據地，也在華北及華中牽制住「一些」日軍：

他們似乎避免與日軍正面衝突，只限於偶爾攻擊敵軍小部隊。檢討過去七年中國戰場的戰役，似乎可以安全地說，共產黨的參與規模相當小。共產黨沒打過規模、強烈程度可與上海、徐州、漢口和長沙戰役比擬的仗；但是他們仍然堅持相反的說法。他們顯然有牽制小比例的在華作戰之日軍部隊[54]。

小比例，指的是與國民政府做比較的結論。高思並不欣賞蔣介石，但是他可以看到中共不是可以改造中國戰局惡化的神奇之鑰。佛拉迪米洛夫在延安可以近身觀察中共，也同意他的意見。他上呈莫斯科的報告坦白地說：「八路軍和新四軍實際上從一九四一年就停止軍事作戰[55]。」

華中持續潰敗之際，緬甸戰役陷入膠著。黃耀武心知肚明死神隨時可以降臨在他和同袍身上。黃耀武的一位同志有夜盲症；他在夜裡於森林中失蹤，從此人間蒸發。黃耀武的指揮官曉得部屬來到陌生的地區，下令紮營的時候要布上機槍陣、再做防禦工事，然後再安排睡覺休息。所謂床鋪都很簡單，大多是在樹下打開毯子席地而睡。敵軍隨時伺機狙殺他們。有一天夜裡的小衝突，死了兩名日本兵，盟軍也陣亡三十人。其中一人是美國聯絡官，他以降落傘改裝為帳篷，不料卻成了特別顯眼的目標[56]。

緬甸東北部密支那受圍，似乎沒有終止的跡象。史迪威可以調英國部隊去解圍，但是他滿腦子公關宣傳，堅持要由美軍部隊光復密支那。史迪威的手下有一支綽號「麥瑞爾突擊隊」（Merrill's Marauders）的特戰部隊（譯按：戰後演變為美軍特種部隊遊騎兵，Rangers）；它配屬若干中國人以及緬甸土著部隊，但是他們一路從山區披荊斬棘殺過來，已經折兵損將。等到他們抵達密支那，許多人已經病得很厲害，密支那被圍，他們的補給也斷了。蒙巴頓很氣史迪威竟然願意犧牲手下，再度設法要將他解職[57]。史迪威的日記顯示他也關切部屬承受的打擊，對中國士兵也頗有嘉許，誇獎他們追蹤、並殲滅企圖進入密支那的日軍。不過他也有時間抱怨空運進來的《星期六晚郵報》一篇報導。文章稱頌他的對手陳納德，惹得他憤憤不平譏諷：「亞洲只有一個天才——陳納德。」史迪威「只是個蠢雜種」（這是史迪威自己寫的，晚報沒有這樣罵他）。即使被困在密支那、軍情告急，史迪威還關心報界對他的評語[58]。他也有時間宣洩對蒙巴頓的不滿，寫下「他竟然有種到我們總部演講，但是他騙不了我們美國大兵。他們有機會看到英國佬褲子都掉了，這個景象不漂亮耶[59]。」

可是就在同一個星期，靠的是史迪威瞧不起的英軍部隊於六月二十二日在印度英帕爾苦戰得勝，才扭轉了緬甸局勢。史林中將的部隊要求兵貴神速，以絕不寬待日軍聞名：敵軍只殺、不擒。光復緬甸之役，殺了八萬名日軍[60]。史迪威的部隊是美、中、喀欽族（Kachin）聯軍，從北方南下，也造成日軍重大傷亡。到了八月三日，日軍曉得大勢已去。季節雨將到，他們往後撤退，丟下密支那。和史迪威一道進入緬甸的部隊，在密支那圍城三個月期間，五分之四非死即傷[61]。

緬甸局勢扭轉過來，不過史迪威的功勞可沒有美國報界渲染那麼大。大使高思痛批國軍失利，但也另有尖銳評論。他說，消息靈通的批評者說，「我們沒有供應國軍武器；進軍緬北是個錯誤；我們提供裝備的薩爾溫江隊應該派到東線作戰才對[62]。」他不需要指出這些決定並非出自蔣介石，它是史迪威的主意，且得到東南亞統帥部核定。緬北作戰告捷之同時，國軍正在華東付出慘痛代價。

八月八日，密支那解圍之後五天，衡陽保衛戰落幕，衡陽失守。國軍部隊在河南戰場表現不力，顯示投入更多部隊或許也扭轉不了日軍的猛攻。但是，一號作戰肯定更加兇險——蔣介石事先有提出警告，但是盟國不予採信情報。因為國軍精銳部隊已投入緬甸戰役，現在沒有一流雄師在湖南對抗日軍。史迪威總算湔雪戰敗之恥，也完成他心心念念要蓋的公路。但那已是十二月的事。雷多公路從阿薩姆開始，在臘戍與滇緬公路銜接，使得補給品可以從印度經由陸路再度進入中國。一九四五年七月，約五千九百噸補給品經由這條公路運送。但是到了這一階段，飛越駝峰的運輸量早已遠非這條公路所能企及[63]。當然，假如戰爭再打久一點，這條公路的貢獻或許會更大。雷多公路後來經蔣介石題名為史迪威公路，表面上是尊崇這位美國將領興建的決心，但或許另藏機鋒是這樁傻事的始作俑者應該留名於後世。等到公路能夠有所貢獻時，史迪威本人已遭遇他在一九四四年溽暑於緬甸叢林作戰時所預料不到的命運。

迄今大家都還記得這條公路是史迪威公路。黃耀武，當年只有十六歲。他卻想到那些沒有人會去記得他們名字的同袍。「我非常難過那些犧牲了性命的同志。他們全都來自廣東，而今全都走了。」他又說：「戰爭就是這樣子。戰利難求，一旦他們犧牲了，連埋骨都不可能；部隊要前進，沒空為他們料理後事。半天之內，他們的屍身就會被蟲獸噬食，而他們的家屬根本不會得到通知或撫卹。」

黃耀武的歃血兄弟屍骨散落在緬北叢林，或許至少曾經希望他們的捐軀會被國家感念。可是命運卻對他們又予以殘酷的重擊。他們是追隨國軍第六軍作戰，他們不是共產黨的八路軍或新四軍。幾年之內，他們將從毛澤東的新中國紀錄中消失。黃耀武在許多年之後承認：「說真的，後來的歷史已經忘了他們。在我心裡，他們是為祖國犧牲的烈士。他們為偉大目標而死。但是今天誰又記得他們呢？[64]」

注釋

1. 黃耀武，《我的戰爭，一九四四至一九四八》（瀋陽，二〇一〇），頁二四。
2. Document dated January 1, 1944（PRO）, in Hans J. van de Ven, War and Nationalism in China, 1925–1945（London, 2003）, 46.
3. 〈第四次南嶽軍事會議開會訓詞〉（一九四四年二月十日），《先總統蔣公思想言論總集》，頁三二四。
4. FRUS, 1944: China（March 23, 1944）, 43.
5. "Battle of Asia: A Difference of Opinion," Time, February 15, 1944.
6. Van de Ven, War and Nationalism, 49.
7. Van de Ven, War and Nationalism, 54.
8. 黃耀武，《我的戰爭》，頁六〇。
9. 黃耀武，《我的戰爭，一九四四至一九四八》
10. Gerhard Weinberg, A World at Arms: A Global History of World War II, 2nd ed.（Cambridge, 2005）, 647.
11. Hara Takeshi, "The Ichigo Offensive," in Mark Peattie, Edward Drea, and Hans van de Ven, eds., The Battle for China: Essays on the Military History of the Sino-Japanese War of 1937–1945（Stanford, CA, 2011）, 392–398.
12. Christopher Bayly and Tim Harper, Forgotten Armies: Britain's Asian Empire and the War with Japan（London, 2004）, 370.
13. Van de Ven, War and Nationalism, 47.
14. 王奇生，〈湖南會戰：中國軍隊對日軍一號作戰的回應〉，in Peattie, Drea, and Van de Ven, Battle for China, 406.

15. Van de Ven, War and Nationalism, 271–273.
16. 蔣鼎文，〈蔣鼎文關於中原會戰潰敗原因之檢討報告〉（一九四四年六月），《中華民國史檔案史料匯編》，頁九七。
17. 同前注，頁九八。
18. 同前注。
19. 〈郭仲隗等要求嚴懲湯恩伯等提案之及國民參政會決議〉（一九四五），收在第二國家檔案館編，《中華民國檔案史料匯編》（五：二——軍事：四）（南京，一九九一），頁一一五。
20. Ibid., 114.
21. Ibid., 114–115.
22. 蔣鼎文，〈蔣鼎文關於中原會戰潰敗原因之檢討報告〉，頁九八。
23. FRUS, 1944: China（May 20, 1944）, 77.
24. Theodore White and Annalee Jacoby, Thunder out of China（New York, 1946）, 178.
25. Wang Qisheng, "Battle of Hunan," 409.
26. White and Jacoby, Thunder, 183.
27. Jay Taylor, The Generalissimo: Chiang Kai-shek and the Struggle for Modern China（Cambridge, MA, 2007）, 272.
28. 〈注重科學組織的方法〉，一九四四年六月二十五日，《先總統蔣公思想言論總集》，卷二十，頁四三〇至四三二。
29. 《先總統蔣公思想言論總集》一九四四年七月二十一日蔣介石演講，頁四四五。
30. Peter Vladimirov, The Vladimirov Diaries: Yenan, 1942–1945（New York, 1975）[hereafter PVD].
31. Barbara Tuchman, Stilwell and the American Experience in China, 1911–1945（New York, 1971）, 473. 塔

克曼對史迪威的話提出善意的解讀，認為他已經給予陳納德和蔣介石相當多的援助，而要求將薛岳免職只是企圖掩飾前者的無能，卻不承認史迪威的判斷正確。

32. Taylor, Generalissimo, 282. Wang Qisheng, "Battle of Hunan," 407–413.
33. Van de Ven, War and Nationalism, 55; Taylor, Generalissimo, 277.
34. 《蔣介石日記》，一九四四年四月十五日、五月十五日、八月一日，引自王建朗，〈從蔣介石日記看抗日戰後期的中英美關係〉，頁五七。
35. FRUS, 1944: China [Wallace Visit, June 1944]（July 10, 1944）, 242.
36. FRUS, 1944: China（June 12, 1944）, 98–99.
37. Ibid.（January 15, 1944）, 308.
38. Ibid., 306–307.
39. SP, n.d., 1944, 268.
40. 《蔣介石日記》，一九四四年三月二十四日，引自王建朗，〈從蔣介石日記看抗日戰後期的中英美關係〉，頁五六。
41. FRUS, 1944: China（Wallace Visit）, July 10, 1944, 241.
42. 《蔣介石日記》，一九四四年七月二十六日，〈從蔣介石日記……〉，頁五六。
43. PVD, July 15, 1944, 229–230.
44. PVD, July 22, 1944, 233.
45. Ibid., September 10, 1944, 253.
46. FRUS, 1944: China（July 28, 1944）, 518.
47. 關於中共採用傳統民間藝術形式，見Chang-tai Hung, War and Popular Culture: Resistance in Modern China, 1937–1945（Berkeley, CA, 1994）.

48. FRUS, 1944: China（July 28, 1944）, 517–520.
49. Ibid.（September 4, 1944）, 553.
50. PVD, August 16, 1944, 240.
51. FRUS, 1944: China（July 27, 1944）, 523.
52. SP, "reek of corruption."
53. Michael Sheng（盛慕真）, Battling Western Imperialism: Mao, Stalin, and the United States（Princeton, NJ, 1997）, 74, 90.
54. FRUS, 1944: China（September 1, 1944）, 534.
55. PVD, September 7, 1944, 252.
56. 黃耀武，《我的戰爭》，頁六一、六二。
57. Van de Ven, War and Nationalism, 51.
58. SP, Letter（probably June 15, 1944）, JWS to Mrs. JWS, 256.
59. Ibid.（probably July 2, 1944）, JWS to Mrs. JWS, 258.
60. Bayly and Harper, Forgotten Armies, 390.
61. Ibid.
62. FRUS, 1944: China（June 15, 1944）, 100.
63. Taylor, Generalissimo, 309.
64. 黃耀武，《我的戰爭》，頁七六、七七。

18. 與史迪威攤牌

一九四四年九月十九日，一輛汽車開進蔣介石和宋美齡在重慶市郊山區的黃山官邸。車上下來十分興奮的史迪威將軍，手持羅斯福總統的信函，預備面遞給委員長。

史迪威知道這封信爆炸力十足。他在日記上竊喜：「要在人生日曆上將這一天用紅色標出來。終於終於，羅斯福終於講白話文，講了許多，句句都帶鞭炮[1]。」黃山官邸裡，蔣介石正在和羅斯福派來重慶的特使赫爾利開會，宋子文（已經恢復寵信）和軍政部長何應欽等高級官員也在場與會。史迪威把赫爾利叫出來，出示總統信函，表示他奉令將它親自面交給蔣介石。

赫爾利力主要小心處理。他被叫出來的這場會議正在討論羅斯福信中所提示的史迪威之新職權。援軍將被派到緬甸，史迪威也將奉派為總司令。赫爾利說項：「老喬，你已經贏了嘛。」如果史迪威直接遞交這封信，會有永久傷害中、美關係之虞，或許甚至會牽連未來好幾個世代[2]。

九月間這一關鍵時刻發生在中國這一年的戰時經驗已經非常悽慘之後。這一個秋天，日軍一號作戰依然在華中試圖開腸剖肚打開一條南北縱貫走廊，而蔣介石許多精銳部隊仍在緬甸。一九四四年八月衡陽淪陷之後，蔣介石陷入絕望深淵。他寫下，當前的危疑局勢「今日之患不在倭寇而在盟邦矣」。他認為，現在，「似其已決心有非速謀倒蔣不可之勢。」在孫科和中共內外夾擊下，蔣介石陷入自憐自艾。他憤憤不平地說：「處境至此悲慘已極，今日環境，全世界惡劣勢力已聯絡一氣來逼迫我侮辱我，似乎地獄張開了口要等待吞吃我[3]。」

私底下，蔣介石思索要不要採取非常大膽的一步。他寫說：「最後至不得已時應作辭去軍政各職之準備。」這麼做將可迫使美國人亮牌。「美羅以為余不能亦不肯辭職，因之對余壓迫無所顧忌……以其非利用中國陸軍作戰，則彼美必期自派一百萬以上陸軍來東亞作戰犧牲也。」蔣介石在思索對於羅斯福加諸他身上的壓力要如何回應。這一刻，美軍派在中國有兩萬七千七百三十九人，其中一萬七千七百二十三人是陸軍航空隊人員[4]。羅斯福或許想藉機甩掉蔣介石。另一方面，他若「以余辭職以後，中國中心失所為對日作戰一大不利，不得不對余轉變其以往壓迫之態勢」，停止侮辱蔣介石和中國。或者美國或許會扶植孫科這樣一個「傀儡」當家。到時候若是軍事、政治局勢惡化，美國人又可以來找蔣介石，「除了我，他們別無選擇」，屆時又以真誠對待[5]。兩天之後，蔣介石決定，辭職不可行：「於國家前途太險」。他反省若是辭職會出現什麼問題：孫科可能與蘇聯太親善；各地軍閥可能「通敵通共謀倒中央、使割據復活」；以及中共以其毒素思想汙染全國青年及教育界[6]。

這顯然是替自己前途盤算的決定，但蔣介石感受到的威脅也不全是空穴來風。他曾經辭職過，最著名的一次即一九三一年冬天滿洲危機鬧得沸沸揚揚時。當時，孫科的確接任行政院長，可是立刻發現國民黨內各派系、不分軍界或財界，都不聽他的號令。蔣介石旋即於一九三二年初復職，中國政壇這下子都明白蔣介石是國家團結所不可或缺的人物。如果羅斯福現在和孫科眉來眼去，或許需要再教訓他一頓。

但是，一九四四年的情勢已和一九三二年大不相同。孫科依然不是一個可資信賴的替代人選，但是中共已非昔日吳下阿蒙。八月三十一日，即蔣介石決定不辭職那一天，美國大使高思求見，和他討論國、共必須要妥協合作。高思後來寫說，蔣介石「似乎不曉得時間站在中國共產黨那一邊」，也不曉得「政府在大後方的影響及控制雖未瓦解、也已急劇惡化」。高思建議或許可以成立跨黨派戰時委員會的方式做為起步，但是蔣介石只是客氣地靜聽[7]。

實際上，蔣介石很清楚這個議題。這一切使他更加生氣：

「嗚呼，二十年來共匪與俄國合以謀我，已不勝其痛苦，而今復即英美亦與共匪沆瀣一氣，是世界帝國主義皆向余一人圍攻矣[8]。」

毫無疑問，華府已經聽進史迪威的主張。他清楚地表示，他認為緬甸情勢告急是因為蔣介石不肯給他更多支援所引起。九月七日，赫爾利抵達重慶以確立新結構的細節：史迪威將得到節制中國所有部隊、包括共軍部隊在內的作戰指揮權。一個星期之後，蔣、史兩人就在蔣所召集的會議上又吵起來。桂林面臨日軍進犯，已在潰敗邊緣。史迪威剛從桂林回來，他在日記中毫不掩飾他的感想，認為都是蔣惹的禍：「桂林大難臨頭……他們該做的就是槍斃委員長和何應欽這一票人[9]。」現在蔣介石要求在緬甸東北部密支那的駐印軍往東去攻八莫，解救龍陵的部隊。史迪威拒絕，堅稱駐印軍必須休息；蔣介石宣稱，除非該部隊在一星期內出動，他必須從緬甸撤出另一支部隊，以保衛雲南省會昆明。史迪威判定這是「一派胡言、胡說八道[10]」。九月十五日蔣、史吵架之後，高思又來見蔣介石，再次催他延攬其他黨派人士、擴大領導圈子。蔣對這項要求甚為憤怒[11]。然而，美方壓力一再升高。

九月十六日，羅斯福和邱吉爾在第二次魁北克會議（代號Octagon）討論有關歐洲戰場的重大決定，包括希特勒政權戰敗後在德國設立占領區的問題。當馬歇爾把史迪威抱怨蔣介石不肯支援緬甸部隊的報告轉呈給總統的時候，羅斯福正在煩惱別的問題。（史迪威卻隻字不提蔣介石派二〇〇師和一萬名新兵入緬甸這件事[12]。）可想而知，羅斯福的反應是擔心緬甸軍事可能失利；此時距離總統大選投票日只有幾週，怎麼禁得起出岔錯。馬歇爾的幕僚現在起草一封信，等候總統批閱簽發。它表示他深切關心緬甸戰局會逆轉（至少是如前線所呈報回來的說法）。這封信要求蔣介石不僅不應該從緬北撤走部隊，還應該派更多援軍支援。羅斯福宣稱，如果蔣介石與史迪威及蒙巴頓合作，則「通往中國的陸上補給將在一九四五年初打通，也可以確保中國持續抗戰及維持在你的控制」。但是如果蔣介石不對緬甸戰事提供地面支援，則與大後方的地面交通將被切斷。警告甚至更加嚴峻：「對此，您自己必須準備接受後果，並承擔個人責任。」羅斯福的口氣十分堅定，如果再事拖延，「為挽救中國所做的一切努力都將付諸東流。」有一項要求尤其清楚：讓「史迪威毫無約束的指揮一切中國軍隊[13]」。這封信或許是寫給蔣介石的所有函牘之中口氣最為嚴峻的一次。

史迪威在一九四四年九月那一天堅持要親自面交的，也就是這封信。挺諷刺的是，蔣介石本來即將對史迪威的關鍵要求完全讓步：也就是把中國部隊的指揮權交付給外國人。因此，其實並沒有必要將這封信逐字宣讀、傳遞，而且是對盟國元首用那麼強硬、甚至冒犯的口吻。偏偏史迪威堅持要這麼幹。赫爾利試圖緩和衝擊，請蔣讀中文譯本，不料後來發現中譯竟比原文更直率。蔣介石讀完信，神情緊繃，只說了一句，我知道了。接下來他把茶杯蓋翻轉。這代表談話到此結束；和史迪威繼續合作、或是讓美國人接掌中華民國數百萬大軍指揮權的任何機會，也隨著茶杯蓋這一翻，俱往矣[14]！

羅斯福這封信一遞交，中美關係即告急轉直下。為了逞一時之快，史迪威將付出非常沉重的代價。往後四分之一個世紀的美中關係也將付出更嚴重的代價。甚至可以說，直到今天還在付代價。

史迪威遞信給他時，蔣介石沒有顯露情緒，但是眾人退下，只剩內兄宋子文在場時，蔣介石流下英雄淚。他痛恨這封信出自史迪威搞小動作。這倒是公允的指控，因為羅斯福和馬歇爾採信史迪威的說法：蔣介石不肯支援，造成緬甸局勢惡化。宋子文找來與他及陳納德頗有交情的美國記者約瑟夫・艾索浦（Joseph Alsop），請他幫忙起草回信。致羅斯福的信清楚表示，史迪威在中國不再受到歡迎。可是蔣介石暫緩發信，同時按下性子，增強廣西的防禦部署，說服白崇禧將軍接掌第四戰區和第九戰區[15]。同一時間，史迪威洋洋得意寫信給太太，還附上一首打油詩。頭一節就充分顯露他的尖酸刻薄：

我等了好久來報復——
機會終於來臨
我正視花生米
而且往他褲襠踢[16]。

美中關係現在敗壞得面目全非、無法辨識。在許多美國人眼中，蔣介石政府是個忘恩負義、貪瀆腐敗的次要國家，在西歐戰場最重要的戰役（君主作戰）即將開始之際，跳出來搗蛋。一九四四年十月，美國大使館一位外交官從西安發出令人沮喪的評估：他曾經交談過的許多美軍，「幾乎對中國及中國人全都有敵意、並且經常予以痛批」。最令他們驚駭的就是貪瀆（包括高官的妻眷搜購原本依租借法案協議供應的石油），和通敵（涉嫌替日本人當間諜的人未經妥當盤問就獲釋）。這位外交官承認，這些觀點還結合了更普遍的厭惡感，瞧不起中國城鎮的「骯髒、疾病和汙穢」以及老百姓隨地吐痰的惡習。他注意到，許多美軍因為在印度服役、近身觀察其現狀，也失去對印度人的同情[17]。萊斯（譯按：顯然即這位外交官）也帶有先見之明省思到，說不定就像第一次世界大戰之後占領德國的美軍那樣，有時候同情德國人之心還大於同情自己的盟友法國人，屆時駐守戰後日本的美軍也會發現自己傾日、厭華。他寫說：「這必然會影響戰後時期美國的輿論[18]。」

然而中國領導人這時候也開始覺得駐華美軍是個沉重的包袱，部隊人數愈來愈多、卻不打仗，而且還不肯遷就中國陷於苦戰的現實做出調整。美國已開始增加駐華兵力，因為它預期到了某個階段，如納粹戰敗投降時，會需要有美軍地面部隊。現在雲南省會昆明已有一萬零六百個美軍。一九四四年初，軍政部長何應欽在電報中要求雲南省主席龍雲，對駐在雲南以及印度的美軍部隊增加牛肉供應量。龍雲答覆說，「美軍駐昆明年餘消費甚巨。」他又說：

自（民國）三十二年度人數日漸增加，入春以來，每日豬羊不算，菜牛每日須三十條，雞千餘隻，雞蛋數千枚。現在農村耕牛被其買淨，延至盤縣購買，此種龐大驚人之消費，不但不能供給印度方面，即在滇者，亦將成問題[19]。

蔣介石本人在同年稍後介入這個問題，強調美軍比中國人需要更多肉食以維持作戰力。龍雲繼續指出，徵用這麼多牛去供應食用，將使耕牛減少，他又怎能維持稻穀供應量。肉類供應也不能用豬、雞替補；因為雞、豬是由個人飼養、不是產業規模飼養，因此很難再多買[20]。美方希望供應其士兵熟悉的食物以維持高昂士氣，並非不合理；但是中方的成本卻沒有被考慮到。一九四五年一月，駐華美軍有三萬兩千九百五十六人，到了八月，人數上升到六萬零三百六十九人；從一九四四年十一月至一九四五年五月這段期間，還未投入作戰的美軍之耗費，已從每個月十億元法幣暴增至兩百億元[21]。

蔣介石在國家面臨日本猛攻、必須奮戰求存之際，還得發電報商量供應美軍牛肉這種問題，一定相當惱怒。他認為西方盟國再次不顧他以及中國的當務之急，只求維護本身利益。盟國強迫國軍部隊參加雷多公路戰役，會從真正的威脅（一號作戰大舉進犯華中）分心。蔣介石並不抱持太大信心以為史迪威去職就會強化他的地位：「如果此次撤史交涉彼即使一時讓步，而此後將繼續策動，必期倒余而後快也[22]。」這位美國將領似乎渾然不覺他所造成的傷害。他仍然著手規劃將共軍部隊納入全國指揮體系，讓他們透過他向蔣介石報告。中共若交出部隊指揮權，即可取得五個師的裝備和補給，也有權利在黃河以北部署部隊[23]。

但是蔣介石堅持史迪威非走不可。九月二十五日，他正式照會華府，要求召回史迪威[25]。十月五日，羅斯福和蔣介石進行兩人交往以來最坦誠的對話，以這兩位擅長避免言詞衝突的領導人來講，這是很不尋常的一件事。（羅斯福說的話其實都由馬歇爾代筆寫成。）羅斯福在信上說：「我必須表明我很驚訝、也很遺憾，您會推翻八月十二日接受史迪威統率中國所有部隊的協議。」羅斯福警告，他覺得一號作戰之後中國的局勢已變得相當危急，以致於他寧願不讓美國涉入任何地面部隊的指揮架構。但是由於維持駝峰運輸量十分重要，情勢需要「史迪威在您之下直接指揮緬甸的中國部隊以及雲南省所有的中國地面部隊」。羅斯福倒是退讓一步，不再讓史迪威擔任蔣的參謀長、也不直接控管租借法案。（蔣介石很明白，史迪威控制租借法案，乃是國軍在一號作戰期間只能得到少許補給的原因。）可是羅斯福的信末尾提出警告：「我最強烈地敦促您，立即重新考慮您在這一問題上的決定[25]。」

史迪威本人曉得中美雙方高層正在函電往還、商討他的去留。這時候他對蔣介石的評語似乎暗示兩人幾乎已無合作的機會：照史迪威的看法，蔣介石該為「戰爭重大失利負責」，蔣「輕蔑美國的努力」，並且「不會認真作戰」。史迪威也氣憤羅斯福，覺得羅斯福沒有挺他：「羅斯福砍我的喉嚨，把我丟出去……他們哪能傷得了我。去他的[26]。」十月七日，史迪威讀到羅斯福的信，覺得「還滿窩心的」。他特別欣慰建議別把他調離緬甸那段話。他認為這段話，「最後還挺堅硬的[27]」。

蔣介石讀了羅斯福來信，並沒有史迪威那樣的感受。他透過赫爾利回信。蔣介石仍然願意將指揮權交付給美國軍官，但是這位人選必須是「私人完全信任之有力的全權代表」，蔣介石坦率直言：史將軍已顯示他明顯欠缺上述重要資格。他的結語把他的決定講的清清楚楚：蔣介石要求史迪威立刻解職。

蔣介石還交給赫爾利一封比較非官式的信函，向羅斯福說明他堅持史迪威去職的理由——特別是蔣已不能信賴史迪威的軍事判斷。蔣介石宣稱：史迪威將軍和我對緬甸戰役從來沒有一致的見解。他了解重新打通橫跨緬甸陸路交通的重要性。但是他堅信，唯有藉由在緬甸南部發動兩棲作戰做為支援，才能達成目標——這一點在開羅會議已經討論過，可是在德黑蘭會議後遭到推翻。單是在「緬北的有限攻勢……恐將代價過高，甚至可能過度危險」。當史迪威在一九四四年夏天提出緬北作戰計畫、而蔣介石猶豫時，史迪威表示「中國將會被懷疑是否不想對盟國目標有任何實質貢獻」。因此蔣介石只好同意，准許在緬東比哈爾省藍姆伽受訓的部隊用在雷多公路戰役。史迪威接著又要求中國投入更多預備部隊到緬甸，更把駝峰運補物資轉用到緬北戰場。

依照蔣介石的看法，這些動作的直接後果是：「日本人藉此機會在中國發動攻勢，先後進攻河南和湖南。」緬甸戰役吸走了人員和補給。儘管國軍在華東面對的敵軍兵力是史迪威在緬甸當面之敵的六倍之多，史迪威卻「完全不介意」。蔣介石最尖銳的指控是，史迪威拒絕釋出租借法案物資，即使它們明明就在雲南。蔣介石認為只有少量武器交給中國使用：「六十門山砲、三百二十支反坦克長槍、五百零六具火箭筒。」他宣稱，結果就是「我們得到了密支那，然而我們卻失去了幾乎整個華東，而在這一方面，史迪威難辭其咎。」蔣介石又表示對於史迪威魯莽傳遞的羅斯福那封信之內容，不勝訝異。他駁斥中國已陷入從根本崩潰之險的說法，也不能苟同羅斯福所建議的，因為中國陷入麻煩、盟國應撤消對華援助的主意。

赫爾利呈上這封信的同時，也附上他自己率直的評論：「蔣介石與史迪威是水火不相容的。……如果您在這場爭論中支持史迪威，那您就會失去蔣介石，而且可能同他一起失去中國。」赫爾利又說其他中國領導人都比不上蔣介石，他認為羅斯福該選誰，這已經很清楚[28]。

史迪威在十月十九日寫下：「斧頭落下，我奉召回國述職。」次日下午五點，史迪威與「花生米」最後一次會面。雙方都虛以委蛇講些客套話：蔣介石宣稱遺憾事態如此發展，史迪威請委員長記住他一切作為都是「為了中國好」。蔣介石要頒給史迪威青天白日勳章，這是中國頒給外國人的最高榮譽：史迪威拒絕接受（「告訴他塞進他的

XXX！」）[29]。四天之後，即十月二十四日，史迪威飛往德里，從此再也沒有踏上中國領土[30]。

蔣介石和史迪威將帥失和是中、美戰時同盟意見參差最鮮明顯著的一頁。但是它只是影響到中國抗戰一系列誤會一部分，雙方從對情報之爭到為財務援助、部隊部署，無所不吵。蔣介石、史迪威失和固然重要，但是我們也不要忘了馬歇爾及盟國其他領導人在大戰開始時定下的戰略決定：中國在盟國全盤戰略上不是主要戰場[31]。這一點我們完全可以理解，但是可不能預期中國人會認為他們是犧牲打。透過創造「蔣介石必須作戰以示他對盟國有價值」這種虛構，盟國允許美中關係日益消蝕。盟國不該一再試圖搶回緬甸這個價值不明的目標，即使從公關的角度評估，中國沒在大戰局扮演積極角色，但是允許蔣介石運用他有限的資源保衛中國才是完全合理。如果邱吉爾願意讓蔣介石扮演有可信度的特使向其他非歐洲民族宣示，或許更好，畢竟他是民族主義的、非白人抗戰的真正表徵，既可挑戰日本的大亞洲主義、也可對抗共產主義。反倒是蔣介石政府被用在徒勞無益、過度野心的計畫，給人一種印象以為中國本身的目標總是向西方盟國及蘇聯的目標退讓。美、中互不信賴的種子已經播下，即使一九四九年中共贏得國共內戰之後，這種情結依然持續不停。即使到了今天，美中關係的狀況仍然顯示這些創傷要癒合仍須一段長久時日。

同一時期，日軍的一號作戰在華中、華南挺進。日軍聲勢大振，突然間頗有可能勝利，使得國統區氣氛熾熱起來。葛理翰・畢克一九四四年十一月在桂林意識到尖銳的歇斯底里，桂林像座「漂浮的遊樂園，在怒海中飄盪」，擠滿了四面八方擁入的難民。火車站則擠滿了想逃出城的人，想往西逃，以避日本追兵[32]。桂林於十一月二十四日失守，日軍朝重慶又更近了。已經陷入僵持的戰爭頗有可能突然就急轉直下結束。

注釋

1. SP, 19 September 1944, 281.
2. Jay Taylor, The Generalissimo: Chiang Kai-shek and the Struggle for Modern China（Cambridge, MA, 2007）, 288.
3. 《蔣介石日記》，一九四四年八月十七日至二十八日及同年九月二日，引自王建朗，〈信任的流失〉《近代史研究》三（二〇〇九），頁五八。
4. Charles F. Romanus and Riley Sunderland, China-Burma-India Theater: Time Runs Out in CBI（Washington, DC, 1959）, 19.
5. 《蔣介石日記》，一九四四年八月二十九日，〈信任的流失〉，頁六〇。
6. 《蔣介石日記》，一九四四年八月三十一日，〈信任的流失〉，頁六〇。
7. FRUS, 1944: China 1944（September 4, 1944）, 546.
8. 《蔣介石日記》，一九四四年七月六日，〈信任的流失〉，頁五六。
9. SP, September 9, 1944, 276.
10. Ibid., September 15, 1944, 279. Taylor, Generalissimo, 285.
11. 《蔣介石日記》，一九四四年九月十五日，〈信任的流失〉，頁五九。
12. Taylor, Generalissimo, 286.
13. FRUS, 1944: China（September 16, 1944）, 157.
14. Taylor, Generalissimo, 288. Barbara Tuchman, Stilwell and the American Experience in China, 1911–1945（New York, 1971）, 494.
15. Taylor, Generalissimo, 289–290.
16. SP, September 21, 1944（letter to Mrs. Stilwell）, 282.

17. FRUS, 1944: China（October 2, 1944）, 163.
18. Ibid., 164.
19. 龍雲致何應欽一九四四年一月二十二日電報，引自張振利，〈從民國檔案看一九四四年駐滇美軍肉類供應風波〉，《雲南檔案》（December 2011），頁二一。
20. 同上注，20.
21. Lloyd E. Eastman, "Nationalist China during the Sino-Japanese War, 1937–1945," in Lloyd E. Eastman et al., The Nationalist Era in China, 1927–1949（Cambridge, 1991）, 157.
22. 《蔣介石日記》，一九四四年九月，本月反省錄，引自〈信任的流失〉，頁六〇。
23. Tuchman, Stilwell, 495; Taylor, Generalissimo, 291.
24. Taylor, Generalissimo, 292.
25. FRUS, 1944: China（October 5, 1944）, 165.
26. SP（n.d.）, October 1944, October 1, 1944, 287–288.
27. SP, October 7, 1944, 289.
28. FRUS, 1944: China（October 9, 1944 [note]）, 169.
29. SP, October 20, 1944, 293.
30. Ibid., October 24, 1944, 293.
31. Hans J. van de Ven, War and Nationalism in China, 1925– 1945（London, 2003）,articulates this argument with great clarity; see especially chapter 1.
32. Graham Peck, Two Kinds of Time（Seattle, 2008）[originally published Boston,1950], 582.

19. 突如其來的勝利

和羅斯福前三次競選不同，一九四四年總統大選的結果勝負難以預卜。共和黨籍的紐約州長湯瑪士・杜威（Thomas E. Dewey）是個很有活力的改革派，似乎頗有可能推倒年老體衰的羅斯福。現在，史迪威危機使得業已熾熱的選戰氣氛更加緊張。搞得必須召回史迪威，讓美國對華決策者顯得遭受盟國玩弄於股掌之間，而且拜「酸醋喬」在新聞界支持者之助，這個盟國還是一般人認為不值得美國支持的夥伴。

《紐約時報》記者布洛克斯・艾特金生（Brooks Atkinson）從中國回來，預備報導箇中內幕。他已經完成初稿，在開羅中停時把稿子放在上衣口袋，而軍方檢查員只顧搜查行李，因而逃了過關。可是回到美國後，報導還是被檢查人員攔下、不得發表；直到十月三十一日羅斯福親准、取消禁止發表。艾特金生的報導有如丟出炸彈，它顯示史迪威回國述職是「一個垂死的、不民主政府的政治勝利」，他還形容蔣介石主持的政府「不開明、鐵石心腸」、「專制」。最重要的是，文章指控蔣介石「根本不願」和日本人作戰[1]。

羅斯福的盤算沒有錯，這篇文章會讓蔣介石形象掃地，不會傷害到總統的顧問們。十一月七日，總統以四百三十二張選舉團票大勝杜威的九十九票，贏得連任。雖然在自然人票數上，他只勝過對手兩百萬票，但領先幅度仍然滿大的。這一次他又有個嶄新的副總統哈利・杜魯門（Harry S. Truman）。（民主黨權力掮客認為副總統亨利・華萊士是個左翼怪人，不適合擔任總統，因而未能與羅斯福再度搭檔聯袂參選正副總統。）中國很顯然不是決定性的議題；歐洲和太平洋的世界戰爭正在占領民眾的心思。史迪威危機並沒有變成不利羅斯福。縱使如此，美國和蔣介石政府的關係現在已經降到新低點。

然而重慶和華府之間的關係，突如其來地上升。後來的發展告訴我們，這次升溫也帶來危險。但是在短期內，似乎史迪威解職和羅斯福當選連任緩和了讓美中夥伴關係齟齬的情勢。

溫度轉變中最重要的一件事是，一號作戰在十二月間突然停下（不過要到一九四五年二月才正式終止）。一號作戰是日軍在整個抗戰時期最深入中國領土的期間，敵軍控制了比一九三八年夏天日本進犯華中時更加廣大的領土。縱然如此，這一戰並沒有達成它大多數的長期目標。雖然它摧毀桂林附近的美國航空基地，但美軍只是退往內地而已。更重要的是，美軍攻克太平洋的塞班島（Saipan），使得它取得中國之外另一個據點，可以從這裡出動轟炸日本本土（美軍在一九四四年至一九四五年猛烈轟炸東京即是一個例子）。固然一號作戰打開了法屬印度支那（歸維琪政府控制）和華南、華中的連結，一九四五年初中國大陸的日軍處於破敗狀況，使得連結沒起太大作用[2]。日軍在一號作戰折損約兩萬三千人[3]。不過，一號作戰雖然沒讓日本取得全然的勝利，它還是重創國民政府。河南和湖南兩省一向是重要穀倉和新兵來源，統統淪陷，國軍在這一役傷亡高達七十五萬人[4]。

一九四五年初，蔣介石總算制止日軍更加深入，另外他也有其他理由可以審慎樂觀。蔣介石把史迪威去職視為美國有「誠意」援助中國的跡象：「此乃新年之最足自慰。」他仍然關心美方企圖武裝薛岳及龍雲等軍頭，但是告訴自己，美國人「其立國精神，決非如英俄專以侵略統制為主義也[5]」。蔣介石仍然認為美國有心提升中國的世界地位，而英國則毫無意願在戰後任何體制中尊重中國。

史迪威匆匆離任，沒有等候魏德邁將軍做繼任彙報，也沒有留下什麼文書檔案。（有個老兵調侃說：「史迪威把什麼東西都兜在他屁股後口袋裡[6]。）魏德邁對蔣委員長印象良好，但是對中國整個軍事指揮體系相當震驚。蔣介石則赫然發覺魏德邁打算繼續史迪威控制租借法案物資的做法。他寫說：「可知美國政策仍未改變也。今日心神甚為苦悶[7]。」蔣介石仍然認為美方企圖武裝敵對的軍頭，「對於我軍到處以供給武器為誘惑之餌，必使我國內部分裂與我軍人媚外叛命而後快[8]」。備受史迪威羞辱之後，現在盟國對他稍有不敬的跡象，蔣介石都抱持疑心。

蔣介石的對手或許會很驚訝，他竟然會生美國的氣。高思大使送回華府的報告日益悲觀，顯示他對中國的局勢缺乏信心；史迪威奉召回國後不久，他也辭職。赫爾利由總統特使升任大使。赫爾利到職，終結了謝偉志主張、至少也得到高思默示支持的——對中共親善的政策，使得蔣介石地位趨穩。蔣介石從來不了解民意在民主國家是如何運作。（這是蔣夫人宋美齡的專長，也因此她努力交好美國新聞媒體與各界人士。）蔣介石也不了解史迪威解職一事對他在美國造成的傷害。不幸的是，赫爾利缺乏歷任大使的分析能力以及他們對中國的經驗。高思傾向往蔣介石的壞去想事情，赫爾利則傾向往好去想，但也不是總是對蔣有利。赫爾利出身奧克拉荷馬州石油業，脾氣率性，以粗心大意亂喊中國名字出名。他起先把委員長稱為「石先生」，毛澤東在他口裡說出來變成「莫士東」（Moose

Dung）。（譯按：moose即麋鹿。）赫爾利對蔣介石統一中國的能力過度有信心，不了解共產黨相當有力量爭奪大權。而了解此一十分複雜又微妙的政治情勢，在當前要避免國共爆發內戰，又是一個非常關鍵的要素。

蔣介石擔心中共的意圖並不是沒有道理。蔣的權力式微，可是毛澤東的力量卻穩定上升。中共黨員已逾一百萬，有一支九十萬人的常備軍，還有相同人數的民兵部隊，在戰後秩序中它肯定是一股極大的力量。可是在這個時點上，中國所有黨派都以為對日抗戰至少還要繼續打個一、兩年。這讓毛澤東很為難，究竟黨在新世界要走上什麼方向才好。共產黨必須讓人以為它支持對日抗戰，公開反蔣會使他們失去道德制高點，因為他們一向利用它來指控蔣對付共產黨、優先於抗日。（即使國軍努力對付一號作戰攻勢、又在緬甸作戰，而中共對兩項戰事毫無貢獻，這項指控仍然相當有力。）另一方面，毛澤東已經決心「這一次，我們必須接管中國[9]。」共產黨辯論他們能把一號作戰送上的機會利用到什麼地步。

國民黨已經跛腳，日本也接近力量耗盡，共產黨是否有機會在一、兩年之後即會到來的戰後衝突取得優勢？毛澤東主張小心謹慎，他說：「我黨還不夠強大、不夠團結或鞏固。」他以此警告，黨不應該占領其力量沒有完全把握的地區。雖然共產黨社會政策的執行仍不完整，它仍然謹慎地往國民黨已撤退的地區擴張[10]。

狄克西代表團即是這項戰略極重要的一環，中共企圖藉此與美國建立熱絡關係，並且說服其美國接觸對象相信，在美國進攻中國沿海省份時，中共可在敵後提供援助。但是史迪威一九四四年十月去職之後的後續發展，改變了蔣介石和美國之間的關係。直到一九四四年秋天，美籍的中國戰區參謀長（史迪威）和美國駐華大使（高思）都對蔣介石有敵意，雖然他們並不同情中共的目標，他們對他們所知道的共產黨某些方面還滿欣賞。但是替下史迪威的魏德邁，和蔣介石的交往沒有那麼多摩擦；另外繼高思出任大使的赫爾利則強烈偏好蔣介石，以兩黨媒人自居，但是他也支持蔣的觀點。

赫爾利開頭還滿順利。一九四四年十一月七日，這位新任大使不顧蔣介石的意見，親赴邊區考察。當飛機降落在延安時，他一現身突然發出喬克托族（Choctaw）印第安人的戰呼（源自於他的奧克拉荷馬州傳統），把毛澤東等歡迎人群嚇了一跳。派駐在毛澤東延安根據地的蘇聯特務彼得・佛拉迪米洛夫，對於赫爾利在和中共高層領導人會談時的談吐和應對進退印象良好。他說：「有教養、有自信。」不過又加了一句：「略為古怪的行為[11]」

（大概指的是那一聲戰呼）。談判相當熱切，雙方得出五點結論，要讓中共加入蔣介石領導的聯合政府、同時又保有自己的武裝部隊。然而赫爾利一回到重慶，蔣介石一口就拒絕提議。除非中共將軍隊交給國民政府直接指揮，休想在新政府裡有一席之地。

赫爾利掉轉方向，堅持委員長偏好的方案：中共必須將軍隊併入國軍系統，才能加入聯合政府[12]。彼此又交相指控。毛澤東嘲笑說：蔣介石「竟然敢說中國共產黨必須交出軍隊，他才會給予『合法地位』[13]。」赫爾利也發電報給代理國務卿愛德華・史迭汀紐斯（Edward Stettinius）（疾病纏身的赫爾國務卿於一九四四年十二月辭職）說明他的看法：「我在和共產黨談判時堅持，美國不會以中國共產黨做為政黨或叛變中央政府而予以供應或援助。」其他官員則強烈不同意：謝偉志主張「就像我們在南斯拉夫的做法一樣」，美方應該直接向蔣介石表明「他們會支援任何一支抗日的隊伍[14]」。去年年底，謝偉志曾發電報給史迪威，宣稱「國民黨倚賴美國支持才活得下去。但我們絕不依附國民黨」。他又說：「我們毋須覺得要感謝蔣[15]。」即使是私下的電報，如此說一個已經抗日七年的政府也是很令人驚愕的事。美國戰時情報機關戰略情報處內部至少有一群人也支持，「在華北建立一個主要的情報組織，設在……延安，並且透過山西、河北、山東和熱河的八路軍四大前進基地或游擊區運作，下轄十七個前進小組及大量本地特務[16]。」美方這一層次的承認將把共產黨的地位提升到更高的層面。

一九四五年三月，謝偉志報告和毛澤東一項談話的內容，毛澤東清楚表示他認為美國支持蔣介石是一樁傻事。毛澤東聲稱，中共才是唯一真正代表全國最大族群的農民利益的政黨。毛澤東再次強調赫爾利的「五點」計畫已贏得的善意，但是抱怨，「我們不了解為什麼有了好開端之後，美國政策會動搖[17]。」

赫爾利和謝偉志的分析不盡然全錯。赫爾利說的對，如果中共部隊不併入國軍系統，中共將可利用這些部隊對國軍發動攻擊。謝偉志也沒說錯，蔣介石很焦慮，即使共產黨有助於抗日，也不能讓它被視為獨立的權力基礎。美方這兩種迥然不同的觀點都假設上上之策是能夠有助於盡速擊敗日本的政策。當然，對於已經打得兵疲馬乏的盟國而言，這是最好的結果，然而，中國的代價或許就是內戰迅即爆發。問題的核心，是美方看不到或不願看到的一個頑強事實，國共雙方為自己籌謀，都沒有誠意要組建聯合政府。蔣介石和毛澤東都把合作當做是一時的，兩黨同時都在為爭奪絕對權力悄悄準備。

但是思考中國權力現實的並不只有蔣介石和毛澤東，南京的周佛海也在思索如何自保。一九四四年整年，汪精衛的身體健康日益衰退。打從南京政府一成立，汪精衛就是個孤獨、褪色的人物，周佛海、陳公博等人負擔了大部分的工作。汪精衛發覺日本所謂的保證南京政府自主全是空話，而顯得意志消沉，到了在職末期，他只不過是有名無實的傀儡。除了心志頹喪，汪精衛也疾病纏身，他一直沒有從一九三五年遭行刺的槍傷完全復原。一九四四年三月，他飛往日本，住進名古屋帝國大學附設醫院，幾乎完全下不了床。周佛海於八月飛往日本探視，汪精衛已經形容枯槁，但還能表示希望周佛海和陳公博能接手南京政府。汪精衛的妻子陳璧君很氣她的敵手獲致高位[18]。

十一月十日，汪精衛因肺炎併發症去世。周佛海於次日通過日本駐南京大使館獲悉惡耗。他寫下：「回憶由昆明伴同至河內之情形，不禁悲愴欲絕。八月十日名古屋一見，豈知竟成永訣耶！人事不常，哀哉[19]！」汪精衛遺體運回南京。他死後終於達成終身之志，追隨總理孫中山、長相左右。南京城外紫金山頂蓋了一座巨型新陵寢，汪精衛長眠於此，與他昔日政治導師的遺體相去不遠。汪精衛的政治旅程不僅是在政治上曲折（從激進的革命黨到與日本人合作的漢奸），也在地理上長路漫漫，從南京到歐洲、從重慶到河內再回到南京，然後又到日本才轉回南京長眠。十四個月之後，他又得再走一段最後旅程。

陳公博代理南京改組派政府主席。同一時期，周佛海全力忙著兩面遊戲，雖然官位僅次於陳公博，他與戴笠保持聯繫，密商盟軍（美軍）占領華東之計。（到了一九四五年夏天，中國戰區已有六萬多名美軍，其中三萬四千七百二十六名空軍、兩萬兩千一百五十一名地面部隊[20]。）周佛海保證，改組派政府部隊將與美軍正規軍並肩作戰，而且他們不會與中共同盟。周佛海與國民政府第三戰區（華東）司令長官顧祝同花長時間討論，如何在盟軍進攻之前控制從上海到浙江的海岸線[21]。國民政府和汪政權哥倆好使得許多外國觀察家不安。約翰・巴頓・戴維思就以調侃的方式說：「他並沒特別不忠——或忠誠——他太忙著跟日本人打交道[22]。」但是周佛海找到一個似乎合適於他的比較。八月二十一日，他注意到法國維琪政府面對君主作戰的進擊，必須搬遷。他寫下：「其所處境與我同。」又說：「法人不暇自哀，而我哀之。」

歐戰進入尾聲時，法國傀儡政府聲稱，它和德國合作是在得不到外援之下保護法國的手段。貝當元帥說了一句名言，宣稱戴高樂將軍是法國的「劍」，而他本人做為維琪政府元首，是法國的「盾」[23]。汪政府比維琪政府的成立還早兩年就提出相同的主張，自認為進行和重慶政府相同的工作，只是手段不同而已。周佛海從法國情勢看到其他令人憂心的現象。美軍還受阻於巴黎郊外的鄉間，首都街頭已充斥抗戰鬥士攻擊德國人。周佛海寫說：「將來類似現象上海南京亦必發生，將來混亂情況真不可設想矣[24]。」

戴維思對蔣介石政府與漢奸談判感到驚慌。他如果曉得一九四五年春天還有另一場更機密的會議在進行中，一定更加驚嚇。雖無完整的證據，但是中共已在江蘇省某個小村與日本人進行談判，而且預料次年會在華東發生重大地面作戰。

日方提議他們不阻擋共軍新四軍、或仍在南京政府控制下的七十萬部隊的活動，並且日本將集中火力對付國民政府。很難知道這些談判會發展到什麼地步。如同蔣介石的情形一樣，與日本人談判並不等於向他們投降，也不能一口咬定中共不反帝國主義。不過，中共想利用變化中、且難預料的情勢得取最大利益，這一點與國民黨或汪政權無異[25]。

到了一九四五年初，情勢已經明朗，德國在幾個月內即將敗亡。羅斯福、史達林和邱吉爾把注意力轉向如何在亞洲盡快結束戰爭。一九四三年十一月的德黑蘭會議，史達林保證歐洲戰局底定後、蘇聯將加入太平洋戰爭，現在羅斯福要求兌現此一承諾。美國此時也在偏僻的新墨西哥沙漠裡積極祕密研發原子彈。但是一九四五年初，仍不清楚它是否會成功，盟國必須規劃征服日本之役，屆時可能耗時甚久、且傷亡枕藉。歐洲和亞洲的命運將取決於一九四五年二月四日在蘇聯克里米亞地區黑海之濱雅爾達的一項會議。

雅爾達會議討論的重點大部分集中在戰後歐洲的命運，將歐洲大陸劃分為西方及蘇聯的勢力範圍。但是亞洲也是討論的重點。美、英聯合參謀本部研判要到一九四七年中期才能戰勝，也向羅斯福及邱吉爾報告，增加了他們的壓力非得讓史達林加入亞洲戰爭不可。

可是，史達林的參戰是有條件的，他要求控制千島群島（Kurile Islands）及庫頁島（Sakhalin Island）南部。前者是從日本北海岸直抵俄國堪察加半島（Kamchatka Peninsula）的島群；後者則貼近俄國沿海。他也要求在滿洲取得種種軍事與交通的讓步，以及維持外蒙古實質受到蘇聯控制。（國民政府仍然堅持對整個蒙古握有主權。）中國在滿洲的主權將完全得到承認，可是蘇聯在本地區的影響力也要得到確認。史達林要其他兩巨頭不先和中國諮商，就同意這些條件。史達林的回報是，他保證在歐洲戰事結束後九十天內，加入對日戰爭。這項協議包含在補充會議正式紀錄的一系列祕密協定之中[26]。

蔣介石沒有與聞雅爾達會議有關中國未來的任何討論，但他已經起了疑心。他承認：「惟此會於我國之影響必大，羅或不致與英俄協以謀我乎。」當他聽到協定的公開條件時，已陷入沮喪，認為世界又重陷第一次世界大戰之後同樣的爭霸競賽。他寫下：「羅邱史三頭會議之結果，已造成第三次世界大戰之禍因。美羅猶借此作其外交勝利之宣傳，抑何可笑[27]。」

蔣介石因謠傳雅爾達協定還有祕密條款疑心更熾。後來，羅斯福接見中國駐美大使魏道明，承認的確有涉及到滿洲的祕密協議；蔣介石獲悉後，大冒肝火。

這時候赫爾利已回到美國。他也關心有關對蘇聯讓步的傳聞，隔了一陣子，羅斯福允許他看雅爾達協定詳細內容。赫爾利大為震驚，他另外看到國務院一份勁爆文件建議，如果美軍在中國沿海登陸，美國人或許應該武裝中共部隊。羅斯福支持赫爾利對蔣介石的觀點，不過他也提醒赫爾利，不要公開發言講些可能讓調停國共爭議的工作更加困難的話。但是赫爾利四月二日在華府舉行記者會，宣稱美國將只承認國民政府、不再與共產黨打交道[28]。

即使羅斯福有心緩和赫爾利所標榜的強硬立場，他也沒有太多機會去做。羅斯福抱著病軀、用盡最後餘力打全球大戰，一九四五年四月十二日，也就是赫爾利宣布之後十天，羅斯福因腦充血在喬治亞州溫泉市寓邸逝世。全國悼喪中，杜魯門宣誓就任總統。這位精明、但沒有接觸太多軍情機密的新任三軍統帥，必須處理的棘手問題當中，包括中國上升中的危機。

美國在華情報機關戰略情報處和梅樂斯主持的「中美合作所」相互較勁，因而抵消了力量，國務院裡也持續出現各種不同的聲音。赫爾利堅守絕對支持蔣介石的立場。謝偉志和戴維思則持續主張另有備案，以防蔣介石冥頑不靈或突然垮台。赫爾利反過來以為反對他是出於個人恩怨[29]。這些性格不合產生的爭吵導致戰後美國政壇一大悲劇：「誰丟掉中國？」的無謂辯論。

雖然赫爾利公開表態對國民政府有信心，他並沒有了解中國內部力量已經移動，如果他勸蔣介石組織聯合政府以利爭取時間重振聲勢，或許會更好。毛澤東憤怒地痛斥美國的行動。他怒罵：「赫爾利蔣介石這一套，不管他們怎樣吹得煞有介事，總之是要犧牲中國人民的利益，進一步破壞中國人民的團結，安放下中國大規模內戰的地雷[30]……」毛澤東通篇演講指責蔣介石以帝主自居，痛批他透過國民大會實施憲政的主意，比起一九二〇年代軍閥時期召開的薄如紙片之國會，好不到那裡去。隔了兩天，他又說：「以美國駐華大使赫爾利為代表的美國對華政策，愈來愈明顯地造成了中國內戰的危機[31]。」

毛澤東信心大增有部分原因是，他認為蘇聯參戰會使權力均勢向中共傾斜。但是這位共產黨領導人低估了史達林反覆無常的務實主義。羅斯福已在雅爾達會議向史達林讓步，同意蘇聯恢復一九〇四年至一九〇五年的日俄戰爭俄羅斯所失去的在東亞之權利。但是羅斯福取得史達林保證，蘇聯不會積極支持共產黨反對國民政府。羅斯福告訴蔣介石此一條件，但是史達林沒告訴毛澤東[32]。這位共產黨領導人不曉得史達林出賣了他。

蔣介石並不樂於信任史達林的善意，事實發展也證明他對了。四月三十日，希特勒在一片斷垣廢墟的柏林之地下碉堡自殺身亡，一九四五年五月八日，歐洲戰爭結束。亞洲終將成為衝突的中心，蘇聯即將參戰。七月初，蔣介石派宋子文和他那個通曉俄文的兒子蔣經國到莫斯科，與史達林談判條件。史達林同意只承認蔣介石是中國統治者，但也提出許多要求做回報，包括中國承認外蒙古獨立，並賦予蘇聯在滿洲的特殊地位。當史達林七月中旬出發到波茨坦參加盟國峰會時，中國對蘇聯讓步的問題尚未解決。

蔣介石很氣杜魯門不介入中蘇談判。他痛斥：「可說侮辱已極。余對雅爾塔會議並未承認，並未參加，毫無責任，何有執行之義務。彼誠視中國為附庸矣。」回想起他在史迪威危機鬧得最厲害的當時，蔣介石沉思：「美國外交之無中心無方針無禮儀如此，殊甚危險，應重加考慮[33]。」

一號作戰對中國社會的破壞不遜於軍事的破壞，在中國最肥沃地區製造更大的損失和破壞。抗戰初年想要製造更加統一的福利體系之努力，離重慶愈遠、就愈加薄弱；到了抗戰最後一年，在面對巨大的需求之下，它們成了空洞的笑話。為了解決問題，中國引進一個十分了不起的新組織「聯合國善後救濟總署」（United Nations Relief and Rehabilitation Agency，UNRRA）。羅斯福覺得從軸心國家解放的地區將有巨大無比的悽慘狀況，需要有正式、充分協調的做法來提供難民賑濟，使各國能重建其社會。雖然有四十四個國家一九四三年十一月九日在白宮簽署聯合國善後救濟總署創立文件，它一向都由美國提供巨額經費，主要也由美國行政人員負責。

中國分署負責人班傑明．吉澤（Benjamin H. Kizer）於一九四四年十二月由美國來到重慶。一再有人警告他，這是超級爛的任所：天氣炎熱、地形高峻，又缺乏任何穩當的交通網。不過，他所分配到的宿舍比許多人可好得多。他說：「這個季節難得有好天氣，但是天若放晴，可以眺覽大河與遠山優美景色[34]。」然而，他個人的舒適與他被賦與的工作一比，根本毫不重要。而且打從一開始，由於美、中雙方對於聯合國善後救濟總署的角色有天差地遠的解讀，工作益加困難。

中國政府和聯合國善後救濟總署的歧異在雙方開始合作不到幾個月，就從宣告中表露無遺。蔣廷黻是個著名的國民政府人物，奉派出掌「行政院善後救濟總署」（Chinese National Relief and Rehabilitation Agency，CNRRA），這是與聯合國善後救濟總署在中國境內搭配合作的夥伴組織。蔣廷黻在一九四五年七月三日宣布，貴州、廣西兩省善後救濟工作的成功，顯示「中國展現出在外援到達之前自救的決心」。蔣廷黻詳述中國政府機關與美國紅十字總會、中國紅十字總會及中國基督教大學校董聯合會（Associated Christian Colleges）等非政府組織合作的細節。蔣廷黻宣布，整體來講，這些聯合行動在「經驗及訣竅上收穫良多」[35]。但是儘管情詞懇切，蔣廷黻也發出中方期待聯合國善後救濟總署擴大援助的訊號。他表達出中國官場普遍的一個想法：如果美國希望出現進步派的政府，他們也應該幫忙出錢。中國被打得一片殘破、抬不起頭來，並不全然是中國人之過。另一方面，吉澤卻有理由認為，聯合國善後救濟總署的物資會被貪婪、腐敗的國家機器吞噬，他的信函顯示他沒把國民政府太當一回事。一九四五年五月，即聯合國善後救濟總署中國分署成立六個月之後，吉澤指責蔣廷黻「扯後腿」證明中方「不想做事」[36]。

然而，國民政府有很好的理由擔心賑濟活動可能被當做純粹是美國的慷慨義舉。國民政府糧食供應不足（最顯著是河南大饑荒時期），幾乎全被怪罪到蔣介石身上，而貪瀆和無能則是造成災禍的嚴重因素。可是這個說法並沒有承認戰爭有極大的限制，迫使政府必須做一系列深刻不孚民心的抉擇。如果糧食賑濟現在被當做純粹是美國人的義舉，與執政黨的犧牲毫無關聯，那麼蔣介石政府可能失去全盤的正當性，背負起失敗的罵名，而任何成功又不能得分。

國民政府並不認為自己是聲名狼藉、空洞虛偽的政府。蔣介石政府依然決心在戰後要建立一個與一九三七年中、日爆發戰爭前大不相同的中國。黨的許多規劃人員覺得需要創造一個政府與民眾相互責任更大、更界定清楚的國家。就這點而言，他們並非獨具慧眼。

羅斯福政府一九四四年通過《大兵法案》（*G.I. Bill*），為退伍官兵提供教育與訓練。一九四五年七月，英國人民以投票讓深受愛戴的戰時領袖邱吉爾下台，擁立提出廣泛社會福利計畫的工黨領袖艾德禮（Clement Attlee）。英國有一實例特別令國民黨若干規劃人動心。一位著名的工黨政治人物草擬的「貝佛里奇計畫」（Beveridge Plan），一九四二年發表時已產生巨大熱情，因為它主張福利國家提供全面失業及健保福利。它受到全體主要政黨採用，並且大大影響到工黨的競選政綱。話說回到重慶，思考戰後中國情勢的官僚也提到

「世界知名的貝佛里奇計畫[37]」。

儘管西方人士責難國民政府除了貪瀆和紊亂，什麼也不會，國民政府提出的這些計畫其實並沒有不當。打從抗戰開始，蔣介石的技術官僚就把提供福利及難民賑濟與建立更強大、更團結的國家體制相提並論[38]。醫療照護是「衛生現代化」這個項目底下的一部分，它支撐起中國人國家認同意識，而且又是國際聯盟衛生組織（Health Organization of the League of Nations，即世界衛生組織WHO）的前身——全球倡議所推動的項目[39]。行政院甚至表示，它將適時尋求提供更多的醫療照護服務給民眾，「屆時亦將鼓勵民間及志願團體參與其事[40]」。雖然國民政府這些計畫包含提供「免費」醫療照護給窮人的構想，它們並沒有戰後歐洲式社會主義化公衛制度無所不包那麼廣泛[41]。關心醫療照護其實涉及到關心在國民黨統治區建立一個現代、理性的國家，即使在抗戰末期的艱苦日子也不忘此一規劃。疫苗注射及教育農村婦女有關醫療照護議題的知識，直到一九四五年雖是零星、卻明顯可見有在進行；此外在四川某些縣份也推動一項似乎唐吉訶德式的工作：興建公共廁所[42]。事實上，在財政及政治壓力極大的時期，它們也是合乎邏輯的項目：它們的成本費用不高，但努力處理現實的衛生問題（在四川農村攝氏四十度的高溫下，骯髒的廁所肯定是疾病的溫床），不論它有何缺陷，這也展現在草根階層力求改進的持續承諾[43]。

國民政府一向喜歡標榜追求現代化、積極的形象。可是社會福利議題更加重要，因為它是針對共產黨的挑戰必須做的回應。不僅是奉派到延安的謝偉志和美國軍事觀察團（「狄克西代表團」）團長包瑞德上校，數百萬中國人也有同感，覺得共產制度似乎在生活供應方面比較平等，國民政府至少要稍做努力和中共競爭。可是嚴峻的現實阻礙這些良善的意向，進步不夠的基本原因其實很單純：沒錢。不容否認，到了一九四五年，國民政府貪瀆成風。但是盟國對於中國重建工作所承諾的財政援助，若是與實際花費相比，根本微不足道[44]。即使蔣介石活該被戲謔綽號為「兌現我的支票」（Cash My Check），其他國家、尤其是大英帝國及史達林的蘇聯，才正從美國的銀行搬走巨額的貸款。聯合國善後救濟總署的美國籍法律顧問詹姆斯・強生（James Johnson）在一封私人函件裡承認阻礙盟國對戰後中國觀感的因素：

> 中國財政困窘是個基本問題……造成所有政府機關完全在低於潛在效率之下運作。設備齊全、人員配置齊備的一家公立醫院，卻毫無病患，這樣的景象並不

稀奇。原因是即使醫院在徹底不足之下勉強支付完員工薪水之後，就沒有錢餵病人了。行政院善後救濟總署的每一項作業和準備工作一再出現同樣的困窘[45]。

聯合國善後救濟總署的調查也發現中國的交戰地區飽受饑饉之苦。聯合國善後救濟總署在河南發現，日軍發動一號作戰所造成的大規模破壞，使得饑饉災情更加嚴重。聯合國善後救濟總署的數字顯示，一九四五年河南七成民眾嗷嗷待哺；瘧疾病例有十三萬件、饑民人數超過兩百萬人[46]。國民政府雖然受制於財政現實、政治不合和貪瀆，希望推動社會改革，也表達出有意政治改革的姿態。一九四五年四月，蔣介石召開國民黨第六次全國代表大會（五月五日至二十一日），這是一九三八年以來的第一次。倡議的改革帶有自由化色彩，例如在國民大會中落實多黨制，准許各黨參與選舉（不過只限於區域及地方層級、還不是全國層級）。國民黨第六次全代會還宣布打算減租及改革土地稅。外界批評貪汙敗壞公職生活的聲浪甚高[47]。很顯然，來自共產黨的挑戰影響了國民黨的政綱。可是國民黨的宣示也隱藏著一些陰暗訊號，譬如，蔣介石有意成立委員會來監督（即限制）民主化過程。

中國共產黨回敬蔣介石，也從一九四五年四月二十三日至六月十一日召開中共第七次全國代表大會，時問挑在和國民黨第六次全代會重疊的時段。它距離中共最近一次召開全國代表大會的時間可就更久了（中共為躲避國民黨清剿，一九二八年還跑到莫斯科舉行六大），就連它最後一次中央委員會全會也是在一九三八年舉行的。毛澤東在開幕式宣稱：「中國共產黨從來沒有現在這樣強大過，革命根據地從來沒有現在這樣多的人口和這樣大的軍隊。」毛澤東本人是七大的主角，被正式承認為黨的最高領導人。以整風運動開始的歷程，現在終於達到高潮。大會結束時，毛澤東說了一個故事：傳說古時有個老人愚公，發現有兩座大山擋住他的去路，因此他開始掘土、移山。鄰人嘲笑他白費力氣，但是愚公答說，即使有生之年他完成不了，還有兒子、孫子繼續下去。毛澤東說：「上帝深受感動，派了兩個神仙移走這兩座山。」在毛澤東對這則寓言故事的詮釋中，上帝其實就是「全中國的人民大眾」，他們將移走帝國主義和封建主義這兩座大山。有了群眾支持，「有什麼挖不平呢？」[48]

中共和美方的關係現在也變得比較緊張。七月間，魏德邁致函毛澤東查問四名美國軍人及其中方翻譯人員的命運，他們在五月間意外空降進入共產黨地區，即遭到「保護性拘留」。魏德邁表示，「鑒於我們都希望擊敗日本人，我希望今後不再發生這種事件。」很顯然雙方發展出來的熱絡關係已經的確冷卻[49]。

同一時期，盟國研訂出對付日本的計畫。盟國三巨頭在波茨坦會議集中討論歐洲和平方案。但是美、英、中也發表宣言，要求「吾人通告日本政府立即宣布所有日本武裝部隊無條件投降，」並且警告說，「除此一途，日本即將迅速完全毀滅[50]。」在中國方面，魏德邁延續史迪威訓練國軍三十九個師以奪回華東的計畫，不過蔣介石駁回史迪威在一九四六年返回中國領軍進攻大陸的建議。然而，在馬歇爾建議下，陳納德將軍也在七月底奉召回美國。（這是史迪威背後推動的報復行為[51]。）各方雖期盼殷切，但也有疲乏的感覺。歐洲和平現在已大致底定，而亞洲戰爭可能拖到一九四六年或一九四七年，則不免令人相當沮喪。

中、日部隊都已疲累到超乎想像了。

到了一九四五年中期，日軍已經從最重要的太平洋戰果節節敗退。從一九四四年十一月起，美軍利用搶占的塞班島為基地，增加對日本本土的猛烈攻擊。從一九四五年春天起，美軍動用燃燒彈，使東京、名古屋和大阪等主要城市受創甚重。從四月打到六月，美軍在極度殘酷的戰鬥後攻下沖繩，日軍司令官牛島滿將軍（General Ushijima Mitsuru）切腹自殺。日本的戰時經濟已瀕臨崩潰。它的航運線遭切斷，也就是說維持戰時經濟運作的少量物資變得更稀少。但是中國，在一號作戰之後國軍也陷入近乎崩潰的狀態，他們所奮戰保衛的國家，貪瀆成風、通膨高漲，並且對戰爭疲憊了。然而雙方都還堅持要在中國大陸上繼續作戰——至少表面上如此。

接下來，一九四五年八月六日一架美國空軍飛機飛越日本廣島市上空，投下一顆綽號「小男孩」的四千四百公斤炸彈。這顆有史以來第一次用來對付人類的原子彈，當下立刻燒死約六萬六千人。杜魯門宣稱，如果日本不無條件投降，保證「彈如雨下，全球前所未見」[52]。日本開始意識到，廣島受到比前此科學所創造的任何力量都更巨大的威力之破壞時，事情在莫斯科也迅速發展。日本大使佐藤尚武（Sato Naotake）一直努力透過蘇聯，試圖與美國討論和平條件。八月八日下午五點，外交部長莫洛托夫召見佐藤，請他坐下，然後莫洛托夫傳遞了毫無通融餘地的訊息。他宣讀：「鑒於日本拒絕投降，同盟國接觸蘇聯政府，提議加入對抗日本侵略的戰爭。蘇聯政府已經接受同盟國的提議……從八月九日起，蘇聯將認為它已與日本進入交戰狀態[53]。」八月九日凌晨一點鐘，蘇聯軍隊進入滿洲。同一天，綽號「胖男人」的第二顆原子彈投在長崎市，又造成四萬多人死亡。日本政府現在陷入極度恐慌。少數死硬派試圖主張拚戰到底，以陸軍大臣阿南惟幾大將（General Anami Korechika）的名義發表一份令人寒慄的聲明（後來證明他並不完全了解用他名義發表的內容），宣稱：「即使我們必須吃草、吞土、橫屍田野，我們將奮戰到底[54]。」但是結局已經無可避免。八月十四日上午十點五十分，天皇發表預先錄音的聲明，宣稱「該是忍所未能忍、受所未能受的時候了」。只有少數日本人當下了解此一廣播的重要意義；天皇用的是宮廷古典日文，而且錄音帶音質很差。但是意思很清楚。日本將接受波茨坦宣言的條件、無條件向盟國投降。

蔣介石次日上午照常早早起床。他在日記寫下：「惟有深感上帝所賦予我之恩典與智慧之大，殊不可思議，尤以其詩篇第九章無不句句應驗，毫無欠缺為感[55]。」《聖經：詩篇》九：六「你拆毀他們的城邑，連他們的名號都歸於無有。」蔣介石繼續禱告，在沉思中聽到日本投降廣播的錄音。蔣介石前往廣播電台，於上午十點發表勝利廣播。他宣布：「我們中國在黑暗和絕望的時期中，八年奮鬥的信念，今天才得到了實現。」蔣介石在演講中特別提到兩個人：耶穌基督和國父孫中山。他鄭重宣布：「正義戰勝強權，終於得到了它最後的證明，這也就是表示了我們國民革命歷史使命的成功。[56]」

結局終於突如其來降臨。戰爭在一九三七年七月幾乎是意外爆發，幾週之內就從北平附近的小摩擦升高到從華東大撤退，足足流徙了八年。中國已經出現巨大變化。一九四五年八月的中國，既位居前所未有的最高的全球地位，同時又比近百年來更加衰弱。

抗戰開始時，中國依然受制於治外法權和帝國主義。現在不僅天怒人怨的外國人法律豁免權終止，中國也將在戰後世界揚眉吐氣。打從一八四二年大清帝國簽署南京條約以來，中國首度恢復完整的主權地位。甚且，中國現在躍居「四強」之一，將在組建全新的聯合國上扮演永久的、核心角色，而且是唯一的非歐洲國家。英國和日本數十年來在亞洲獨霸大權的風光已經結束。固然美國和蘇聯將在新的國際秩序取代英日的核心地位，中國現在將具有民國肇建以來從未有過的自主地位。抗日戰爭是為中華民族及主權而戰、是為辛亥革命傳承而戰，中國已經達成此一目標。

可是中國也付出可怕的代價。抗戰使整個國家涸竭，自從一八六〇年代的太平天國戰爭以來，中國沒有這麼近地瀕臨土崩瓦解的邊緣。當時，靠著清廷決定把兵權下放給各省新軍，國家才免於覆亡，抗戰使中國十分接近同樣的深淵。即使現在抗戰勝利，國家還是分裂。現在，國民黨和共產黨對立，嘴上都說要妥協，但似乎準備隨時爆發內戰，而且中國已被徹底改變的地理所扭曲。

數百年來，中國政權都建立在華北和華東，抗戰迫使國民政府在偏遠的華西，此一不熟悉的地域重新界定其使命。蔣介石初嘗勝利這一刻，他看到的是國內、外滿目瘡夷，死者萬千：被炸死、被日本戰爭罪行屠殺，淹死、餓死或在戰鬥中喪生。直到今天，仍無確切的數字，但一般估算，八年抗戰期間有一千四百萬至兩千萬中國人喪生。此外，與美國的關係變壞，尤其因史迪威事件受創慘重。

美國對重慶政府失望，更因統治中國的這個政府破敗而加劇。這個國家有宏遠的志向，但實際上卻是人民饑渴、官員腐敗，情治機關殘暴鎮壓，卻無法壓制人民追求發展國家意識以及符合新意識的國家之渴望。國內普遍感受到外在世界正在改變，中國無法避免改變。極為諷刺的是，意氣風發的毛澤東現在或許會搶走蔣介石勝利的果實。

那些在一九三八年轉錯彎的人又是怎麼了呢？周佛海早早就發覺他對汪精衛和日本支持的南京政府之效忠，是走向歷史的死胡同。周佛海的日記只寫到一九四五年六月，我們沒有直接的記錄，不知道他對戰爭結束有何感受。可是他一定省思過自從一九三八年由重慶出走後的世界變化，或許他會欣喜蔣介石終於確立國家主權地位，畢竟兩人是多年老友。或許他也不安地思考究竟共產黨會進展到什麼地步。

蔣介石在和平的第一天有太多事要做。中午，他起草了即將發給日本支那派遣軍司令官岡村寧次將軍（General Okamura Yasuji）的受降文件。他也整理一份即將派到各省接受日軍投降的官員名單[57]。次日清晨，他簽可中蘇友好同盟條約，雖然它對蘇聯究竟要如何支持蔣的政府仍然很不吉祥地含糊[58]。

但是，孫中山先生有一項未竟的大業，蔣介石劍及履及即刻要付諸實行，一統中國。廣播結束後，他立刻發電報給毛澤東，邀請他到重慶「共商大計」。毛澤東回覆，他將派周恩來代表。蔣介石再次去電，「務望其同來」俾便商討中國戰後政府之人事[59]。

中國漫長的八年對日抗戰結束了，中國人終於有權力寫下他們故事的新篇章。

注釋

1. Barbara Tuchman, Stilwell and the American Experience in China, 1911–1945（New York, 1971）, 505–506.
2. Tohmatsu Haruo, "The Strategic Correlation between the Sino-Japanese and Pacific Wars," in Mark Peattie, Edward Drea, and Hans van de Ven, The Battle for China: Essays on the Military History of the Sino-Japanese War（Stanford, CA, 2011）, 443–444.
3. Hara Takeshi, "The Ichigo Offensive," in Peattie, Drea, and Van de Ven, The Battle for China, 394.
4. Ibid., 401.
5. 《蔣介石日記》，一九四五年一月五至七日，引自王建朗〈信任的流失〉，頁六一。
6. Albert C. Wedemeyer, Wedemeyer Reports!（New York, 1958）, 294.
7. 同注5。
8. 同注5。
9. 陳兼，《毛澤東的中國與冷戰》，頁二二。
10. Lyman P. Van Slyke, "The Chinese Communist Movement during the Sino-Japanese War, 1937–1945," in Lloyd E. Eastman et al., The Nationalist Era in China, 1927–1949（Cambridge, 1991）, 279.
11. PVD, November 8, 44, 287.
12. 陳兼，《毛澤東的中國與冷戰》，頁二四。
13. "The Hurley-Chiang Duet Is a Flop"（July 10, 1945）, MSW, 281.
14. Herbert Feis, The China Tangle: The American Effort in China from Pearl Harbor to the Marshall Mission（Princeton, NJ, 1953）, 266–267.
15. Ibid., 271.

16. NARA, RG 493（614 / 170 [8]）.
17. FRUS, 1945: The Far East, China（March 13, 1945）, 277, 279.
18. 《周佛海日記》，一九四四年八月十日，頁九〇九。
19. 《周佛海日記》，一九四四年十一月十一日，頁九四八〇。
20. Charles F. Romanus and Riley Sunderland, China-Burma-India Theater: Time Runs Out in CBI（Washington, DC, 1959）, 258.
21. Brian G. Martin, "Collaboration within Collaboration: Zhou Fohai's Relations with the Chongqing Government, 1942–1945," Twentieth-Century China 34:2（April 2008）, 77.
22. John Hunter Boyle, China and Japan at War, 1937–1945: The Politics of Collaboration（Stanford, CA, 1972）, 318.
23. 關於這一時期的狀況，見 Julian Jackson, France: The Dark Years, 1940–1944（Oxford, 2003）.
24. 《周佛海日記》，一九四四年八月二十一日、二十六日。
25. Joseph K. S. Yick, "Communist-Puppet Collaboration in Japanese-Occupied China: Pan Hannian（潘漢年）and Li Shiqun（李士群）, 1939–1943," Intelligence and National Security 16:4（2001）, 76–78.
26. Jay Taylor, The Generalissimo: Chiang Kai-shek and the Struggle for Modern China（Cambridge, MA, 2007）, 300–301; Weinberg, A World at Arms, 806–807.
27. 《蔣介石日記》，一九四五年二月十日，引自王〈信任的流失〉，頁六一至六二。
28. Taylor, Generalissimo, 302–303. 陳兼，《毛澤東的中國與冷戰》，頁二四。
29. Feis, China Tangle, 273.
30. "Hurley-Chiang Duet," 282.
31. "On the Danger of the Hurley Policy"（July 12, 1945）, MSW, 285.

32. 陳兼，《毛澤東的中國與冷戰》，頁二五。
33. 《蔣介石日記》，一九四五年一月二十八日，引自王〈信任的流失〉，頁六二。
34. UNA（United Nations Organization Archives, New York）: S-0528–0032（Correspondence — Chungking to Washington, 1944–1946）.
35. UNA S-0528–0053（China Weekly Reports, 1941–945）.
36. UNA S-0528–0032（Correspondence, Chungking to Washington）.
37. Tehyun Ma（馬德雲）, "A Chinese Beveridge Plan? The Discourse of Social Security and the Postwar Reconstruction of China," European Journal of East Asian Studies 11:2（2012）.
38. 見 Janet Chen, Guilty of Indigence: The Urban Poor in China, 1900–1953（Princeton, NJ, 2012）; and Ruth Rogaski, Hygienic Modernity: Meanings of Health and Disease in Treaty-Port China（Berkeley, CA, 2004）.
39. Rogaski, Hygienic Modernity.
40. United Nations Archive（UNA）S-0528–0053（China Weekly Reports, 1944–1945）（document not dated: July ?, 1945）.
41. Ibid.
42. Sichuan Provincial Archives, 113–116.
43. 見 European Journal of East Asian Studies, 11:2（2012）.
44. Lloyd E. Eastman, "Nationalist China during the Sino-Japanese War, 1937–1945," in Lloyd E. Eastman et al., The Nationalist Era in China, 1927–1949（Cambridge, 1991）, 145.
45. UNA S-0528–0053（China Weekly Reports, 1944–1945）.
46. UNA S-0528–0060（Hunan, 1944–1949）.

47. Taylor, Generalissimo, 305.
48. 〈愚公移山〉，一九四五年六月十一日，MSW, 272.
49. NARA, RG 493（614 / 170 [8]）.
50. 關於波茨坦宣言，見Weinberg, A World at Arms, 837–841.
51. Taylor, Generalissimo, 311.
52. Robert J. C. Butow, Tojo and the Coming of the War（Stanford, CA, 1969）, 151.
53. Ibid., 154.
54. Ibid., 183–186.
55. 《蔣介石日記》一九四五年八月十五日，引自葉永烈，〈在美國看蔣介石日記〉，《同舟共進》月刊，（二〇〇八），頁四七。
56. 〈抗戰勝利告全國軍民及全世界人士書〉，一九四五年八月十五日。
57. 同注55。
58. Taylor, Generalissimo, 314.
59. 同注55。

尾聲

戰鬥突如其來停止。即使在一九四五年八月初，毛澤東或許還在盼望抗戰能持續到一九四六年，好讓中共有時間鞏固它的地位[1]。於此同時，蔣介石加緊動作，防止他的領土受到蠶食。

他的第一個目標是英國。蔣介石希望占領香港，恢復中國主權。如果英國人知道（他們當然有此一揣測），戰後第一樁嚴重衝突或許就爆發了。事實上，光是有此疑心，已足以讓英國人急急忙忙重新占領香港[2]。但這時候蔣介石大部分注意力擺在共產黨身上。八月十二日，他下達命令給共軍部隊，不准接受任何日軍或偽軍部隊的投降。八月十四日，他做出一項更重大的舉動，簽署中蘇友好同盟條約，授與蘇聯在中國東北種種特權，並且放棄對外蒙古的任何權利主張。次日，他又邀請毛澤東到重慶來談判戰後的解決方案。毛澤東不肯來，直到美國大使赫爾利同意親自陪他到重慶，他才改變主意[3]。

毛澤東嚇呆了。他根本沒想到史達林會出賣他，另外與蔣介石簽署條約。然而，史達林也沒有信心中共真的能擊敗國軍。史達林專注在歐洲建築他的新帝國，不想浪費時間和精力支持盟友去和美國鬥。毛澤東只能徒呼負負。毛澤東和蔣介石的會面具有歷史意義。兩人距上次見面，已經睽違近二十年。

毛澤東在重慶逗留六個星期，雙方討論良久，得出若干折衷妥協。毛澤東不再堅持完全的聯合政府，蔣介石也讓步，允許中共可以維持十二個師自己的部隊。蔣介石和毛澤東都曉得他們必須表現試圖談判和解方案，但是他們也都相信內戰已無可避免。總的來講，重慶會談沒有產生可以維持穩定的堅實協議。

它所產生的僵局的確十分脆弱。中共開始在中國東北鞏固其地位，起先試圖取得整個地區。但是中共旋即與由美軍協助空運抵達東北的國軍部隊發生衝突。情勢顯示這樣或許會立刻觸發內戰，中共即縮小野心——至少當時是如此。與此同時，蘇聯發覺美國沒有意願在日本設置盟軍聯合總部，逐漸不肯恪遵它與國民政府簽訂的中蘇友好條約。他們也強忍著不與美國翻臉攤牌[4]。

時序進入一九四六年，杜魯門明白表示他不會讓美軍為國民政府作戰。他被赫爾利突如其來的辭職嚇了一跳；赫爾利指控國務院左傾同僚扯後腿、從內部傷害他的立場[5]。杜魯門因此決定派出聲望最為隆崇的特使到中國：剛卸下美國陸軍參謀長軍職的馬歇爾將軍，銜命到中國調處國共爭端。

接下來幾個月，馬歇爾的調處相當受挫折。沒有一方真正願意妥協。國民黨拒絕允許共產黨在他們自己的地區內有自主的軍事、政治組織。共產黨則拒絕把他們自主的軍權交給不明確的國軍架構。雙方同意在一九四六年一月十日停火，可是馬歇爾發現無法讓他們對下一步得出妥協[6]。一九四六年上半年，馬歇爾試圖有所突破，卻因國、共雙方作戰升高而受挫。到了一九四六年夏天，共產黨已在東北站穩腳跟。蔣介石持續要求共產黨交出武器（認為他們實力弱、無法支撐本身給養），可是共產黨也堅持國民黨必須放棄他們在一九四六年內的推進[7]。一九四七年一月七日，馬歇爾宣布停止他在兩黨之間的調處工作。

國民政府的行為沒辦法讓中國人民有信心。經濟在抗戰結束時已經陷入危急，但還未到不可復原的地步。但是蔣介石不肯降低軍事開銷，深信以武力擊敗中共才是他切實掌握全國的唯一方法。蔣介石試圖實施物價管制，效果不彰；他發行新公債，卻乏人問津，因為有錢人覺得抗戰期間發行的公債，政府並沒有照約定兌現[8]。通貨膨脹在抗戰末年已經相當嚴重，從一九四七年起更是致命地失控。復員政府因行為專斷、貪腐，在光復地區濫行沒收敵偽財產，失去民心。

處理漢奸更是一個棘手問題。汪精衛一九四四年十一月在名古屋病逝，遺體送回中國，長伴在他的革命導師孫中山遺體之側。蔣介石一回到南京，第一件事就是以終極手段摧毀此一象徵，他下令以炸藥炸掉汪精衛陵寢。汪精衛過世之後繼任改組派國民政府的陳公博，一九四六年春天經過審判、處死。

某些漢奸的處理方式比較含混，汪精衛遺孀陳璧君於一九四六年春天公審（和陳公博一樣），她強力為自己辯護，辯稱她丈夫收回已經被蔣介石政府放棄的領土之主權。旁聽者為她鼓掌，並要求她簽名存誌。她被判徒刑，沒遭處決，一九五九年死於共產黨統治下的上海監獄[9]。抗戰後半期一直扮演雙面人的周佛海，也躲過死刑。他可能期待能得到更寬厚的處理，但是他的保護人戴笠一九四六年飛機失事亡故，政府裡沒有其他有力人士願意替周佛海說項。他在一九四八年因心臟病死於獄中。整體來講，中國陷入內戰新危機下，漢奸們成為隱沒的邊緣人物。

日本人因侵略中國也遭到起訴。一九四八年的遠東國際軍事法庭（俗稱「東京大審」），南京大屠殺只是用來起訴被告的許多支那戰爭事件之一。七名被告被判處死刑，其中包括松井石根大將及前任外相廣田弘毅這兩個與中國戰事升高有密切關係的人物[10]。

社會評論家許晚成在抗戰之前即以調查報導中國社會內部的變化出名。現在抗戰已經結束，他對各個政治主角及他們提出的國家前景提出陰沉的評估。他慨歎戰爭中出現的「政黨融爐」。他寫說：「今天的國民黨當局與孫中山的國民革命目標相比，已經……」。他故意讓句子空白，由讀者去揣想。他舉了例子，指出國民政府如何以可憐的匯率要求淪陷區人民兌換法幣，榨取了他們辛苦積攢的儲蓄之價值。許晚成斥責說：天地都糊塗了，彷彿在說：「中國這場勝利純粹是逃到大後方的抗戰官員單獨的貢獻？」回到淪陷區的國民政府官員對待淪陷區同胞有如賣國賊或征服地之人民，這一點兒也無助於重建國家團結統一。許晚成指出：「這些『漢奸首腦』中，不是也有許多是國民黨官員嗎？」許晚成的結論是：「在國民黨獨裁專制下，貪瀆盛行，他們忘了國民革命的目標。他們只顧自己及家族財富計謀。」

可是，許晚成對國民黨的大敵也沒有信心。「是中國人，一談到共產，就談虎色變！為什麼？因為中國共產黨，放火殺人，一切以破壞為能事。」

地方上有錢有勢的，認為有紳皆劣，一概要殺掉，不問是非，地主要殺，富翁要殺，大房子要燒去……。此種行為，賽過秦始皇焚書坑儒。這樣實行愚民政策，而欲獨霸天下？真有是理耶[11]？

許晚成注意到中共策略中嘲諷的一面（佛拉迪米洛夫也有同樣的感受）：

共產黨幸災樂禍，惟恐天下不亂，獨山失守，新華日報用大字標題，獨山克復，就默默不說了。有前年該報為證，共產黨說：「抗日有功」，功有多少[12]？

許晚成也同樣貶抑小黨，如中國青年黨：「秀才造反」理論多，無兵權，亦無政權。他很沮喪地總結說：「第一受難的，是我們的規規矩矩的小百姓！國共流血，百姓遭難[13]！」

公平地說，國民黨在抗戰剛結束那幾年，的確有些建樹，但這些建樹大多是在國際領域、而非國內領域。中國戰時的貢獻使它被承認為新成立的聯合國安全理事會五大常任理事國之一，每個常任理事國對理事會討論的決議案都具有否決權。中國在其他許多新設立的國際組織中也頗有相當地位。即使在一九四五年，仍然很少有非西方國家在國際事務上享有充分、平等的主權。（即使印度不久就獲得獨立，英國和法國仍然繼續維持著龐大的帝國。）中國的地位遠超過國家本身實力，與一九三七年投入八年抗戰之前那個半殖民地、積弱多年的國家形成鮮明對比。

可是，內戰一開打，大半由於蔣介石的判斷，國民黨就出師不利。抗戰期間，蔣介石把一副爛牌打得遠比眾人意料好得許多，內戰期間，他的判斷顯然不靈光。尤其是他決定延伸戰線，試圖奪回東北是非常糟糕的判斷。東北是共產黨的心臟地帶，毛澤東得到毗鄰的蘇聯強力支持。一九四五年至一九四六年，馬歇爾曾經鼓勵蔣介石試圖奪回東北，但是到了一九四六年春天已對可能性相當悲觀[14]。

進入一九四七年，共軍將領林彪在北方屢建戰功，逼得國軍節節敗退。大城市及鐵路沿線仍在國軍掌控下，但東北已是共產黨天下——這一點有如前幾年日本在中國的情形一般。一九四八年秋天，衛立煌將軍發現他的三十萬國軍即將抗拮林彪所部七十萬大軍[15]。到了十一月，東北大城市瀋陽（即奉天）失守，東北全面淪陷。林彪的解放軍部隊往前推進，占領華北，寖寖然有征服華中之勢。一九四九年上半年，蔣介石把海、空軍總部遷到台灣；許多民眾追隨政府播遷來台。五月間，蔣介石退往台灣，從此以後再也沒有回到大陸。（審按：蔣來台後仍持續來回兩岸，直到一九四九年十二月十日自成都飛抵台北後，才沒有再回大陸。）

共產黨在中國大陸勝利影響未來數十年東亞政治和美中關係。在美國，「丟掉」中國這個議題開始傷害冷戰初期的政治氣氛。——其實，中國根本不屬於美國，何來「丟掉」可言？

批評蔣介石的人發聲、著書，大力抨擊他。白修德厭煩被迫不得批判蔣介石，辭職離開《時代》週刊，利用自由之身與賈安娜（Annalee Jacoby）合寫了一本痛批蔣介石的書《中國驚雷》（*Thunder out of China*）。他在一九四六年出版的這一本書中說：「中國和平的最大危險，來自國民黨右派所構成的統治機構[16]。」書一出來，洛陽紙貴。還有其他批蔣作品。抗戰期間長時任職於戰時新聞處駐重慶分處的葛理翰・畢克，寫了一本精采的回憶錄《兩種時代》（*Two Kinds of Time*）。它同樣苛責蔣介石，評斷在他一九四九年逃出大陸時，「委員長實際上是唯一一個滿意他自己政府的人[17]」。

右翼人士得以利用這個議題指控美國自由派人士對共產主義軟弱。約瑟夫・麥卡錫（Joseph McCarthy）參議員聲稱，握有一份潛伏在美國政府機構中工作的共產黨員名單，以此一「恐赤」戰術搞得美國公職圈風聲鶴唳、人人自危。羅斯福總統中國事務方面的重要顧問，如哈利・戴克斯特・懷特（Harry Dexter White）和居里，即有強烈的嫌疑，曾經是蘇聯間諜網內的活躍成員。（然而，值得一記的是，蘇聯在抗戰期間並無意削弱國民政府的作戰，而且懷特和居里都積極參與提供物資援助給國民政府的工作[18]。）但是那些只不過犯了對中共及其意圖太過天真之錯的人，如謝偉志，卻被迫害、被控訴傷害國民黨，背叛美國利益。國民政府本身也建立一批人士，號稱「中國遊說團」（China Lobby），他們大多對共和黨政客有影響力；遊說團成員包括陳香梅（陳納德遺孀）、宋子文以及亨利・魯斯等人。美國在毛澤東於大陸取得勝利之後沒幾個月，也遭遇蔣介石落敗最即刻的一項效應，一九五〇年韓戰爆發。朝鮮半島戰爭的經驗，是美國人對新起的中共政權態度強硬的關鍵因素。

到了一九六〇年代初期，麥卡錫主義的力量開始消褪，而大陸中共政權地位日穩的態勢也趨於明顯。這個發展對於西方學界、尤其是美國學界，對抗日戰爭的研究有強烈的影響。自從毛澤東政權清楚得勝以來，最重要的問題是：他為何成功？詹鶽（Chalmers Johnson）寫了一本首創風氣、勇氣十足的書，主張毛澤東一九四九年勝利的根源在於，他在延安的戰時政府有能力透過民族主義動員農民，而民族主義又鼓舞他們擁抱共產主義的社會革命[19]。這本書引起一場辯論風暴，其中最重要的回應是歷史學者馬克・賽爾登（Mark Selden）十年之後寫的一本書《革命中的中國：延安道路》（*China in Revolution: The Yenan Way Revisited*）。賽爾登主張戰時社會革命本身才是毛澤東勝利的關鍵、不是農民的民族主義。到了這個階段，美國人已經被越戰所震撼。許多人覺得，一九四〇年代在中國與共產黨打交道的經驗，可以有助於深化三十年之後對中南半島共產黨的了解。至於那些視越戰為不義之戰的人士則認為，毛澤東在抗戰期間進行的社會實驗更讓他們覺得應該了解本土社會革命、而不是壓制它們。然而，有了這種「延安中心」的抗戰史觀，國民政府的紀錄大多遭到摒棄。

其他進步派批評者攻擊中國遊說團提出的右翼版歷史，右翼認為蔣介石只是共產黨耍詐行騙的受害人。著名的歷史學者芭芭拉・塔克曼（Barbara Tuchman）取材史迪威日記寫了一本經典作品，痛批蔣介石政府。它出版於尼克森總統展開對中國開放之際，更加重傷蔣介石的聲譽[20]。

在中國境內，討論抗戰史則更受到限制。毛澤東的中國根本不容許提到國民政府，除非扣它一頂帽子、說它對抗戰救國並不盡力，因此才在一九四九年被推翻。領導中國人民「抗戰」的功勞應該只歸於中國共產黨，尤其是毛澤東本人。

環繞著毛澤東延安革命的神話成為談論中國的重心。但是廣大的民眾卻與這些故事不相干。當英、美、德、法和日本或喜或悲必須就戰亂帶給其社會巨大變化做調適時，八年抗戰的經驗幾乎完全從中國公共領域消失。南京大屠殺、重慶大轟炸、汪精衛投向日本、不在毛澤東控制下的共產黨地區：全都變成配角、或甚至根本不提。日本人經常以制式型態出現，被定位為敵人（譬如文革期間八齣「革命樣板戲」之一的《紅燈記》中的日本人），但是從一九五〇年代到一九七〇年代，毛澤東政府試圖誘使東京脫離美國的冷戰擁抱，根本不去鼓動對戰敗敵人的真正仇恨心理。大部分的討論集中在需要和真心悔改的日本人建立「和睦」。真正的怨恨存在於台灣海峽對岸的台灣之國民政府，他們仍受到美國海軍的保護。

中國社會和文化的許多層面都反映出抗戰期間出現的變化。服兵役使得中國人習慣過比較集體性質的生活，在同一個地方工作和生活、以避免空襲禍從天降的趨勢，也有同樣的效應。甚且，抗戰所促成的政治動員的氣氛，依然存在於中國人生活中。從韓戰期間「抗美援朝運動」（一九五〇年至一九五三年）到「大躍進」（一九五八年至一九六一年），中國人的生活就是各種運動接二連三。大躍進運動號稱要提升經濟成長率，卻造成可怕的大饑荒，有兩千多萬人喪生。可是，毛澤東中國的大大小小運動中，以一九六〇年代的文化大革命最為慘烈。

表面上看，毛澤東向自己的黨宣戰，掀起文革大動亂，與中日戰爭的遺緒並不相干。但是作戰最激烈（坦克開上街頭）的兩個城市是重慶和成都[21]。文革期間，出身意識型態上歸類為「壞份子」家庭的共產黨青年幹部，藉機報復自從一九四九年共產黨革命以來即吃香喝辣、享盡特權的「好份子」出身之幹部。一九六六年文革發動時，「壞份子」往往是一九四九年以前有資產階級背景的人，更有許多人即是與國民黨有關聯的人。一九四九年以後，國民黨在四川的紀錄只剩下貪瀆腐敗和所謂拒絕抗日，四川省及其人民在抗戰期間的犧牲，與中共沒有關係，因此就排除在故事之外。文革期間四川城市暴力激越固然有許多因素，至少戰時創傷的陰魂在抗戰結束後才出生的世代寫下一部分故事，並非不可能。

接下來，冷戰解凍了。尼克森總統一九七二年訪問北京，全球衝突的輪廓開始改變。蔣介石和毛澤東相繼在一九七五年和一九七六年去世，兩岸鬥爭失去火力。到了一九八〇年代，有關抗戰史的論述開始出現重大轉變。

新政策最重要的跡象之一是設立紀念館紀念抗戰的各個不同方面。一九三七年七月首開第一槍的宛平，於一九八七年開設一家大型紀念館，涵蓋一九三一年日本侵略滿洲、至一九四五年戰勝日本全程的事跡。雖然中共仍被譽為領導抗戰、打敗日本的首功，北京這座紀念館強調國軍將領的貢獻，以及台兒莊大捷等戰役的重要性。瀋陽市郊也有一座紀念館紀念一九三一年鐵軌被炸、引爆滿洲危機的事件。（紀念館的外觀設計成像桌曆，翻開在一九三一年九月十八日，即日軍發動攻擊那一天。）或許引起最大回響的是，一九八五年選在殺戮最慘的地點成立南京大屠殺紀念館。令人矚目的是，戰爭結束都已四十年了，才成立這樣一個紀念館[22]。

進入一九九〇年代之後，中國各地利用對歷史開放的新發展，討論起原本是禁忌的話題。重慶特別懂得充分利用此一新機會。在所有的盟國戰時首都當中，重慶曾經是唯一一個根本沒機會慶祝抗日、或悼念亡者的城市。國民政府在市中心設立的抗戰勝利紀念碑，在一九四九年解放之後，中共把它更名為解放紀念碑。二十一世紀初期，重慶急起直追。重慶市當局擦亮它是抗戰最後堡壘的形象。抗戰期間蔣介石曾經坐在黃山行館遠眺市內大火，現在它修繕得煥然一新。館內陳設的說明形容他是中國抗戰時的國家領袖，他的政治和軍事缺失在說明中並不突出。重慶市的三峽紀念館內的陳列品有重慶大轟炸的透視圖，以及一九四一年防空洞大窒息慘案之後重建經過的照片。

當局運用大眾傳媒發出歷史新詮釋的訊息。二〇〇五年地方電視台製作〈陪都重慶〉系列報導，紀念抗戰勝利六十週年，彰顯重慶的角色。光碟的行銷包裝就很有深意，盒子上出現西方人熟悉的三大盟國首都影像——倫敦的國會大廈、華府的聯邦國會大廈，以及莫斯科紅場的鐘樓。但是它也以比其他建物大出兩倍的位置凸顯重慶市中心的抗戰勝利紀念碑。它要向全世界發出的訊息很清楚：第二次世界大戰是由四大盟國打贏的，不只是三大盟國。它對國內發出的訊息也很清楚：重慶在不久的過去曾經具有全球重要性，全體中國人都應承認這一點。

可是涉及到戰爭史最有爭議的部分，中、日雙方則毫無交集。兩國學者於二〇〇六年成立聯合委員會（審按：中日共同歷史研究委員會），試圖就歷史上若干問題找出可以有共識的版本。儘管雙方試圖調和觀點，對於戰爭的詮釋彼此見解不同（尤其是日本侵略究竟是否預謀），意味著委員會二〇〇九年提出的報告絕不會得到中國政府正式接受[23]。

和在中國一樣，日本國內對戰爭的歷史記憶也很複雜。在中國經常會聽到一個說法，有時候西方也會聽到，那就是日本根本拒不承認它的戰爭罪行。這個觀點太過簡化，不錯，日本國內過去有、現在還有一股右翼勢力，否認戰時暴行或對它視若無睹。日本保守派主流也經常太快駁斥日本罪行的仇恨。日本也常以它是世界上唯一一個遭到原子彈攻擊的國家這個悲慘事實，來辯稱它是愛好和平的國家——但是它經常不談或不解釋究竟是什麼原因導致兩顆原子彈投擲下來[24]。然而，不容否認，日本也有人檢討日本在中國及其他國家的戰時紀錄，並且認為它不該有藉口。日本的左派，最著名的是新聞記者本多勝一（Honda Katsuichi）於一九七〇年代，早於中國或西方關注之前就強迫自己國家重新檢視南京大屠殺。雖然日本學校試圖採用「修訂版」教科書來低調處理日本在華暴行，它們在學校系統內還未普遍受到採用。

二十一世紀頭十年，中國崛起成為全球大國已是勢不可擋的事實，現象之一是它在對外關係、尤其是對日關係上愈來愈有自信。許多事件一再顯示戰時記憶仍隨時會是引爆點。二〇一二年底，胡錦濤將大權移交給習近平之際，關於東海釣魚台／尖閣群島的主權爭端，在中國鬧上街頭。這些小島是亞太地區的懸案，日本、中國和台灣都宣稱對它們有主權。中國民眾一被提醒日本在華戰時紀錄的記憶，全國各大城市紛紛出現反對日本擁有島嶼主權的大規模示威活動。對於抗戰不可能有親身記憶的年輕人利用抗戰遺緒對當代東亞國際關係發聲。

但是，在中國境內更值得注意、就長期而言也更具有重大意義的是，當局利用這場戰爭來團結國內人民，並把國家定位為世界政治的合作者、而非衝撞者。「抗日戰爭」或「抗戰」仍是最常用來描述中國戰場戰爭的名詞。不過，「反法西斯戰爭」這個字詞也愈來愈常見，尤其是作者想把中國抗戰描繪成不只是單獨抗日、而是集體抵抗軸心國家之一環的時候。

這裡頭的意涵很清楚：早年需要它有所貢獻時，中國出了力，因此現在它追求再度進入國際社會扮演更重要角色時，應該要信任它。對於歷史的新詮釋承認抗戰時期美國在中國的角色，但不是一直對美國美言。有位中國歷史學者的結論是，美國想要中國成為一個世界大國的用意是，在戰後世界建立一個美國的「屬國」。另一位學者同意這個見解，宣稱美國界定其外交政策都只是基於「維護其本身國家利益[25]」。

抗戰成為通俗文化的題材。一九八六年出現一部修正主義的抗戰電影《血戰台兒莊》，敘述一九三八年四月國軍大捷的故事。南京大屠殺的故事一再拍成電影、搬上大銀幕，包括陸川二〇〇九年的《南京！南京！》（*City of Life and Death*），以及張藝謀二〇一二年的《金陵十三釵》（*Flowers of War*）。即使電玩也把抗戰當做主題；多人參加的電玩讓玩家可以打日本皇軍過過癮[26]。

中共當局雖然默許重建國民政府的紀錄，但未必盡然對這些抗戰新詮釋感到舒坦。由軍職下海經商致富的成都商人樊建川利用他的財富在城外蓋了一系列私人紀念館。其中之一紀念抗戰時期四川的貢獻，展示國統區的身分證和制服。樊建川出版一本書《一個人的抗戰》，亮出他的某些收藏品。他在回憶中提到，他找到一個文革時期的杯子。杯子附了某個受迫害者令人痛心的題字：「我和日本人作戰，腿部挨了一槍。」可是這個老兵一九六六年遭到攻擊，因為他是參加國軍抗日、不是為共產黨作戰。樊建川回憶說：「八年抗戰，他逃過死神……可是突然間，一夜之間，怎麼他（的戰爭紀錄）卻被認為是可恥的？[27]」

最近這些年，國軍老兵或許不會遭到迫害，但是也沒人理睬他們，聽任他們凋零。二〇一〇年，中國著名的電視節目主持人崔永元接受訪問，暢談他重新發現國民黨參與抗戰的角色。

崔永元小時候看抗戰電影，以為是國民黨勾結日本人；等到他長大成人，有一個國民黨老兵帶他參觀戰場、一一指給他當年同志倒下的地方，他才更加了解他們的角色。崔永元回憶說：「這可能是我生活中第一次看到國民黨軍人並產生了由衷的敬意。」崔永元到雲南走訪了上百位國民黨老兵。他認為個人故事最能夠說明戰爭的複雜性，不論是本地人不肯窩藏共產黨、向日本人指認八路軍士兵，或是漢奸也會顯露某種良心。他觀察到：「我們看漢奸的回憶錄，他有他一整套的說法，而不是我們想像的就是賣國那麼簡單。甚至有的漢奸認為，那是抗戰的另外一種方式，用空間換時間[28]。」

放下刀劍（或是屍骨已寒）的七十年之後，抗日精神又開始興起！

現代中國遭遇極大的動盪與破壞，這些故事正要開始公開討論。大躍進造成的大饑荒，以及文化大革命掀起的破壞，在中國只有一部分受到承認。同樣地，對日抗戰，直到近年都還在相當有限的程度下討論。打開對於抗戰的討論，特別是關於國民黨及中國當時的國際角色，不論在國內政策或國際政策，顯示中國執行其當代政策都有重大的改變。

可是，我們從中國抗戰史實能夠得到的一項最重要結論，在中國可能仍不受歡迎，那就是中國走上現代之路並不具必然性。戰時爭相搶著統治中國的蔣介石、毛澤東和汪精衛等三個人各自代表走向相同目標（一個現代的、民族主義的中華之邦）的不同道路。中國共產黨在一九四九年會當家掌權毫無必然性。若無對日抗戰，有極大機會出現一個穩住政權的反帝國主義、反共產主義的國民政府。它肯定是一樁十分艱巨的任務，不只因為國民黨本身缺陷重重，更因戰爭使它幾乎不可能推動革新。當然，亞洲若由日本統治，中國必定還要遭受數十年以上的殖民統治。中國今天的政治情況，絕非歷史所能產生的唯一可能狀況。戰爭最大的一項損失就是國、共兩黨曾經一度出現的多元主義消失了。戰爭愈來愈慘烈，加上兩黨都不願交出最高權力，使得此一綠芽立刻凋萎。但是它的確存在過，值得被後人記住，並重新思索。

在今天的中國比較普遍受到討論的另一個話題是，經濟危機導致社會不安的危險。毛澤東時代所制定、原屬保障就業的許多「鐵飯碗」工作，以及醫療照護、退休年金等，都在一九九〇年代的經濟改革中廢除掉。胡錦濤上台後採取行動修補中國社會福利安全網的若干破洞，以新計畫補助扶老濟病。可是，二十一世紀初對這個議題的辯論，並不是新鮮的事。對日抗戰迫使國、共兩黨都需以擴大國家與公民之間的責任義務為基礎，建立新的社會契約。八年抗戰期間，國家變得對人民需索日益增大，但也有義務對他們肩負更大的責任，今天的辯論正是此一現象的延伸。

戰事轉變得更熾烈，它也影響到西方對中國的觀點。迫切需要了解中、日關係何以交惡至此一程度，乃是亟需重新評估戰爭的一個緊迫原因。但是還有一個更深層的原因，與歷史、甚至正義有關。我們對同盟國對於第二次世界大戰的貢獻之集體歷史，在過去短短幾十年已經有了極大的改變。美國的角色現在被看做是全球作戰布局的一部分。英國已經承認大英帝國及國協做出巨大貢獻，支持他們堅持作戰的決定。蘇聯堅決抗敵，死者近兩千萬人，現在成為了解同盟國作戰努力的核心。

中國還是個被遺忘的盟友，它的經驗已經從活生生的記憶淡化之際，才慢慢有人記起它的貢獻。它涉及的戰事犧牲沒有蘇聯那麼慘重，蘇聯進行的殊死決戰，為種族及權力而戰。但是中國所蒙受的苦難仍然是無法想像的巨大：對日抗戰造成一千五百萬至兩千萬人喪生，八千萬至一億人顛沛流離、淪為難民。國民政府在一九二八年啟動的經濟開發雖有瑕疵，卻已破壞殆盡。八年來，中國人每天都有突然暴斃、死於非命的可能性，不論是在南京死於武士刀、或是在重慶死於大轟炸，或甚至是自己政府在走投無路下祭出下下之策，決堤而淹死老百姓。

這個疲弱、殘破的國家，重心迅速由南京和上海移動到重慶與延安，它雖然可以向敵人投降，卻堅決抗戰八年。從一九三七年至一九四五年整個期間中國國民黨與共產黨是東亞地區唯二的兩個主要政治團體，能持續到底抵抗日本帝國。國民政府在抗戰期間於中國維持著約四百萬部隊，有助於牽制住五十萬以上的日軍守在中國，不敢調動到其他地方。共產黨也維持著游擊作戰，制止日軍控制大部分華北地區，也牽制住日本部隊和資源。

中國人若不抗拒，中國恐怕早在一九三八年就淪為日本殖民地。這會使得日本獨霸大陸，也會讓東京將注意力移到更加快速度於東南亞擴張。中國綏服之後，日本更有可能入侵英屬緬甸。若非「中國泥淖」（中國人不肯停止作戰所產生的泥淖）日本的帝國野心將更易於實現。

抗戰期間，蔣介石的文宣主管董顯光創造出一系列人物，向外界彰顯中國堅決抗戰到底。他給其中一個角色取的名字「余抗命」特別具有象徵意義，因為它的意思即是「和命運抗爭[29]」。

國民黨和共產黨都為了他們沒有要追求的命運奮鬥。西方人士透過承認他們的苦難、他們的抵抗以及他們被迫要做出的可怕抉擇，也能更加彰顯我們自身對第二次世界大戰的集體記憶與了解。

注釋

1. 陳兼，《毛澤東的中國與冷戰》，頁二六。
2. 《蔣介石日記》，引自葉永烈，〈在美國看蔣介石日記〉，頁四七。
3. Jay Taylor, The Generalissimo: Chiang Kai-shek and the Struggle for Modern China（Cambridge, MA, 2007）, 318; 陳兼，《毛澤東的中國與冷戰》，頁二七。
4. 陳兼，《毛澤東的中國與冷戰》，頁三二。
5. Taylor, Generalissimo, 327.
6. 陳兼，《毛澤東的中國與冷戰》，頁三三。
7. Taylor, Generalissimo, 364.
8. Odd Arne Westad（文安立）, Decisive Encounters: The Chinese Civil War, 1946–1950（Stanford, CA, 2003）, 89.
9. John Hunter Boyle, China and Japan at War, 1937–1945: The Politics of Collaboration（Stanford, CA, 1972）, 362. Charles Musgrove, "Cheering the Traitor: The Postwar Trial of Chen Bijun, April 1946," Twentieth-Century China 30:2（April 2005）.
10. Neil Boister and Robert Cryer, eds., The Tokyo International Military Tribunal: A Reappraisal（Oxford, 2008）.
11. 許晚成，《抗戰八年重慶花絮》。
12. Ibid.（appendix）, 5.
13. Ibid, 6, 8.
14. Taylor, Generalissimo, 378, 392.
15. Ibid., 385. Westad, Decisive Encounters, chapter 6.

16. Theodore White and Annalee Jacoby, Thunder out of China（New York, 1946）, 310.
17. Graham Peck, Two Kinds of Time（Seattle, 2008）[originally published Boston, 1950], 690.
18. John Earl Haynes and Harvey Klehr, Venona: Decoding Soviet Espionage in America（New Haven, CT, 2000）.
19. Chalmers Johnson（詹鶽）, Peasant Nationalism and Communist Power: The Emergence of Revolutionary China, 1937–1945（Stanford, CA, 1962）.
20. Barbara Tuchman, Stilwell and the American Experience in China, 1911–1945（New York, 1971）.
21. Roderick MacFarquhar and Michael Schoenhals, Mao's Last Revolution（Cambridge, MA, 2006）, 217.
22. Rana Mitter, "Old Ghosts, New Memories: Changing China's War History in the Era of Post-Mao Politics," in Journal of Contemporary History（January 2003）.
23. Details of the committee's composition and procedures can be found at http://www.mofa.go.jp/region/asia-paci/china/meet0612.html.
24. Ian Buruma, The Wages of Guilt: Memories of War in Germany and Japan（New York, 1994）; Franziska Seraphim, War Memory and Social Politics in Japan, 1945–2005（Cambridge, MA: Harvard University Asia Center Press, 2006）.
25. 阮家新，〈抗戰時期駐華美軍部署及作戰概況〉，《抗日戰爭研究》，三（二〇〇七），頁二七。趙入坤，〈二戰結束前後美國對華政策問題再探討〉，廣西師範大學月報：哲學社會科學辦43:6（二〇〇七年十二月），頁一〇四。
26. Hongping Annie Nie, "Gaming, Nationalism, and Patriotic Education: Chinese Online Games Based on the Resistance War against Japan（1937–1945）," Journal of Contemporary China 22:18（May 2013）.
27. Rana Mitter, "China's 'Good War': Voices, Locations, and Generations in the Interpretation of the War of

Resistance to Japan," in Sheila Jager and Rana Mitter, eds., Ruptured Histories: War, Memory, and the Post–Cold War in Asia（Cambridge,MA, 2007）.

28. 〈崔永元談《我的抗戰》〉，《南方周末》二〇一〇年十月七日

29. Hollington K. Tong（董顯光）, China after Seven Years of War（London, 1945）.

致謝

我很榮幸和不只一位很懂得鼓舞人、又十分嚴謹的編輯合作。Houghton Mifflin Harcourt 出版社的 Amanda Cook 從頭到尾負責這本書。Amanda 同時還支持到底、絕對堅持品質，要求手稿修改多次。她對全書定稿，貢獻極大。全書完成之前的最後幾個月，我受惠 Ben Hyman 的細心編輯和 Bruce Nichols 慷慨、體貼的建議。企鵝出版社的 Simon Winder 對亞洲的第二次世界大戰史瞭若指掌，也不吝提供意見。Richard Mason 和 Cecilia Mackay 分別負責文字潤飾和照片研究，表現不凡，全程則由 Richard Duguid 督導。我的經紀人 Susan Rabiner 不斷鼓勵我、提供寶貴建議，我非常感謝她運用她在出版界的長久經驗把這個計畫安排得盡善盡美。

過去幾年，許多同事參與本書、貢獻良多，我無法一一舉出。但是我特別感謝許多朋友啟發構想、閱讀部分文稿及提供建議，他們是 Robert Bickers、Karl Gerth、Graham

Hutchings、Toby Lincoln、Andres Rodriguez、Patricia Thornton、Steve Smith和 Hans van de Ven。在中國的友人及同事過去幾年對本計畫也提供極大的協助，包括吳景平、陳謙平、陳紅民和周勇，我非常感謝他們大家。我也很榮幸受聘於牛津大學歷史系和政治及國際關係系期間，更得到聖十字學院協助，於十分有啟發的環境寫作本書。

我在二〇〇七至二〇一二年間有一個由李維賀密信託基金（Leverhulme Trust）贊助的一流研究團隊，他們對這項計畫貢獻良多：Lily Chang、Federica Ferlanti、Sha Hua、Matthew Johnson、Amy King、Sherman Xiaogang Lai、Tehyun Ma、Aaron William Moore、James Reilly、Helen Schneider、Isabella Jackson、Elina Sinkkonen、Akiko Frellesvig和Christine Boyle。我也要特別感謝 Annie Hongping Nie，她的耐心工作是這項計畫的關鍵支柱。我們多年來一起研讀文件是寫作本書時的一項重大樂趣。

我也十分感謝各地檔案館同仁、館員之協助，它們是重慶市檔案館、上海市檔案館、南京中國第二歷史檔案館（特別是馬振犢）；紐約的聯合國檔案館；倫敦的公共紀錄處（即國家檔案館）；耶魯神學院圖書館；以及馬里蘭州大學公園市的全國檔案館。我尤其感謝獲准引用史丹佛大學胡佛研究所所收藏、尚未出版的《蔣介石日記》。Bodleian 圖書館的David Helliwell一直是最清楚資料來源的寶庫，也一向很有辦法協助找經費購買新材料。

本書能存在有極大部分要歸功於外部贊助者李維賀密信託的慷慨支持。二〇〇四年，基金會頒獎給我（Philip Leverhulme Prize），使我可以告假相當長一段時間，去蒐集材料和思考這項計畫的架構。二〇〇七年，我又榮幸得到Leverhulme Research Leadership Award，此一為期五年的計畫獎助金使我能夠帶領一個博士後研究員及研究生團隊，舉行學術研討會、並到中國考察。所有這些活動大大豐富了本書內容，我十分感謝李維賀密的支持。我在不同時候也得到其他獎助金的支持，包括英國學術院、中國社會科學研究院交換計畫，惠我良多。

沒有一本書能夠憑空存在，對我而言，在走上出版本書之路時最喜樂的一部分，就是與我的家人分享（他們在截稿迫切之際更加分外支持）：Katharine、Malavika、Pamina、Iskandar、家父母Partha和Swasti，以及Gill、Hal、William、Darunee、Miranda和Charlotte。

芮納・米德（Rana Mitter），二〇一三年一月識於牛津原書另附關於八年抗戰之英文書目，請有興趣的讀者至天下文化官網下載（http://www.bookzone.com.tw/）。

圖片出處（Photo Credits）

Garden Bridge, Shanghai, August 18, 1937:© Randall Chase Gould Papers, [Box / album fH], Hoover Institution Archives, Stanford University, CA. Chiang Kai-shek, 1937: ©IN / / Gen / Camera Press, London. Refugees on Shanghai's Bund, 1937: ©Hulton-Deutsch Collection / Corbis. Fires set by retreating Chinese, Nanjing, December 1937: © Hulton-Deutsch Collection / Corbis. General Matsui Iwane in his headquarters, Shanghai, 1938:© Keystone / Hulton Archive / Getty Images. Lieutenant General Dai Li working with special police forces, China, November 1945:©Jack Wilkes / Time and Life / Getty Images. Chinese troops on the Suzhou front, Battle of Taierzhuang, April 1938: ©Robert Capa / Magnum Photos. Japanese troops using a boat during Yellow River floods, July 1938: © Press Association Images. Mao Zedong speaks at Lu Xun Arts Institute in Yan'an, May 1938: ©CQ / Camera Press, London. Canton civilians take flight, June 1938: © Hulton-Deutsch Collection / Corbis. Chiang Kai-shek at Supreme War Council meeting in Wuhan, July 1938: © Robert Capa / Magnum Photos. Wang Jingwei with Dr. Chu Minyi in Nanjing before inauguration, April 1940: © Bettman / Corbis. Homeless people escape Congqing during bombing, May 1939: © Hulton-Deutsch Collection / Corbis. Cartoon depicting Wang Jingwei: © Zhonghua Ribao, March 30, 1940. General Claire Lee Chennault, 1943: © Myron Davis / Time and Life / Getty Images. General Joseph Stilwell: © Topham Picturepoint / Topfoto. Chiang Kai-shek and Mahatma Gandhi near Calcutta, 1942: © Topham Picturepoint / Topfoto. Mao inspects Eighth Route Army troops stationed in Yan'an: ©J.A. Fox Collection / Magnum Photos. Wounded Chinese troops, Burma, 1942: © George Rodger / Magnum Photos. Refugees fleeing famine-stricken Henan province, 1943: Harrison Forman / American Geographical Society Library, University of Wisconsin-Milwaukee Libraries. Female famine victim, Henan, 1943: Harrison Forman / American Geographical Society Library, University of Wisconsin-Milwaukee Libraries. A Chinese soldier guards a squadron of Curtiss P-40 Warhawk fighter planes, 1943:© The Granger Collection / Topfoto. Colonel David Barrett and diplomat John Service outside their Yan'an billet:© Courtesy of the Service Family. Song Meiling on the rostrum of the US House of Representatives, Washington, January 18, 1943: ©Bettmann / Corbis. Chiang Kai-shek, Franklin D. Roosevelt, Winston Churchill, and Song Meiling at the Cairo Conference, 1943: ©Topham Picturepoint / Topfoto. Participants in the Greater East Asia Conference: Ba Maw, Zhang Jinghui, Wang Jingwei, Hideki Tojo, Wan Waithayakon, Jose P. Laurel, Subhas Chandra Bose, Tokyo, November 1943: ©Mainichi Shimbun / Aflo Images. Refugees on foot, November 1944: ©Press Association Images. Chinese-manned American tanks enter Burma, January 1945: ©Press Association Images. General Okamura Yasuji of the Imperial Japanese Army in China during the surrender ceremony, with the Chinese delegation under General He Yingqin, Nanjing, September 9, 1945: ©akg-images. Zhang Zizhong, Mao Zedong, Patrick Hurley, Zhou Enlai, and Wang Ruofei, en route to Chongqing for negotiations after the Japanese surrender, 1945:© Wu Yinxian / Magnum Photos. Chinese paramilitary policemen carrying wreaths of flowers march toward the Nanjing Massacre Memorial Hall in Nanjing, December 13, 2012, to mark the seventy-fifth anniversary: © CQ / Camera Press, London. Anti-Japanese demonstration during the Diaoyu Islands dispute, Shenzhen, September 16, 2012: © Imaginechina / Rex Features.

國家圖書館出版品預行編目(CIP)資料

被遺忘的盟友 / 芮納.米德(Rana Mitter)著 ; 林添貴譯. -- 第一版. --臺北市 : 遠見天下文化, 2014.06
面； 公分. -- (社會人文 ; GB375)
譯自 : Forgotten ally : China's World War II, 1937-1945
ISBN 978-986-320-485-5(精裝)

1.中日戰爭

628.5　　103010654

社會人文 BGB375A

被遺忘的盟友

(Forgotten Ally: China's World War II, 1937-1945)

作者 — 芮納・米德(Rana Mitter)
譯者 — 林添貴
中文版審訂 — 劉維開

總編輯 — 吳佩穎
責任編輯 — 陳宣妙
封面設計 — 倪旻鋒
特約校對 — 馮奕達

出版者 — 遠見天下文化出版股份有限公司
創辦人 — 高希均、王力行
遠見・天下文化 事業群董事長 — 高希均
事業群發行人/CEO — 王力行
天下文化社長 — 林天來
天下文化總經理 — 林芳燕
國際事務開發部兼版權中心總監 — 潘欣
法律顧問 — 理律法律事務所陳長文律師
著作權顧問 — 魏啟翔律師
社址 — 台北市 104 松江路 93 巷 1 號 2 樓
讀者服務專線 —(02)2662-0012
傳　真 —(02)2662-0007;2662-0009
電子信箱 — cwpc@cwgv.com.tw
直接郵撥帳號 — 1326703-6 號　遠見天下文化出版股份有限公司

電腦排版 — 立全電腦印前排版有限公司
製版廠 — 東豪印刷事業有限公司
印刷廠 — 中原造像股份有限公司
裝訂廠 — 精益裝訂股份有限公司
登記證 — 局版台業字第 2517 號
總經銷 — 大和書報圖書股份有限公司　電話/(02)8990-2588
出版日期 — 2021/11/12 第二版第 2 次印行

定價 — NT$700
4713510942642
書號 — BGB375A
天下文化官網 — bookzone.cwgv.com.tw

天下文化

BELIEVE IN READING